SUERTE

TERRE HUMAINE

COLLECTION D'ÉTUDES ET DE TÉMOIGNAGES FONDÉE ET DIRIGÉE PAR JEAN MALAURIE

SUERTE

L'exclusion volontaire

Roman

par

Claude Lucas

Adresse d'Emmanuel Levinas
Préface de Jean Arnaud, s.j.
Postface de Jean Malaurie

17 illustrations hors texte
3 index

PLON

Le lecteur trouvera en fin de volume la liste des ouvrages de la collection Terre Humaine.
La plupart des titres de Terre Humaine (c'est-à-dire 67 titres) sont disponibles.
Depuis 1993, la première édition est tout à la fois reliée et brochée.
La seconde n'est plus que brochée.

Projet de couverture et maquette des hors-texte : Catherine Repettati

ISBN : édition reliée 2-259-18326-3
ISBN : édition brochée 2-259-18216-X
ISSN : 0492-7915

Pour Claude Lucas et tous les détenus

Nous sommes tous coupables de tout et de tous envers tous et moi plus que tous les autres.

DOSTOÏEVSKI, *Les Frères Karamazov*

Responsabilité incessible, comme si le prochain m'appelait avec urgence et n'en appelait qu'à moi, comme si j'étais seul concerné. La proximité même réside dans l'exclusivité de mon rôle. Il est éthiquement impossible de rejeter sur un tiers ma responsabilité pour le prochain. Ma responsabilité éthique, c'est mon unicité, mon élection et ma « primogéniture » *.

EMMANUEL LEVINAS

* En apprenant le sort de Claude Lucas, Emmanuel Levinas a ouvert son livre *Hors Sujet* (Fata Morgana, 1987) à la page 65, où il commente la phrase de Dostoïevski ci-dessus.

PRÉFACE

Il est bien difficile d'écrire une préface pour un roman lorsque, ayant eu une longue et profonde relation humaine avec l'auteur, on réalise, au fur et à mesure de sa lecture, que ce roman a une tonalité autobiographique. D'autre part, étais-je vraiment qualifié pour préfacer un ouvrage écrit par un détenu ?

Missionnaire dans la brousse africaine de 1955 à 1970, dès mon retour, j'ai été aumônier dans des lycées et prêtre en paroisse. C'est en 1990 (j'allais avoir soixante ans) que le diocèse m'a demandé d'assurer l'aumônerie d'une maison d'arrêt qui s'ouvrait. Ministère complètement nouveau pour moi, que j'allais aborder avec tous les préjugés du grand public sur la prison : les « voyous » n'ont que ce qu'ils méritent, la prison est une oubliette, il ne faut surtout pas mettre les jeunes avec les vieux taulards, etc.

Je dois dire que j'ai été très conseillé, aidé et même poussé par le chef d'établissement. En même temps, j'ai voulu exercer mon ministère avec mon tempérament : je n'étais pas seulement le prêtre des détenus, mais aussi celui de la direction, du personnel, des différents services et de l'entreprise privée qui exerce par délégation plusieurs fonctions dans l'établissement. Cette volonté d'inclure tout le monde dans ma préoccupation sacerdotale et de refuser toute discrimination m'a valu, au début, quelques difficultés et malentendus, y compris avec l'auteur de *Suerte* !

Je me suis efforcé de rencontrer souvent les détenus ayant déjà été longtemps en prison. Certains, condamnés à perpétuité, leur peine commuée ou non. Sans aucun préjugé favorable *a priori*, j'ai rarement rencontré des hommes aussi attachants dans leur relation avec quelqu'un qui ne les juge pas, mais qui essaie simplement de savoir qui ils sont et quelle est leur histoire. C'est ainsi qu'avec un certain nombre d'entre eux s'établit un climat de confiance réciproque et d'amitié profonde. La dimension intellectuelle et humaine de Claude Lucas nous a amenés à des échanges approfondis sur des idées, des livres, des revues, et peut-être également à une démarche spirituelle. De ce point de vue, je ne conçois pas que cette amitié se limite au temps de l'incarcération.

La première évidence, c'est que la prison, telle qu'elle est vécue, détruit l'homme. Il faut vraiment une volonté exceptionnelle pour arriver à se reconstruire et envisager un certain avenir. Les « grands délinquants » ne sont absolument pas, pour la plupart, des hommes qui ne pensent qu'à récidiver après la fin de leur peine. Mais je n'hésite pas à dire que, trop souvent, on fabrique des récidivistes. J'en ai connu un certain nombre qui se sont acharnés à vouloir s'en sortir, mais quelle chance leur a-t-on donnée ? Je connais un détenu qui a été condamné à perpétuité à l'âge de vingt-deux ans (sans une goutte de sang sur les mains !). Il s'est acharné à vouloir prouver qu'on s'était trompé sur lui, a entrepris des études qui l'ont conduit à un diplôme d'ingénieur informaticien. Sa peine a été commuée à dix-neuf ans, mais cinq années de suite, la conditionnelle a été refusée ! Après seize ans de détention, il a bénéficié de permissions de sortie. Comment s'étonner qu'après être revenu deux fois, il ne soit pas rentré la troisième fois, volant cette liberté qu'on lui avait toujours refusée alors qu'il avait tout en main pour se réinsérer ? C'est un surveillant, et pas un tendre pourtant, qui me disait un jour : « Rien n'est fait pour la réinsertion. » C'est peut-être abrupt comme jugement, car il existe des services qui ont la charge de préparer cette réinsertion. Mais, comme très souvent, les « services » sont en réalité des structures de « pouvoir ». Ce pouvoir qui rend fou, comme disait Alain. Remarquons en passant que dans les QHS (quartiers de haute sécurité) de sinistre mémoire, l'expérience a montré que, lorsqu'on donne à des hommes un pouvoir discrétionnaire sur d'autres hommes, on court le risque d'en faire des fauves.

Lorsque j'étais collégien, le prêtre qui nous faisait l'instruction religieuse nous parlait souvent du « pouvoir d'ordre ». J'admets qu'il est difficile de préférer l'expression « service d'ordre ». Mais la soif du pouvoir pervertit tout. La création du JAP (juge d'application des peines) était une idée intéressante. C'était la possibilité donnée à un juge, en principe connaissant personnellement le détenu, d'aménager sa peine. Malheureusement, ces juges n'ont que très peu de pouvoir et, comme beaucoup de gens qui ont très peu de pouvoir, ils exercent parfois le peu qu'ils ont de façon négative. Ayant trop peu d'expérience, je me garderai bien de généraliser, mais j'ai connu certain cas qui joignait une absence totale de sentiment humain à une nullité consternante.

La justice, étant infaillible, ne se remet jamais en question, mais il est tout de même permis de s'interroger sur son fonctionnement. Il y a plusieurs années, un ministre de la Justice rappelait aux magistrats qu'ils devaient être des juges et non pas des justiciers. Je crois que beaucoup auraient intérêt à méditer cette remarque. Qu'un juge d'instruction commence son interrogatoire en disant à l'inculpé : « Je vous ferai avoir perpète » est inadmissible. Le juge d'instruction doit instruire à charge et à décharge. Trop souvent, quand il a une conviction, tout ce qui peut disculper l'accusé est occulté et tout ce qui le condamne est soigneusement noté. On en arrive à cette dérive mortelle qu'un accusé dont le juge est convaincu de la culpabilité doit « prouver » son innocence alors que c'est à l'accusation de prouver sa culpabilité. Or pour prouver son innocence, ou tout au moins pour atténuer sa culpabilité, il doit passer par les structures qui l'en empêchent puisqu'elles veulent le condamner. On peut citer le cas d'un accusé en détention préventive qui savait pouvoir trouver à l'extérieur la preuve de son innocence. Il a voulu s'évader et a manqué son évasion. Son avocat a pu faire le nécessaire et il y a eu un non-lieu, mais on voulait lui faire purger la peine prononcée pour évasion ! Il a fallu un comité de soutien et des pétitions pour qu'il soit libéré. Quand la justice a prononcé une peine, celle-ci doit être purgée puisque la justice ne se trompe pas !

Apportant un témoignage de moralité pour un détenu qui passait aux assises, je m'étais permis d'émettre un doute sur un verdict passé. Je me suis fait immédiatement reprendre par la présidente : « C'est une vérité judiciaire » ; ce n'est donc pas un pléonasme. Mais l'erreur judiciaire n'existe pas pour un juge. Quand on en parle, il s'agit toujours d'affaires lointaines dont tous les intéressés sont morts. On attend toujours la réhabilitation de Seznec, qui a été condamné sur deux preuves capitales dont l'une était un témoignage fabriqué et l'autre un objet déposé dans son grenier. Un médecin peut être poursuivi et condamné pour une bavure médicale (ce qui est peut-être regrettable) mais un juge est absolument inattaquable ! Il est simplement dessaisi ou muté.

Enfin, on ne se rend pas toujours compte à quel point les condamnés restent meurtris par les réquisitoires prononcés contre eux sans le moindre souci de leur dignité d'homme. On parle trop souvent de réquisitoires haineux, implacables, violents, voire cruels. J'ai la conviction que la plupart des êtres humains qui forment notre société ne se reconnaîtraient pas dans une telle agressivité. Qu'un avocat général puisse dire à une jeune fille de dix-huit ans pour qui il requiert la perpétuité avec une peine de sûreté de dix-huit ans : « Elle restera en prison dix-huit ans. Et 18 + 18 = 36. C'est vrai que quand elle sortira elle sera un peu grillée du côté des Champs-Élysées. Mais elle pourra encore essayer boulevard des Capucines », voilà qui dépasse l'entendement. On dit quelquefois que l'avocat général « joue un rôle ». Mais quand on veut jouer un rôle, on fait du théâtre ou du cinéma.

Je pense qu'il serait temps de retrouver nos valeurs fondamentales après deux siècles d'une certaine conception de la laïcité. Personne n'est obligé de croire que l'homme est image de Dieu, mais personne ne peut nier que notre civilisation est fondée sur le christianisme, c'est-à-dire, pour commencer, par quatre siècles de persécutions et de martyres, alors que les idéologies totalitaires (ou certaines religions conquérantes) commencent par donner la mort.

Au moment où la peine de mort existait encore, j'avais été frappé par les discussions acharnées entre ses partisans et ses adversaires. Les uns y voyaient soit une punition légitime, soit une protection de la société, les autres se situant la plupart du temps par rapport à une idéologie. Idéologie qui, soit dit en passant, cautionnait des régimes qui avaient fait des millions de morts pour délit d'opinion ! Je n'ai jamais entendu expliquer clairement que la peine de mort mettait une limite au pardon. Dans un pays qui avait encore à l'époque au moins 70 % de baptisés, l'existence de la peine de mort dans le Code pénal était une aberration. Mais il ne fallait pas le dire au nom d'une prétendue laïcité. Il serait temps que ceux qui croient que Dieu est amour, donc pardon, et que l'homme est image du Christ, fassent de leur foi, non une affaire privée, mais une référence dans leur vie professionnelle. Il est évident qu'un réquisitoire implacable, haineux ou cruel prend l'Évangile à contre-pied.

On oublie trop facilement que l'homme ne doit pas juger.

Ne jugez pas (Mt. VII, 1)
Celui qui juge autrui juge contre lui-même (Rom. II, 1)

Le juge est là pour *apprécier* un délit, en déterminer les contours et appliquer le Code pénal. Mais un réquisitoire se limite rarement à cette fonction légale : au contraire, il l'outrepasse souvent par des considérations et des arguments aussi excessifs que contraires à la dignité de l'homme et de la justice.

Quand trois jeunes de dix-huit, dix-neuf et vingt et un ans sont condamnés à perpétuité, on peut sans doute comprendre le verdict. Leurs deux crimes étaient crapuleux. Mais, à cet âge, on peut changer, c'est-à-dire se convertir, au sens profondément humain du terme ; on peut prendre conscience de l'énormité de son action et la regretter vraiment. C'est là qu'une structure d'aménagement de la peine pourrait avoir un sens. Mais les condamner à dix-huit ans de sûreté, c'est les enfermer dans le désespoir et nier l'existence du pardon.

Il est tout à fait possible de se rendre compte qu'un détenu a mesuré sa culpabilité et ses erreurs. Une structure sérieuse d'aménagement des peines pourrait très bien apprécier le moment, dans la vie d'un détenu, où la prison ne sert plus à rien qu'à le détruire. La longueur extrême des peines fabrique souvent des fauves ou des loques.

Je t'aime et tu ne m'aimes pas... Je t'aime et tu ne m'aimes pas...
— *Exact.* (« Suerte »)

Cette phrase exprime bien un des drames les plus profonds de la vie carcérale.

Beaucoup de grands délinquants ont eu une enfance terrible. Certains, on peut même dire le plus grand nombre, n'ont jamais su ce qu'était le câlin d'une mère ou la réprimande éducative d'un père. J'ai connu plusieurs détenus, condamnés à de très longues peines, qui ont manifestement sombré dans la délinquance par refus de cette vie familiale qui était un enfer. La fugue les mène devant le juge pour enfants et ensuite c'est la maison de correction. Aucune structure ne remplacera l'affection vraie d'une famille d'accueil ; aussi, quand on voit les difficultés que rencontrent les gens qui souhaitent adopter un enfant, on reste rêveur. La DASS, tutrice de nombreux délinquants en puissance, pourrait peut-être mettre en question l'exercice de son pouvoir.

Certains détenus ont une femme courageuse et fidèle, et les structures d'accueil des familles les aident beaucoup. D'autres détenus tissent des liens d'amitié par correspondance ; l'aboutissement en est quelquefois une rencontre et des visites régulières. Ces relations font naître un sentiment qui n'est pas seulement de l'amitié. Mais l'anomalie profonde de notre système carcéral, c'est qu'on demande à ces couples qui existent ou qui se forment de s'aimer

Comme des anges dans le ciel (Mt. XII, 30).

Or la prison n'est pas le ciel et les détenus ne sont pas des anges.

Jean ARNAUD, s. j. *

* Le père Jean Arnaud, s.j., a procédé, dans la maison d'arrêt de Villefranche-sur-Saône, le 28 février 1995, au mariage religieux de Claude Lucas, en présence de deux prêtres témoins. L'assemblée, en ce lieu carcéral, était exclusivement sacerdotale. (N.d.E.)

[...] la nudité humaine, plus extérieure que le dehors du monde — des paysages, des choses et des institutions —, la nudité qui crie son étrangeté au monde, sa solitude, la mort dissimulée dans son être — elle crie, dans l'apparaître, la honte de sa misère cachée, elle crie *la mort dans l'âme*.

Emmanuel LEVINAS

1

À cette époque-là, n'étais-je pas déjà mort ? Et si oui, depuis quand errais-je ainsi dans cet univers parallèle si semblable à l'autre, celui des humains d'à côté, mais où l'existence se perpétue à l'infini, jalonnée seulement de fausses morts chroniques qui sont comme autant de clins d'œil chaque fois plus sarcastiques adressés au voyageur pour l'égarer davantage ?

C'est à la suite d'un de ces clins d'œil, précisément, que quelques jours avant Noël 1979 je fis la connaissance de René Chevron, dit Rouquemoute, dans une cellule du bâtiment G de la maison d'arrêt de Lyon, la prison Saint-Paul.

Je venais alors de me faire prendre, pour ainsi dire la main dans le sac, à la suite d'un hold-up manqué chez un diamantaire du centre-ville, la Gabriel Feller SA. Depuis plusieurs années déjà, je braquais ainsi en solitaire une clientèle « choisie », c'est-à-dire chez qui opérer seul me paraissait à la fois techniquement réalisable et financièrement rentable. Cela pouvait aller du notaire au commissaire-priseur, en passant par les agences d'emploi intérimaire ou certains courtiers. Bref, une clientèle peu accoutumée, du moins en ce temps-là, à voir son train-train perturbé par l'irruption d'un individu armé et cagoulé intéressé par le contenu du coffre-fort.

Quelle idée me prit alors de m'attaquer à une cible aussi hasardeuse pour un homme seul qu'un joaillier, de surcroît installé en plein centre-ville ? N'avais-je pas assez lu dans la presse de ces récits de hold-up manqués, ou qui se terminaient tragiquement dans le sang, par suite des réactions souvent vicieuses de ces joailliers conscients des risques de leur profession et préparés à y faire face ? Alors quoi ? L'appât du gain ?

Il s'agissait bien sûr d'un joaillier important, non seulement fabricant de bijoux, mais encore pratiquant la vente de diamants dits « de placement ». Tel était en effet l'objet de ma convoitise. Non pas les bijoux, dont la revente est parfois difficile et risquée ; mais ces pierres non serties enveloppées dans de petits papiers nommés plions, sur lesquels figurent leur poids et l'indice de leur pureté. Une seule de ces boîtes à plions serrées en sûreté dans le coffre-fort valait le déplacement.

Pourtant, ce n'était pas là ma seule motivation. Depuis quelque temps déjà, je rêvais plus ou moins consciemment à une faena audacieuse, à la limite du raisonnable, où j'aurais senti le mufle du fauve me frôler le ventre... Mais que pouvait donc bien signifier ce goût du risque, pour moi qui aimais si peu la vie ?

Des années plus tard, détenu à Alcalá-Meco, la prison madrilène de haute sécurité, je devais comprendre que ma décision fut l'occasion pour le destin d'opérer en moi sa saisie définitive... Cet été-là, un vent brûlant faisait rouler les boîtes de Coca-Cola vides à travers le patio ; et, tandis que j'écoutais résonner ces grelots dérisoires sur le béton gris, cherchant une issue, à défaut d'un sens, à mon histoire, je me souvins en effet, oui, je me souvins de moi arrêtant mon choix sur la Gabriel Feller SA, comme un aveugle clairvoyant ou un idiot inspiré.

Les locaux de la société du diamantaire étaient situés au troisième étage d'un immeuble cossu de la rue du Président-Édouard-Herriot. Ils comportaient, outre la pièce réservée à la clientèle avec son comptoir en forme de U renversé, un atelier de fabrication de bijoux et des bureaux. À l'extérieur, fixée au-dessus de la porte d'entrée et contrôlant tout le palier, une caméra de télévision en circuit fermé filtrait l'accès des visiteurs. Tout le problème consistait donc à pénétrer dans les lieux sans donner l'alerte.

Quelques mois auparavant, j'avais pu me rendre compte sur place des difficultés de l'entreprise. Je possédais trois médiocres saphirs que j'avais rapportés d'un séjour de vacances au Sri Lanka dans l'intention de réaliser un petit bénéfice à mon retour en France. Et j'en avais un quatrième, qui était une de ces imitations synthétiques qu'on destine là-bas aux plus naïfs des touristes occidentaux. Un vendeur de batiks au sourire candide, dont l'échoppe bariolée se tenait à deux pas de la plage de Negombo où se trouvait mon hôtel, avait essayé de me le refiler ; et ma foi, je m'étais laissé faire pour une somme parfaitement symbolique (de la roupie de sansonnet...) à titre de souvenir — et sans doute aussi parce que je venais d'ingurgiter quelques solides rasades d'arak qui m'avaient mis de bonne humeur.

Un beau matin, j'appelai donc le diamantaire au téléphone et sollicitai un rendez-vous pour une prétendue expertise de mes pierres. Feller écouta mon histoire poliment, mais non sans quelque condescendance me sembla-t-il, et accepta finalement de me recevoir en début d'après-midi.

À 14 heures tapantes, je sonnai à la porte de la société. Un court instant s'écoula, le temps sans doute de m'examiner sur l'écran de télévision, puis une voix féminine me pria de décliner mon identité à l'Interphone. Vérification faite de mon rendez-vous, le pêne se déclencha, j'entrai et me trouvai momentanément emprisonné dans une sorte de cage pourvue de barreaux, le sas, où pouvaient tenir tout au plus trois personnes. La porte du palier se referma ensuite derrière moi, et celle du sas s'ouvrit après qu'une matrone au chignon sévère — la voix à l'Interphone —, retranchée à droite de l'entrée derrière le comptoir, m'eut jeté un ultime coup d'œil professionnel où la circonspection le disputait fortement à l'amabilité commerciale. Manifestement, il était déconseillé de se présenter chez Gabriel Feller SA affublé de lunettes noires et d'un passe-montagne et porteur d'un étui à violon.

Ce n'était pas mon cas ce jour-là. J'étais bien mis : blazer bleu marine, cravate club et pantalon de flanelle gris ; j'avais rangé dans leur étui mes lunettes de vue dont les verres sont teintés ; et j'arborais ma mine des meilleurs jours, un mélange subtil de gravité austère et d'imbécillité soucieuse qui me donnait l'air d'un instituteur calviniste obsédé par l'orthographe. On y avait sans doute été sensible, car le sas me fut ouvert rapidement, et je m'avançai jusqu'à l'un des angles du comptoir, au fond à droite, où s'élevait un pilier de stuc près duquel Feller m'attendait. Là, après un bref échange de politesses, l'homme de l'art entreprit sans plus attendre l'examen de mes corindons de contrebande. Pour n'être pas en reste, je procédai alors, mais avec infiniment plus de discrétion, à mon propre examen.

La pièce où nous étions, vaste et claire, ne comportait d'autre ameublement que le comptoir, qu'il était facile d'enjamber. Au fond, deux grandes fenêtres donnant sur la rue du Président-Édouard-Herriot dont la rumeur étouffée montait jusqu'à nous, dispensaient une lumière à contre-jour pour le client, légèrement rectifiée par les néons du plafond. L'avancée du sas dans la pièce constituait un élément incongru et menaçant, accusant encore la nudité des lieux. Ni chaises ni fauteuils. Feller traitait sans doute les affaires importantes dans son bureau où l'on devait accéder par l'une des deux portes, à droite ou à gauche de la pièce, après avoir franchi le comptoir par une portière aménagée près de l'endroit où se tenait la matrone au chignon.

C'était à droite. La réponse me fut donnée en effet par l'apparition d'une secrétaire, une jeune fille brune dont les cheveux retombaient en cascade dans le dos, venue s'entretenir avec une vendeuse. Il ne me fut pas possible d'apercevoir l'intérieur des bureaux à cette occasion, mais par la porte entrouverte j'entendais crépiter une machine à écrire, preuve qu'une autre secrétaire au moins travaillait en cet endroit. L'autre porte à gauche menait par conséquent à l'atelier de fabrication. J'estimai ses occupants à un minimum de deux ouvriers bijoutiers ; les vendeuses élégantes qui s'affairaient silencieusement derrière le comptoir étaient au nombre de trois ; et quant au cerbère de l'entrée, embusqué derrière son écran de télévision et sa console de commande électrique des portes, je sentais trop son regard peser dans mon dos pour risquer de l'oublier dans mon expertise. Au total, neuf personnes environ, Feller inclus, se trouvaient ainsi en permanence dans les locaux ; estimation que d'autres repérages, notamment aux heures d'arrivée et de sortie du personnel, viendraient préciser par la suite.

Je ne vis ni coffre-fort ni présentoirs. Ces derniers devaient être encastrés comme des tiroirs à l'intérieur du comptoir et retirés le soir à la fermeture. De toute façon, ils ne m'intéressaient pas. Le ou les coffres-forts, en revanche, se trouvaient certainement dans le bureau de Feller ou dans une pièce à part, ce qui signifiait pour moi perte de temps et complications garanties en raison du nombre d'employés. À l'évidence, l'affaire serait délicate à mener pour un homme seul. Deux choses pourtant jouaient en ma faveur : la situation des locaux au troisième étage, qui m'assurait de pouvoir opérer à l'abri des regards ; et la procédure d'entrée, qui constituait une mesure de protection à double tranchant pour le joaillier, car elle me protégerait moi-même des intrusions intempestives. Enfin, pensai-je, si l'alarme sonore était déclenchée, je devrais avoir le temps de m'enfuir avant que les gens dans la rue n'aient réalisé qu'un hold-up venait d'être commis au-dessus de leur tête.

Un plan rapide s'ébauchait déjà dans mon esprit, lorsque la voix de Feller me ramena à la réalité :

« Jusqu'à présent, ce sont des pierres relativement convenables », marmonna le joaillier en relevant la tête.

C'était un type proche de la cinquantaine, plutôt solidement bâti, aux cheveux châtains légèrement grisonnants sur les tempes et au regard acéré. Je lâchai avec assurance :

« J'y comptais bien, grand Dieu ! J'ai acheté ce lot chez le joaillier de l'*Intercontinental*, à Colombo.

— Macan Markar ? Je connais.

— Ah ? fis-je sur un ton de surprise ravie.

— Mais permettez-moi de vous dire, cher monsieur, qu'à prix sensiblement égal, vous auriez pu vous procurer chez nous des pierres de qualité supérieure, et mieux taillées. »

Une ombre discrète d'anxiété passa sur mon visage.

« Mieux taillées ? fis-je.

— Oui, soupira Feller comme s'il eût vraiment déploré la chose. La taille des lapidaires indigènes est malheureusement peu soignée. Par ailleurs, ils savent à merveille faire illusion pour exploiter une pierre au maximum de son poids. Tenez, ce saphir-là, par exemple... »

Il exhiba une de mes pierres d'environ deux carats, et demanda :

« Il vous semble parfaitement bleu, n'est-ce pas ?

— Ma foi, oui.

— Eh bien, regardez mieux. Si je vous le présente comme ceci, que remarquez-vous ? »

Je pris l'air inquiet qu'il espérait, et m'approchai.

« Il est plus pâle, finis-je par admettre après avoir examiné la pierre en fermant un œil comme un imbécile. Il est même carrément transparent !

— Exactement, approuva Feller enchanté de sa démonstration. Vous avez là un échantillon typique de la taille du cru. Là-bas, les lapidaires taillent autour de la veine de couleur, de manière que celle-ci se diffracte dans les parties de la pierre qui en sont dépourvues. Autrement dit, une partie de la vôtre est incolore. »

Je m'efforçai de perdre moi-même un peu de mes couleurs, et demandai d'une voix blanche :

« Et cela lui fait perdre de sa valeur ?

— Hélas ! oui, cher monsieur. Voyez-vous, ce qui fait le prix d'un corindon, rubis ou saphir, c'est la densité de sa couleur. Plus la pierre est pâle, plus sa valeur en souffre. J'ai le regret de vous dire que celle-ci ne vaut pas son poids.

— Misère ! m'exclamai-je. Et moi qui comptais réaliser un petit bénéfice ! »

Feller émit une espèce de bruit de gorge qui voulait se faire passer pour un gloussement amusé, et dit :

« Il ne faut pas y songer, cher monsieur. Les saphirs proposés là-bas aux touristes sont presque tous trop clairs. Mais voyons celui-ci. »

Il prit alors le saphir synthétique qui, lui, était d'un bleu profond. Puis il s'exclama aussitôt :

« Mais il est faux !

— Faux ? » m'écriai-je.

C'était la grande scène du trois.

« Parfaitement, cher monsieur. Faux, archifaux ! martela-t-il. C'est une pierre de synthèse, je suis formel.

— Mon Dieu ! gémis-je.

— Ne me dites tout de même pas qu'on vous a vendu ÇA chez Macan Markar !

— Non, murmurai-je en hochant la tête avec accablement. Celui-ci, je l'ai acheté à Ratnapura.

— Ah ! Vous êtes allé à la mine ?

— C'est cela.

— Cher monsieur, fit alors Feller en écartant les bras, que vous dire ? »

Mais le regard qu'il m'adressa le disait clairement : j'étais le roi des pigeons.

Sur quoi je pris congé, me promettant de revenir plus tard, mais en faucon...

La semaine suivante, je rendis visite à un agent de change de la ville, dont la charge était située place de la Bourse. Comme chez Feller, fidèle à une technique qui jusqu'alors avait porté ses fruits, j'avais pris rendez-vous l'année précédente sous prétexte de me faire expliquer les modalités d'un placement en portefeuille. Il se trouvait toujours ainsi un hold-up en réserve dans mes tablettes, que j'allais « taper », comme on dit, lorsque mes fonds étaient en baisse.

L'opération ne fut qu'une formalité. L'agent de change avait coutume de regagner son bureau vers une heure moins le quart, laissant ses commis finir de passer leurs ordres à la corbeille. J'entrai à sa suite au moment où le caissier, demeuré seul dans la charge, lui déclenchait l'ouverture de la porte, comme j'avais observé qu'il avait l'habitude de le faire. J'empochai ainsi quelque cent mille francs et filai en Espagne, cap au sud.

De temps à autre, je me repliais ainsi à Algésiras, qu'un lointain souvenir de collège — la photographie du port de pêche, au détour d'une page de mon manuel de géographie — m'avait donné envie de connaître quelques années auparavant.

En ce temps-là, si ce n'était déjà plus le petit port annoncé par la photo, ce n'était pas encore la cité maritime moderne d'aujourd'hui. Les fumées de la raffinerie de pétrole de San Roque ne polluaient pas cette portion de ciel andalou ; ce café pittoresque, place du Marché, où les dominos claquaient sèchement sur les tables et où officiait un étrange bossu dans la fumée des sardines *a la plancha*, n'avait pas été remplacé par un abominable salon de jeux électroniques ; et les petits cireurs de chaussures qui vous harcelaient parmi les mouches à la terrasse des deux brasseries contiguës sous les arcades, en face du port, ne s'étaient pas réincarnés en gitans hirsutes dealers de hasch...

Alors, les seules fumées troublant l'horizon étaient celles des blancs ferries traversant le détroit de Gibraltar. Le soir venu, les familles emmenaient leurs enfants jouer en haut de la ville, sur cette irréelle place du Generalísimo-Franco, à présent rebaptisée plaza Alta. Là, assises sur les bancs d'azulejos, les mères surveillaient leur progéniture en agitant leurs éventails nacrés, tandis que les hommes, réunis à l'écart par petits groupes, bavardaient et riaient entre eux. Les moineaux pépiaient dans les palmiers et les martinets mêlaient leurs cris aigus à ceux des enfants sur la place. Et moi, installé à une terrasse, je jouissais de toute cette animation bruyante et colorée en savourant un verre d'*oloroso*, le vin de Jerez, capiteux comme la nuit andalouse. Puis je terminais la soirée par une promenade dans le parc. Dissimulés dans les frondaisons, des haut-parleurs diffusaient du flamenco en sourdine ; et il me semblait presque entendre frissonner les couples d'amoureux enlacés dans la pénombre...

Mon séjour devait durer près de quatre mois. Passé la première semaine à reconnaître mon territoire de vacances, je m'installai dans le train-train insipide d'un farniente au long cours. Mon emploi du temps était quasi immuable, et j'aurais pu, héros solitaire de ce naufrage estival, résumer ainsi une fois pour toutes mon journal de bord :

« Journée du 15 juin au 15 septembre. Vent nul, mer calme, ciel bleu. Lever à 9 heures, petit déjeuner sous les arcades, promenade sur le paseo Marítimo. 11 heures : ai bu quatre ou cinq Martini-gin place du Marché avant de prendre l'autobus pour Getares-plage. Bronzage, baignade, Martini 6 et 7. 15 heures : déjeuner en tête à tête avec le *Peñon*[1], molosse accroupi en face de moi à l'autre bout de la baie. Au menu : chaleur d'enfer, mouches, *parrillada, queso manchego*, mouches, et l'inévitable bouteille de rioja (*fresco*). Puis sieste à l'ombre d'une barque échouée ; *cuba libre* ; rebaignade, *cuba libre bis* et *ter*. 18 heures : ai regagné mon hôtel pour me doucher et me changer. Restaient de longues heures à tuer avant de pouvoir dîner, l'horaire espagnol des repas étant une chose à laquelle je ne puis décidément pas m'habituer. Ai alors erré au hasard des rues et des ruelles, goûtant ici le *fino*, là dégustant l'*oloroso...* »

L'alcool sied à l'ennui comme le deuil à Électre. Parfois, j'en arrivais à les confondre, à ne plus distinguer lequel des deux charriait ainsi dans mes veines ce feu dense et vertigineux qui m'embrasait. J'étais ivre d'ennui. N'importe qui d'un peu sérieux se fût suicidé pendant ces vacances, ou à défaut eût rédigé ses Mémoires à l'ombre d'un parasol. Moi, je me buvais jusqu'à la lie, jusqu'à plus soif, consciencieusement. L'azur implacable du ciel devenait comme l'extension de mon vide intérieur, le bourdonnement de mes tempes comme le symptôme d'une insolation. Verre après verre, j'irradiais, tout imbibé d'une vacuité solaire et définitive.

Parfois, je tentais de m'arracher à cet enlisement névrotique. Je prenais alors l'autocar et allais hanter d'autres décors : Tarifa, d'où l'on pouvait voir comme en filigrane émerger de la brume de chaleur bleutée, de l'autre côté du détroit, les premiers contreforts du continent africain dominés par le Jbel Musa ; Cadix, où les stores verts et les balcons fleuris de la vieille ville semblent accaparer

1. Nom donné en Espagne au Rocher de Gibraltar.

toute la lumière du ciel égarée dans ce labyrinthe de ruelles sonores et fraîches ; Marbella, pour y assister à quelque corrida, et là je vis une fois Paquirri faire danser la Mort dans un silence sublime traversé d'éclairs rouge et noir, puis délivrer à l'unisson la foule et le *toro* d'une même estocade.

Mais en tous ces lieux, je traînais pareillement mon ombre après moi. De guerre lasse, certains après-midi, je partais m'échouer à La Línea de la Concepción, la ville frontière avec Gibraltar. Le contentieux entre l'Espagne et l'Angleterre durait ; la *verja*, la grille qui marque les limites du Peñon, était toujours fermée, et la Guardia Civil veillait dans les guérites du no man's land. À l'entrée, de part et d'autre de la route d'accès ainsi coupée, les familles séparées par ce guignolesque mur de la honte en fil de fer se criaient les nouvelles, s'adressaient des signes, s'envoyaient des baisers.

La ville paraissait morte. Privée de son commerce avec Gibraltar qui naguère la faisait vivre, La Línea gisait sous le soleil comme un vieil os de seiche. Là cependant, pour moi, tout prenait sens absurdement. En ce lieu, plus que nulle part ailleurs, j'étais ce silence accablant qui vous déshydratait le cœur ; j'étais cette route rectiligne longeant la plage déserte, et où ne circulait âme qui vive ; et surtout, j'étais ce parc. Abandonné des jardiniers et des enfants, celui-ci croupissait dans une fournaise de fin du monde en face du no man's land. Je venais m'y asseoir sur quelque banc, et je demeurais là, parfois pendant plus d'une heure, figé comme les palmiers poussiéreux qui m'entouraient, le regard perdu dans la contemplation d'un bassin à sec où les boîtes de conserve et les détritus avaient depuis longtemps remplacé nénuphars et lentilles d'eau. Le temps lui-même semblait s'être fossilisé. On aurait dit quelque vaste conservatoire à ciel ouvert d'une végétation très ancienne, et lorsqu'un souffle d'air chaud le traversait, venu du large, le feuillage se mettait à cliqueter sinistrement comme des élytres d'insectes.

À quelques pas de là, sur une autre planète, la vie rugissait par intervalles et secouait ma torpeur : c'étaient les jets décollant de l'aéroport de Gibraltar, juste derrière le no man's land.

À demi hébété, je regagnais ensuite la station d'autobus. Souvent, je faisais un détour, empruntant quelque ruelle flanquée de *casitas* au crépi blanc alignées comme des tombes. Assises devant leur porte, des vieilles en noir veillaient, faisant silence sur mon passage. Ma grande dégaine, mes cheveux coupés ras, ma chemisette aux tons criards, mon jean et mes lunettes aux verres teintés devaient me donner l'air d'un profanateur yankee. Je croisais sans broncher les regards accusateurs et vaguement apeurés dont elles me gratifiaient ; et certaines m'adressaient parfois une rapide inclination de tête, comme elles se fussent signées pour éloigner le mauvais œil.

Ainsi passa l'été...

Je rentrai en France vers la mi-septembre — je ne devais plus revoir l'Espagne avant longtemps —, frais et dispos pour m'occuper de la Gabriel Feller SA. J'étais avide d'action, c'est-à-dire que j'étais en manque de quelque chose qui pût donner couleur et relief à toute cette litanie des jours. Je retrouvai donc sans déplaisir la stricte impersonnalité de mon appartement lyonnais loué à un particulier sous une identité d'emprunt. On eût cherché en vain, dans ce deux-pièces-cuisine, une photo, une lettre ou de quelconques bibelots. J'occupais seul et sans souvenirs ce meublé exigu mais chic situé à deux pas du parc de la Tête-d'Or. Le soir même de mon arrivée, j'appelai Henriette d'une cabine publique.

Je trouve que pour une jeune femme, Henriette est un prénom atroce. Je suppose donc qu'il entrait pour une bonne part dans l'absence totale d'attrait qu'exerçait sur moi cette institutrice de vingt-quatre ans, au visage disgracieusement asymétrique, et à qui il manquait trois doigts de la main gauche. Cette perle rare avait été soumise à mon examen à la lumière crue des locaux d'une agence matrimoniale où j'étais venu un jour, je ne sais plus trop pourquoi, faire la chine entre deux hold-up. Depuis lors, marché conclu, nous nous retrouvions une ou deux fois par semaine, tantôt chez elle, tantôt chez moi.

C'était toujours moi qui l'appelais pour lui donner rendez-vous. Jamais elle ne se déroba, n'argua de quelque prétexte pour marquer sa fierté ou son indépendance. Elle disait simplement oui, murmuré d'une voix douce.

J'avais déclaré à l'agence que j'étais chronométreur. Mais elle ne croyait pas le moins du monde que j'eusse jamais chronométré quoi que ce fût, sauf peut-être le temps que je tuais avec elle.

Jamais je ne sortis en sa compagnie, ni pour une course en ville, une séance de cinéma ou un dîner au restaurant. Il advint qu'elle resta chez moi tout un week-end. J'achetais alors beluga, foie gras, saumon fumé et deux bouteilles de dom pérignon. Je garnissais moi-même les toasts et remplissais les coupes, et je la regardais manger nue, assise en tailleur au milieu du lit, à la fois émerveillée et terriblement mal à l'aise — et belle aussi, car elle avait un corps splendide.

Ce soir-là, vingt minutes après mon appel, elle garait sa 2 CV framboise devant la porte de mon immeuble. Elle se blottit aussitôt dans mes bras sans mot dire. Mais plus tard dans la nuit, en promenant un doigt sur le profil de mon visage, elle se mit à fredonner de sa voix triste et douce, comme s'il se fût agi d'une comptine :

« Je t'aime et tu ne m'aimes pas... Je t'aime et tu ne m'aimes pas...

— Exact », lâchai-je froidement.

Elle éclata en sanglots.

Le 12 décembre, à 14 h 30, je faisais irruption revolver au poing dans les locaux de la Gabriel Feller SA. Ce jour-là, après deux mois de repérage et d'affût, l'occasion me fut enfin donnée de tromper la télésurveillance.

Je m'étais posté en contrebas du palier de la société, là où l'escalier tournait. En cet endroit, la caméra ne pouvait détecter ma présence, et je contrôlais quant à moi l'escalier, le palier du troisième étage, et l'ascenseur dont la cabine s'ouvrait juste en face de la porte du diamantaire.

En raison du va-et-vient dans l'immeuble, il ne m'était pas possible de demeurer là plus de dix minutes d'affilée. J'étais vêtu d'un costume gris fer et d'un manteau pied-de-poule de coupe anglaise, gris également, laissé ouvert pour pouvoir dégainer mon arme. J'arborais en outre une longue écharpe bleu marine dont les pans flottaient librement autour de mon cou, et avec laquelle je comptais improviser une cagoule au moment opportun. Enfin, mon menton s'ornait d'un bouc taillé avec soin qui me conférait un air infiniment respectable. Pour quiconque m'eût alors croisé dans l'escalier ou dans le hall d'entrée, j'étais quelqu'un de très comme il faut, locataire, client ou visiteur, entrant dans l'immeuble ou se préparant à en sortir.

À 14 h 30 donc, tandis que je me tenais ainsi aux aguets, des pas se firent entendre et des voix résonnèrent au-dessous de moi dans le hall. Puis une porte claqua, les câbles de l'ascenseur frémirent : la cabine s'élevait du rez-de-chaussée.

Elle s'arrêta au troisième étage, et deux jeunes femmes en sortirent en riant. L'une d'elles sonnait déjà à la porte du diamantaire, et j'eus le temps d'identifier d'un rapide coup d'œil les deux secrétaires de Feller, dont la brune aux cheveux en cascade aperçue lors de ma visite en juin. Elles arrivaient en retard à leur travail, et j'appris par la suite qu'elles étaient allées voter aux élections prud'homales.

Il se produisit alors ce que j'attendais depuis longtemps : le cerbère, n'ayant aperçu sur son écran que les visages familiers et hilares de ses collègues, jugea inutile d'appliquer la procédure habituelle de sécurité. Elle déclencha l'ouverture du sas pour la première employée avant même que sa compagne, la brune aux longs cheveux, n'eût franchi l'entrée. Les deux portes se trouvèrent ainsi momentanément ouvertes en enfilade. L'irruption surprise dans les locaux de la Gabriel Feller SA était enfin possible.

Je bondis l'arme au poing, le visage déjà dissimulé sous mon écharpe.

Agrippant de la main gauche la crinière qui s'offrait devant moi, je catapultai sa propriétaire au beau milieu de la pièce. La porte d'entrée, puis celle du sas se refermèrent derrière nous avec un claquement sec. J'appliquai alors le canon de mon revolver sur la tempe de mon otage, et lançai d'une voix forte, tranchante :

« Hold-up ! Un geste, un seul, et je la flingue ! »

La jeune femme se mit aussitôt à hurler et à se débattre comme une furie. Sans lâcher prise, je répétai à la cantonade :

« C'est un hold-up ! Personne ne bouge, ou elle est morte ! »

Il se fit un grand silence, troublé seulement par les sanglots à présent étouffés de ma victime.

Devant moi, retranchées derrière le comptoir, les vendeuses se tenaient très droites, immobiles et livides toutes les trois. La secrétaire entrée la première s'était reculée à quelques pas, et son regard affolé ne cessait d'aller de mon arme braquée sur la tête de son amie à mon visage masqué, paraissant éprouver la plus grande difficulté à admettre que la scène fût réelle. Une porte à gauche s'ouvrit, et un ouvrier bijoutier, alerté par les cris, apparut en blouse blanche dans l'entrebâillement. Je lui intimai sèchement de ne plus bouger, et il demeura ainsi, pétrifié à son tour, n'osant se jeter à l'abri de son atelier par crainte de mettre en péril la vie de la jeune femme.

Et puis je vis Feller. Ou plutôt, je l'entraperçus. Il se tenait au fond à droite, dissimulé en partie derrière la colonne de stuc près de laquelle il avait examiné mes saphirs six mois auparavant. Dans son dos, la fenêtre l'éclairait à contre-jour et m'empêchait de bien le voir.

« Feller ! criai-je comme on cite un *toro manso* pour l'obliger à charger. Viens par ici ! »

Mais Feller apparemment n'était pas un taureau mou, c'était un *toro resabiado*, c'est-à-dire vicieux. Je vis son bras lancer quelque chose en direction de la fenêtre. Il y eut un bruit de verre brisé. Puis un ululement strident emplit la pièce : au mépris de la vie de son employée, Feller venait d'actionner l'alarme, d'un bouton sans doute logé dans la colonne de stuc.

Je compris que le sac en plastique fixé à ma ceinture resterait vide ce jour-là de boîtes à plions. Le diamantaire avait froidement déjoué l'effet psychologique de la prise d'otage en n'en tenant tout simplement pas compte. Je n'avais plus qu'à décrocher.

Tenant toujours l'infortunée secrétaire par les cheveux, je gueulai en direction de Feller, feignant la panique :

« Arrête l'alarme, ordure, ou je la bute ! Arrête-moi ça tout de suite ! »

Mais Feller ne broncha pas. J'entendis seulement la matrone au chignon chevroter derrière moi :

« On ne peut plus l'arrêter, monsieur ! Je vous jure qu'on ne peut plus !

— Alors, ouvrez les portes ! »

Ce qu'elle fit. J'entraînai aussitôt la secrétaire vers la sortie. La jeune femme s'était remise à se débattre et à hurler, s'agrippant de toutes ses forces aux barreaux du sas. Je dus lui faire brutalement lâcher prise pour pouvoir gagner l'escalier sous sa protection, ne doutant plus que son délicat employeur ne fût capable de me tirer une balle dans le dos à ma première étourderie.

Deux étages plus bas, je lui rendais la liberté en lui tapotant l'épaule.

« Allez, lui dis-je. Tu peux retourner chez ton patron ; je crois qu'il t'aime bien. »

Elle remonta l'escalier quatre à quatre et, du hall, je l'entendis tambouriner à la porte de Feller, déjà refermée.

Je défis alors mon écharpe, fourrai mon revolver dans la poche de mon manteau, et m'apprêtai à quitter l'immeuble. La suite était toute simple : il s'agissait de sortir sous le ululement qui ameutait le quartier depuis déjà plus d'une minute, en marquant juste ce qu'il fallait de perplexité distinguée quant à son origine.

Dehors, comme je m'y attendais, un attroupement s'était formé. Plantés le nez en l'air sur le trottoir d'en face, les badauds scrutaient sans comprendre les fenêtres de l'immeuble d'où provenait le miaulement ininterrompu de la sirène d'alarme. J'aperçus également des uniformes de gardiens de la paix. Il était grand temps de filer.

Je sortis sans hâte, le nez levé pour n'être pas en reste. Sur le trottoir, des gens étaient occupés à ramasser quelque chose en poussant des exclamations joyeuses. Je n'eus pas le loisir de me demander de quoi il s'agissait. La voix de Feller retentit soudain au-dessus de ma tête, me désignant à l'attention de la foule depuis la fenêtre du troisième étage :

« C'est lui ! C'est lui ! Arrêtez-le ! Arrêtez-le ! »

L'affaire devenait chaude. Avec un serrement de cœur, je sortis mon revolver et me mis à courir.

Je n'avais que quelques mètres à parcourir pour contourner le bloc d'immeubles, ensuite de quoi un itinéraire précis comportant la traversée d'un grand magasin devait me permettre de semer d'éventuels poursuivants. Les gardiens de la paix s'étaient déjà lancés à mes trousses, l'arme au poing. Je ne m'en inquiétai pas outre mesure. Ils me semblèrent jeunes et inexpérimentés, et je les imaginais mal transformer la voie publique en stand de tir.

Mais quand je m'engageai dans la première rue à gauche, je vis surgir en sens inverse un fourgon de police d'où jaillirent de nouveaux gardiens appelés en renfort. Ils n'eurent pas à chercher longtemps à qui s'en prendre : j'étais le seul individu courant à leur rencontre avec un revolver...

Je m'arrêtai pile. Il me sembla, je ne sais pourquoi, sentir passer sur mon visage une caresse d'air chaud, et entendre le bruissement métallique du feuillage du parc de La Línea. Un gardien de la paix s'avança lentement vers moi, à demi mort de peur. Les yeux dans les siens, je pointai alors mon vieux 8 mm espagnol à ma tempe, armai le chien et pressai la détente.

2

Rouquemoute me tendit une boîte de bière.

« Et alors ? demanda-t-il. Qu'est-ce qui s'est passé ?

— Rien. Ou plutôt "ça", fis-je en montrant la cellule d'un geste.

— Ton calibre s'est enrayé ?

— Non ; c'était un revolver.

— Alors quoi ?

— Une cartouche a fait long feu. Ça a fait pfuitt ! expliquai-je en ouvrant en même temps la boîte de bière. La balle est restée coincée entre le barillet et le canon. Quand j'ai voulu réarmer, le barillet n'a pas tourné.

— T'as voulu réarmer ?

— Oui. »

J'avalai une longue, longue rasade. Rouquemoute me considérait pensivement, en hochant la tête.

« T'as de la suite dans les idées, toi », finit-il par dire.

Je ne répondis pas ; j'avais trop soif ou je ne sais quoi.

« Bois, me dit Rouquemoute. Il y a des réserves. »

Il se leva, et je le vis plonger la main dans un seau où trempait du linge. Il en sortit trois nouvelles boîtes qui se trouvaient dissimulées au fond et qu'il alla rincer ensuite sous le robinet du lavabo. Il en tendit une à l'autre occupant de la cellule, un petit blond à la mine chiffonnée qui nous écoutait sans mot dire, étendu au-dessus de nos têtes sur le dernier des trois lits superposés. Puis il reprit sa place en face de moi.

C'était un type d'environ quarante ans, trapu et rigolard. Son visage joufflu, constellé de taches de rousseur et au nez en trompette, avait été posé directement sur ses épaules par un caricaturiste pressé. Mais la bonhomie de cette bouille pouponne était démentie par une paire de petits yeux ronds bleu pâle, curieusement rapprochés et comme dépourvus de cils, qui lui faisaient un regard bizarrement fixe et un peu inquiétant. On aurait dit des yeux exclusivement réservés à l'usage de la vision et qui n'entraient pour rien dans l'expression d'un sentiment quelconque, lequel avait pour se manifester le recours d'une bouche mince au sourire fréquent, gouailleur, laissant alors entrevoir une denture impeccable, et d'un front têtu où des rides fugaces apparaissaient et disparaissaient à tout propos comme des mirages. À cause de ces yeux-là, sa barbe de deux jours plaquée sur une peau blême et sa tignasse ébouriffée d'un roux flamboyant (d'où le surnom argotique de Rouquemoute) lui donnaient un peu l'air d'un hibou albinos.

Un quart d'heure plus tôt cet après-midi-là, à mon arrivée dans la cellule, il avait fait lui-même les présentations.

« René, avait-il annoncé la main tendue, après m'avoir dévisagé quelques secondes. Mais tu peux m'appeler Rouquemoute, comme tout le monde. Tu piges pourquoi ?

— Je crois que oui », avais-je répondu en lui serrant la main.

Il avait enchaîné aussitôt :

« Lui, là-haut, c'est Robert. Un ch'timi mégalomane qui s'est imaginé pouvoir refaire les commerçants lyonnais avec des chèques bidon. »

J'avais serré la main au ch'timi mégalomane, puis j'avais voulu me présenter à mon tour. Mais Rouquemoute m'avait coupé la parole :

« Toi, c'est Pluie de Pierres Précieuses », avait-il déclaré en éclatant de rire.

Ce disant, il m'avait indiqué d'un geste un journal abandonné sur le lit du milieu.

C'était *Le Progrès* de la veille. En première page, un titre se détachait en caractères gras : « Pluie de pierres précieuses », se poursuivant au-dessous en caractères plus petits : « ... au cours d'un hold-up manqué chez un joaillier du centre-ville ». Un cliché où l'on voyait des gens passer l'aspirateur sur un trottoir illustrait le fait divers.

C'était donc cela que j'avais vu Feller lancer par la fenêtre et que ramassaient joyeusement les gens sur le trottoir : un plateau de pierres — rubis, saphirs, brillants — destinées au sertissage. Feller avait voulu attirer l'attention des passants dans la rue sur ce qui se passait dans ses locaux, mais il avait surtout attisé leur convoitise. L'article expliquait en effet qu' « en raison sans doute de l'approche des fêtes de fin d'année, de nombreuses personnes s'étaient laissé tenter par la manne ainsi tombée du ciel comme de la hotte du Père Noël ». Si bien qu'il avait fallu dresser rapidement des barrières pour interdire au public l'accès du trottoir et d'une partie de la chaussée. Le personnel de la Gabriel Feller SA avait ensuite longuement passé et repassé l'aspirateur pour tenter de récupérer les pierres défenestrées. Mais la plupart d'entre elles avaient rebondi comme des billes, se dispersant un peu partout. Quant au reste, il avait disparu dans la poche des heureux badauds... Suivait en page intérieure le récit plus ou moins détaillé du hold-up, puis de l'arrestation, « au moment où il tentait de se suicider, de Christian Lhorme, 36 ans, repris de justice ». Ma photo anthropométrique accompagnait bien sûr l'article.

« La gloire, quoi ! » avais-je marmonné, écœuré, en reposant le journal.

Rouquemoute venait d'entamer la seconde boîte de bière ; comme moi, il semblait avoir une bonne descente. Il rota, et demanda soudain :

« Pourquoi t'as voulu te tuer ?

— Je n'avais pas trop envie d'aller au ballon, je suppose.

— T'en as déjà fait, non ?

— Justement. »

Rouquemoute médita ma réponse quelques instants.

« Y a longtemps ?

— Dix ans. »

Il se mit à rire.

« Tu verras, ça a changé. Maintenant, on peut siffler deux bières par jour en écoutant la radio et en feuilletant des magazines non censurés, et on a droit à deux heures de promenade quotidienne au lieu d'une. Ça vaut le coup de vivre, non ?

— C'est à prendre en considération, en effet », fis-je avec le plus grand sérieux.

Rouquemoute rit de nouveau. Ses petits yeux ronds étaient rivés sur moi avec autant d'expression qu'une paire de Cataphotes.

« Tu me plais, toi », lâcha-t-il enfin.

Puis il déclara :

« C'était quand même pas un boulot à taper seul, cette affaire, tu ne trouves pas ?

— C'est bien possible, admis-je. Quoique... »

Et je lui décrivis le comportement incroyable du diamantaire pendant le hold-up, détail dont le journaliste ne faisait pas mention dans son article, faute peut-être d'en avoir été informé... Après m'avoir écouté, Rouquemoute émit un sifflement et acheva à sa manière la phrase que j'avais laissée en suspens :

« Quel enculé, ce mec !

— Tu crois ?

— Je crois. On le connaît, tu sais.

— Feller ?

— Oui. J'ai des amis qui s'étaient mis sur l'affaire et qui ont laissé tomber pour je ne sais plus quelle raison. Il a une réputation de sale con et c'est un mordu de la chasse. Chaque année, il part au Kenya faire un safari.

— Alors, il doit tirer l'éléphant à quinze cents mètres, planqué derrière un baobab.

— Ouais ; et le soir, après la curée, il taille des pipes aux Sénégalais.

— Il n'y a pas de Sénégalais au Kenya.

— Pour Feller, il y a toujours des Sénégalais au Kenya. C'est compris dans son forfait safari. »

Le ch'timi gloussa au-dessus de nos têtes. Il n'y avait rien à ajouter à cela ; pour toute réponse, je levai ma boîte de bière et portai un toast :

« Aux éléphants ! dis-je.

— Et aux Sénégalais ! » compléta Rouquemoute, têtu.

Nous vidâmes nos bières.

« Si tu en veux d'autres, te gêne surtout pas, me dit-il entre deux rots. Je les planque dans les caleçons sales à cause des matons, mais avec ces fouille-merde, c'est plutôt symbolique. »

Et il poursuivit :

« La promenade est dans une heure et demie. Range tes affaires, relaxe-toi, on a tout le temps de causer. Moi, je dois étudier mon *Paris-Turf* : je suis sur une martingale. Tu aimes les courses ?

— Comme ci comme ça. De temps à autre, j'allais flamber au champ, à Parilly ou à Villeurbanne. »

Rouquemoute hocha la tête, conquis.

« Tu sais que tu me plais de plus en plus, toi ? »

Puis, s'adressant au ch'timi :

« Tu commences à piger, Robert, ce que c'est qu'une personne civilisée ? Hein ? Ce monsieur allait flamber au champ. J'espère que t'as compris qu'il n'allait pas fumer des champs de patates ?

— Ouais, ouais, ça va ! râla l'autre en se tortillant sur son lit. J'suis pas con, merde !

— T'es pas con, mais à force de jouer à la marelle dans ton coron avec des boulets de coke, t'es pas vraiment devenu ce qu'on appelle un gonze dans le vent. »

Sur quoi, il déplia son *Paris-Turf* en ricanant, et, armé d'un stylo et d'un cahier où s'alignaient des noms, des dates et des chiffres, il se plongea dans son étude.

Quant à moi, j'allai m'affaler sur le lit du bas, fermant aussitôt les yeux. Un peu de répit après ces deux jours de garde à vue et d'interrogatoires insipides était tout ce que je désirais pour le moment. Je n'avais pas sommeil. Je ne voulais que m'acclimater sans plus attendre, yeux clos, la respiration ralentie, à cette nouvelle forme de temporalité qui désormais allait régler le cours de mon existence. Pour avoir déjà connu la prison, je savais en effet ce qui m'attendait : la lente et inexorable usure de soi par ce temps concret, statique et circulaire, constitué d'heures repères — lever, promenade, repas, promenade, repas, coucher, et ainsi de suite à l'infini —, toute cette succession d'heures itératives qui finissait par amputer la conscience de sa fonction la plus humaine, sa capacité même d'engendrer des perspectives. Car les murs de prison ne se referment pas, comme on imagine à tort, sur un espace où nous serions confinés pour nous en interdire un autre où nous allions librement, et la ligne d'horizon n'est pas ce qu'ils empêchent nos yeux d'apercevoir. Ils se referment sur un présent qu'ils éternisent et n'occultent que les lendemains qui chantent.

On pouvait toujours rêver, bien sûr ; rêver jusqu'à plus soif, rêver jusqu'à la lie, comme je venais de me « boire » cet été même, en Espagne... La durée intérieure prendrait alors cette forme d'une marée rythmique, flux et reflux d'images qui viennent régulièrement s'échouer à la lisière d'un présent immobile. Et ce serait le passé, que ces lambeaux d'existence arrachés à la trame du temps ; et ce serait l'avenir, que ces bouteilles à la mer, porteuses de projets, porteuses d'espérance, lâchées le soir et retrouvées le lendemain au réveil, intactes et dérisoires.

Mais je vomissais ces rêveries carcérales mêlées de nostalgie et d'espoir. Celui-ci vous castrait et annihilait peu à peu la volonté, celle-là vous droguait jusqu'à estomper les contours du réel. Dans les deux cas, ce n'étaient qu'ersatz de vie, balancement lancinant de la conscience d'un bord sur l'autre qui vous faisait monter le cœur aux lèvres.

Je connaissais le remède à cette nausée : il suffisait d'ouvrir les yeux et les oreilles. Une réalité crue, sans recours, épinglerait aussitôt ma conscience comme un papillon. Je m'étais complu autrefois à cette agonie salutaire et je l'avais renouvelée le plus souvent possible. Les murs de la cellule, la cuvette des W-C, les barreaux de la fenêtre, la rumeur sourde de la coursive composée de bruits de voix, de bruits de clés, de bruits de portes, tout était alors méthodiquement appréhendé, avide que j'étais de savoir jusqu'à quel point pouvaient m'anéantir ces choses et en quoi je demeurais capable de leur résister. Ainsi étais-je parvenu, parfois, à percevoir en quel tréfonds de moi-même je m'évertuais encore à exister ; et j'avais passé de longues heures à écouter comme un sadique battre le pouls insensé, terrifiant, de cette vie qui persistait.

Ce vieux réflexe d'abandon total à une condition dont l'absurdité était plus sensible encore en cet endroit que sur un banc du parc de La Línea, il avait joué la veille déjà, lors de ma garde à vue dans les locaux de la BRI. Là, entre deux séances d'interrogatoire, j'avais été descendu au sous-sol à plusieurs reprises et bouclé dans une cellule d'« attente ».

C'était un cube entièrement nu de béton gris, clos d'une grille, et que l'éclairage au néon du couloir inondait crûment jour et nuit. Instinctivement d'abord, comme font tous les captifs du monde, je m'étais mis à marcher de long en large, visité régulièrement par un garde venu s'assurer que je me tenais tranquille. Vigilance bien inutile, car je ne pouvais plus guère me nuire dans cette cellule dépourvue du moindre objet où l'on me laissait mariner sans lacets ni ceinture après m'avoir fouillé chaque fois. Au reste, tout désir d'attenter à mes jours m'avait quitté depuis mon arrestation.

Aussi le garde finit-il par se lasser de cette vaine surveillance, et je cessai d'aller et venir dans la cellule pour me poster face au mur du fond, les yeux grands ouverts et la tête vide. Bientôt, la notion des raisons qui m'avaient conduit là ainsi que le sentiment de la perte brutale de ma liberté s'évanouirent. Je redevenais enfin cette solitude épinglée, toute redondante d'elle-même et certifiée par ce mur de béton gris qui paraissait la réfléchir comme un miroir.

Au bout d'un moment, une sombre et familière jubilation s'empara de moi. Je passai la main sur cette surface grenue pour en éprouver la présence fraternelle et je pressai ma joue contre elle avec une espèce de ferveur incestueuse. Sa fraîcheur me pénétra, son opacité gela en moi jusqu'au moindre murmure, et je crus sentir que sa rigidité gagnait aussi mon corps. Alors, sous le regard irréductible de ma conscience qui achevait de tout transir en moi et hors de moi, j'y plaquai soudain ma bouche en un baiser âpre et désespéré.

Béton, béton mon frère, qui dira jamais l'ivresse de nos amours mortes et pétrifiées ?

Rouquemoute m'arracha à ma méditation pour m'annoncer qu'il était l'heure de la promenade.

« Mais tu peux rester si tu veux, ici on est libre », précisa-t-il en rigolant.

Je n'en doutais pas et je choisis de sortir. Autant valait prendre le rythme sans plus attendre, se plonger d'un coup dans le bain froid de la routine carcérale.

La promenade avait lieu dans une cour triangulaire exiguë, formant cercle avec les autres autour de la rotonde centrale de la prison. Pour cette raison, on appelle ces cours des cours « camembert ». Elles sont recouvertes d'un grillage destiné à empêcher les détenus de passer dans les cours voisines ou d'échanger des messages, et sont séparées par groupes de quatre par les bâtiments de détention qui sont comme les rayons d'une roue dont la rotonde est le moyeu. Nous étions là, dans chacune de ces cours, une bonne trentaine à devoir nous partager un maigre espace plus propre à nous permettre de nous aérer les poumons que d'activer la circulation du sang dans nos jambes.

C'était ma première « oxygénation » depuis qu'on m'avait arrêté, et l'air frais de cet après-midi de décembre me fit du bien. Comme je ne connaissais personne, je me mis à déambuler seul et m'appliquai à laisser mon regard glisser sur mes compagnons pour saborder toute tentative de conversation. En prison, la première prise de contact avec l'entourage tourne en général autour du « Pourquoi t'es là ? » formulé avec plus ou moins de délicatesse. Il s'agit en fait de savoir qui est qui, mais c'est aussi l'occasion pour le nouvel arrivant d'atténuer un peu, en se racontant, le traumatisme de l'arrestation. Ces promenades de prévenus servent ainsi d'exutoire collectif, il s'y opère tout un travail d'extériorisation et de restauration de soi, on y récrit l'histoire — sa petite histoire personnelle et dérisoire — à l'aide de mensonges, d'omissions, d'exagérations, de changements de perspective et d'éclairage ; bref, le chaos devient lisible et dicible, le ratage est un thriller. Bien vite d'ailleurs, on s'aperçoit que la réponse au « Pourquoi t'es là ? » sert de prétexte au questionneur pour parler de lui. Il faut alors, encore sous le coup de son propre drame, écouter des histoires de brigands série B qui vous soûlent plus qu'un interrogatoire. Bien entendu, les plus prompts à vous « brancher » à votre arrivée dans la cour, quand vous êtes inconnu, sont les demi-sel, les laissés-pour-compte, les nuls. Les gens sérieux vous ignorent totalement. Ils attendent prudemment de voir, avant de se compromettre à vous serrer la main.

J'étais inconnu, mais mon attitude eut l'effet escompté : personne ne m'aborda. Je pouvais supposer par ailleurs qu'en ce qui me concernait, l'article du *Progrès* assorti de ma photo avait fourni la réponse au « Pourquoi t'es là ? ». Dans un coin de la cour, Rouquemoute conversait avec deux lascars dont l'extrême élégance et les manières typées sentaient le hareng à cent pas. À en juger par les coups d'œil discrets que tous les trois jetaient de temps à autre dans ma direction, je conclus que ma modeste personne, dite Pluie de Pierres Précieuses, devait être au menu de la conversation du jour. Rouquemoute eut toutefois le tact de respecter ma solitude. Les présentations seraient sans doute pour plus tard...

Quand nous regagnâmes nos cellules, au bout d'une heure, le soir tombait. Le bruit des gamelles annonçant la soupe retentit peu après dans la rotonde. L'après-midi avait passé ; la machine à moudre le temps fonctionnait sans à-coups.

Ce ne fut qu'après l'extinction des feux, vers 23 heures, que les choses devaient prendre dès ce premier soir une tournure plus personnelle. Rouquemoute souffrait d'insomnie à cause d'une crampe à la jambe gauche qui l'obligeait à se lever à tout bout de champ pour effectuer des flexions dans la cellule. La fatigue et le sommeil n'avaient raison de lui qu'à l'aube, et il ne pouvait alors s'extraire du lit ni pour le petit déjeuner ni pour la promenade du matin. Il couchait du reste sans draps, m'expliqua-t-il le lendemain, pour n'avoir pas à les plier au réveil comme l'exigeait le règlement.

« J'espère que le jour de la décarrade, ils me relâcheront l'après-midi, ajouta-t-il. Parce que si ça doit être à 6 plombes du mat, je reste... »

La nuit était donc un calvaire qu'il avait à cœur de partager avec quelqu'un. J'eus ainsi tout le loisir d'admirer au fil des mois l'art consommé avec lequel il amorçait à cette fin la conversation, la stimulait et la ranimait à temps, c'est-à-dire avant que son infortuné interlocuteur ne succombât au sommeil. Lui-même en général parlait peu ; il écoutait, il écoutait... L'heureux élu était évidemment presque toujours Robert, qu'il amenait sans trop de peine à nous conter ses exploits d'apprenti escroc ; et la bouffonnerie fanfaronne de ces récits, encore aggravée par l'accent ch'timi, provoquait chez Rouquemoute une hilarité inextinguible qui le dispensait avantageusement d'une séance de gymnastique.

Bien entendu, je ne coupai pas non plus à ce purgatoire nocturne. Mais avec moi, Rouquemoute fit preuve d'infiniment plus d'égards et de ruse pour tenter de m'entraîner sur le chemin des confidences. Ma réserve ne lui avait pas échappé ; et ce trait de mon caractère, ajouté à mon état de braqueur solitaire, devait encore exciter par la suite la curiosité que ma personne lui inspirait. Mais que pouvais-je bien lui dire qui pût l'intéresser ? L'invraisemblable vacuité de mon existence était inracontable, et je me pris bientôt à regretter de n'être pas un peu mythomane, comme Robert, pour pouvoir agrémenter ses insomnies. Comme en outre l'usage voulait qu'entre gens sérieux et ne se connaissant pas on passât sous silence les affaires que la justice ignorait, le jeu entre Rouquemoute et moi tournait court assez vite. J'appris rapidement à éluder la plupart de ses questions sur ma vie privée, dérivant sur des banalités, de ces considérations générales en quoi mon existence marginale m'avait rendu expert avec les gens ; puis un beau soir, je lui confiai avoir fait mes études secondaires au collège de Saint-Malo, tenu par des prêtres, me disant qu'il pourrait mettre ainsi mon attitude évasive sur le compte de quelque pudeur bizarre due à mon éducation.

« En somme, t'es un petit-bourgeois catho qui a mal tourné, observa-t-il, ravi de l'aubaine.

— J'ai été élevé par une grand-mère qui tenait un bistrot en face de la criée au poisson, rectifiai-je.

— N'empêche, les curés, ça marque. »

C'était assez mon avis. Mais la remarque de Rouquemoute eut l'effet exactement inverse de celui escompté. Au lieu de faire rebondir la conversation, elle me plongea dans une rêverie intérieure, me reporta des années en arrière, en ces lieux où ma singularité s'était forgée... Il me sembla qu'une rumeur de ressac bourdonnait à mes oreilles : mon adolescence, peut-être, qui revenait mourir à l'improviste sur mes grèves obstinément désertifiées, sur mes digues patiemment fortifiées... Qu'étais-je donc devenu ? Et quel rapport y avait-il entre cette prison où il me semblait que ma conscience avait déjà commencé à se désagréger, et ce collège où j'avais cru entendre comme les appels de je ne sais quel infini, je ne sais quel absolu ?

Cela marquait, disait Rouquemoute... M'avaient-ils donc, ces prêtres, nanti d'un supplément d'âme comme ils aimaient à dire ? Et si oui, de quoi me servait-il à présent ? Tout cela était si loin, tout cela était comme hors du temps... Je revis soudain les mains de ma grand-mère, affreusement déformées par les rhumatismes, et son regard qui semblait avoir mesuré toute l'aridité du monde, un regard tragique au fond d'orbites sombres... C'était son autre fille qui s'était chargée, à la mort brutale de mes parents, de pourvoir à mon éducation. Ma grand-mère haussait les épaules ou ricanait quand elle me voyait partir le dimanche matin pour la messe obligatoire de ce collège où ma tante avait tenu mordicus à m'envoyer. Elle trouvait incongrue cette éducation bâtarde (bâtarde comme moi, mais elle n'osait pas le dire) qui m'engageait un pied dans l'univers élitiste et clos des bourgeois de la ville, et me laissait l'autre dans celui, vulgaire et borné, du *Café du Bassin*. « Ça va nous faire un gandin et un fainéant comme son père ! » lançait-elle à ma tante, exaspérée de me voir m'escrimer sur mon Gaffiot dans l'arrière-salle du bistrot au lieu de l'aider à essuyer les verres derrière le bar. Et quand, le soir, après la fermeture du café, je rentrais le panneau de bois en forme de V renversé que j'avais sorti le matin en partant pour le collège, et sur les deux côtés duquel on pouvait lire : CHAMBRES À LOUER — ICI ON PEUT APPORTER SON MANGER, je me disais qu'en effet la même chose écrite en latin eût fait passer ma grand-mère pour une fumiste...

« Comment t'as fait dans ces conditions pour tourner voyou ? me demanda Rouquemoute. Ça n'est tout de même pas les curetons de ton collège ni les pionards de la criée qui ont pu t'inspirer ?

— J'ai été touché par la grâce, je crois.

— Et voilà comment on remercie les bons Pères… », ricana Rouquemoute.

Comment lui dire que l'atmosphère d'austérité religieuse et la discipline de ce collège avaient insidieusement subjugué ma jeunesse ?... Au-dehors, les cris des mouettes déchiraient le silence de la salle d'étude, ou bien la tempête grondait ; et l'éclat mouvant du large, accompagné d'une puissante odeur d'iode, se déversait dans nos classes par les hautes fenêtres grillagées... Ce vent, cette lumière, la mer, là, toute proche, qu'on sentait respirer, c'était l'inconnue, l'enivrante liberté. Mon adolescence s'était exténuée à vivre ce contraste entre la pénombre silencieuse et figée du dedans et la rumeur exaltante et sauvage du dehors, et, pour trouver la paix, elle les avait alors amagalmées dans une même ferveur et un égal vertige.

Non, je n'avais pas « tourné voyou ». Je crois plutôt que la foudre, un jour, tomba sur moi. Mais il était impossible d'expliquer cela à Rouquemoute : sa jambe droite eût été prise à son tour de crampes.

Qu'attendais-je de la vie à ce moment-là ? Ou plus exactement, que n'attendais-je déjà plus ? Une chose est sûre, c'est que les jeux étaient faits. À l'approche de l'été, un sentiment poignant d'angoisse et d'abandon m'envahissait. Le ciel devenait bleu, ma vie devenait vide. Là-bas dans le lointain, par-delà le miroitement aveuglant de la mer, la ligne d'horizon refermait en frémissant l'espace sur le temps et le temps sur l'espace. La solitude des grandes vacances pouvait commencer...

« Elle vit encore, ta grand-mère ? demanda Rouquemoute.

— Elle est morte il y a quatre ans. Avec elle, beaucoup de choses sont mortes, d'ailleurs. À présent mon collège est mixte et les curés sont partis.

— Y a pas de quoi prendre le deuil, non ?

— Le café de ma grand-mère a été vendu à une entreprise de produits chimiques qui le convoitait à cause du terrain. Ils ont dû démolir la baraque depuis.

— Ça, c'est plus triste.

— C'était déjà pas mal triste avant, de toute façon... »

« Avant », justement, j'étais revenu à Saint-Malo après une absence de plus de quinze ans. J'avais loué à l'*Hôtel de la Digue* une chambre donnant sur cette grande plage venteuse du Sillon où je me récitais autrefois du Verlaine à marée basse. Pendant toute une semaine, j'avais fait ainsi pèlerinage sur les lieux de ma jeunesse, sauf que les stations de ce chemin de croix rétrospectif consistèrent surtout en haltes dans les bars de la rue de la Soif... J'étais monté sur les remparts, m'arrêtant devant ce même créneau, près de cette échauguette qui surplombe la plage du Môle, où je venais si souvent m'asseoir et entretenir ma détresse d'adolescent. J'avais passé la main sur ce granit, promené mon regard sur cette mer émeraude, tenté de rameuter d'anciennes ferveurs : en vain. La source était tarie, le brun garçon qui rêvait là s'était décomposé. Ne demeurait plus qu'un fantôme imbibé de scotch venu profaner de sa présence la splendeur romantique de la cité corsaire.

Le jour de mon départ, je rendis visite à ma grand-mère. J'avais pris le chemin des écluses qui me permettait d'arriver par le quai de la criée ; et je vis bientôt apparaître, se dressant à l'écart à l'autre bout du bassin, le petit édifice en pierre de taille et au toit d'ardoise du bistrot familial. Je m'arrêtai un instant pour le contempler. Peu à peu, l'espoir vague de sentir en moi frémir quelque chose fit place à une espèce d'accablement. J'entendais dégringoler les pains de glace que par un toboggan le bunker de la glacière dévidait directement dans la cale des chalutiers à quai. Des mouettes tournoyaient et criaillaient au-dessus de ma tête comme des corbeaux castrés. Sous les hangars de la criée, des rires de femmes fusaient. Un cabestan grinçait au loin...

Elle vint m'ouvrir longtemps après que j'eus frappé. Ce n'était plus qu'une pauvre vieille rabougrie de quatre-vingts ans qui devait lutter pour se mouvoir. Mais son regard éteint était encore capable de reconnaître les revenants. Elle me dévisagea longuement sur le pas de la porte, puis lâcha dans un souffle :

« C'est toi ? C'est toi, Christian ? »

Je fis signe que oui et l'aidai à rentrer. Un fauteuil encombré de vieux lainages en guise de coussins était installé près d'une des fenêtres de l'ancienne salle du café. Elle s'y effondra à demi et je pris place en face d'elle, sur une chaise que j'étais allé chercher dans la cuisine. Bien que l'ameublement de la salle, bar et tables, eût disparu, la pièce me parut étrangement exiguë comme il arrive toujours après une longue absence. La maison tout entière respirait l'abandon et la désolation. Le panneau CHAMBRES À LOUER gisait dans un coin au-dessus de la trappe menant à la cave ; un calendrier caduc vantant le « moelleux » des vins Nicolas demeurait punaisé à l'un des murs ; et, sur un autre, l'horloge de chez Viandox continuait d'égrener les secondes d'un temps figé à jamais comme du bouillon refroidi. Nous restâmes ainsi sans mot dire l'un en face de l'autre, écoutant ensemble le tic-tac de cette horloge, nous laissant pénétrer tous deux par l'odeur de décrépitude qu'exhalait la maison : le passé un instant retrouvé nous recouvrait d'une couche de moisissure que nous n'osions secouer ni elle ni moi. Enfin, au bout d'un siècle, elle dit :

« Je ne veux pas aller à l'hôpital, tu sais. »

Je hochai la tête en signe d'assentiment. Elle poursuivit :

« Je veux mourir là. »

De nouveau un long silence, puis :

« Tu vas rester un peu ? »

Je crus percevoir que sa voix s'était brisée en demandant cela, que son menton avait tremblé.

« Non », répondis-je.

Elle hocha la tête. « Tu vas, tu viens... », fit-elle comme pour elle-même. Son regard se perdit au loin, ses mains déformées s'agrippèrent l'une à l'autre dans un effort désespéré pour saisir quelque chose.

« Oui, fis-je. Je vais, je viens... »

De nouveau, nous laissâmes le silence tisser entre nous le récit d'un malheur qui n'en finissait pas.

Au moment de nous séparer, son étreinte fut celle d'une naufragée, et je la laissai s'abandonner un peu sur le seuil où elle m'avait accompagné. Quand je me dégageai, elle eut comme un sanglot :

« Je n'arrive même plus à me peigner, Christian !... »

Arrivé devant la glacière, je me rctournai. Sa pauvre petite silhouette vêtue de choses informes se tenait encore sur le pas de la porte. Elle adressait dans ma direction un signe immobile et pathétique, en soutenant d'une main son bras levé dans un ultime adieu. Je n'y répondis pas : j'étais déjà trop loin, je crois, pour qu'elle me vît...

« Tu es allé à son enterrement ? demanda Rouquemoute.

— Non.

— T'es plutôt raide, comme mec.

— Tu crois à tout ça ?

— Je crois à tout un tas de trucs. La vie après la mort, la réincarnation, le karma et tout le saint-frusquin ; et même que les morts nous parlent. T'as pas vu les bouquins au-dessus de mon placard ? »

Il était difficile de ne pas les remarquer : une vingtaine de volumes — la collection « J'ai lu » quasi complète de Flammarion — s'alignaient au-dessus du placard de Rouquemoute, titres bien en évidence. Mais jusque-là j'avais feint de ne pas les voir, et je répondis innocemment :

« Ces bouquins à la couverture rouge, là-haut ?

— Ouais.

— Eh bien ?

— Eh bien, ça m'étonne qu'un intello comme toi n'ait pas pris la peine de les feuilleter. C'est tous des bouquins sur la question : le paranormal, l'au-delà, les vies antérieures, l'hypnose, etc. Faut que tu les lises, ça te concerne.

— Moi ?

— Parfaitement. Comme ça, tu comprendras peut-être que si tu n'as pas pu te caner, c'est que tu as une mission à remplir ici-bas.

— Tiens, tiens...

— Te marre pas, c'est pas la peine. Pour moi, ce qui t'est arrivé avec ton calibre, c'est un signe.

— Le signe que mon destin est de mourir ratatiné par un camion de betteraves à sucre du côté de Saint-Grégoire-en-Guéret, peut-être ? » suggérai-je.

Robert éclata de rire.

« La ferme, ch'timi ! le coupa Rouquemoute. Toi, ta mission, c'est de la boucler quand les grandes personnes causent, OK ?

— Ouais, ouais ! Ça va, merde !

— Écoute, Christian, poursuivit Rouquemoute. Moi non plus, je ne croyais pas à toutes ces salades, avant. Mais maintenant que j'ai lu ces bouquins... je me sens...

— Interpellé, peut-être ? proposai-je aimablement.

— Voilà, t'as trouvé. Et puis cette vie merdique de voyou... braquage, ballon, cavale... Y en a un peu marre, tu ne trouves pas ? »

Non, je ne trouvais pas. Que la vie de voyou fût « merdique », sur ce point, certes, j'étais assez d'accord avec Rouquemoute. Mais contrairement à lui, il me semblait qu'il fallait boire le calice jusqu'à la lie. Par ailleurs, j'imaginais avec peine qu'une autre forme d'existence fût moins insupportable.

« Et tu feras quoi, en sortant du trou ? lui demandai-je.

— Me trouver une bonne poulette élevée au grain, bien saine, bien ferme, avec trois chèvres et un lopin de terre. Et méditer.

— La méditation ne fait pas pousser les légumes.

— ELLE les fera pousser, décréta-t-il, péremptoire.

— C'est ça, ta mission ?

— Dans un premier temps, oui. Ensuite, j'irai voir un médium. Et quand il m'aura mis en communication avec l'au-delà, les morts me diront quoi faire.

— Si c'est l'esprit d'Al Capone qui te contacte, je peux te dire d'avance le genre de mission qu'il va te confier. »

Robert gloussa de nouveau.

« Vous êtes aussi bouchés l'un que l'autre, soupira Rouquemoute. Vous ne voulez pas vous ouvrir à la vérité. Vous ne voulez pas changer. »

Et il sauta du lit pour se livrer à une séance de flexions.

Tandis qu'il tuait ainsi sa crampe, j'essayai de « cadrer » Rouquemoute dans sa chaumière avec sa bergère, au milieu de champs à perte de vue : en vain ; l'image restait floue. Au fil des jours et de nos conversations nocturnes, la personnalité de ce rouquin extraverti m'était en effet devenue familière. C'était le voyou type, joueur de cartes invétéré (il s'était acharné à m'apprendre le tarot pour qu'on pût jouer la corvée de vaisselle et de nettoyage de la cellule), cynique sans réelle méchanceté, brutal mais avec la contrepartie d'une franche bonhomie, terriblement méfiant et, bien entendu, macho jusqu'à la moelle. Comme truand, il semblait jouir d'une solide réputation, à en juger par la petite cour de proxénètes, casseurs et autres malfrats du milieu lyonnais qui gravitaient autour de lui pendant la promenade ; et jusqu'à certains surveillants le laissaient inviter tel ou tel de ses amis à venir prendre le café dans notre cellule. Bref, l'esprit canaille de cet ancien braqueur qui purgeait une peine de cinq ans pour un trafic de faux Pascals me semblait aux antipodes de celui requis pour l'exercice de la méditation transcendantale.

« J'ai du mal à t'imaginer dans la position du lotus, buvant du lait de chèvre et psalmodiant des mantras au milieu des laitues », finis-je par lui dire.

Rouquemoute se mit à rire.

« Moi aussi... Et pourtant, ajouta-t-il avec sérieux, ce serait ça, mon salut. Il doit y avoir autre chose, autre chose...

— Autre chose que quoi ?

— Que cette vie-là... Manger, boire, dormir... Pondre des gniards qui nous chient dessus d'abord pour mieux nous singer après... Il faut qu'on ait une âme, c'est pas Dieu possible autrement ! »

J'émis un soupir discret et fermai les yeux. C'était une crise d'urticaire métaphysique qui s'annonçait, et dans ces cas-là, le mieux était d'écouter sans rien dire, en ponctuant de temps à autre les propos du patient par des hon-hon, des hum-hum et des ouais-

ouais émis sur un ton rêveur et pénétré. Ce ne serait pas la première fois que j'entendrais un voyou dans les chaînes exprimer son angoisse... C'était même la seule vertu que je reconnaissais à la prison : celle d'ouvrir sous nos pieds, par l'absurdité foncière de son système, par ce pouvoir qu'elle a de pervertir le temps, par cet exil qu'elle réalise au cœur même de la cité, un abîme où chacun cesse, dans une vertigineuse immobilité, d'exister pour ne plus qu'être. Il était bon, m'étais-je dit ainsi plus d'une fois, que cette occasion rare soit offerte à certains de passer derrière les coulisses de la vie. Pour ma part, cela suffisait. Au bord de cet abîme, nul recours ne m'était nécessaire. La perspective d'aucune vie après la vie n'avait besoin de s'ouvrir pour moi. À toutes les terres promises, je préférais le silence infini des étoiles auquel mon propre néant faisait écho... L'ennui, c'est que la prison non plus ne m'était pas utile : où que je fusse, je véhiculais l'abîme en moi.

« Détends-toi, dis-je à Rouquemoute. Tu te raidis trop devant la mort ; c'est pour ça que tu as des crampes.

— Ça ne doit pas être triste de braquer avec toi, marmonna-t-il, dégoûté. T'es complètement dingue. »

Malgré mes silences, Rouquemoute finit par se sentir à l'aise en ma compagnie. Il n'appréhendait en fait qu'une chose, c'était qu'une personnalité plus forte que la sienne ne mît en péril l'ascendant qu'il aimait exercer sur son entourage. À cet égard, il n'avait rien à craindre de moi. J'étais lisse comme un galet, m'adaptant sans effort à tout et à chacun, c'est-à-dire au fond parfaitement indifférent à ma situation. Aussi bien, une fois les rôles clairement établis, Rouquemoute se montra-t-il un compagnon de cellule des plus faciles à vivre ; et ce triangle ainsi constitué d'un auguste rouquin, de moi pour lui donner la réplique et de Robert comme souffre-douleur put affronter le fil des jours et sa ronronnante insipidité sans heurts notables. Les parties de tarot succédaient avec une régularité sans faille aux parties de Scrabble que j'avais introduites pour pallier ma faiblesse aux cartes ; et les discussions auxquelles ces parties donnaient lieu représentaient encore le meilleur de nos divertissements.

« Tu ne comptes pas les atouts, bordel, Christian ! Y en a vingt et un plus l'excuse, c'est pourtant pas dur ! » râlait Rouquemoute, tandis que Robert, qui venait de me souffler le « petit » et de gagner du coup une garde qu'il aurait dû perdre, se tordait de rire.

À quoi je répliquais un peu plus tard, sur un ton perfidement docte :

« Désolé, Rouquemoute, je crains que ton Scrabble ne soit pas bon : "exalte" ne prend pas d'"h". Tu confonds avec "exhale". »

Là, Robert ne riait plus ; il ne se serait pas risqué à se moquer de Rouquemoute quand celui-ci perdait...

Par acquit de conscience, Rouquemoute consultait alors le Larousse et lâchait rageusement après constat :

« C'est trop facile, l'Abbé, quand on a étudié chez les curés ! »

Ainsi Rouquemoute me surnomma-t-il : « l'Abbé » ; et ces exquis échanges de vannes entretinrent quotidiennement une complicité qui peu à peu allait se muer en amitié solide...

Le temps passa — s'écoula, devrais-je dire — dans le sablier de notre cellule où parfois je happais l'air comme un poisson échoué. Ni tarot ni Scrabble ne suffisaient à enrayer ce lent ensevelissement sous la chute sableuse des heures, des jours, des mois : au contraire, ils y contribuaient. Comment, dès lors, songer sérieusement à « sauver le petit » ? Le samedi soir, la réserve ayant été constituée toute la semaine au prix de quelque sacrifice (celui de résister à la tentation de boire jusque-là), nous nous abrutissions copieusement de bière comme des prolos. Rouquemoute en profitait pour délirer sur ses thèmes d'élection : l'hypnose, la décorporation, le corps astral et la *kundalini*...

« Quand Robert va partir, me dit-il un de ces samedis, je vais faire venir M... C'est un petit gars sympa qui vient de perdre sa mère. J'essaierai l'hypnose sur lui pour remonter à ses vies antérieures.

— Il a pris combien ? m'enquis-je.

— Des broutilles : six mois.

— Alors, veille à ce qu'il n'avoue pas l'assassinat d'Henri IV. Ça pourrait lui coûter vingt piges de plus.

— T'as vraiment un humour de défroqué, l'Abbé », rota Rouquemoute, découragé.

Vers la mi-juin, Robert nous quitta, libéré. Comme convenu, M... le remplaça, un jeune casseur blond vénitien au regard d'angelot tombé tout droit des nues de la chapelle Sixtine. Je révisai aussitôt mes a priori : ce ne pouvait être lui la réincarnation de Ravaillac ; mais il était bel et bien celle de saint François d'Assise, revenu sur terre apprivoiser, après jadis les oiseaux, les juges et les procureurs de la Ve République. Plus fort, toujours plus fort ! Le deuil récent de sa mère aidant, les petits livres rouges de la bibliothèque de Rouquemoute éveillèrent aussitôt chez lui un brûlant intérêt. Il se mit à les dévorer. Quelque temps plus tard, ravi d'une telle ardeur et le jugeant prêt, le Maître le fit s'étendre un soir après 9 heures sur le lit du bas, le mien, et prit place cérémonieusement à son chevet, assis un peu en retrait sur un tabouret. Il avait éteint la lumière. Au pied du lit, suspendue à celui du dessus et confectionnée avec un verre et une boîte de conserve, brûlait une lampe à huile destinée à fixer l'attention du patient. Puis Rouquemoute déplia les feuillets où se trouvait rédigé son texte de suggestion hypnotique (dévoilant incidemment au passage que ses capacités mnémoniques n'allaient pas au-delà du comptage des vingt et un atouts), s'éclaircit la gorge, et, après m'avoir lancé un coup d'œil impérieux m'intimant de respirer à peine et, si possible, de ne plus exister du tout, commença la cérémonie d'une voix chevrotante car il était ému, hésitante car il n'y voyait goutte, et inaudible car il avait peur de réveiller son cobaye avant même de l'avoir endormi.

Le résultat dépassa toutes les espérances. M... se mit à ronfler, foudroyé sans doute par l'ennui mortel que distillait dans la pénombre ce marmottage de sacristie. Les paroles cependant étaient belles, aux oreilles de qui eût renoncé au sommeil (comme moi) pour se donner le mal de les percevoir. Belles, et d'une courtoisie singulière, car Rouquemoute paraissait accorder au vouvoiement des vertus dormitives. Ainsi psalmodiait-il en ânonnant :

« Dé-détendez-vous... Vous sentez une grande cha-chaleur vous pénétrer... Vous avez chaud... Chaud pa-partout... Détendez-vous...

Vous avez chaud... Vous êtes bien... Oh ! que-que vous êtes bien !... Et maintenant vous êtes lourd... Votre corps pè-pèse, il pèse des tonnes... Vous êtes lourd et chaud... Oh ! que votre co-corps pèse... »

Et ainsi de suite, pendant trois quarts d'heure du même tonneau.

Cette nuit-là, je dus me coucher dans un lit qui n'était pas le mien. Fier de ce qu'il considérait comme un succès, Rouquemoute avait exhorté (avec un « h ») son angélique victime à parler dans son sommeil, à remonter dans le temps à haute et intelligible voix. En vain. Mais il se refusa à le réveiller : cela eût risqué, prétendit-il, de lui occasionner un choc. Je le crus volontiers. Toute cette mise en scène funèbre, la cellule plongée dans une demi-obscurité, nos visages inquiets penchés à l'écoute de son souffle, cette mèche à huile tremblotant comme un cierge... Ne manquaient que les chrysanthèmes, en vérité. Notre ronfleur, c'était le dormeur du Val-de-Grâce...

De telles expériences ne laissaient pas de m'interroger sur ma situation. Leur comique soulignait encore, s'il était possible, l'absurdité foncière de celle-ci car, sitôt né, le rire que leur drôlerie aurait dû normalement provoquer mourait au fond de la gorge. À quoi, grand Dieu, tout cela rimait-il ? Il me semblait qu'à mon insu la réalité avait insidieusement changé de signe, avait perdu de son ancienne cohérence. À moins que... Et je me demandais alors avec angoisse si je ne m'étais pas effectivement tué, ce 12 décembre de je ne savais déjà plus quelle année, et n'avais pas basculé ensuite dans l'un de ces univers parallèles plus absurde encore que le précédent, où l'existence continuait comme si de rien n'était de se dérouler sur les mêmes prémisses, le même canevas, mais en ayant abandonné un peu plus de son sens — et ainsi de suite de fausse mort en fausse mort, jusqu'à n'être plus que le film idéalement muet et syncopé de quelque schizophrène et divin metteur en scène.

Éternité pour l'un, perpétuité pour l'autre, au fond Rouquemoute et moi n'étions guère différents dans nos folies respectives...

Pour rompre le sortilège, j'annonçai un beau jour à Rouquemoute ma décision de me mettre à étudier. Dix-huit mois avaient passé et la date de mon procès n'allait plus tarder à m'être notifiée. Il était plus que temps de secouer la torpeur hypnotique, bien réelle celle-là, dans laquelle me plongeait toute cette litanie de jours insanes. Par égard pour Rouquemoute, toutefois, j'employai le langage de l'arithmétique pour lui exposer mes raisons :

« Tu comprends, lui dis-je, il y a trois mois de grâce par examen réussi. Pour moi, c'est une manière de scier un bout du barreau. »

J'avais fait mes comptes, en effet. Selon les « barèmes » en vigueur à Lyon à cette époque, dont les comptes rendus des sessions d'assises dans la presse permettaient de se faire une idée assez précise, j'encourais une condamnation de six à dix ans de réclusion criminelle. Or, chaque année était sanctionnée par une remise de peine de trois mois, à laquelle s'ajoutait, à partir de la troisième année et en cas d'excellente conduite, une remise de peine supplémentaire (RPS) d'égale durée. Si je me gagnais encore un trimestre par examen, ma peine allait finir par se trouver substantiellement réduite. C'était ainsi, pensai-je, qu'il fallait redonner sens, sinon à l'existence, du moins à la réalité.

« Je ne te donne pas tort, me dit Rouquemoute. Et tu vas étudier quoi ?

— Philo.

— Si t'étais un peu moins faux cul, l'Abbé, c'est théologie que tu choisirais.

— Je préfère te laisser découvrir toi-même le sexe des anges, répliquai-je. Avec ta mentalité de satyre et ton goût pour les balades astrales, tu pourras bientôt nous renseigner là-dessus. »

Mais pour étudier à loisir, encore fallait-il être seul en cellule, chose plutôt malaisée à obtenir dans cette prison au surpeuplement endémique.

C'est Rouquemoute qui trouva la solution. Le rez-de-chaussée du G, notre bâtiment, était réservé aux DPS, les détenus particulièrement signalés en raison de quelque prétendue dangerosité. L'isolement dans lequel était strictement tenue cette partie du bâtiment, où chaque détenu avait l'avantage de disposer d'une cellule individuelle, l'avait fait surnommer le « sous-marin ». Rouquemoute y avait un ami intime, un certain Paul Greppo dont il m'avait parlé à plusieurs reprises. Il le fit contacter pour savoir s'il restait une cabine disponible dans son submersible, et la réponse, affirmative, nous parvint le lendemain par des voies connues des seuls sous-mariniers. Rouquemoute adressa alors une demande d'audience à Garciani, le surveillant-chef de détention avec lequel il était au mieux. Et de la même façon qu'il avait obtenu le changement de cellule du petit M..., il m'obtint une place dans ce quartier tout bien considéré résidentiel.

Je quittai Rouquemoute sur une bise « à la voyou », justifiée par ces longs mois de compagnonnage au cours desquels nous avions appris à nous estimer mutuellement. En me tapotant affectueusement l'épaule, il me remit un mot pour son ami Greppo.

« Tu verras, me dit-il, Paul est un mec extra. Et il étudie aussi. »

Puis il ajouta, décochant en souriant sa dernière flèche :

« Et il a comme toi l'air d'un séminariste défroqué... »

Ses petits yeux ronds bleu pâle étaient posés sur moi avec leur inquiétante fixité habituelle, manifestement connectés sur un autre circuit et dépendants d'un autre hémisphère cérébral que ceux qui commandaient le sourire. Mais à présent, son regard de hibou albinos ne me faisait plus ni chaud ni froid. Souriant à mon tour, baluchon sur l'épaule et sacs de voyage dans l'autre main, je lançai sur le seuil :

« Eh bien, bonne chance, Rouquemoute. Je ne te bénis pas, j'ai les mains prises ; mais le cœur y est.

— Bonne chance à toi, l'Abbé ! » dit-il en riant.

En cet instant, l'idée ne nous effleura ni l'un ni l'autre que nous nous reverrions un jour, de l'autre côté des murs. Rouquemoute ne m'avait pas laissé son adresse à Lyon, jamais nous n'avions évoqué, au cours de nos conversations nocturnes, l'éventualité de maintenir le contact entre nous. Ce n'était donc pas au revoir que nous nous disions, mais bel et bien adieu.

Le destin devait en décider autrement.

3

Ce fut un soulagement inouï que d'être enfin seul entre les quatre murs d'une cellule. Pouvoir me vidanger la cervelle des wu, won, qibla et autres krills et n'avoir plus à faire tomber les atouts comme un lutteur de foire entraient pour beaucoup dans ce bonheur nouveau ; mais aussi, tout simplement, de redevenir à part entière cet accident existentiel qui était moi — où ? cela n'avait plus d'importance... Une grisaille crépusculaire noyait le fil des jours comme une cendre liquide, diluant peu à peu tout souvenir, tout avenir... Oui, en vérité, c'était bon d'être seul et de pouvoir s'enliser ainsi sans témoins.

À quoi bon, dès lors, vouloir étudier pour réduire ma peine ? Ces comptes d'apothicaire n'étaient-ils pas risibles ? À maintes reprises déjà, au cours de ma vie, j'avais dû assister, paradoxalement impuissant, à de ces combats d'arrière-garde que je menais avec acharnement comme s'il y eût quelque chose de vital à préserver et à défendre en moi. Qu'avais-je donc à gagner, par exemple, à être libéré telle année plutôt que telle autre ? Et si par ailleurs, prétendant redonner sens à une réalité déchue, j'obéissais surtout à un souci d'hygiène mentale, était-ce donc si important de ne pas devenir fou, ou simplement abruti ? Il fallait croire que oui... Je tenais, apparemment, à rester lucide, entier dans mon ensevelissement. Le soleil d'Espagne auquel je m'exposais naguère pour me déshydrater l'âme devait se chercher entre ces murs un substitut métaphysique…

J'étais descendu à bord du sous-marin en fin d'après-midi. Je ne vis donc Paul Greppo que le lendemain matin, lors de ma première promenade avec les DPS. Nous étions peu nombreux dans la petite cour triangulaire, à peine une dizaine, car seuls les détenus d'un même côté du couloir sortaient ensemble. Pour des raisons de sécurité, les surveillants attendaient que l'occupant d'une cellule fût entré dans la cour avant de « lâcher » le suivant. La même procédure était appliquée en sens inverse au moment de rentrer. Nous nous saluâmes d'une poignée de main au fur et à mesure de notre arrivée dans la cour, et je notai immédiatement l'atmosphère amicale régnant parmi les membres de cet équipage de choc.

« Bonjour, me dit en souriant le dernier détenu à entrer. Et bienvenue au sous-marin. Ici, c'est une espèce de club : si tu as besoin de quoi que ce soit, tu demandes. »

Et il ajouta :

« Je m'appelle Paul. »

Je me présentai à mon tour, et lui expliquai que je n'étais pas un vrai DPS, que c'était Rouquemoute qui m'avait obtenu cette cellule pour étudier. Puis je lui remis la lettre de son ami.

« C'est égal, me dit Greppo. Si c'est Rouquemoute qui t'envoie, je te fais membre d'honneur. Au fait, comment va-t-il ?

— Plutôt bien. Il ne fait pas encore tourner la table, vu qu'elle est scellée au mur, mais sa décorporation est imminente. »

Paul Greppo se mit à rire et décacheta la lettre.

« Je suis au courant... J'ai même entendu dire qu'il voulait garder les chèvres à la campagne ?

— Exact.

— Si tu connaissais l'oiseau comme moi, tu plaindrais les chèvres ; il les ferait jouer au tarot ou à la coinche douze heures par jour.

— Je sais, dis-je. Je viens de faire moi-même la chèvre pendant dix-huit mois. »

Tout le monde rit, puis chacun nous laissa discrètement en tête à tête. J'eus ainsi tout le loisir d'observer Paul Greppo tandis qu'il prenait connaissance du message de Rouquemoute. S'il n'avait pas à proprement parler une tête de séminariste comme l'avait prétendu ce dernier, celle qu'il avait l'absolvait en tout cas du délit de sale gueule. Son visage, plutôt rond et aux traits neutres, était en fait idéalement quelconque pour le voyou intelligent qu'il avait la réputation d'être. Ne le trahissait que le regard attentif et profond de ses yeux bruns dans lesquels on pouvait lire comme un curieux mélange de mélancolie désabusée et d'inentamable détermination. Toute sa personne, du reste, dégageait une impression de force concentrée. De taille moyenne comme Rouquemoute, mais plus mince et plus nerveux, il avait un corps de sportif que quatre années d'isolement cellulaire ne semblaient pas avoir amolli. Un polo rouge faisait ressortir son teint légèrement mat ; un jean et des baskets achevaient de lui composer une silhouette faussement décontractée que démentaient la coupe quasi militaire de ses cheveux bruns et l'expression d'une bouche au pli sévère, prompte toutefois à sourire, mais d'un sourire prudent, contenu. Je notai encore de longues mains aux doigts fins et spatulés, seul élément de l'ensemble qui paraissait fragile et attestait la sensibilité du personnage auquel je donnai environ trente-quatre ans. Au total, l'apparence physique de Paul Greppo reflétait assez bien la réputation morale dont il jouissait dans le milieu : rigueur, efficacité et discrétion.

« Un garçon impeccable, m'avait confié Rouquemoute. Il ne donne dans aucune des salades habituelles du mitan et est estimé de tout le monde. C'est l'associé de Ludovic Beaujour, le grand Ludo. Tu connais ?

— Non.

— Ils sont tombés pour une tire-lire chez les Fridolins. Ils battent, évidemment. Mais je ne crois pas qu'ils s'arracheront aux assises. Avec leur pedigree et les decs qui poussent au derche... »

Cette affaire d'Allemagne, presque tout le monde à Saint-Paul en avait entendu parler. Mais Rouquemoute, évidemment mieux informé en raison de ses liens d'amitié avec Greppo et sans doute aussi avec le reste de la bande, me l'avait résumée à grands traits... Une attaque de fourgon blindé en plein centre de Düsseldorf ; une fusillade avec la police allemande présente au rendez-vous : l'anti-gang lyonnais, mystérieusement renseigné par un indic de l'entourage des voyous, l'avait avertie de l'opération... La fusillade ne fit miraculeusement ni morts ni blessés, et l'équipe, bredouille mais sauve, parvint à prendre la fuite. Mais le lendemain, Paul Greppo et le grand Ludo se faisaient cueillir à l'aéroport d'Orly au moment où ils s'embarquaient pour Lyon. Aucune arme ni preuve matérielle décisive ne fut trouvée en leur possession, et leurs prétendus complices couraient toujours. Toutefois les informations de l'indic, corroborées par le début d'exécution de l'attaque, ainsi qu'un certain tube de pâte dentifrice de marque allemande prétendument découvert par la police dans les bagages du grand Ludo, risquaient de peser lourd dans l'un des plateaux déjà truqués de la balance de la justice. La longueur exceptionnelle de leur détention préventive, presque cinq ans, qu'ils avaient vainement tenté de briser par une grève de la faim de quelque quarante jours, soulignait assez le respectueux intérêt que les magistrats de la chambre d'accusation manifestaient pour cette affaire.

Paul Greppo déchira la lettre dont il venait d'achever la lecture et m'adressa un sourire en coin :

« Alors comme ça, dit-il, tu fais tomber du ciel les pierres précieuses, tu t'appelles l'Abbé, et tu vas courir, la soutane entre les dents, à la recherche de la sagesse ?

— Le rapport de Rouquemoute est un modèle de désinformation, répondis-je. Les pierres tombent malgré moi et seulement du troisième étage, c'est lui qui m'a surnommé l'Abbé, et je ne vais suivre qu'un modeste cursus de philosophie, mon Lalande sous le bras. »

Greppo me tapota amicalement l'épaule et m'invita à marcher en sa compagnie.

« En tout cas, dit-il, Rouquemoute a l'air de t'apprécier. »

Puis, changeant de sujet :

« J'ai lu ton affaire dans le canard, quand tu es tombé. Tu ne devrais plus tarder à passer aux assises, non ?

— À la session d'automne, en principe.

— En ce cas, tu n'auras pas le temps de terminer ta première année de philo. Ils t'expédieront en centrale au début de l'année prochaine, sauf si tu te pourvois en cassation.

— Je ne me pourvoirai pas en cassation, mais ça ne fait rien. J'aurai mis la machine en route.

— Dommage que tu ne sois pas descendu plus tôt ici. Dix-huit mois à taper le carton là-haut, quel gâchis !...

— J'ai mis un certain temps à réagir, effectivement, soupirai-je. Rouquemoute a dû me subjuguer... »

Greppo hocha la tête.

« Ouais, je sais ce que c'est. Moi, c'est la justice qui m'avait subjugué... Il m'a fallu presque un an pour me rendre compte qu'ils ne me lâcheraient pas. Ils m'avaient d'abord collé dans une petite prison de campagne, à Trévoux, pour me séparer de Ludo. De là-bas, j'aurais pu tenter la cavale. Mais voilà : je rêvais, je croyais dur comme fer obtenir un non-lieu... Évidemment, quand j'ai voulu réagir, c'était trop tard. Ils m'avaient classé DPS et balluchonné au sous-marin. »

Voyant que Paul Greppo me parlait librement et semblait tenir pour acquis que je connaissais un peu son affaire, je lui demandai :

« Et Ludo ? Comment se fait-il qu'il ne soit pas ici avec toi ? »

Greppo gloussa.

« Garciani l'a classé auxiliaire à l'annexe. »

L'annexe, c'était le département psychiatrique de la maison d'arrêt. Greppo expliqua avec un léger sourire :

« En fait, je crois que ce connard a le trac de Ludo. Il lui passe comme ça un petit caprice de temps à autre...

— Et à toi, il n'en passe pas de caprices ?

— Moi, il ne peut pas me saquer. Et il estime qu'en ayant fait une fleur à Ludo, il est en paix avec sa conscience.

— Il y aura bientôt cinq piges que tu croupis ici à l'isolement, ne pus-je m'empêcher de faire observer.

— Ça ne me tourmente pas », répliqua Greppo d'un ton égal.

Et il m'expliqua qu'il avait pu passer ainsi son bac en suivant des cours par correspondance, puis qu'il s'était inscrit à la faculté de psychologie de l'université Lyon-II.

« Normalement, j'obtiens mon DEUG à la fin du mois, dit-il. Il me reste deux UV à passer. »

Et il ajouta :

« Je n'avais que mon certificat d'études quand je suis entré... »

L'Abbé que j'étais salua *in petto* ce travail de bénédictin.

« Personne ne s'est proposé de t'aider ? m'enquis-je. Il y a bien une équipe d'instituteurs ici, non ?

— Tu parles ! Pas pour les DPS : on est des chiens galeux. J'ai d'ailleurs appris par Ludo, qui est toujours au courant de tout, que le directeur a dit à mon sujet : “À quoi est-ce que ça va bien pouvoir lui servir, à ce gangster, des études de psycho ! ” »

Je me mis à rire.

« Mon cursus de philo va lui donner le tournis...

— Sûrement, opina Greppo. Le truand qui pense, c'est le cauchemar du garde-chiourme. »

La conversation continuant ainsi de rouler sur ce thème, l'idée me vint de demander l'aide de Greppo.

« D'après ce que tu laisses entendre, dis-je, on ne peut pas compter sur l'administration d'ici ?

— Ça dépend, rigola Greppo. C'est très subtil, la réinsertion sociale. Par exemple, si tu veux passer un CAP de peintre en bâtiment, ils te trouveront peut-être un pinceau en leasing. Mais si tu as des prétentions à la culture, sûr qu'ils t'abonnent gratis au *Journal de Mickey*. Tu as besoin de quoi, exactement ?

— Je n'ai personne dehors pour entreprendre les démarches d'inscription.

— Ne t'inquiète pas pour ça, répondit Greppo avec un bon sourire. Ce n'est pas la même université que la mienne, mais j'enverrai ma femme ou mon frère. »

Puis il demanda, prenant soudain conscience de la situation :

« Tu n'as pas de parloirs ? »

Son regard attentif, un peu lourd, était posé sur moi.

« Non, fis-je.

— Au moins, on t'assiste ?

— Pas de problèmes de ce côté-là. »

Paul Greppo insista :

« Tu me le dis, hein, si tu as besoin de quoi que ce soit ? »

Il avait vraiment un bon regard.

« Je te le dis », répondis-je, touché.

Le mot « assister » revêt en prison un sens particulier. Il signifie, selon qu'on l'emploie à la forme active ou passive, envoyer ou recevoir de l'argent. En ce sens, oui, j'étais assisté, et de façon du reste inattendue. Une semaine après mon arrivée dans la cellule de Rouquemoute, en effet, j'avais reçu un mandat de cinq cents francs accompagné d'une lettre d'un certain Antonin Buchat. Il m'avait fallu plusieurs secondes pour localiser dans ma mémoire ledit Antonin, tellement j'étais surpris d'exister pour quelqu'un. Seule Henriette, à la rigueur, aurait pu m'écrire, mais la douce et pathétique institutrice ne lisait jamais le journal. Enfin, la silhouette haute en couleur d'un restaurateur dont il était pourtant difficile d'oublier la trogne et la jovialité contagieuse vint donner corps à ce bienfaiteur inattendu. C'était le patron de *La Mangeoire*, un restaurant du quartier du Tonkin, à Villeurbanne. J'étais venu y déjeuner à plusieurs reprises à l'occasion du repérage de l'hôtel des ventes, situé non loin de là, que je m'étais mis en tête de braquer quelque jour. Je devais bientôt renoncer à ce projet pour celui, plus facile à exécuter, du hold-up de la place de la Bourse. Mais je restai abonné à *La Mangeoire*, à son bar surtout, dont le patron s'était curieusement entiché de moi. Je suppose que La Toune, comme l'appelaient familièrement les habitués, avait été séduit par le sérieux avec lequel je descendais sans broncher les pastis 51 (des 102 en fait, car j'exigeais double ration) dès 10 heures du matin.

À cette heure-là, le bar était encore désert. J'arrivais en taxi, *Le Monde* sous le bras. La Toune quittait alors ses fourneaux, apportant le mâchon lyonnais — charcuterie assortie, saucisson chaud ou pieds de cochon —, et venait passer un moment en ma compagnie. Une bouteille de pastis et une autre de mâcon complétaient le tableau. Lui mâchonnant, moi picorant, mais tous deux picolant d'abondance, nous bavardions de choses et d'autres, échangeant des plaisanteries et commentant la presse. Cette heure du casse-croûte était aussi pour lui celle de la lecture du *Progrès* dont il épluchait avec passion la rubrique nécrologique, celle des faits divers et les petites annonces. Lyonnais jusqu'à la fibre et curieux comme une pie, La Toune avait à cœur en effet de se tenir informé de tout et de chacun dans « sa » ville.

Une seule énigme le travaillait encore : moi. Je lui avais dit que j'étais animateur de théâtre, une profession suffisamment vague et culturelle pour couper court aux questions trop pointues.

« Et ça consiste en quoi ? » m'avait-il demandé, en posant sur moi le regard apparemment candide de ses bons gros yeux bleus et globuleux.

« Ça consiste à sensibiliser les jeunes qui le souhaitent à l'art dramatique, à les former à l'expression corporelle, et à leur faire connaître le répertoire des grands auteurs, classiques ou contemporains, français ou étrangers, tels Molière ou Albee, Shakespeare ou Dubillard, Goldoni ou Pinter », avais-je débité d'une traite.

Sur quoi, j'avais vidé cul sec mon verre de pastis.

La Toune avait hoché gravement la tête ; puis, ayant fait glisser d'un coup de mâcon une énorme bouchée de pâté en croûte, il avait lâché :

« Je vois. Et qui vous paie ?

— J'émarge au ministère de la Culture, mon cher Antonin. »

Nouveau hochement de tête, nouveau « Je vois » de La Toune. Mais ce que je vis, moi, au léger silence qui s'ensuivit, c'est qu'il ne me croyait pas, et que cependant mon numéro lui plaisait. Lui-même devait être, et depuis longtemps, suffisamment sensibilisé à l'art dramatique pour reconnaître le comédien à ses premières répliques. Mais ce n'était pas pour me déplaire : le style direct et généreux du patron de *La Mangeoire* m'avait mis en confiance dès les premiers jours, et une sorte de complicité s'était tout naturellement établie entre nous. Le cynisme gaillard des réflexions que nous inspiraient pareillement les choses de la vie ou la lecture de journaux pourtant aussi différents que *Le Monde* et *Le Progrès* y était sans doute pour quelque chose.

C'est ainsi que ma « profession » devint bientôt un sujet rituel de plaisanteries entre nous, ou plus exactement l'occasion d'un échange de clins d'œil : La Toune tenait à me faire savoir qu'il n'était pas plus bête qu'un autre. Une ou deux fois par mois, il me demandait alors tout à trac et avec le plus grand sérieux :

« Qu'est-ce que c'est déjà, que ce travail d'animateur de théâtre ? »

Et je répétais mon texte sans sourciller, changeant juste d'auteurs à chaque fois : Tchekhov, Tennessee Williams ou Dürrenmatt remplaçaient ainsi Shakespeare & Co.

Parfois, La Toune poussait le bouchon un peu plus loin :

« Obaldia ? Tiens, tiens. Et qu'est-ce qu'il a écrit, celui-là ?

— *Du vent dans les branches de sassafras.*

— C'est une blague ?

— Non, c'est une pièce. Mais si le théâtre vous intéresse, mon cher Antonin, faites-moi signe, et je vous en fais livrer demain quelques tomes.

— Merci. J'ai déjà les miennes, qui viennent directement des alpages de Haute-Savoie. »

Et il éclatait d'un rire énorme, fier de sa saillie. Une autre fois, il s'enquit benoîtement :

« Pourquoi n'êtes-vous pas comédien plutôt qu'animateur ?

— Vous aimeriez que je fasse semblant d'aimer votre cuisine ? » rétorquai-je d'un ton snob.

Nouvel éclat de rire, suivi aussitôt d'une généreuse rasade de 51.

Puis un jour, peu de temps avant mon départ pour l'Espagne, il me demanda si je pouvais lui prêter dix mille francs jusqu'en septembre. Il cherchait, me sembla-t-il, à me jauger. Je sortis sur-le-champ cinq mille francs de ma poche, lui promettant d'apporter le reste le lendemain. Il me remboursa rubis sur l'ongle à mon retour de vacances, et ce petit test scella entre nous une amitié dont je touchais à présent les intérêts sous la forme d'un mandat mensuel de cinq cents francs. Dans sa lettre, Antonin Buchat m'écrivait : « Comptez sur moi jusqu'à la fin de votre séjour, qui j'espère sera court. Faites-moi signe quand vous aurez un problème, mais ne m'en veuillez pas si je ne vous écris pas : considérez les mandats comme des lettres d'amitié. » Et il avait ajouté en post-scriptum : « Bien le bonjour d'Obaldia, Shakespeare et toute la clique... »

Depuis, pour accuser réception de son mandat, je lui adressais chaque mois un petit mot dans lequel je me torturais le cerveau pour trouver quelque chose d'un peu drôle à lui dire.

Se doutait-il, le brave homme, qu'en ayant repris contact avec moi il avait enclenché le mécanisme d'une bombe à retardement ?

Ce matin-là, donc, puis au cours des promenades suivantes, Paul Greppo et moi réglâmes le scénario de mon inscription à l'université ; et début juillet, grâce aux bons soins de sa femme et de son frère, je recevais ma carte d'étudiant. Je me procurai également le programme et les ouvrages de mon cursus et, pressé de me déniaiser avant la rentrée universitaire, je me mis aussitôt au travail dix heures par jour, me livrant à un saute-mouton initiatique, fébrile et désordonné qui devait néanmoins me permettre de me familiariser assez rapidement avec la terminologie de la spécialité.

Ainsi, dans le silence du sous-marin, n'eût été la pauvreté de ses cogitations, le prisonnier studieux braqueur de joaillier ne fut pas loin parfois de considérer sa cellule comme une autre version du « poêle » de Descartes, lequel, lui aussi, *larvatus prodeo*, s'avançait masqué...

Par bonheur, les deux heures quotidiennes de promenade me ramenaient à la réalité. Les incessants aller et retour dans la petite cour triangulaire en compagnie d'un Paul Greppo à la conversation souvent sérieuse n'allaient pas toutefois jusqu'à me faire prendre pour un philosophe péripatéticien. Au-dessus de ma tête, le treillis du grillage qui semblait comme tamiser la lumière de l'été me rappelait aussi, me rappelait surtout la futilité de mes envols métaphysiques. Là du moins, dans cette cour, la frontière entre le monde des phénomènes et le ciel nouménal était dépourvue de toute ambiguïté...

Les jours, les semaines, les mois continuèrent donc à passer, différents en qualité de ceux qui s'étaient écoulés dans la cellule de Rouquemoute, mais tels qu'en eux-mêmes, au fond, pour peu que je prisse la peine de jeter de temps à autre un regard objectif sur mon environnement et sur ma situation. Jours nus, semaines vides, mois creux : de la vie suintant hors de moi en une hémorragie temporelle, incolore, inodore et sans saveur...

Mes promenades avec Paul Greppo étaient encore ce qu'il y avait de moins irréel, c'est-à-dire de plus humain, dans cette immobile traversée du désert carcéral. Très vite, en effet, nous avions sympathisé, et, sans l'avoir prémédité, nous fîmes bientôt bande à part dans la cour. Les démarches que sa femme ou son frère effectuèrent pour moi, l'échange de nos impressions sur tel ouvrage ou tel polycope qu'il m'avait prêté (j'avais choisi psychologie sociale comme l'une de mes UV libres), bref, nos études et leur train contribuèrent à nous dissocier peu à peu des autres qui finirent par nous surnommer les Détenus Particulièrement Savants.

J'étais alors trop obnubilé par mon travail et par la tournure nouvelle qu'avait prise, subjectivement du moins, ma détention, pour me soucier de cet état de choses. La sociabilité chez moi n'est qu'une façade, et quand Paul Greppo, par camaraderie naturelle, renouait avec le groupe le temps d'une promenade, je devais faire effort pour participer à la conversation générale et faire chorus aux plaisanteries qui l'émaillaient.

En fait, à de rares exceptions près comme Rouquemoute, Paul et plus tard quelques autres, je n'ai jamais été très attentif à mon entourage en prison. J'associe en effet dans le même absurde cauchemar tous les éléments de l'univers carcéral, contenu et contenant, et je développe en outre une forme perverse d'égocentrisme qui me porte à considérer l'existence comme une pièce de Beckett dont je serais le seul acteur conscient, c'est-à-dire à savoir qu'il ne joue pas. Comment dès lors, et spécialement en prison, ne pas douter parfois de la réalité d'autrui ? Au collège déjà, il m'était arrivé de pincer mes camarades pour vérifier s'ils existaient aussi ; mais leur exaspération n'avait fait qu'authentifier encore la permanence inexpugnable de mon ego, cause d'une réaction somme toute mécanique...

Paul, manifestement, ne connaissait pas ces problèmes. C'était un garçon concret, peu enclin à abstraire des quintessences et à brasser des mirages. Si nous avions des affinités, et nous en avions, je n'aurais su dire en quoi elles consistaient, car tout nous opposait : j'étais un solitaire, c'était un être sociable et extraverti ; il adorait sa famille, j'abominais la mienne (ou ce qu'il en restait), au point qu'il m'arrivait encore de rectifier devant le miroir telle expression de la bouche ou du regard qui me paraissait par trop évoquer une ressemblance avec ma feue grand-mère ; il était équilibré, la névrose me dévastait ; enfin, c'était un truand chevronné et je n'étais qu'un dilettante. Et quant à ce dernier point, il fallait distinguer encore les raisons qui nous faisaient agir...

Ce fut à propos d'un projet de Paul que nous eûmes un jour l'occasion de marquer ainsi ces différences. Il voulait mettre à profit l'arrivée d'un nouveau sous-directeur (« Un mec de gauche qui veut faire bouger les choses, il faut profiter de l'aubaine », disait-il) pour créer un journal de la prison.

« Qu'est-ce que tu vas t'emboucaner avec ça ? ne pus-je m'empêcher de m'exclamer.

— C'est surtout l'administration que l'on va emboucaner », rectifia-t-il.

Et il m'énuméra alors d'une traite : aménagement de locaux pour la composition du journal ; libre circulation des membres de l'équipe à l'intérieur de la prison ; information sur les droits des détenus ; critique de certains aspects de la pratique judiciaire ; et, surtout, ouverture de la prison sur l'extérieur. Le journal, en effet, serait diffusé au-dehors sous forme d'abonnement aux familles et aux amis des détenus, et des interviews d'avocats, d'enseignants, de patrons d'entreprise y alimenteraient le débat sur la réinsertion...

« Objectif, conclut Paul : arracher la prison à l'imaginaire collectif, montrer qu'elle n'est pas l'enfer des autres et rappeler ce qu'elle doit être et seulement être : un lieu d'enfermement administratif où, par décision de justice, les internés perdent momentanément leurs droits et leur liberté de citoyens, mais jamais leur dignité d'homme ni leur droit à l'avenir. »

Je laissai passer un temps pour savourer cette tirade, puis je lâchai sobrement :

« C'est beau comme du Jean-Jacques Rousseau, Paul.

— À ce point-là ?
— J'en ai peur.
— Je me suis peut-être laissé emporter, reconnut-il. On recommence ? »

C'était un jeu entre nous. Je donnai le clap de la reprise en tapant dans mes mains.

« Scène première, dis-je. Objectif...
— Objectif : arracher la prison à l'imaginaire collectif. Point.
— Impossible.
— Explique.
— Je t'explique. Ta feuille de chou sera prestement récupérée par l'administration qui en fera un pleuroir à usage interne pour cocus assassins, escrocs en mal de frime et autres demi-sel ravis de flirter avec la censure. »

Paul hocha la tête sans répondre, puis il demanda :

« Qu'est-ce que tu critiques EXACTEMENT dans cette idée ?
— J'ai une position pascalienne sur le thème des activités carcérales, éludai-je sur un ton de gravité bouffonne. Et j'ai d'ailleurs une position pascalienne à propos de presque tout. »

Paul se mit à rire.

« Et c'est grave, une position pascalienne ?
— C'est tragique.
— Écoute, Pascal n'était pas à mon programme du bac ; et quand je revois la tronche qu'il a sur les billets de cinq cents, que la tienne me rappelle d'ailleurs un peu, je ne peux que m'en féliciter. Alors affranchis-moi : c'est quoi, une position pascalienne ?
— C'est le point de vue selon lequel la plupart des activités de l'homme sont des divertissements qui le détournent de l'essentiel.
— Tiens, tiens.
— Vertigineux, non ?
— Abyssal. Et c'est quoi, l'essentiel, en prison ?
— C'est de ne pas oublier qu'on y est.
— Concrètement, ça s'exprime comment ?
— Tout simplement en se laissant collectivement pourrir sur sa paillasse. C'est-à-dire en s'abstenant, entre autres, de faire psycho, philo, tarot, abdos... et hebdos. »

Paul hocha de nouveau la tête, cette fois avec gravité. Puis il m'arrêta au beau milieu de la cour, plongea son regard au fond du mien en me tenant par les épaules, et lâcha d'une voix chargée d'émotion :

« C'est beau comme du Gandhi, Christian.

— Tu crois ?

— J'en ai peur.

— M'en fous. Je refuse de refaire la séquence. »

Nous nous mîmes à rire et reprîmes notre marche.

« Bon, résumons, dit-il. Si je te suis bien, tu voudrais démontrer l'absurdité de l'univers carcéral en poussant sa logique à l'extrême : éliminons, éliminons. C'est bien ça ? »

Décidément, il était difficile de décourager Paul Greppo, même avec l'aide de Pascal...

« Je ne veux rien du tout, soupirai-je, vaincu. Je ne crois à rien, je suis fainéant et l'humanité me désespère. C'est simple, non ?

— Trop simple. »

Et il me lança un coup d'œil incisif.

« Tu penses bien un petit peu ce que tu viens de dire, quand même ? insista-t-il.

— À propos de se laisser crever en prison ?

— Oui. »

Je réfléchis quelques secondes.

« Il se pourrait bien que je le pense un petit peu, en effet, admis-je à contrecœur.

— Et est-ce que tu penses aussi, par hasard, qu'un mouvement de refus du genre “Touche pas à ma paillasse, c'est mon linceul” aurait une chance d'être suivi ?

— Non », avouai-je.

Mais j'ajoutai aussitôt, avec une hypocrite modestie :

« Je n'ai pas le charisme nécessaire.

— Et parce que c'est une idée con, rectifia Paul rondement.

— Prouve-le.

— Fais pas la mauvaise tête, l'Abbé. Explique-moi plutôt, toi, quel sens cela aurait ?

— Ta question répond d'elle-même, mon fils. Les gens demanderaient comme toi : "Mais pourquoi font-ils ça ? Qu'est-ce qu'ils veulent ? À quoi cela rime-t-il ? " Et ce serait suffisant. Nous avons tort, non ? Nous sommes des monstres, non ? Eh bien, qu'ils s'interrogent !

— Pas d'accord ! s'insurgea Paul. Moi, je n'ai pas tort, et si je me bats, justement, c'est pour avoir raison, normalement, comme tout le monde ! »

Je levai les bras au ciel en roulant des yeux effarés.

« Avoir raison EN PRISON !

— C'est avoir raison de vivre, mon vieux.

— Raison de vivre EN PRISON !

— C'est toujours mieux que de prôner le suicide collectif des autres au nom de je ne sais quel nihilisme décadent », ricana Paul.

La discussion était à la bonne température ; je décidai d'y plonger un pied.

« Je prône seulement l'interrogation au cœur de l'absurde et la mise en lumière d'un vide du sens dont nous sommes les victimes expiatoires, répliquai-je avec onction.

— Et exprimé simplement, sans effets de soutane, ça donnerait quoi, s'il te plaît ?

— Je viens de te le dire : un charnier dans les prisons dont l'odeur finirait par déranger même notre impassible branleur de Chinois national.

— Qui c'est celui-là ?

— Peyrefitte, l'auteur de la loi Sécurité et Liberté. T'as déjà oublié ?

— La gauche vient de passer, la loi Peyrefitte va sauter, tu le sais bien.

— La gauche va seulement décapiter un symbole en supprimant la peine de mort. Pour le reste, on continuera de s'épanouir dans des geôles républicaines sensiblement améliorées par des innovations du genre télévision dans les cellules, parloirs libres et autres machins. Divertissement, divertissement toujours. Mais tu verras, la loi Peyrefitte et les peines de sûreté ne disparaîtront pas du paysage, et tu sais très bien pourquoi.

— Non. Pourquoi ?

— Parce que ça vous plaît, et qu'ils le savent, assenai-je. Ce que vous voulez avant tout, c'est continuer à vivre *comme si de rien n'était*. C'est pourquoi vos revendications vont toujours dans le sens d'une amélioration matérielle du régime pénitentiaire. J'ai pas ci donne-moi ça, j'veux embrasser ma maman, areu-areu ça fait quinze ans qu'on me sert un biberon froid tous les matins, etc. Vous avez une mentalité de nourrissons syndiqués. Alors le ministère fait semblant de se faire tirer l'oreille, il vous envoie les CRS pour donner à croire qu'il vous prend au sérieux, mais au fond, il se frotte les mains. C'est bon, très bon ça, se dit-il. Nos petits ont enfin une conscience de classe, ils sont mûrs pour l'incompressibilité des peines. Car de même que les ouvriers ne manifestent pas pour qu'on supprime leur usine, vous, vous ne vous mutinez pas pour sortir de prison. Vous voulez seulement y être bien. La qualité de la vie *intra-muros* indexée sur le progrès social *extra-muros*. Alors, peu à peu, les prisons vont se transformer en HLM avec eau chaude sur l'évier, vide-ordures incorporé et la sacro-sainte télé. Au fond, vivre dedans, vivre dehors, hein, pourvu qu'on n'ait pas froid aux pieds...

— T'as pas le sentiment d'exagérer un peu ?

— À peine. On a évacué la tragédie de la sphère sociale, et l'homme a rapetissé. Il n'y a plus que des dérives, des nuisances, des pollutions, des problèmes et des malaises. Prends le crime, par exemple. C'est grand, ça, le crime ; c'est vertigineux, c'est métaphysique, ça ébranle les fondations du monde ! Demande à Dostoïevski, tu verras... Eh bien, regarde : aujourd'hui, cela s'appelle le problème de la délinquance et c'est un thème électoral. Votez pour moi, je protège mieux. Avec Peyrefitte, le loup prend la fuite. Ce n'est plus l'État-providence, c'est l'État-ange gardien... de la paix. Et vas-y que je t'amalgame : les fous de Dieu, les violeurs de l'Ardèche, le gang des postiches et les beurs des Minguettes. Tout ça, messieurs-dames, c'est des nuisances affreuses qui vous empêchent de vivre en paix. En paix, c'est-à-dire en toute sécurité et en toute liberté. Et vlan ! Autre amalgame, permettant d'introduire en douce une nouvelle définition de la liberté, une liberté pas vertigineuse du tout, celle-là, pas métaphysique du tout, je te prie de le croire : être libre, au XXe siècle, c'est être bien tranquille au chaud dans ses pantoufles. Et les taulards, qui ne veulent pas être en retard d'une mode ni d'un siècle, de réclamer leur paire de charentaises. Normal. Ils veulent être libres, quoi, merde alors ! »

Et je ponctuai ma diatribe d'un ricanement de mépris.

Paul s'était arrêté de marcher pour m'applaudir. Imperturbable, je poursuivis ma route sans me retourner et, revenu à sa hauteur, je m'enquis d'un air détaché :

« Ça t'a plu ?

— Presque. Quelques contrevérités, mais bien dites.

— C'est l'essentiel, non ?

— Ça compte, en effet. Mais dis-moi : pourquoi est-ce que tu préconises une solution métaphysique délirante — se laisser crever sur sa paillasse "pour mettre en lumière un vide du sens"... »

Et Paul émit une espèce de bruit de gorge :

« Tu permets que je pouffe ? s'excusa-t-il.

— Je t'en prie.

— ... Une solution métaphysique délirante, disais-je, alors que tu pars d'une analyse politique ? Pourquoi pas une solution réaliste, c'est-à-dire politique elle aussi ?

— Je viens de te dire ce que je pensais de la politique, il me semble.

— Tout est politique, allons, tu le sais bien !

— Je ne sais rien de tel. On veut le faire croire, oui ; on baisse les bras pour que cela devienne vrai, oui. Et la politique, dont c'est la nature, phagocyte ainsi peu à peu tous les aspects de la vie sociale... Forcément, le concept même de vie sociale est politique par définition. Mais Verlaine écrivant *Les Sanglots longs* entre deux cuites à l'absinthe, c'est politique, peut-être ? »

Chez moi, l'adolescence adhère comme une moule, cela ne cessait de m'étonner. Mais Paul répliqua avec un culot qui m'étonna encore plus :

« Cela concerne en tout cas, pour ce qui est de sa poésie, les ministères de la Culture et de l'Éducation nationale, et pour ce qui est de ses cuites, celui de la Santé. Et quant à l'absinthe, elle a été interdite par le législateur.

— Charrie pas, veux-tu ?

— Je charrie pas, je t'éclaire. Et l'individu Verlaine, alcoolique, poète ou délinquant, on peut l'expliquer par le milieu social, l'histoire et la psychologie — lesquels nous ramènent à la politique. Bref, on n'en sort pas.

— Écoute, Paul : le freudo-marxisme, je ne suis pas preneur. Freud, je ne peux pas le blairer, Marx m'emmerde et je préfère le pastis à l'orgon.

— Faudra t'efforcer d'être un peu moins sommaire dans tes dissertations de philo, mon révérend.

— Je doute qu'on me demande un jour de prouver que tout est politique...

— Ça ne sera pas nécessaire. Lyon-III est déjà considérée comme une université de droite à tendance catho.

— Elle se trouve aussi au bord du Rhône, et ce n'est pas pour ça qu'on en sort marinier », ripostai-je.

Paul éclata de rire.

« Tu arriveras peut-être à les faire marrer avec tes arguments, qui sait ? » dit-il.

Puis il se tut.

Nous fîmes ainsi deux ou trois aller et retour sans plus échanger une parole, chacun paraissant méditer ce qui venait d'être dit. C'est alors que je m'aperçus que quelque chose dans notre discussion m'avait mis mal à l'aise. Ce n'était pas l'insoutenable opinion de Paul, pourtant, selon laquelle tout était politique. Encore que je dusse admettre que, de ce point de vue au moins, il était toujours possible et souvent nécessaire de « faire quelque chose ». Car à quoi pouvait bien mener, effectivement, mon nihilisme « décadent » ? Et soudain je compris : ce qui me mettait mal à l'aise, ce n'était pas tant de ne rien faire, ce dont je me moquais éperdument ; c'était de constater que même en prison, oui, même là, il pouvait exister quelqu'un de concret, quelqu'un de « plein », capable de puiser dans une situation d'échec les ressources de lutter pour une cause — ce qu'il appelait une « raison de vivre ». Je lui lançai un regard à la dérobée, étonné de cette découverte et à deux doigts de le pincer pour vérifier si c'était moi, cette fois, qui existais. Puis le sentiment amer qu'en moi tout était irrémédiablement perdu me submergea d'un coup. Je levai alors les yeux au ciel et, happant le vide, j'étanchai furtivement ma soif de mort et d'abandon...

Il me fallut ensuite faire un effort considérable pour trouver une réponse à la question que Paul me posait sans doute pour la seconde fois :

« Tu braques pourquoi, exactement, Christian ?

— Par amour de l'art moderne et des bordeaux rares », articulai-je d'une voix lointaine.

Paul insista, hilare :

« C'est-à-dire ?

— Je rêve de m'offrir un jour *Le Principe dansant de l'Hourloupe*, et de pouvoir le contempler dans le salon de ma gentilhommière en dégustant un verre de lynch-bages blanc. Évidemment, les temps sont durs, et je suis prêt à me passer de caviar s'il le faut. »

Paul gloussa.

« J'analyserai ta réponse dès que j'aurai fait des progrès en psycho-pathologie, dit-il.

— D'ici là, j'aurai braqué Sotheby's et il sera trop tard pour me soigner, docteur... »

Paul hocha la tête, conscient qu'il y avait là un barrage de ma part ; puis il lâcha, après avoir paru hésiter :

« Eh bien, moi, je braque parce que j'ai vu mon père marner pour des queues de cerises, et mourir à cinquante-deux ans les poumons bouffés par les émanations de je ne sais quelle saloperie qu'il respirait dix heures par jour dans son usine. Nous étions cinq frères et sœurs, et, pour joindre les deux bouts, ma mère tricotait, tricotait à tour de bras. Je ne veux pas faire du Zola, mais il me semble bien que les mots caviar et lynch-machin n'appartenaient pas au vocabulaire domestique de la famille Greppo.

— Le procureur te répondrait que des fils d'ouvriers, il y en a d'autres que ça n'empêche pas de travailler ni de vivre honorablement, rétorquai-je.

— Mon rêve, c'est justement de descendre un procureur à la cave et de débattre avec lui de la question.

— Pourquoi à la cave ?

— Et pourquoi au palais de justice ?

— Ton frère braque ?

— Non.

— Alors ?

— Alors quoi ? On ne peut pas exiger de toute une famille qu'elle fasse croisade contre l'injustice sociale, non ? »

Je pris un ton grondeur d'aumônier des blousons noirs, le genre « J'suis pas d'acc, mais t'es mon pote, mec », pour demander :

« Sérieusement, Paul, tu penses vraiment que la pauvreté est une raison suffisante pour aller braquer ? »

Le ton de Paul se fit tranchant.

« Je ne me pose plus la question en ces termes-là, l'Abbé. Je me borne à constater que la morale publique est à sens unique, et qu'un petit nombre, toujours les mêmes, se gave tandis que la majorité va au charbon. Et moi, je ne veux pas faire partie du troupeau. "Veautez", comme disaient si bien les graffiti en 68. Très peu pour moi. Ma femme ne tricote pas. Et mon crédit-logement, je vais me le chercher tout seul dans la salle des coffres de la banque du coin. De même que l'appoint à la demi-pension de réversion que l'État accorde généreusement à ma mère, pour la remercier sans doute d'avoir bien voulu épouser un sous-prolétaire et d'avoir essayé d'en perpétuer l'espèce. »

Apparemment, Paul s'était fatigué de nos échanges de balles en fond de court et montait au filet. Je tentai un passing-shot :

« Bon, d'accord. Mais alors, dis-moi : pourquoi le banditisme, puisque tu pars d'une analyse politique ? Pourquoi pas une solution réaliste, politique elle aussi... Le terrorisme, par exemple ?

— Je ne crois pas à la vertu didactique de l'assassinat, répondit Paul simplement. Et je considère que, dans mon cas, le banditisme est un acte politique.

— Ça ne serait pas plutôt du terrorisme crapuleux ?

— Crapuleux ? Aider sa mère, nourrir sa femme, élever sa gosse, c'est crapuleux ?

— Ne confondons pas la fin et les moyens, veux-tu ?

— C'est toi qui confonds délinquance et faute.

— Pardon ?

— Je dis que c'est une erreur de lier la notion de délinquance au concept moral de faute. Et que c'est un acte politique de le démontrer.

— Démontrer que la délinquance ne se caractérise pas comme une déviance par rapport à des normes ? Là tu m'intéresses. On serait vertueux, toi et moi ? »

À mon tour, j'émis un petit bruit de gorge.

« Tu permets que je pouffe ? m'excusai-je.

— Écoute plutôt : la norme est une chose, et l'éthique en est une autre. Ne sortons pas de la norme, justement. Que fait la justice ? Elle sollicite l'avis du psychiatre en cour d'assises pour déterminer le degré de responsabilité de l'accusé. Ce n'est bien sûr qu'une concession à la modernité, une simple digression dans la rhétorique judiciaire, mais passons. En fait, c'est aussi, c'est surtout un abus de confiance. Le psy, en effet, ne peut parler que de responsabilité mentale ; la morale n'est pas son affaire. Or, dans la pratique du prétoire, le discours de l'expert est littéralement détourné de son sens. À la question : "Dédé-le-Tatoué était-il responsable de ses actes au moment où il défonçait le crâne du brigadier Forte-Tête qui voulait l'arrêter ?" l'expert répond oui ou non, et la justice conclut : moralement responsable ou non. Il y a là un saut sémantique inacceptable.

— Un saut sémantique..., répétai-je rêveusement, en m'efforçant avec ostentation d'imaginer la chose. Un saut sémantique...

— Parfaitement. On fait dire au psychiatre, qui le dit d'ailleurs sans beaucoup se faire prier, normalité égale responsabilité morale. Mais le syllogisme : "Dédé-le-Tatoué n'est pas fou ; or il ne respecte pas les normes ; donc il est moralement responsable" sur lequel se fonde le jugement, est un sophisme dans la plupart des cas. »

J'émis un sifflement de surprise effarée.

« Mais c'est très-très-très-très subversif, ça ! m'exclamai-je. Tu prétends sérieusement qu'un individu normal peut néanmoins être irresponsable moralement ?

— Je suis en train de dire que la responsabilité mentale — je suis conscient de ce que je fais, je braque, je sais même que c'est interdit et je sais aussi ou crois savoir pourquoi je le fais —, cette prise de conscience-là, qui me fait me reconnaître dans mon acte et mon acte pour ce qu'il est, n'est pas forcément la même chose que la responsabilité morale. Car de même que le fou échappe à la logique, le déviant, par nature, échappe à la norme. Il y a passage ici à un autre ordre de choses, mais le législateur préfère l'escamoter.

— Mais alors qu'est-ce que c'est, la responsabilité morale ? Ça existe, au moins ? feignis-je de m'inquiéter.

— Bien sûr, me rassura Paul. La responsabilité morale, c'est quand tu dis : "Tant pis, je le fais quand même." Dupont-la-Joie apprend qu'il est cocu et il décide d'étrangler sa bourgeoise. Il sait que c'est mal, mais il le fait quand même. Tant pis, se dit-il, ça lui apprendra. »

Je me mis à rire.

« Et toi, Paul ? Tu dis comment ?

— Moi, je ne suis pas un délinquant occasionnel qui transgresse la loi par accident. Je suis un pur déviant. Et le déviant dit : Cette loi ne me concerne pas. Il la transgresse parce qu'il ne la reconnaît pas pour sienne ; il n'adhère pas à tel ou tel aspect de la norme sociale. Ainsi moi, si je considère que dérober ses économies à une vieille dame est mal, pour autant je ne considère pas que le vol d'une banque soit une mauvaise action. Je ne suis donc pas responsable *moralement* du crime de vol qualifié. »

Et il ajouta, rigolard :

« J'accepte tout au plus d'en être l'auteur si on me prouve que c'est moi qui l'ai commis... »

L'heure de notre promenade prenait fin. Le surveillant ouvrait la grille, bruit de fer, bruit de clés. Paul demanda alors, un sourire futé au coin des lèvres :

« Je te repose ma question, l'Abbé, mais différemment. Non plus : Pourquoi braques-tu ? mais : Quand tu braques, tu dis comment ? Tant pis, je le fais quand même ? »

Je résistai à l'envie de happer de nouveau le vide du ciel et répondis en lui retournant son sourire :

« Quand je braque, mon bon Paul, je dis : Haut les mains, c'est un hold-up ! »

4

Mes conversations débats avec Paul furent ainsi, les huit mois pendant lesquels je fis partie de l'équipage du sous-marin, mes seuls moments de détente véritable. Ma tendance à ne porter sur autrui qu'un regard dénué d'intérêt souffrait là une exception notable. À mesure que le temps passait, Paul continuait en effet de me surprendre par sa bonne humeur inentamable, son esprit critique mais attentif à tout et à tous, et l'absence, dans son attitude, de ces tics comportementaux caractéristiques des gens du milieu. Sa réussite au DEUG ne lui monta pas non plus à la tête, comme il arrive chez la plupart des détenus dès qu'ils savent que Denis Papin est le père spirituel de la Cocotte-Minute. Il considérait ses études d'un même point de vue pratique que moi, c'est-à-dire comme un moyen de réduire la condamnation qui l'attendait et un remède à l'entropie cérébrale. Mais elles étaient encore pour lui l'occasion d'assouvir simplement et modestement une curiosité naturelle, étrangère à toute espèce de *libido sciendi*. En bref, il paraissait probable que si le père de Paul ne s'était pas ruiné la santé dans son usine et que si sa mère n'avait tricoté qu'en dilettante, le banditisme lyonnais eût été privé d'un de ses plus beaux fleurons. Et Paul, alors, aurait peut-être été l'un de ces brillants experts-psychiatres nommés par le tribunal pour m'examiner...

L'un d'eux me fit appeler un beau matin de septembre alors que j'étais plongé dans la rédaction d'une dissertation sur le thème bateau : « Exister, est-ce seulement vivre ? » L'honnêteté m'avait d'abord poussé à répondre d'une phrase lapidaire : exister, pour moi, c'est se regarder vivre, et tout le reste est littérature... Mais je m'étais avisé qu'une telle réponse, outre qu'elle dérogerait aux normes universitaires au regard desquelles le développement, c'est-à-dire précisément la littérature, constitue la bonne manière de philosopher, serait susceptible d'intéresser plutôt un psychiatre qu'un professeur de philo. Et cela vint à point nommé me rappeler la décision que j'avais prise de ne rien répondre du tout à l'expert.

En pénétrant dans l'annexe psychiatrique, dont le rez-de-chaussée abrite aussi l'infirmerie de la prison, je croisai pour la première fois le grand Ludo, revêtu de la veste blanche des aides-infirmiers et se baladant avec un plateau de médicaments. Je ne le connaissais pas ; mais ces quatre-vingt-quinze kilos de muscles entassés sur une hauteur d'un mètre quatre-vingt-dix et surmontés d'une crinière blonde de Viking étaient réputés être les siens.

Comme il est d'usage avec les psychiatres, je dus poireauter une bonne demi-heure devant la porte. Pour autant, ma sérénité n'en fut pas troublée d'un iota : je savais me rembourser le temps perdu à cette mise en condition imbécile par un entretien éclair de moins d'une minute.

L'expert était un gentleman à poil jaune et tout en tweed qui, m'ayant ouvert enfin, m'accueillit d'un sourire thatchérien ponctué d'un franc *shake-hand*. C'était le genre « Laissons tomber le masque, *old chap*, nous sommes du même club, n'est-il pas ? ». Puis il alla s'asseoir derrière le bureau, et, m'invitant d'un geste à prendre place en face de lui, se présenta rondement. Cela donna quelque chose comme : « Hello ! Je suis l'arrière-petit-neveu de Sigmund Freud. N'est-ce pas drôle ? Et... hum ! Et figurez-vous que le juge — saint Gilles et saint Patrick savent pourquoi ! — m'a chargé de vous examiner. N'est-ce pas drôle, cela aussi ? Mais bon. Laissons de côté cet aspect trivial des choses, et faisons tout bonnement connaissance. Voulez-vous ? »

Je ne voulais pas, et le lui dis en restant debout. Sa réaction me causa l'impression d'avoir lâché un gros mot.

« Vous ne voulez pas ? »

Et je vis s'allumer dans ses yeux bleu pervenche en porcelaine du Staffordshire une lueur d'effarement offensé que je traduisis instantanément par : « *Damned !* Ce type n'est pas du tout de mon club ! » Mais il se reprit aussitôt, et son visage déjà légèrement couperosé acheva de s'illuminer d'un sourire chevalin au cours duquel de longues dents jaunes firent une apparition remarquée.

« Vous n'aimez pas les psys, c'est ça, n'est-ce pas ? fit-il avec un hennissement jubilatoire.

— Là n'est pas la question, docteur, expliquai-je dans un anglais approximatif. Il se trouve simplement que j'ai pour habitude d'être malade avant d'aller chez le médecin ; or, aujourd'hui, ce n'est pas le cas. Et par ailleurs, en ce qui concerne les repris de justice de mon acabit, votre avis d'expert ne peut servir à rien — je veux dire qu'il n'influera en rien sur le verdict de la cour. Croyez-en un spécialiste.

— Ah ! mais je vous crois, je vous crois, monsieur... monsieur Lhorme ! s'exclama-t-il en consultant sa fiche. Et je suis le premier à le déplorer, n'en doutez pas. Mais puisque nous sommes là... non ? Cinq minutes de plus ou de moins ! Et votre avis de... hum ! spécialiste de la question m'intéresse. Voulez-vous ? »

Et il eut un geste élégamment désabusé qui voulait dire : « Ce n'est pas parce que le green est inondé que ça doit nous empêcher de porter un toast à la reine d'Angleterre, n'est-il pas ? »

Il me sembla que je me balançais d'un pied sur l'autre comme un parfait crétin, et je pris alors le parti de m'asseoir pour mettre fin à cette pantalonnade. Et aussi parce que les prêtres de mon collège m'avaient bien élevé. Après tout, cinq minutes de bavardage informel... Et puis je vous le demande, milord, planter là froidement mon demi-quart d'esquire n'était-il pas un rien teuton ? Bref, je tombai dans le panneau. La conversation dura effectivement cinq courtes minutes et fut aussi neutre et superficielle qu'il fut en mon pouvoir de faire. Elle fut suivie, deux jours plus tard, d'un nouvel entretien, si l'on peut dire, encore plus court, avec le deuxième expert nommé par le tribunal. C'était cette fois une sorte de caricature d'employé de mairie bolivien, teint olivâtre, moustache à la Clark Gable, et souliers noirs impeccablement cirés qui contrastaient avec la housse informe en toile de jute dans laquelle flottait son corps malingre. Ce praticien funèbre qui semblait avoir oublié la recette du sourire dans les plis de sa première couche-culotte n'opposa aucune objection à mon refus de coopérer. Il se contenta de hocher lugubrement la tête, puis voulut subitement prendre ma tension. J'y consentis de bonne grâce. Il sortit alors d'un cartable crasseux l'espèce de poire à lavement qu'il trimbalait à cet effet, boucla la sangle de l'ustensile autour de mon biceps, et se livra avec ferveur à ce qui devait être son gag favori et la seule distraction de sa journée. Au cours de l'opération, il réitéra cependant par trois fois d'une voix creuse sa demande d'entretien. « Voulez-vous que nous parlions ? Vous êtes bien sûr ? Vraiment vous ne voulez pas ? » Et par trois fois, je repoussai en souriant l'exquise tentation. Ce jour-là, le coq ne chanta pas. Le petit Jésus pouvait être fier de moi.

Deux semaines plus tard, le rapport d'expertise de ces duettistes de l'humour loufoque me fut remis en présence de mon avocat par le juge d'instruction. L'ayant lu, mon avocat réclama aussitôt une contre-expertise. La réaction de ce grand benêt commis d'office et au demeurant parfaitement nul réussit à me sortir de la torpeur dans laquelle me plonge invariablement l'atmosphère des cabinets d'instruction. Une fois dans le couloir, avant de nous séparer, je lui demandai ce qui se passait.

« Vous n'avez pas lu ? » s'écria Grand-Benêt, encore sous le coup de l'émotion.

Le fait est que j'avais feint seulement de parcourir la dactylogorrhée jargonneuse des deux compères. Tout juste m'étais-je étonné qu'ils aient pu pondre quelque cinq pages sur la base d'un entretien qui n'avait pas eu lieu. Mais quoi ! Chacun devait bien vivre !...

« Vaguement. Je suis plus ou moins pervers, c'est cela ? fis-je à tout hasard.

— Pas du tout ! Ils ont dit “mafioso”. Vous êtes un mafioso ! »

De retour dans ma cellule — ah ! le bonheur de retrouver son sous-marin et sa douillette étanchéité après ces extractions pour le Palais ! —, je me confectionnai une tasse de Ricoré tiède (opération qui ne requiert, je l'avoue, qu'un bien maigre talent), et me mis à lire, cette fois attentivement, le fameux rapport. Et à la page trois, effectivement, se trouvait écrit, aussi incongru qu'obscène en cet endroit, le mot « mafioso ». Outre que le terme innovait en matière de terminologie médicale, on me qualifiait, moi, le braqueur solitaire, de mafioso !

Je ne dirai pas que je fus... hum ! *shocked*, certes non, ni même que j'eus une poussée de tension. J'ai trop l'habitude de l'absurde et je pris donc le parti d'en rire. Toutefois, je ne pus m'empêcher de repenser à ma tentative de suicide : ces messieurs connaissaient le procès-verbal des faits et n'avaient pu manquer de lire le rapport qui l'accompagnait, celui d'une expertise autrement plus probante que la leur, l'expertise balistique. Ils savaient ainsi que j'avais vraiment voulu me tuer, et que seul un hasard m'avait « sauvé ». Cela au moins, pensai-je, aurait dû intéresser des psychiatres et leur permettre de dépasser l'anecdote. Eh bien, non. Pas un mot là-dessus, pas la moindre allusion. En fin de compte, Christian Lhorme était bel et bien mort ; il y avait même témoignage que deux psycholégistes l'avaient réincarné en mafioso...

Bien entendu, je me fis un devoir de passer le jour même le rapport à Paul Greppo, à la fois pour le divertir (les études de psycho sont si austères) et pour l'initier aux arcanes de sa future spécialité. Et le lendemain, à son arrivée dans la cour, je m'enquis d'un ton pesamment protecteur :

« Alors, mon jeune filleul ? Toubibs or not toubibs ? »

Et d'une voix rendue sourde par le respect tout neuf que ma personne lui inspirait, Paul répondit :

« *That is the question*, don Christiani. »

Cet épisode de l'expertise psychiatrique (la contre-expertise eut lieu tout de suite après et fut par moi vertement expédiée, d'où il résulta que j'étais seulement pervers et non plus sicilien) devait marquer la fin de l'instruction de mon affaire. Il y eut encore une dernière visite chez le juge pour le procès-verbal récapitulatif d'une instruction ouverte... vingt et un mois plus tôt. Puis j'attendis que me soit notifiée la date de mon procès. Pas longtemps : la lecture du *Progrès* devait bientôt m'apprendre que celui-ci clôturerait la session des assises d'automne, soit le vendredi 20 novembre. *In petto*, je priai Grand-Benêt d'agréer l'expression de ma considération distinguée. Non seulement il était nul, mais encore il était fainéant.

Il vint cependant me voir quelques jours avant le procès. En fait, je crois qu'il boudait parce qu'il n'avait jamais reçu un sou de moi ni même la promesse d'en recevoir un jour. J'espérais bien qu'il continuerait à bouder ainsi très fort devant la cour. C'est à dessein, en effet, que j'avais abandonné ma défense aux soins (ou à la négligence) d'un avocat commis d'office : à quoi bon un ténor du barreau à mes côtés, dont le talent n'eût servi qu'à gonfler mon affaire ? Par ailleurs, je ne voulais pas que mon enfance donnât prétexte à un rewriting oiseux de *Sans famille*, ni qu'on cherchât en quelque manière à excuser mon acte. Ma vie ne regardait que moi, et j'en assumais tous les épisodes, de ma première tétée à mon dernier braquage.

« Et même, ajoutai-je ce jour-là pour l'édification de Grand-Benêt, j'en assume par avance tous les épisodes encore inconnus qui constitueront la matière des chapitres à venir. Me comprenez-vous ?

— Mais comment vais-je pouvoir vous défendre dans ces conditions, monsieur Lhorme ? gémit le pauvret.

— Il suffit que vous soyez là, Maître, répondis-je gravement. Votre seule présence sera pour moi d'un très grand réconfort. »

Il me lança un regard en guidon de vélo de course et s'en fut, les mollets sciés et sa selle sous le bras. Ç'allait être sa première plaidoirie en cour d'assises. Il était mort de trac.

Tous ces micro-événements qui se succédaient depuis la rentrée des vacances me dérangeaient surtout dans mon travail. Je voyais approcher avec angoisse le jour de mon jugement, puis, peu après si j'en croyais Paul, celui de mon transfèrement en maison centrale après un passage — de combien de temps ? — par le centre de transit de Fresnes. Allais-je réussir à mener à bien ma première année de DEUG ?

C'est à peu près à cette époque-là que Rouquemoute fut « balluchonné » à la citadelle de Saint-Martin-de-Ré, sorte de pénitencier dépotoir où l'administration pénitentiaire, avec un soupir de découragement parfaitement imité, relègue ses fonds de tiroir. Avant son départ, le hibou albinos messager de l'Au-Delà, de l'En Dessous et de l'À Côté put faire passer un petit mot d'adieu à son ami Paul. « Salut, Paulo ! écrivait-il. On m'envoie à Raide-Tinmarsin enseigner la coinche aux goélands. Bonne chance à toi et à l'Abbé. À propos, tu diras à ce voyou de défroqué que le petit M... s'est affalé pendant l'hypnose. Je lui avais demandé : Combien va prendre l'Abbé ? Il m'a répondu : Huit piges. C'est pas du char. Mais pour toi, Paulo, j'ai pas pu savoir. Allez, à bientôt j'espère. Et du lège avec les études, les aminches : ça rend encore plus sourd que ce que vous savez ! René. »

Ce petit clin d'œil que m'adressait Rouquemoute et cette manière de m'associer dans son amitié pour Paul me firent plaisir. Je saluai aussi au passage la finesse du verlan rouquemoutien. Raide-Tinmarsin, c'était très juste ; il y avait plus de chance en effet de voir tomber là-bas les grains que fleurir les libérations conditionnelles...

« Son dormeur ne s'est pas mouillé beaucoup, rigola Paul. Huit ans, c'est à peu près ce que tu risques, non ?

— Ça devrait se situer dans ces eaux-là. Mais si je n'en prenais que cinq, je n'irais pas me plaindre à la CSHR.

— Qu'est-ce que c'est que ça ?

— La chambre syndicale des hypnotiseurs du Rhône. »

Quelque temps plus tard, je reçus une lettre d'Antonin Buchat. Le bougre n'avait pas manqué de lire dans *Le Progrès* la date de mon procès, et il me promettait d'y assister, « quitte à boucler *La*

Mangeoire ce jour-là s'il le faut ! ». Par retour du courrier, je lui conseillai d'y réfléchir à deux fois car ç'allait être, lui dis-je, une très mauvaise pièce de théâtre : le public connaîtrait d'avance le coupable, le coupable connaissait d'avance le verdict, et seul l'avocat n'y connaissait rien, mais son innocence n'intéressait personne... Et je terminai ma lettre en lui assurant que s'il s'évanouissait à l'énoncé du verdict, ce serait plutôt bon signe : cela voudrait dire qu'au moins il aurait compris quelque chose à l'histoire.

Le début de mes cours de philo, à la mi-octobre, fut comme une injection d'oxygène. J'eus enfin suffisamment de quoi m'occuper pour n'avoir plus à penser à un procès dont tout le monde semblait s'être ligué pour me parler. Mais qui diable une telle farce pouvait-elle intéresser sérieusement ? En tout cas, pas moi. Ni mon professeur de philosophie générale qui vint me rendre deux longues visites au cours desquelles, merci Heidegger, nous parlâmes de tout autre chose. Sur sa suggestion, je rédigeai une petite annonce qu'il se proposait de punaiser sur le panneau d'affichage de la faculté. Je faisais appel à la bonne volonté d'un ou de plusieurs étudiants pour m'adresser par courrier les polycopiés de mes cours tout au long de l'année universitaire. Suivait une liste des UV que j'avais choisies, avec l'assurance que je pourvoirais aux frais d'affranchissement.

Ce fut une étudiante, déjà en année de licence, qui me répondit. Elle se ferait un plaisir, m'écrivait-elle, de collecter régulièrement les polycopiés en question, bien qu'elle n'assistât pas aux cours du premier cycle. Sa lettre sur papier bleu avait quelque chose de langoureux comme une valse de Strauss, elle me disait habiter Vienne, et le fait qu'elle s'appelât Élisabeth aurait dû normalement éveiller en moi d'impériales concupiscences. Mais l'Abbé n'est pas l'empereur François-Joseph ni l'Isère le Danube bleu. Je la remerciai sobrement, joignis à ma réponse une vingtaine de timbres-poste, et retournai fouetter mes chats. Rouquemoute n'avait-il pas dit que les études rendaient sourd ?

Je reçus une autre visite, qui mit en joie Paul Greppo. Devant mon embarras concernant les UV libres, mon professeur de philosophie générale m'avait suggéré d'en préparer une à la faculté catholique de la rue du Plat. L'idée me parut intéressante, à moins que je ne me fusse rappelé la suggestion de Rouquemoute ; et je me mis aussitôt en rapport avec le professeur de théologie dont il me communiqua les coordonnées : Hervé R..., couvent des dominicains, rue Bugeaud.

Celui-ci débarqua un bel après-midi tandis que j'étais en promenade. C'était un moine d'une trentaine d'années dont l'état, comme il se doit, ne devait rien à l'habit : il portait jean et blouson avec le naturel d'un athlète du flipper, était coiffé mode, et je doutai que la chemise que je voyais dépasser de son pull ras-le-cou fût un cilice. Je fus un peu gêné de ma mine austère, de mon bouc et de ma calvitie naissante en forme de tonsure, qui me donnaient quant à moi l'air du conseiller spirituel de Mgr Lefebvre. Je crus un instant qu'il allait faire demi-tour, dégoûté, en prétendant s'être trompé de discothèque. Mais non. Il me serra la main avec un sourire plutôt timide, et nous nous installâmes pour faire connaissance dans l'un des confessionnaux réservés aux avocats, sous la coupole de la rotonde où, le dimanche, l'aumônier de la prison célèbre aussi la messe. C'était apparemment le moyen qu'avait trouvé ici l'administration pénitentiaire de se conformer à l'esprit du concile Vatican II...

Notre conversation traîna sans parvenir à accrocher vraiment. Cela tenait au fait, je crois, que l'un comme l'autre achoppions sur nos apparences respectives. Il devait tenter de m'imaginer avec un Colt dans chaque main, moi j'essayais de glisser un bréviaire dans les siennes, et le résultat ne collait pas. En désespoir de cause, nous nous rabattîmes sur mes études, et nous convînmes tacitement qu'une UV d'exégèse biblique serait encore le meilleur moyen d'avoir quelque chose à nous dire. Une demi-heure plus tard, il prenait congé de moi avec un « Au revoir, Christian, et bon courage ! » franc et cordial. À quoi je répondis par un « Salut, Hervé, et merci ! » que je parvins à extirper péniblement de ma réserve intégriste.

De retour dans la cour, je dis à Paul :

« Devine qui j'ai vu ?

— Je ne sais pas, moi... le petit Jésus ?

— Tu brûles.
— Jeanne d'Arc ?
— Non.
— Tu me le diras, dis ?
— Un moine.
— T'as vu un moine ?
— J'ai vu un moine.
— C'est une apparition ?
— Non ; c'est une UV d'exégèse biblique. Tu m'aideras, dis ? »

Paul partit d'un énorme éclat de rire, mais je demeurai sérieux comme un pape, ce qui ne fit qu'augmenter son hilarité. J'avais gardé le secret de cette visite que le dominicain m'avait annoncée quelques jours auparavant, pour mieux ménager mon effet.

« Ça t'en bouche un coin, hein ? » lançai-je à Paul.

Il était toujours secoué de rire, mais il parvint à demander à travers ses larmes :

« Ça se prépare comment, dis, une UV d'exégèse biblique ? Tu fais mariner les polycopes dans l'eau bénite et le vin de messe, avec un rameau de buis ? »

Il y avait un certain temps déjà que je ne promenais plus mon regard sur les murs à la peinture écaillée, lacérée et ornée de graffiti de ma cellule — béton, béton mon frère ! — ni sur toutes les pauvres choses figées qui m'entouraient, je devrais dire qui m'encerclaient. L'aridité silencieuse de l'univers carcéral et sa permanence oppressante paraissaient avoir perdu de leur acuité, semblaient s'être diluées comme un paysage aperçu à travers une vitre battue par la pluie. Le divertissement pascalien jouait à plein son rôle, et il n'y avait plus guère qu'à mon réveil ou de retour de promenade, lorsqu'il se produisait un vide, une sorte de hiatus entre l'oubli du sommeil ou la distraction de mes conversations avec Paul et l'attention que réclamaient mes études, que cette réalité m'assaillait encore à l'improviste. À ces moments-là, j'éprouvais de nouveau la sensation suffocante d'être prisonnier, qui est un mélange de frustration diffuse, d'angoisse, de morcellement intérieur, quelque chose à la fois d'aussi brutal qu'un coup de poing au plexus et d'aussi vertigineux qu'une chute dans le vide. Et plutôt que de parer l'assaut en me jetant sur un magazine ou en allumant la radio, j'en profitais alors pour laisser, assis immobile sur le rebord du petit lit de fer, la souffrance irradier en moi comme un alcool, et je m'en imbibais, m'y abandonnais avec délice. C'était ma gnôle. Après quoi, ainsi dopé, je revenais à Platon, à Kant, dont la pensée agissait comme un baume sur mon esprit soûlé d'absurde...

Mais parfois aussi, sur cette lancée, je me mettais à réfléchir à la différence qu'il pouvait y avoir entre ces deux angoisses, celle proprement existentielle que j'éprouvais continûment, j'allais dire naturellement, et qu'illustraient par exemple mes stations sur le banc du parc de La Línea, et celle plus particulière engendrée par mon enfermement. Celle-ci était-elle un avatar de celle-là, ou bien était-ce sa conséquence — presque sa punition ? L'interrogation pouvait paraître oiseuse, mais elle était importante, pensais-je, pour m'aider à savoir si la prison était la forme sous laquelle mon existence se donnait à vivre comme destin, ou si elle n'était que l'expression de son ratage. Encore que cette notion de ratage fût elle-même ambiguë car on pouvait l'entendre, au fond, comme le contre-pied délibéré du bonheur, c'est-à-dire la négation de soi vécue paradoxalement comme projet d'existence. En ce cas, l'échec parfait n'était-il pas une réussite à l'envers ?

En somme je cherchais, en me penchant ainsi sur mon angoisse, à déterminer la part de la faiblesse et de la force, celle de la psychologie et de la métaphysique, et la question était : L'absurde existe-t-il ou n'est-il qu'un symptôme ? Ou encore : La névrose est-elle le siège de la perception métaphysique ?

En avais-je assez porté, en effet, dans mes soûleries d'angoisse, de ces toasts au néant, en gueulant dans mon appartement ou dans quelque chambre d'hôtel : « Je ne joue pas, moi ! Je n'amuse pas la galerie, non, non. Pas de personnage ! Nada ! Je ne figure pas dans la comédie humaine écrite par Machin-Chose, déguisé en garçon de café, en saint-cyrien ou en collectionneur de dents de peigne ! Non, non ! Je ne m'intronise pas ! Je m'étronise, oui ! Je me chie hors de moi, oui ! Ça, c'est un idéal, nom de Dieu ! Ça, c'est s'emmerder avec dignité ! »

Et je pouvais poursuivre ainsi pendant des heures, jusqu'à extinction de la bouteille qui se trouvait à portée de ma main, jusqu'à extinction de mes forces, jusqu'à ce que la nuit me bâillonnât enfin puis me berçât peut-être, à mon insu, la grande nuit faiseuse d'anges, de ceux qui ne peuvent ou ne savent accoucher d'eux-mêmes...

Or, à propos de rôle, ne devais-je pas m'interroger d'abord sur mon activité de braqueur ? N'en était-elle pas un, justement, et le plus lamentable qui soit : un rôle symptomatique ? Car avant d'être un braqueur conscient, lucide, j'avais été ce qu'on appelle un délinquant juvénile, et j'avais beau aujourd'hui, grand seigneur, faire table rase de tout ce compost, je ne pouvais nier que mon existence de marginal, pour délibérée qu'elle me parût à présent, fût marquée à jamais des stigmates de la faiblesse, de l'inadaptation et de l'anormalité. Je n'avais pas, moi, le recours des raisons objectives que Paul se donnait pour justifier ses actes. En assumant ma délinquance et en persévérant dans cette voie pour en faire un destin, n'opérais-je pas un simple et utopique rétablissement sur la barre fixe de ma névrose ?

Parvenu à ce point de mon interrogation, la nausée me prenait. Je devais alors recourir au mépris pour m'extraire du puits dans lequel je me jetais moi-même : mépris de ma personne, mépris de mon histoire.... Halte aux anamnèses ! Mort à l'adolescence, déjà foudroyée au seuil de ses lendemains !... Et de tourner le dos résolument au petit jeune homme exsangue, cloué là-bas à l'un des brise-lames de la plage du Sillon, la grande plage venteuse et jonchée de goémons à marée basse...

De quoi donc était-il question ?

Lorsque je braquais ou préparais un braquage, non, je ne « jouais pas au gangster » à proprement parler. Indéniablement toutefois, l'action me soulageait de ma présence factuelle et me donnait à exister, à moi qui me regardais vivre. Le braquage comblait-il donc un vide en donnant provisoirement un nom à mon être et un contenu à ma vie ?

Bien franchement, j'en doutais, car mon idéal était précisément la vacuité. N'être personne que cet existant sans projet, ne représenter rien que le vide de cette existence, était à mes yeux la seule façon d'éprouver à l'état pur le vertige d'une condition humaine dont je voulais que les conséquences me ravageassent comme un acide.

Il ne m'était pas possible, toutefois, de demeurer là, Narcisse des temps modernes, à attendre ma métamorphose en jonquille. Mes stations devant le bassin dépotoir du parc de La Línea n'étaient qu'un rite signifiant : « Je suis là, Christian, je sais que tu es là toi aussi, nous deux, toi et moi — et le ciel au-dessus de nous déploie son blanc silence, blanc silence... » Puis bruissement métallique du feuillage, et la messe était dite. Il fallait bien repartir ensuite par les rues et par les ruelles, il fallait bien retrouver le monde et son train, faire quelque chose, quoi ! Quelque chose : braquer répondait ainsi à la nécessité inéluctable d'entrer en scène parmi les autres, mais affublé du moins d'un travesti qui se donnait comme tel à voir. La cagoule du braqueur, c'était l'anti-masque, car le masque qui ne recouvre rien n'en est plus un ; de même que le rôle du braqueur était l'anti-rôle, car c'est le rôle interdit, celui que l'on dénonce. Ce que je jouais en fait était le refus de jouer, le personnage que j'incarnais était la négation de tous les personnages. Et pour que le jeu n'en fût pas un, pour que mon rôle s'annulât au moment même où je l'interprétais, le comédien obligé et provisoire que j'étais devait encore ne jouer vraiment qu'une chose : sa vie. À ce prix seulement devenait crédible le paradoxe d'être ce vrai personnage de faux acteur et s'escamotait le risque de perdre mon âme dans le piège du contraire. La mort ou la prison, toutes deux ignominieuses dans mon cas, authentifiaient ma démarche ; le jeu n'était pas une pantomime ; je me risquais tout entier, moi, l'homme nu, au beau milieu du bal masqué. En me jugeant demain au nom des masques et des rôles, mes juges ne feraient au fond que me rendre justice et ne seraient que les instruments dociles de mon destin.

C'est ici qu'enfin s'éclairait ma réflexion sur la nature de mon angoisse. La souffrance du prisonnier, petite et mesquine, anecdotique, faite essentiellement de frustration (entachée aussi, pour l'ordinaire, de ce sentiment de faute et d'échec que dénonçait Paul et à quoi Dieu merci j'échappais), ne m'atteignait encore que parce que je confondais l'acte et l'entracte.

L'acte consiste à se regarder nu le matin avant de revêtir le travesti, puis à se regarder nu de nouveau le soir après la prestation. L'angoisse alors est pure, mais abstraite. L'entracte, en revanche, c'est le psychodrame du jour, la récréation, le moment où l'on met en scène les tensions intérieures de son être, où l'on fait joujou avec son vertige, où l'on prête un masque à ce visage à jamais insaisissable de soi. La souffrance alors se fait grossière mais réelle ; elle colle au quotidien et témoigne d'une histoire. Christian Lhorme soudain existe sous le regard des autres ; ils le voient, ils le jugent, ils l'enchaînent. Les murs de la prison sont cette reconnaissance abusée de son masque et de son rôle par les autres acteurs, sont cet enfermement dans l'entendement aveugle d'autrui : j'ai joué au gangster et vous avez marché, dit Lhorme, car vous ne savez voir que les personnages ; je vous ai faits juges et vous m'avez fait prisonnier, car pour vous toujours acteur et personnage se confondent. À présent, je souffre donc enfin pour de vrai. Votre mépris si bien joué et celui de la société que vous représentez (notons au passage l'importance de la distribution, il s'agit sûrement d'un théâtre subventionné, bref on s'y croirait), mon exclusion si vraie dans votre prison si réelle (des murs en dur, quel luxe ! quelle recherche dans la vraisemblance !), mes compagnons eux-mêmes si convaincus d'être prisonniers (où est-on allé chercher des figurants si doués, je me le demande), tout cela donne enfin de l'être à mon néant, du corps à mon absence. Il n'y a rien à faire, on a besoin du corps ; on a besoin de sentir en soi l'impact de ses projections comme le retour brutal d'un boomerang. L'alcool, ce n'est pas suffisant. L'ivresse qu'il procure n'est qu'un délire, la cristallisation de l'ectoplasme qu'il réalise est passagère et n'est qu'un songe ; après quoi, misérable et grelottant, le fantôme retourne à ses limbes. La récréation, c'est autre chose, et c'est mieux. Elle permet au soi de rencontrer un reflet dans les miroirs du jeu. Elle permet de dire « je ».

Je souffre, donc, mais je ne dois pas me tromper de souffrance ; tout ce qui m'environne et qui m'accable, ces murs, ce temps figé, n'est que la concrétion grossière de mon angoisse innée, la conséquence de mon entrée en scène. Oui, l'absurde existe, et il est partout où je suis. En jouant mon psychodrame, il s'est fait soudain tangible ; une situation s'est créée que je puis vivre enfin car les autres, tous les autres, les acteurs, les machinistes, les spectateurs l'accréditent par leur présence. Ce sont eux cette fois qui, sûrs de m'avoir pincé en flagrant délit de rôle, prêtent chair à mon fantôme. Leur regard me cloue entre les quatre murs de ma cellule ; il n'y a plus d'échappatoire, j'existe enfin absurdement, je cesse de couler à vide comme un sable immatériel dans le sablier de ma conscience, j'incarne mon propre néant.

Me voici donc aujourd'hui tel qu'en moi-même, prisonnier. Cependant cette souffrance que j'éprouve parfois au réveil, si réelle et si aiguë, n'est que celle du personnage de faux acteur. Car le jeu est vrai, tel est le secret. L'absurde est pervers et cannibale. Il a besoin de sens et de chair fraîche. C'est aussi un grotesque ricanant et réducteur. À la spirale silencieuse des galaxies en haut, il fait écho en bas par le vortex glouglouteur des lavabos. Faute de mieux sans doute, dans cet univers de la récréation non-stop, où les totems sont biodégradables comme les lessives, j'avais vendu mon âme à ce dieu-là. Il était le seul en effet qui rendît le jeu dangereux, le seul qui menât le je au bord extrême du gouffre.

Il suffirait toutefois que je relâche un peu ma vigilance, que j'écoute un instant le chant des sirènes (de police), pour devenir vraiment coupable et misérable. Je serais mûr alors pour les comités postpénaux et autres niaiseries destinées à me permettre de restaurer une dignité prétendument déchue. On m'apprendrait à prendre la vie au sérieux au lieu de la prendre au tragique, à me fondre dans le troupeau, et on irait peut-être même jusqu'à me donner du travail. Ah ! le travail !

Mais je travaillais depuis toujours, moi ! Car n'est-ce pas un effort de tous les instants que de demeurer le maître de ses symboles, de ne pas succomber à la force centripète du je, de conserver à tout prix le courage de se démaquiller le soir dans sa loge, et de se regarder nu — sans espoir et sans faiblesse — nu avec les seuls yeux nus de sa conscience nue ?

En vérité, en vérité je vous le dis, mes frères, l'absurde est un dieu qui n'aime pas les dévots et qui n'exauce aucune prière...

Ce vendredi matin 20 novembre, donc, dernier jour de la dernière session d'assises de cette année-là, je fus invité à assister à mon procès. J'avais bien mérité cette distraction, me semblait-il, après vingt-trois mois d'enfermement dont cinq de sous-marin, un comportement exemplaire, et après avoir fait montre sans sourciller d'une peu commune faculté d'adaptation embrassant des activités aussi diverses que parties de tarot, séances d'hypnose et études de philosophie.

Je crois me souvenir que ce jour-là il faisait beau. Par l'une des fentes d'aération aménagées dans les parois latérales du fourgon cellulaire, je pus entrapercevoir par éclairs des morceaux de gens en liberté, jambes de femmes, bras d'hommes, pieds d'enfants, ici deux yeux et un nez sans bouche au ras desquels avait passé notre fourgon à un feu vert, là toute une théorie de mentons, d'oreilles, de nichons, de bedaines, de mains gantées et de cous emmitouflés défilant devant nous arrêtés à quelque feu rouge. De petits geysers d'haleine signalaient que tout cela était vivant et que tout cela respirait. J'entendais claquer des talons, fuser des rires, parler des voix, grincer des freins ; tout cela s'en allait à son travail ou à son école ; tout cela passait près de moi qu'une dérisoire paroi de tôle séparait pourtant si radicalement d'eux. Un éclat de soleil sur un pare-brise, l'odeur âcre des gaz d'échappement, le crépitement d'une lance d'arrosage aspergeant un caniveau, d'autres bruits, d'autres effluves, d'autres instantanés conféraient par intervalles une sorte d'unité intérieure à ce bombardement désordonné d'impressions : c'était en ville, c'était un matin clair et frais d'automne, c'était... c'était...

Pendant toute une partie du trajet, bien calé sur mes jambes pour résister aux secousses du fourgon et à ses brusques coups de freins, je happai goulûment ces éclaboussures du monde *extra-muros*, ces embruns urbains giclant contre la carène de notre galère à roulettes. Puis, d'un coup, je me rassis sur le petit banc métallique et me mis à faire joujou avec les menottes qui m'emprisonnaient les poignets.

Ce spectacle aux messages quasi subliminaires commençait à faire monter en moi un flux d'avidité malsaine qu'il me fallait court-circuiter sans plus attendre. La réalité, la seule réalité, me dis-je, se tenait là, à l'intérieur de ce fourgon cellulaire, circonscrite par ces parois de tôle, limites tangibles et visibles de mon univers intérieur cahotant, pilant aux feux rouges, se frayant un chemin par les rues, les carrefours, les quais de la cité absurde, traversant enfin la Saône, Rubicon dérisoire sur l'autre rive duquel m'attendait je ne savais quelle cérémonie oraculaire et ubuesque, je ne savais quelle sentence du destin.

Des heurts soudain plus secs, deux ou trois virages en épingle à cheveux négociés au pas annoncèrent enfin les ruelles au pavage inégal du vieux quartier Saint-Jean : nous arrivions au palais de justice. Rencogné dans mon placard, les pieds prenant appui sur la cloison d'en face, je me préparai pour la dernière épreuve du parcours qu'un nombre plus que suffisant d'extractions m'avait rendue familière. De fait, quelques manœuvres brutales nous secouèrent bientôt sans ménagement ; puis lentement le fourgon recula vers l'ouverture d'un porche dans laquelle il s'encastrait au centimètre près.

Il s'arrêta, l'avant à ras de l'entrée. Ainsi stationné, il bouchait complètement l'issue, rendant toute fuite impossible. Le moteur se tut. La porte arrière fut déverrouillée de l'extérieur, puis un garde commença d'ouvrir les placards, libérant et faisant descendre au fur et à mesure leurs occupants enchaînés deux par deux. Mon tour arriva le dernier. J'étais le seul à passer aux assises et je n'avais partagé par conséquent ni mon placard ni mes menottes avec un autre.

Nous nous trouvions à présent dans un vaste entresol où nous attendaient, outre les gardes chargés de la surveillance du palais, deux CRS, rangers et calot, l'un tenant en laisse un berger allemand, l'autre armé d'un PM pour faire bonne mesure. Ces deux-là avaient surveillé attentivement notre descente du fourgon, et ils regardaient maintenant défiler devant eux notre petite colonne, avec cet air inexpressif, vide de soi, qui n'appartient qu'aux représentants de l'ordre dans l'exercice de leur mission. Le rôle, encore le rôle, toujours le rôle : dans ce bastion théâtre du vieux Saint-Jean, le hallebardier ne faisait jamais relâche ; on remontait l'engin tous les matins...

Au moment où nous débouchions sur une cour intérieure, deux gardes me séparèrent de la colonne et me conduisirent par un escalier en colimaçon et un dédale de couloirs étroits (accédant au *ruedo* ? et je me demandai si quelqu'un ne m'avait pas déjà fiché en douce dans l'échine la *divisa*, la cocarde à deux rubans aux couleurs de mon élevage) jusqu'à une petite pièce jouxtant la salle d'assises. Trois autres gardes de la *cuadrilla* du président, assis sur des chaises, s'y trouvaient déjà. À notre arrivée, ils se turent et me dévisagèrent tandis que l'un de mes accompagnateurs défaisait mes menottes. Puis on me fit signe d'aller m'asseoir sur un banc de bois où j'attendis, le regard aussi inspiré que celui du CRS tout à l'heure, le moment de mon entrée dans l'arène.

Je me mis alors à songer, Dieu sait pourquoi, aux autres détenus du fourgon. Ils se trouvaient enfermés à présent dans ce qu'on appelle le petit dépôt où ils poireauteraient une bonne partie de la journée, qui pour se rendre chez le juge d'instruction, qui pour passer en correctionnelle. Mais ce ne serait là que corridas mineures, *novilladas* sans lustre... Je revoyais cette salle du dépôt où l'on moisissait jusqu'au milieu de l'après-midi, souvent pour un simple quart d'heure de comparution devant le juge. C'était une salle affreuse, d'une hideur absolue, mais que j'aimais beaucoup. Sa méphitique atmosphère et sa saleté repoussante devaient matérialiser, je présume, l'idée que nos juges se faisaient de la noirceur de nos âmes et de la pestilence de nos cœurs. L'espèce de peinture gris plomb, écaillée, souillée, lacérée, qui recouvrait les murs jusqu'à mi-hauteur, servait en fait de couche de fond aux graffiti dont une ou deux générations de délinquants du meilleur monde avaient adorné la pièce avec un esprit de continuité, une sûreté de goût et une recherche dans les thèmes proprement bouleversants. Lorsque j'étais las de parcourir cette pièce de long en large abîmé dans mes pensées, je me plantais devant l'un de ses quatre murs, et le miracle avait lieu. De grands frissons jubilatoires me parcouraient l'échine. J'oubliais mon juge d'instruction, j'oubliais la justice, j'oubliais les *Fondements de la métaphysique des mœurs*. Et l'extase esthétique s'emparait de moi d'un coup, intégrant à la vision de ces graffiti éblouissants de fraîcheur naïve le bourdonnement des conversations des autres prévenus, la fumée des cigarettes qui transformait en moins d'une heure l'atmosphère de la pièce en un brouillard opaque et suffocant, et les remugles puissamment évocateurs des W-C à la turque, au fond à droite, où parfois ne dédaignait pas de s'accroupir à la vue de tous quelque détenu hilare, méditatif, ou poursuivant comme si de rien n'était une conversation avec un comparse. Qu'ils étaient donc beaux, ces graffiti, ainsi complétés, enrichis, mis en valeur par ce bruitage et ces odeurs d'ambiance ! Mon regard avide et ravi sautait de l'un à l'autre, butinant les fleurs noires de ce parterre mural, pompant le pollen de tous ces pistils vénéneux, tous ces « Gégé de La Duchère est un enculé », ces « Mort aux vaches », ces « Petit-Louis, 5 Crédit agricole, 3 BNP, c'est là ma gloire », ces « Fume, Caillé-Morand, c'est du belge ! » (Caillé-Morand étant à cette époque l'avocat général épouvantail du parquet de Lyon), ces « Toutes des putes sauf maman » auquel faisait pendant un peu plus loin un narquois et subtil « Tous des michetons sauf papa », ces « La société, c'est de la merde, je chie dessus et je tire la chasse » qu'avait souligné grassement de deux larges traits de matière fécale l'index accusateur de l'artiste... Il y avait aussi des pointes sèches, des lavis, des fusains, des eaux-fortes représentant des cœurs, des culs, des queues ; cœurs transpercés de dards (« Riton et Ginette pour la vie ») et culs transpercés de queues (« Gare au gori-i-i-i-iiiiille ! »), et même une espèce de duplicata du registre d'écrou : « Mohand, des Minguettes, serré le 10 juin 1973 » (neuf-ans-déjà-mon-Dieu-comme-le-temps-passe...) se terminant sur cette interrogation vertigineuse : « Sorti le ? ? ? ? » À quoi quelque Hamlet raciste et polyglotte avait répondu au-dessous par : « Zhât iz the Koweition, eh, Ducon ! »

Oui, en vérité, ces murs étaient beaux, beaux, beaux... Quand venait ensuite l'heure d'entrer en scène, la mascarade représentée sous les lambris n'était que l'épiphanie de cet obstiné travail d'avilissement, encouragé et pieusement conservé par la régie (10 juin

1973... Et encore, je n'avais pas « feuilleté » tout le registre !), auquel l'artiste s'était livré dans les coulisses pour mieux s'identifier au rôle qui l'attendait. Travail d'autodestruction et d'automépris, travail de culpabilisation *in vitro*, travail d'intégration à la troupe des heimatlos de l'éthique et de l'esthétique... Puis frou-frou des robes noires... Murmures du public... « ACCUSÉ, LEVEZ-VOUS ! » cornait alors le Grand Duchemoque, là-bas, de son estrade. Et l'artiste, qui comprenait « SILENCE ON TOURNE », se levait avec cet air contrit de celui qui sait bien qu'il a souillé les murs du petit dépôt, parfaitement, mesdames et messieurs les jurés, fait carrément sur notre sublime société, et que ça n'allait pas se passer comme ça, ah mais non ! ah mais non !...

Et rideau. Au suivant.

C'était mon tour, justement. Et je savais maintenant pourquoi j'avais éprouvé le besoin de revisiter par la pensée les coulisses du théâtre, de contempler une dernière fois leurs murs souillés avant d'entrer en scène. Je n'étais pas artiste, je n'étais pas comédien. Quand je me lèverais tout à l'heure pour décliner mes nom, prénoms, date de naissance, je ne serais, moi, l'auteur d'aucun graffiti. Les eaux-fortes n'étaient pas mon fort, la culpabilité non plus. J'étais vide, vide, désespérément vide. En me recueillant ainsi devant les fresques d'En Bas, je n'avais cherché qu'à rompre ma solitude. Faiblesse et naïveté ! Ma vérité, mes mensonges, mes peurs, mes cris et mes sarcasmes n'étaient gravés nulle part. Je n'étais pas inscrit au Rôle. C'était comme si, une fois de plus, je n'existais pas...

Mais voici que s'ouvre la petite porte donnant sur le Cirque. On aperçoit le bras du garde qui l'a ouverte et qui s'escamote pour laisser passer un grand échalas blond en robe d'avocat : Grand-Benêt. Il a dû presque se plier en deux pour pouvoir entrer. La rumeur de la salle l'accompagne un instant, puis s'évanouit quand la porte se referme derrière lui. Silence. Les gardes ont arrêté leur bavardage et nous observent sans vergogne. Je me lève, échange une poignée de main avec mon défenseur, et nous prenons place côte à côte sur le banc. Mon défenseur... La robe noire lui va à ravir, mais mon Dieu qu'il a l'air pâle ! On dirait un jeune diacre bouleversé avant la cérémonie d'ordination. Il me bredouille quelque chose à l'oreille, et je hoche la tête gravement. Que m'a-t-il dit ? Le sait-il lui-même ? J'ai presque envie de le pincer, comme je pinçais autrefois mes camarades de collège — mais ça prouverait quoi ? Rien ni personne n'était vrai...

Soudain je pense à Antonin Buchat. Le brave homme doit attendre le lever du rideau, là-bas tout au fond, dans la partie de la salle réservée au public. À l'évocation de sa bonne grosse trogne, un sourire effleure mes lèvres. Je crois bien que je suis heureux qu'il soit là, de savoir qu'il existe, lui.

Rien ni personne n'était vrai ? Peut-être, mais tout était réel.

5

Alcalá-Meco, juin 1988. Un vent brûlant souffle en tourbillon dans le patio. Les boîtes de Coca-Cola vides et les gobelets de carton roulent en tous sens dans un concert de grelots et de raclements qui met les nerfs à vif. La corvée de balayage, absurdement, s'effectue juste avant les heures de promenade au cours desquelles, de nouveau, seront jetés au sol les récipients usagés des boissons achetées à l'economato. Et de nouveau, pendant les heures de cellule et toute la nuit, ce vent qui balaie la plaine madrilène ne semblant devoir cesser jamais, les cling-clong du carton feront écho sans répit aux drelin-drelon du métal.

Comment écrire dans ces conditions ? Et d'ailleurs, qu'est-ce qui m'a pris de vouloir écrire ? Je regarde la page blanche et, écœuré, j'écris : « Je regarde la page blanche » ; puis je froisse la feuille en boule et la jette par la fenêtre.

Je regarde à présent la boule de papier à l'intérieur de laquelle est écrit : « Je regarde la page blanche » rouler à travers le patio inondé de soleil. Elle ne fait presque pas de bruit sur le béton cru, juste un petit crrrsh-crrrsh apeuré qui fait ricaner de mépris à son approche les boîtes de Coca sonores et tintinnabulantes et les gobelets catarrheux. Je la vois qui zigzague follement en une fuite éperdue, heurtant sans les reconnaître ses congénères à pedigree, les emballages à bande parme des cigarettes Fortuna et à fond bleu des Ducados. Et brusquement, un tourbillon l'emporte là-bas, vers un angle du préau où elle disparaît à ma vue.

Maintenant je regarde sans voir, j'entends sans écouter. Il y a des choses et il y a du bruit. Néanmoins la fenêtre, sans barreaux mais infranchissable, ouvre sur le néant et sur le silence. Un néant et un silence inouïs, comme s'exhalant des entrailles mêmes du béton qui m'environne. Ici tout est béton. Béton la cellule ; béton le bat-flanc et la table faisant saillie tous deux des murs ; béton le casier à rangement qui n'est qu'un creux aménagé dans la cloison ; béton la cour ; béton les bâtiments constitués de cubes juxtaposés, puis empilés sur trois étages ; béton enfin les toits plats, défendus aux angles par des alarmes métalliques.

Un béton brut qu'on n'a pas jugé utile de crépir. Pour la couleur, on a fait confiance au ciel qui dispense au-dessus de nous un azur implacable et irréel rendant plus oppressant encore le gris cru du béton.

Oui, franchement, qu'est-ce qui m'a pris de vouloir écrire ? Est-ce que je commencerais à craquer ? À m'effriter au moment où le destin m'offre enfin ce mausolée compact et morne taillé à ma mesure.

Je ne sais pas, je ne sais plus... L'angoisse me paralyse. Elle me vide aussi. Cette prison est si vraie que mon personnage de prisonnier acquiert une densité, un poids que je n'avais pas prévus. Il me semble que mon corps coule à pic et rejoint vertigineusement son reflet imaginaire, là-bas, sur la surface grise et grenue du mur du bâtiment d'en face où il va s'écraser. Ce n'est plus un simple dédoublement ou une espèce de projection comme il y a huit ans, lors de ma garde à vue après le hold-up manqué de la Feller SA. C'est une réalité de cauchemar et je crois bien que j'ai peur un peu. J'ai froid aussi, puis j'ai chaud. Est-ce la fièvre ? Ou bien une lassitude venue de très loin, d'il y a très longtemps, qui me tombe d'un coup sur les épaules ? Je bouge une main, un pied, pour m'assurer de ma présence. Je fais « Ah » en entrouvrant péniblement la bouche. Enfin je parviens à détourner mon regard du patio, à me lever du tabouret de plastique blanc où je suis assis depuis une heure... deux heures ? en quête d'inspiration, et je vais me jeter sur le bat-flanc.

Ainsi étendu, j'ai maintenant sous les yeux, au choix : le plafond (de béton), ou la porte métallique peinte en vert bouteille. C'est une porte qui s'ouvre en coulissant sur un rail courant sur toute la longueur du couloir, à droite. Quand on la referme, une espèce de loquet en forme de bec tombe de lui-même à l'extérieur dans un logement, clac ! comme le chien d'un revolver. En face, il n'y a pas de cellules. Le côté gauche du couloir forme un mur aveugle bordant le patio du bâtiment voisin, comme celui que j'avais sous les yeux tout à l'heure en regardant par la fenêtre.

Non, décidément, je n'écrirai pas. Est-il imaginable d'écrire des choses comme ça : porte coulissant sur un rail... espèce de loquet en forme de bec qui fait clac... mur aveugle... ? Honnêtement, ce n'est pas dicible. Je n'ose d'ailleurs imaginer le poids du stylo qu'il faudrait pour écrire des choses aussi pesantes. Et ma fatigue ? Mon inertie ? Comment écrire, comment décrire mon inertie sans me mentir à moi-même et sans me moquer du lecteur ? Et quel lecteur, du reste ?

Je me mets soudain à rire. Je répète à haute voix : lecteur, LECTEUR, lec-TEUR, LEC-teur, sur des tons différents. Je délire. Mon voisin doit m'entendre. Je l'entends bien quand il pète ou qu'il brame du flamenco. Il pense peut-être que ce Français quadragénaire qui a l'air, dans le patio, si sérieux, si raisonnable, perd en douce la raison. Il a raison.

Non, il a tort. Il reste quelque chose en moi qui bouge, qui vit, qui résiste. Je mens, comme toujours. Je triche. Ces combats que j'appelle d'arrière-garde et que « je mène avec acharnement comme s'il y avait quelque chose de vital à préserver et à défendre en moi » (tiens ! où donc, quand donc ai-je dit cela ?) sont en fait ma vérité de tous les jours. Ou plutôt, je voltige, aérien, d'une vérité à l'autre selon l'humeur ou l'urgence du moment. Un coup de reins, et hop ! l'Abbé change d'agrès comme un trapéziste de cirque, change de monde comme l'évêque Berkeley. Et s'il vient à tomber, ma foi, le filet de la réalité est là pour le faire rebondir.

Justement, je suis tombé. Vais-je rebondir encore ? En tout cas, cette fois, mon combat d'arrière-garde dont je sens poindre en moi les signes avant-coureurs ne sera pas la philosophie. C'en est fini d'étudier, de m'évader par la pensée. C'est trop facile, cette attitude qui consiste à gérer l'enfermement sous couvert de l'éluder. On n'élude pas le béton. Et le béton, cette fois, est mon ennemi. Trop, c'est trop. D'ailleurs c'est un béton espagnol, la greffe ne prend pas. Il me faut jouer une fois pour toutes ce vrai personnage de faux acteur qui s'évade pour de bon...

Oh ! bien sûr, si je réussis, je n'irai pas loin. Où irais-je, la terre étant ronde ? Mais qu'importe ! J'irai m'échouer, tiens, au bar le plus proche d'un de ces univers parallèles pour souffler un peu, et je commanderai ce Sol y Sombra que j'avais essayé la veille de mon arrestation, à Jerez de la Frontera, après l'avoir vu servir à un couple de junkies : brandy et Marie Brizard. Détonant. J'étais devenu si rouge que le barman m'avait pris pour un Anglais. « *Very good, verdad ?* » m'avait-il lancé avec l'air de se foutre de moi. « *Asqueroso* », avais-je répondu en rivant méchamment mon regard dans le sien. Et j'en avais alors commandé un autre, mais double.

Seigneur, pourquoi est-ce que je raconte cela ? Est-ce que j'essaierais, par hasard, de me rendre intéressant ? D'inventer le héros alcoolique et floué de mon futur thriller ?

Non, je n'écrirai pas. C'est juré, c'est promis, cochon qui s'en dédit. D'ailleurs, c'est la faute à Paul, tout ça. Paul le têtu, l'increvable psy, qui s'est mis à... Ping ! Pang !

« *Recuento !* »

Je bondis. Je l'ai encore oublié, celui-là : l'appel de 3 heures. Ma cellule est la première du couloir du rez-de-chaussée, et je me fais surprendre chaque fois par le surveillant de la relève. Il s'approche en catimini après avoir ouvert sans bruit la grille, et ping ! pang ! il donne deux violents coups de clef sur le rail de la porte en gueulant : « *Recuento !* »

Les autres détenus ont alors le temps d'enfiler une chemise, ou un pantalon s'ils étaient couchés. Moi, je dois rester vêtu jusqu'à l'appel, car depuis que je suis ici, je perds la notion du temps, les angles ou les droites que forment les aiguilles sur le cadran de ma montre ne sont que des hiéroglyphes abstraits. Je sais seulement s'il fait jour ou s'il fait nuit, et que les secondes sont ces sourdes pulsations de ma vie qui bat à vide...

Je me mets précipitamment au garde-à-vous au fond de ma cellule. Je devine l'œil qui m'examine par le chivato faisant durer le plaisir. Le surveillant donne ensuite un nouveau coup de clef, léger cette fois, pour signifier qu'il m'a vu, et continue son chemin. Maintenant j'entends ses pas qu'il ne se donne plus la peine d'étouffer, et les petits coups de clef qui se succèdent sur les portes. J'ai chaud. J'ôte enfin mon tee-shirt, cadeau d'un détenu colombien, et sur lequel est imprimé par-devant en larges majuscules noires le mot MIAMI, ici plus évocateur de cocaïne que de vacances. Puis je m'affale derechef sur le lit.

« *Vale !* »

Le surveillant nous signale ainsi que le compte est bon. Psshui-shong, psshui-shong, font ses semelles de crêpe sur le chemin du retour ; et la grille se referme brutalement. D'une cellule fuse aussitôt une insulte chantante :

« *Mamona !*

— *Hijoputa !* » claironne sur le même ton la voix lointaine du fonctionnaire.

Des rires résonnent dans le couloir ; puis silence, silence, silence... Il reste une heure et demie de « sieste » avant la promenade. Où en étais-je ?

Ah ! oui : Paul le têtu... Il marine comme moi entre quatre murs, les mêmes qu'autrefois, ceux de Saint-Paul. Et Rouquemoute aussi… Retour à la case prison. C'est d'ailleurs le titre judicieux du livre que Paul est en train d'écrire, m'apprend sa femme. Car Paul écrit un livre... *Retour à la case prison.* Où diantre puise-t-il la force de raconter nos exploits ? Ou pis encore, peut-être, d'en tirer la philosophie ? Car tel que je le connais, il doit s'agir d'un ouvrage sérieux, austère même. Je l'imagine arc-bouté sur son Bic, dents serrées, fronçant le sourcil. Et faisant des pompes toutes les trois pages pour maintenir la forme. C'est un sportif et un opiniâtre, Paul. Il ne boit pas de Sol y Sombra pour se donner un genre et il ne se colmate pas les oreilles avec du béton à prise rapide pour mieux s'isoler. Ce n'est pas un autiste, lui ! C'est un altruiste. Son bouquin doit être quelque chose comme une suite de variations sur le thème de l'enfermement do ré mi fa sol la si, et zim boum boum une réflexion sur l'engrenage inéluctable de la récidive. Non mais !

De nouveau, j'ai froid. Je m'assois sur le bord du lit pour remettre mon tee-shirt. Un début de migraine me martèle le crâne. En me massant les tempes, je m'aperçois que j'ai le front en sueur. Qu'est-ce qui m'arrive ? Puis je hausse les épaules. Que peut-il bien m'arriver MAINTENANT ?

Je me lève et me mets à marcher dans la cellule. Sept petits pas jusqu'à la porte, demi-tour en pivotant sur la plante du pied, sept autres jusqu'à la table devant la fenêtre. Le frottement de mes tongs sur le sol rythme les élancements de la migraine sous mon crâne. Je n'arrive plus à penser. Les idées s'entrechoquent, cling clong, drelin drelon, comme les boîtes de Coca-Cola et les gobelets de carton du patio. Je saute du coq à l'âne, parfois même je rate le coq et je rate l'âne. Soudain je comprends. Ce n'est pas la migraine, que j'ai. C'est une bétonnière qui tourne dans ma tête et y déverse continûment ce ciment gris qui bouche mes synapses les unes après les autres après avoir submergé le paysage autour de moi. L'étouffement de la pensée... On doit pouvoir mourir de ne plus pouvoir penser... J'imagine Descartes, les yeux exorbités, pétrifié d'effroi sous la gueule ronde d'une bétonnière s'apprêtant à déverser sur sa belle tête pensante une coulée de bave épaisse et grise, grise, grise...

Mais qu'est-ce qui m'arrive, bondieu ! L'andropause ? L'alcalamécose ?

Réagir.

« Il faut lutter ! » m'exhorte Catherine, la femme de Paul. « Paul écrit, fais comme lui. Bats-toi ! Explique-toi ! »

M'expliquer ? J'ai essayé. Le cher LEC-teur, très cher lec-TEUR est témoin. Je viens d'écrire courageusement : « Je regarde la page blanche. » Point final. J'ai mis une heure pour pondre ça. C'est écrit noir sur blanc, et maintenant le vent l'emporte, le béton l'engloutit.

Paul, Paul, mon courageux ami, aujourd'hui licencié en psychologie et ex-cofondateur de *L'Écrou*, le journal de la prison Saint-Paul... saint Paul Greppo, comment fais-tu, toi, pour tenir encore debout ? Et comme je voudrais pouvoir marcher encore, me battre encore à tes côtés !...

Mais c'est égal, je vais m'évader.

J'éclate de rire. M'évader ! Il fallait y penser, hein ?

Je m'approche du mur de la cellule, riant toujours (ou sanglotant ?), et je plaque mes mains sur le béton. Qu'il est dur ! Qu'il est solide ! Qu'il est vrai ! Je pose ma joue sur sa surface tiède. C'est dense, c'est impénétrable, c'est impitoyable. Je l'embrasse à présent, frissonnant de fièvre, j'y applique ma bouche, j'y frotte mes lèvres entrouvertes encore, encore, encore, encore et encore ! Enfin du sang. Il y a du sang sur le béton gris, du beau sang rouge. Je vis donc. Je saigne, donc je suis. Une dernière fois. La dernière fois, c'est juré. Oui, je vais lutter. Ce beau sang rouge sur le béton gris m'inspire. Je vais m'évader, c'est sûr, j'en ai la prescience aveuglante ; je vais me sortir de là — une dernière fois...

Comme pour me donner raison, les accents rauques d'un *cante jondo* crèvent soudain le silence. C'est mon voisin qui chante :

Cuando yo me muera
enterradme con mi guitarra
bajo la arena.

Cuando yo me muera
entre los naranjos
y la hierbabuena.

Cuando yo me muera
enterradme si queréis
en una veleta.

¡ Cuando yo me muera !

Je reconnais *Memento*, de García Lorca.

Oui, c'est promis, c'est juré, je n'écrirai pas. Croix de bois, croix de fer ; si je mens, je vais en enfer...

6

« Qu'est-ce que tu ressens quand tu braques ? »

Une question de femme... Élisabeth est étendue nue à mes côtés. Elle passe, comme faisait Henriette, un doigt sur le profil de mon visage, mais la tendresse amoureuse, la tristesse sont absentes de son geste. C'est un geste simplement amical, féminin, et qui trahit surtout la curiosité. Elle se demande ce qu'il y a sous le crâne de cet homme, quels sont les ressorts qui meuvent ce voyou quadragénaire. Car elle n'a pas dit : « Qu'est-ce que tu ressentais... ? » non, elle a employé le présent. Je *suis* un braqueur dont elle caresse le visage, le visage d'un homme dont c'est la fonction de braquer comme chasser est celle du tigre. Dois-je feuler ? Je marmonne d'un ton las :

« Pas grand-chose. »

Puis gros plan sur son pubis rasé. J'ai du mal à conserver sous les yeux l'image de ce sexe de petite fille qui ne m'excite pas du tout. C'est d'ailleurs pour cela que j'essaie de fixer l'image : pour éprouver de nouveau la vertigineuse et angoissante absence de désir. En vain. Au reste, Élisabeth s'en moque peut-être, de mon absence de désir. C'est une philosophe. Elle a sa licence et prépare sa maîtrise. Hegel l'excite, la vie l'excite, son prof d'épistémologie l'excite (« Un nouveau Bachelard. Éblouissant ! Veux-tu qu'on aille le voir ? »), et moi... Non, moi je ne l'excite pas du tout, étendu tel un cadavre sur le bat-flanc de la cellule d'Alcalá-Meco. Comment fait-on d'ailleurs pour tenir à deux sur ce lit de béton, je me le demande...

Mais qu'est-ce que je raconte ?

Comme une bourrasque, mais une bourrasque torride, la fièvre emporte à présent l'image de ce sexe que je n'ai pu retenir. S'y substitue aussitôt le visage de sa propriétaire, penché sur moi, ses lèvres prêtes à se poser sur les miennes qui restent closes et sèches. C'est une jolie bouche que la bouche d'Élisabeth. Grande, gourmande, aux lèvres pulpeuses et délicatement ourlées (les poncifs résistent à 40° de fièvre, je peux le prouver). Délicatement ourlées, disais-je donc, et qui viennent de s'entrouvrir pour fourrer dans ma bouche à moi une langue... comment dire ? agile ? Non, faisons un effort. Mutine ? Non plus. Rien n'est vraiment mutin, chez Élisabeth. Ni sa langue, ni son sourire, ni ses fesses ; et non plus son sexe de petite fille qu'on a envie de saupoudrer de gros sel pour voir s'il va s'ouvrir. Non ; disons plutôt : une langue longue comme ça. Je la happe incontinent comme une tétine, et je la suce, je la suce. J'ai une soif d'enfer. Mais la langue d'Élisabeth m'échappe, elle frétille dans ma bouche comme une truite, heurte mes dents, cogne contre le voile du palais, effleure ma luette (ça y est, les mots me reviennent) — et soudain j'ai l'impression qu'elle veut franchir ma glotte, se faufiler d'un bond dans mon pharynx et s'enfuir. Mais pour aller où ? C'est un cul-de-sac. Je suis un cul-de-sac !

Je repousse violemment Élisabeth.

« Qu'est-ce que tu fous, nom de Dieu ! »

Le visage d'Élisabeth marque un rien de surprise ironique, penché légèrement sur le côté. Puis il prend cet « air d'alcôve » que je connais bien, le même exactement que sur la photo d'identité qu'elle m'a envoyée à Melun avant ma permission. Je l'avais alors longuement scruté, ce portrait, et j'avais trouvé que c'était celui d'une putain fatiguée. Généreusement — naïvement serait plus honnête —, j'avais mis cela sur le compte de la médiocre qualité des épreuves de Photomaton. Car comment une jeune étudiante de philosophie, par ailleurs si spontanée, si enjouée dans ses lettres sur papier bleu, pourrait-elle avoir l'air d'une putain fatiguée ? Franchement ?

Eh bien, si, c'est possible. Pas tout le temps, cependant. Pour l'ordinaire, le visage d'Élisabeth, systématiquement vierge de maquillage, est juvénile et plein de charme. L'ovale quasi parfait en est sobrement souligné par la coupe simplissime de cheveux noirs et lisses qui forment frange sur le front et tombent droit sur les épaules. Deux coquines (pas mutines) fossettes en creusent les joues lorsqu'elle sourit, ce qui est fréquent. Le nez est fin et régulier. Et sur la matité méridionale du teint, le regard intelligent, très direct mais sans provocation de ses yeux gris tranche avec une sereine douceur. Quant à la bouche, grande, gourmande, n'ai-je pas évoqué déjà la pulpe et l'ourlet de ses lèvres ?

Or ce sont ce regard et cette bouche, précisément, qui parfois font basculer cet ensemble charmant dans la vulgarité la plus épaisse. À la commissure des lèvres apparaît comme un pli, dans le regard passe comme une ombre, et toute cette fraîcheur, cette lumière se ternissent d'un coup. La grâce ophélienne s'escamote, happée dans les profondeurs par un remous intérieur imprévisible. Et lui succède cette lourdeur de femelle travaillée par les fièvres paludes dont j'ai baptisé l'empreinte sur son visage « air d'alcôve ».

Maintenant, maintenant surtout, je voudrais pouvoir chasser cette image qui me dessèche les muqueuses. Comme si je n'avais pas assez de ma fièvre à moi ! Le sexe coquillage d'Élisabeth était infiniment plus frais à regarder que son visage dont la soudaine vulgarité m'altère. Mais il s'incruste sur ma rétine.

« Et Hegel, dans tout ça ? parviens-je à articuler avec l'espoir de rappeler Ophélie à la surface. Qu'est-ce qu'il devient ? »

La réponse d'Élisabeth n'est qu'un borborygme. J'ai pu lire néanmoins sur ses lèvres molles, malgré la sueur qui me brûle les yeux :

« Il lit le journal, tu sais bien... »

Soudain elle se renverse en arrière, cuisses écartées, les mains soulevant ses reins, le sexe à hauteur de ma bouche. Je ne le vois pas cependant. Seule la chaleur qui s'en dégage m'en signale la présence ; et je voudrais pouvoir détourner la tête, aller pisser, tiens, par exemple, et me rafraîchir la nuque au robinet du lavabo. Mais c'est impossible. Mon corps pèse une tonne. À travers le matelas de mousse à présent complètement aplati par mon poids, je sens mes omoplates s'intégrer au béton du bat-flanc. Même mon petit doigt se refuse à bouger. Et qu'est-ce qu'Élisabeth la gourmande, Élisabeth la goulue en ferait d'ailleurs, de mon petit doigt ? Hein ? Alors que faire ? Crier ? Je soupire :

« Si même cet enculé de Hegel se met à lire *Play-Boy*, on est foutus.

— Bouffe-moi le con, gémit Élisabeth.

— Non. »

Mol est mon refus. J'ai dit non parce que, comme dit l'Ecclésiaste, il y a un temps pour ceci et un temps pour cela, et parce que j'ai chaud. Et quand j'ai chaud, il ne faut rien me demander. Quoique...

Et je me mets à lécher distraitement, un peu comme un sorbet, ce sexe que je ne vois toujours pas. Mais un liquide tiédasse me poisse aussitôt la bouche, le nez, les joues, le menton et même les sourcils ! L'anodin et frais coquillage est un mollusque mangeur d'homme ! Sa bave épaisse anesthésie peu à peu ma langue, mes lèvres ; elle s'insinue dans mes narines qu'elle bouche hermétiquement, colle mes paupières. C'est sûr, je vais étouffer là, grotesquement, entre les cuisses puissantes et lisses qui m'enserrent la tête. De l'air ! De la lumière ! Il faut que je crie, que je hurle ! *Socorro !* De toutes mes forces je repousse avec le poing le ventre vorace qui cherche à m'aspirer, et miracle, je parviens à m'arracher à sa succion.

Il était temps. Mais à travers les filets de bave qui me poissent les paupières, je distingue autour de mon poignet les replis glauques et mouvants du sexe carnivore : mon poing fermé est resté à l'intérieur ! Puis je hausse les épaules et décide de marquer une pause. Neuf fois sept soixante-trois, huit fois sept cinquante-six... Je me récite à l'envers la table de multiplication par sept pour calmer les battements de mon cœur, et de la main gauche encore toute tremblante, j'ôte comme je peux la couche visqueuse qui commence à faire croûte sur mon visage.

Soudain, une étrange et bienfaisante torpeur m'envahit.

« Oui, oui..., gémit Élisabeth, les yeux révulsés, le visage défait. Vas-y. VAS-Y !

— Quoi-quoi, vas-y ? » fais-je, éberlué.

Pourtant je sens bien qu'en moi quelque chose s'émeut, se raidit, se gonfle délicieusement. Qu'est-ce donc ?

« Ton poing, Christian ! Vas-y avec ton poing ! »

Je baisse les yeux là où c'est si bon, et je constate en effet que mon bras a doublé de volume ; j'en devine même, non sans quelque gêne d'ailleurs, l'extrémité turgescente enfouie là-bas dans les turbulences vaginales du mollusque.

« Mais ça ne va pas te faire mal, ma chérie ? balbutié-je dans un accès de tendresse infantile.

— Vas-y, je te dis ! »

J'entends alors simultanément deux voix. Celle de ma grand-mère ricanant : « Tu ne seras qu'un gandin et un fainéant comme ton père ! » et celle de l'Ecclésiaste annonçant gravement à une bande de gays cuirs de San Francisco qu'il y a aussi un temps pour la pratique du *fist-fucking*.

Sur quoi j'obtempère sans plus me faire prier.

Élisabeth à présent se tord sous mes coups de boutoir. Les cris jaillissent de ses yeux gris tandis qu'un merveilleux bruit de succion, schlapff-chpuitsh, sponttch-flopshh, s'échappe de son entrecuisse. Puis l'espace se fend en deux. Un éclair blanc déchire l'azur. Dans le temps qui s'écroule sur lui-même monte, monte un nuage obscène en forme de champignon. « Je jouis ! Je jouis ! » hurle Élisabeth en japonais. C'est Hiroshima mon amour. Je pistonne une dernière fois le mollusque fumant qui déborde soudain sans crier gare comme le lait d'une casserole. Schlapff-chpuitsh-sponttch-pshh-tchh-tchh-tchh-tchh... Ça y est. C'est fini. Silence enfin. Les baleines blanches sanglotent dans la paix du soir revenue, les hérons petit-patapon vibrent sur leur tige et les locomotives ont un ultime frisson. Je n'ai même pas besoin de retirer mon bras : au milieu de l'amas verdâtre qui forme flaque sur le lit, je le vois qui flotte, tranché net, tandis que d'indicibles filaments laiteux s'en échappent spasmodiquement... Les jambes fauchées par un orgasme de fin du monde, je tombe alors à genoux et me mets à vomir longuement, longuement, longuement sur le béton calciné de ma cellule...

Quand a eu lieu le dernier *recuento* ? Hier ? Aujourd'hui ? J'ai dû me cogner le front sur le sol et m'évanouir. Ou bien me suis-je endormi et ai-je rêvé ? Il fait grand jour et le soleil tonne au zénith, mais cela ne prouve rien. La nuit, le jour... La vie, la mort...

Élisabeth.

À présent, je me souviens, j'ai rêvé d'Élisabeth. Une aventure, si l'on peut appeler ça une aventure, de vingt-quatre heures. Des lambeaux du passé ne cessent ainsi de m'assaillir depuis que la fièvre s'est emparée de moi. Je ne comprends rien du reste à cette fièvre qui ne me lâche pas depuis mon arrivée à Alcalá-Meco. C'est elle qui produit cette floraison putride de souvenirs crevant ensuite comme des bulles à la surface de ma conscience. Mais je m'en accommode vaille que vaille. Maintenant que j'ai résolu de m'« évader » — enfin une vraie décision depuis tant et tant d'années ! — je sais que la solitude, le béton, l'âge aussi — ah ! l'âge ! — n'auront pas raison de moi dans la dernière ligne droite. Laissons donc la fièvre surchauffer ma mémoire, laissons-la recomposer-décomposer par bribes éparses cette histoire dérisoire et insensée qui est ma vie. Ce n'est pas mon affaire. À vous non plus, docteur, je n'ai rien à déclarer. Je guérirai tout seul. De diarrhées en délires, de vomissements en hallucinations, je me viderai de moi solitairement, sous ce ciel bleu où viennent mourir jusqu'aux chants des guitares...

En titubant, je me dirige vers le lavabo pour me rincer la bouche, boire, et m'asperger la nuque d'une eau presque fraîche. La tâche me prend je ne sais combien de temps à cause du mécanisme du robinet : un bouton sur lequel il faut appuyer trois ou quatre fois pour obtenir la valeur d'un verre. Certaines scènes avec Élisabeth adhèrent encore à ma mémoire tant mon délire a été intense, et je pompe, pompe l'eau sans relâche pour essayer d'en faire disparaître la trace. En vain. Je revois maintenant Élisabeth qui m'attend sur l'un des quais de cette gare de la Part-Dieu construite tandis que je purgeais ma peine. Debout à l'entrée de l'escalier menant au hall du dessous, elle dévisage les voyageurs qui défilent devant elle, descendus de ce TGV Paris-Lyon où j'ai pris place pour la première fois de ma vie, deux heures plus tôt. Quand je pense qu'il m'aura fallu presque cinq ans pour me rendre de la prison Saint-Paul à cette gare, *via* la centrale de Melun... Et encore n'est-ce qu'une permission !

Je reconnais aussitôt « mon » étudiante de philo, bien qu'elle ait l'air de ce qu'elle est réellement, c'est-à-dire précisément une jeune fille, infiniment plus fragile, infiniment moins putain que sur ce cliché de Photomaton que je garde dans la poche intérieure de ma veste comme un détective sur les traces d'une jeune fugueuse. Je la reconnais, mais, Seigneur, comme elle est fagotée ! On dirait une gitane en deuil ayant mendié ses hardes à la friperie de l'*As de pique*. Un chiffon de jupe tête-de-nègre lui descend aux chevilles en une tire-bouchonnante cascade de faux plis, ses épaules et une partie du buste sont enveloppés dans un immense châle chaudron dont les franges filasse lui battent les reins, tandis que les manches du pauvre petit gilet de laine vert olive, tout étriqué, qu'on aperçoit par-dessous se refusent paradoxalement à lui couvrir les bras au-delà des coudes. Navrante lacune que comble cependant généreusement toute une collection de bracelets en cuir, en bois, en laiton, en plastique et en fil de fer... Joli spectacle. Ce doit être une disciple de Diogène le Cynique, me dis-je, et je cherche instinctivement au sol si elle ne traînerait pas derrière elle, par hasard, un poisson crevé attaché à une ficelle. Mais non. L'ultime touche d'excentricité vestimentaire, presque banale dans cet ensemble chiffonnier, consiste en un chapelet à gros grains de bois d'olivier enfilés sur une corde à entraver les chèvres : c'est sa ceinture — à moins qu'il ne s'agisse d'un boulier japonais portatif ? Je soupire presque d'aise en constatant qu'elle ne va pas nu-pieds ou en sabots garnis de paille fluorescente. De ce côté-là, en effet, rien de notable n'est à signaler ;

elle est sagement chaussée d'espadrilles toutes simples en toile bleue : normal, il pleut des hallebardes...

Lorsque je m'arrête devant elle en disant : « Élisabeth ? », son sourire tarde à s'ébaucher et une expression de gêne passe dans ses yeux gris. C'est qu'elle ne m'a jamais vu, même en photo, la pauvrette ! Elle s'attendait à un quadragénaire, certes, mais à la dégaine évoquant plutôt Kirk Douglas que Kierkegaard... Qu'est-ce que c'est que ce type au bouc austère, en chemise cravate et manteau pied-de-poule (celui que je portais lors du hold-up du diamantaire) ?

Tout de même, elle se reprend vite et me tend sa joue avec naturel. J'y plaque une bise légère ponctuée d'un « Salut ! » enjoué, comme j'ai vu faire les jeunes à la terrasse des brasseries où j'ai appris la vie : aujourd'hui j'interprète « Monsieur l'abbé drague une minette... ».

Et soudain, je suis à deux doigts de la planter là, ma minette. Quelque chose ne va pas. Il y a ce soir de novembre désolé, cette pluie qui crépite sur les voies, la perspective des quais inondés de lumière crue s'interrompant là-bas au seuil de la nuit — et je devine au-delà les rails s'enfonçant dans l'obscurité qui les happe... Et je pense alors à des campagnes, à de l'odeur de terre mouillée, à du vent bruissant dans des peupliers, et à mon ombre qui s'étire, s'étire au clair d'une lune dont le disque froid luit par intervalles entre des nuages...

Je suis seul, irrémédiablement seul, et Élisabeth ne le sait pas encore.

« Tu as même pensé à prendre un parapluie ? » observe-t-elle toutefois en riant, comme si j'étais là.

Par la fermeture Éclair de mon sac de voyage — mon baise-en-ville d'une permission de cinq jours — dépasse en effet comme d'une braguette la poignée d'un parapluie noir au repos dans son étui. Un remède contre l'amour. On dirait le pénis en berne d'un représentant en pierres tombales.

« C'est ma maman qui a insisté pour que je l'emporte, fais-je avec simplicité. J'ai aussi une chemise de nuit en Thermolactyl, ma bouillotte, et une boîte toute neuve de suppositoires à l'eucalyptus. »

Élisabeth émet un petit gloussement, mais elle n'est pas trop sûre que sa remarque ne m'ait pas vexé. J'ai débité ma boutade sans sourire, et mon regard abrité derrière les verres teintés de mes lunettes reste posé sur elle avec une insistance pénible. En fait, je pense à ces peupliers dont le vent du soir fait bruire les feuilles, et à mon ombre qui s'étire, s'étire... Arriverai-je un jour au bout de ce chemin qui ne mène nulle part ?

Dans l'escalier, Élisabeth me parle à présent de sa 2 CV en stationnement litigieux dans le parking de la gare.

« Framboise ? demandé-je en me rappelant celle d'Henriette.

— Quoi, framboise ? Ma deuche ?

— Oui.

— Pourquoi framboise ? C'est à cause de la manière dont je suis habillée, c'est ça ?

— Non, c'est à cause de mon parapluie. Il aime les couleurs gaies.

— OK, je t'ai vexé. Excuse-moi, mon vieux. »

Cette fois j'éclate de rire et je la prends affectueusement par les épaules. Je compte ainsi jusqu'à trente-trois tandis que nous traversons le hall et sa rumeur bourdonnante ; puis j'ôte mon bras. Dans ce bref laps de temps, elle a déjà dû me trouver, au choix : protecteur, possessif, niais, ringard et Dieu sait quoi encore... Je m'aperçois que j'ignore tout de la jeune fille, cet état intermédiaire entre le nourrisson vicieux et la parturiente échevelée. Henriette, c'était autre chose : elle était laide, ce qui en faisait d'emblée une grande personne. Mais qu'importe tout cela ? J'ai soif. Nous venons de laisser le buffet derrière nous pour nous diriger vers la sortie parking, et j'en ressens une frustration aiguë qu'avive encore l'arrière-goût des whiskies consommés au bar du TGV.

À peine avons-nous franchi la porte automatique qu'une bourrasque chargée de pluie nous accueille au-dehors malgré l'auvent qui protège l'entrée. Je n'ai aucune peine à repérer la « deuche » d'Élisabeth. Elle trône non loin au beau milieu d'une allée latérale, en « stationnement litigieux » en effet, c'est-à-dire obstruant carrément le passage. Et si elle n'est pas framboise, c'est tout simplement parce qu'elle est rose bonbon, avec un petit Schtroumpf bleu peint sur la portière côté passager.

« De l'autre côté, c'est un bras d'honneur à l'intention de ceux qui me doublent », me renseigne Élisabeth.

Elle me regarde du coin de l'œil, le visage fendu d'un large sourire que guillemettent deux fossettes exquises. Puis elle s'élance sous l'averse en éclatant de rire.

Un concert de Klaxons rageurs salue notre arrivée. Lorsque je referme ma portière, mes cheveux clairsemés sont déjà plaqués sur mon crâne et l'eau me dégouline dans le cou. J'ôte mes lunettes pour en essuyer les verres tandis qu'Élisabeth démarre sèchement, le nez sur le pare-brise embué. Sur son bras droit qui torture le levier des vitesses, ses bracelets tintinnabulent en contrepoint des grincements de l'auto.

« On va où, Christian ? demande-t-elle de sa voix acidulée.

— Boire un pot, réponds-je sobrement.

— D'accord, mais où ?

— Où tu veux.

— Non, c'est toi qui décides. »

Puis elle ajoute, un peu gênée :

« Tu sais, ce soir je n'ai pas beaucoup de temps. Je suis venue à la gare parce que je voulais qu'on fasse connaissance tout de suite. Mais je dois rentrer à Vienne. »

Je traduis aussitôt : « Kierkegaard, c'est pas Kirk Douglas ; il faut d'abord que je m'habitue... »

Toutefois, la suite est plus charitable et laisse entrevoir la perspective d'une révision ultérieure des a priori :

« ... Mais à partir de demain midi et jusqu'à la fin de ta perme, mes heures de cours exceptées, je suis disponible. Cinéma, bouffes, balades, ce que tu veux. Enfin, dans la mesure de mes moyens, parce que je ne suis pas très riche.

— Ne t'inquiète pas pour ça.

— Tu gagnes des sous dans ta prison ?

— Il y a un budget spécial pour les détenus qui acceptent de sortir avec des étudiantes n'ayant pas mangé depuis huit jours ni vu de films depuis trois ans.

— Chouette alors ! s'esclaffe Élisabeth. Qu'est-ce que je vais me mettre ! »

Puis elle enchaîne d'un ton enjoué :

« En fin de compte, je crois que je vais m'y faire...

— À mon parapluie ?

— Non, à ton humour.

— Mes lettres étaient déjà particulièrement spirituelles, il me semble.

— C'est pas pareil, les lettres. Maintenant... »

Élisabeth pile net sa 2 CV à un feu rouge qu'elle a failli griller. Le regard de ses grands yeux gris posés sur moi, elle explique :

« Maintenant, il y a ta présence.

— Ah ! ma présence !... » soupiré-je, l'air de celui qui connaît bien le problème.

Et je me tourne vers elle, moi aussi. J'ai gardé mes lunettes à la main, et nos regards se croisent à nu : le mien vide d'expression, du moins c'est ce qu'il me semble ; le sien... comment dire ? scrutateur ? allusif ? J'ai l'impression qu'elle cherche à me jauger, sans provocation ni insolence, mais avec une espèce d'insistance exigeante. Je lui trouve soudain l'air d'une grande personne — pas encore d'une putain — mais d'une femelle. Je dis :

« En fait, il y a une chose qui me préoccupe depuis cinq minutes. C'est : quel est ton écrivain préféré ? Kirk Douglas, ou Kierkegaard ?

— Kirk Douglas, c'est ce type abstrait qui médite à cheval en mastiquant des hamburgers ? demande-t-elle d'un ton snob en redémarrant.

— Yeah ! L'autre, Kierkegaard, écrit les westerns d'Ingmar Bergman en suçotant des harengs saurs.

— L'angoisse, ma mère !

— Tu veux dire que tu préfères Kirk Douglas ?

— Non, je veux dire : lequel des deux n'a pas le cancer de la prostate ?

— Moi.

— Alors c'est avec toi que je veux aller au cinéma.
— Femme pratique, hé ?
— Non, militante écolo. »

Nous éclatons de rire ensemble. Au fond, la vie n'est pas si tragique en 2 CV rose bonbon, aux côtés d'une intellectuelle nubile ayant lu tout Kirk Douglas...

« À propos de doux glass, dis-je, j'ai vraiment une soif d'enfer.
— Alors on va où ? »

Nous roulons sur le quai Sarrail, longeant le Rhône. Un peu plus loin sur l'autre rive, le dôme illuminé de l'hôtel-Dieu scintille derrière le rideau de pluie.

« Traverse, fais-je. Direction le *Cintra*.
— Ce machin à bourges, place de la Bourse ?
— Les Pim's y sont excellents.
— C'est quoi, ça ?
— Un cocktail au champagne.
— Tu cherches à m'en mettre plein la vue, hein, Al Capone ?
— C'est un endroit cosy, darling. On y est assis dans du cuir au milieu des boiseries et des lithos anglaises, les clients y échangent en chuchotant des futilités distinguées, et les serveurs sont déférents. Or, j'ai soif de déférence. Une soif d'enfer.
— Mais t'as vu comme je suis fringuée ?
— Non. Et le barman fera comme moi, il refoulera dans son subconscient l'affreuse vision.
— Eh bien, rien que pour vous embêter, le barman et toi, je vais y aller, au *Cintra* ! »

Et de nous faire franchir à tous, le bras d'honneur, le Schtroumpf, moi et mon parapluie, le pont Lafayette en direction de la presqu'île.

De nouveau, je suis assis devant la fenêtre et je regarde le patio. Le vent chaud ne cesse de tourbillonner, son souffle pénètre jusque dans la cellule. Mais les drelin-drelon et les cling-clong des récipients erratiques s'éteignent les uns après les autres sur une ultime et violente protestation. Leur succèdent à présent les voix des deux détenus de corvée, le frottement de leurs balais sur le béton, et, par intervalles, le raclement de la grande poubelle de caoutchouc qu'ils traînent avec eux. L'un d'eux se matérialise soudain devant moi en short, baskets et débardeur, et me jette un regard indifférent avant de se mettre à balayer sous ma fenêtre. Ses bras, ses jambes, son cou, la partie visible de son dos sont couverts de tatouages hétéroclites et polychromes, délirant bric-à-brac d'inscriptions — « *Nací para sufrir* », « *Kie* », « *Amor de madre* » — et de dessins représentant une tête de christ, un .45, les lèvres incarnat d'une bouche de femme, un papillon, un poignard, un serpent, que sais-je encore... Je suis chez les Zoulous. Fugitivement, je me demande ce que « *Kie* » peut bien signifier, puis je hausse les épaules : n'ai-je pas tout le temps de l'apprendre ? Le détenu disparaît bientôt, poursuivant sa tâche sous la fenêtre de mon voisin d'à côté, le *cantaor* de flamenco, avec lequel je l'entends échanger des plaisanteries.

La tête vide, les jambes flageolantes, je quitte alors péniblement mon tabouret de plastique pour aller enfiler mon jean et mon tee-shirt Miami ; la promenade est pour bientôt.

Quel rapport pouvait avoir cette chambre d'hôtel, cours Charlemagne, juste derrière la gare Perrache, où je passai la nuit après qu'Élisabeth m'eut laissé ce soir-là, et cette cellule d'Alcalá-Meco qui dans ma vie n'existait pas encore ? Aucun, bien sûr. Et pourtant... L'amertume et la lassitude qui m'accablèrent au moment où je refermai derrière moi la porte de cette chambre minable — j'avais choisi exprès un hôtel de troisième catégorie —, à l'éclairage déficient, à la tapisserie déprimante, et dont l'unique fenêtre, masquée d'un rideau de cretonne jaune pisseux maculé de taches répugnantes, donnait sur une cour intérieure sombre et profonde comme un puits, cette amertume et cette lassitude, la fièvre en moins, l'ivresse en plus, anticipaient déjà singulièrement sur celles qui se saisirent de moi d'un coup à mon arrivée à Alcalá-Meco.

Il n'y a pas de fil conducteur à l'histoire de ma vie. Il n'y a qu'une chronologie obligée que ma mémoire enfiévrée, aujourd'hui, désordonne à plaisir pour mieux ruiner encore l'illusion du récit qu'elle sous-tend malgré moi. Mais à défaut de fil conducteur, et nonobstant cette chronologie qui ne prouve rien, pas plus que la gravitation universelle ne prouve que l'histoire de l'humanité ait un sens, quelque chose de curieux me semble à présent avoir été à l'œuvre au cœur de chacune des situations dont je fus le protagoniste. Ce quelque chose, je ne saurais autrement le définir que comme un « principe de désagrégation ».

Ainsi, dans cette chambre d'hôtel où j'étais venu m'échouer, mon désespoir d'alors embrassait-il déjà l'avenir qu'il commençait à ravager, et toute ma vie passée dont il était venu à bout. Cette chambre, cette solitude recouvrée après quatre ans d'entracte, cette misère de moi, là, étendu sur ce lit, le regard perdu en quelque point immatériel du plafond grisâtre, échappaient en fait au temps et donc à toute histoire. Ou pour mieux dire, elles étaient toute l'histoire et la seule histoire. Il n'y avait jamais rien eu d'autre, et il n'y aurait jamais rien d'autre que cet immense et absurde désarroi qui avait pris, prenait ce soir-là et prendrait encore par la suite — à Alcalá-Meco ou ailleurs — la forme qu'il voudrait ; mais ce ne seraient que des formes, puisqu'il fallait apparemment que des choses aient lieu au fil du temps qui s'écoulait... C'est pourquoi je dis aujourd'hui que cette chambre contenait déjà en germe la cellule d'Alcalá-Meco, de même qu'elle était l'avatar de ces après-midi d'été sans fin de mon adolescence où le vide du ciel buvait ma substance comme le sable boit l'eau.

Je peux dire cela aujourd'hui, grâce au noir savoir que j'ai tiré de ma solitude. Entre cette chambre d'hôtel et cette cellule de béton, il n'y a d'autre différence que de degré. Simplement ici, à Alcalá-Meco, ce principe de désagrégation semble avoir atteint la limite vers laquelle il tendait ; et la situation paraît plus critique qu'alors, quand, étendu tout habillé sur un lit douteux et anonyme, je laissais mon regard errer au plafond et l'amertume me submerger.

Car aujourd'hui, je sais. Cloison fragile de chambre d'hôtel ou mur compact de prison, c'est ma mort que je peux et dois y lire en filigrane. Au lieu qu'alors je flirtais naïvement avec mon ombre, et l'amertume était l'écume encore légère de cette prescience refoulée.

J'espérais encore, quoi !...

En quittant le *Cintra*, Élisabeth me déposa à ma demande place Carnot, près de cette espèce d'atroce édifice qui abrite la station de métro et dont la galerie marchande du niveau supérieur communique avec la gare Perrache. Tandis que je m'engouffrais dans le boyau de Plexiglas par où monte l'escalier mécanique, je songeai à la jeune fille. Je ne croyais pas le moins du monde qu'elle eût été obligée de rentrer à Vienne. Elle s'était simplement ménagé une excuse pour le cas où l'étincelle désirée ne se fût pas produite entre nous. Et elle ne s'était pas produite. Le *Cintra* était comble quand nous étions entrés. Installés au beau milieu de la salle à la seule table qui restât libre, couple disparate s'il en fut, nous sentions les regards des autres consommateurs posés sur nous ; et j'avais l'absolue certitude qu'en dépit de son accoutrement, qui ne faisait au fond qu'accentuer son extrême jeunesse, Élisabeth passait cet examen avec infiniment plus de bonheur que moi, dont les cheveux plaqués sur le crâne par la pluie, la mine sinistre, et ce parapluie qui dépassait du sac de voyage à mes pieds devaient me donner l'air de quelque satyre échappé des traboules de la Croix-Rousse. Pourquoi donc étais-je si vulnérable aux regards d'autrui, moi qui faisais si peu cas de lui ?

Notre conversation s'enlisa ensuite inexorablement dans des banalités auxquelles même la décontraction d'Élisabeth avait peine à prêter quelque charme. Sa bouche (aux lèvres pulpeuses et délicatement ourlées) articulait des mots avec une volubilité enjouée, son sourire et ses fossettes clignotaient entre les phrases, mais le regard de ses yeux gris demeurait coi — et le mien de même. Nous n'avions rien à nous dire par ce canal-là. Un fog leibnizien enveloppait nos monades.

Heureusement, le whisky (pour moi) et le Pim's (pour elle) étaient là. Élisabeth avait dégusté son cocktail avec la paille par petites gorgées émerveillées. Mais le tarif indiqué sur la carte l'avait tellement outrée qu'elle s'était refusée à me laisser en commander un deuxième, malgré mes exhortations. De toute façon, elle aurait bien pu en boire une dizaine que cela n'eût pas suffi à me faire passer à ses yeux pour la réincarnation de Bob Marley.

Comme elle disait, il y avait ma présence. Et ma présence était ma présence...

Toutefois, quand elle me laissa plus tard place Carnot, elle me parut un peu gênée de m'abandonner ainsi sous la pluie battante, à 11 heures du soir, près d'une autre gare. Mais que pouvait-elle savoir de la solitude et de ses exigences ?

« Tu as quelqu'un à voir par là ? m'avait-elle demandé avec un rien d'étonnement dans la voix.

— Non.

— Qu'est-ce que tu vas faire ?

— Dormir, pardi. »

Et je m'étais extirpé de la deuche rose bonbon, après avoir déposé une bise insoucieuse à l'endroit de la fossette.

Nous étions convenus de nous retrouver le lendemain midi au *Caveau*, près de la librairie Flammarion où elle avait un livre à prendre après son cours d'esthétique.

La brasserie exceptée, tout était fermé dans la galerie marchande de l' « atroce édifice ». Or, il me fallait trouver à tout prix une bouteille de whisky. La désolation me faisait comme une boule au plexus, elle allait me ravager toute la nuit. Je l'avais sentie poindre au *Cintra*, tandis que j'écoutais les sons qu'émettait Élisabeth avec sa bouche. Le feuillage des peupliers n'avait cessé de bruire avec insistance, parasitant notre conversation. Et j'avais compris qu'il me faudrait deux choses pour fêter dignement le retour de ma névrose après quatre ans de rémission : une chambre d'hôtel absolument miteuse et une bouteille de scotch.

J'eus plus de mal à dégotter la seconde que la première. Après avoir vainement prospecté les bars du quartier de la gare, plaidant l'heure tardive et assurant que le prix m'était égal, je finis par trouver mon bonheur dans un boui-boui infect sur le point de fermer. La tenancière, manifestement alcoolique, fut aussitôt sensible à mon problème. Un doute affreux subsistait toutefois dans un recoin de sa conscience embrumée. Elle voulait savoir « si je n'étais pas des fois l'enfoiré de flic de la dernière heure cherchant à lui causer des emmerdes ». Sa dégaine chancelante et souillon, sa couperose, sa voix râpeuse et son élocution embarrassée invitaient à une fraternelle franchise. Je lui répondis qu'en ces temps de récession économique et de cynisme pornographique, un officier de police judiciaire acceptant de payer cinq cents francs une bouteille de whisky pour noyer un pur chagrin d'amour, ça n'existait pas. Et je déposai sur le comptoir la magique coupure représentant mon ami Pascal.

Sa main grasse et violacée s'abattit comme une serre sur le billet qu'elle enfouit fébrilement dans la poche du jean crasseux qui moulait ses grosses fesses. Puis elle alla pêcher sur une étagère une bouteille de Ballantines entamée d'un cinquième, la posa devant moi et éructa en manière de défi :

« C'est bien vrai, ça, mon bon monsieur. Cette engeance-là, ç'a pas de cœur, ç'a pas de couilles, et ç'a pas de ronds. »

Et elle ajouta, pas encore vraiment rassurée à mon endroit :

« Mais ç'a du vice. »

Son regard incertain et suspicieux cherchait à distinguer dans le mien les stigmates larmoyants de mon chagrin d'amour. Mais les verres teintés de mes lunettes opposaient à sa défiance bistrotière un écran infranchissable.

« Il en manque un chouia, fis-je en montrant du doigt le niveau du liquide à l'intérieur de la bouteille.

— J'en ai pas d'autre, répliqua-t-elle sèchement. Ici, ça carbure plutôt au rouge ou au blanc limé, vous savez.

— Je vois.

— Mais vous en faites pas. Avec ce qui reste, si vous tuez pas l'amour, vous tuerez le chagrin, je vous le garantis ! »

Sur quoi elle éclata d'un rire gras qui s'acheva en quinte de toux. Je rangeai la bouteille dans mon sac, pris mon parapluie qui s'égouttait à mes pieds, et m'en fus vers la sortie. Elle m'accompagna en soufflant comme une marsouine. Au moment où elle allait refermer la porte derrière moi, je me retournai pour lui glisser aimablement à l'oreille :

« À propos d'amour, ma belle, essayez donc un peu l'eau plate. Sinon, vous allez finir par tailler des pipes aux éléphants roses. »

Elle resta plantée là, bouche bée, à me regarder partir. Puis l'insulte me rattrapa dans la nuit, tandis que je m'éloignais sous la pluie battante :

« Va donc, eh ! cocu ! CO-CU ! »

Le cocu que j'étais lança son parapluie dans le lavabo, sortit du sac la bouteille de Ballantines, en but une longue, longue rasade, et se jeta tout habillé sur le lit. Ma première nuit de permission s'annonçait bien. Il pleuvait. Les étudiantes de philo me snobaient. Les poissardes m'insultaient. Et j'allais m'enivrer consciencieusement dans la solitude absolue d'une chambre d'hôtel sortie tout droit d'un roman noir américain des années trente. Je n'éteignis pas la lumière. L'éclairage anémique que dispensait l'applique murale au-dessus de ma tête convenait exactement à mon état d'âme : j'avais délicieusement envie de mourir...

Ainsi donc, la vie reprenait son cours. Dans quelques mois, sans doute en mai de l'année prochaine, j'allais être « élargi », comme on dit, après cinq ans et demi de détention. Rouquemoute, l'accoucheur d'hypnotisés, ne s'était pas trompé : j'avais pris huit ans. Je me rappelais mal cette journée d'assises dont le souvenir s'était déjà presque dissipé comme un rêve au réveil. Je dis rêve, et non cauchemar, pour ne pas lui donner une importance, un relief qu'elle n'a pas eus. Seules quelques images tenaces s'accrochaient encore à ma mémoire : les bafouillements de Grand-Benêt qui fut d'une nullité exemplaire ; la présence aux premiers rangs d'une classe de lycéens croyant sans doute être venus s'instruire (de mon temps, on nous emmenait aux abattoirs de la ville, et effectivement nous apprenions là quelque chose) ; les apartés entre une blonde journaliste, installée en face de moi de l'autre côté du prétoire (elle devait évoquer dans *Le Progrès* du lendemain mon profil « mussolinien » !), et le caricaturiste de service ; l'apparition remarquée à la barre des témoins de la jeune, brune et belle secrétaire de Feller, dont les événements de ce désastreux après-midi de décembre n'avaient pas entamé d'un iota la fidélité à elle-même et aux autres : elle arborait en effet toujours la même opulente crinière et travaillait toujours pour le même courageux employeur, lequel, au grand dam du président Mollerat, n'avait pas jugé utile de se déplacer comme il en avait été requis.

« Mais qui, mademoiselle, j'aimerais savoir QUI a déclenché le signal d'alarme tandis que l'accusé vous menaçait de mort avec son arme ?

— Je ne sais pas, monsieur le président.

— Vous ne savez pas ?

— Non, monsieur le président. »

Ne l'avait pas su non plus, quand le président lui avait posé auparavant la même question, la préposée à la surveillance télé, toujours aussi austèrement enchignonnée. En revoyant ce petit monde inchangé défiler devant moi, j'eus l'impression que le temps s'était arrêté pendant mes deux années de prison préventive.

« Je déplore, je déplore VRAIMENT, avait grincé le président Mollerat, que M. Feller n'ait pas cru bon de venir témoigner à ce tribunal comme c'était son devoir. »

In petto, j'avais alors voté des félicitations au président pour cette critique à peine voilée du comportement du diamantaire, critique qui allait évidemment bien au-delà de la seule absence de celui-ci à la barre des témoins. C'était un homme, ce Mollerat, au visage émacié, aux cheveux rares et blancs, et dont l'esprit caustique allait s'exercer encore par la suite aux dépens de l'expert psychiatre qui m'avait qualifié de « mafioso ». Des bruits couraient qu'il était atteint d'un cancer. Était-ce à cela qu'il devait sa maigreur ascétique ? Et était-ce l'approche de la mort qui lui faisait ainsi relativiser, mine de rien, la frontière qui sépare les bons et les méchants et prendre conscience de la dangereuse imbécillité de certaines prétendues honnêtes gens ?

Quoi qu'il en fût, l'attitude de ce magistrat secoua un peu mon indifférence et me rendit plus facile la tâche de présenter mes excuses à la jeune secrétaire. J'étais tout à fait conscient, lui expliquai-je ainsi paternellement, de la frayeur terrible que je lui avais causée ce jour-là. Et je la priai de croire que jamais je n'avais voulu la tuer, mon intention ayant été seulement d'impressionner son employeur.

Quand j'eus débité ma tirade (« en termes châtiés », prétendit la journaliste du *Progrès*), la jeune fille secoua la tête sans même me regarder, d'un petit mouvement sec qui me parut vouloir dire : « Cause toujours, tu m'intéresses. » Puis, s'adressant à la cour, elle lâcha d'une voix claironnante :

« Tout ce que je sais, monsieur le président, c'est qu'il a une sacrée poigne, ce type ! »

Des rires dans la salle et des sourires parmi les jurés saluèrent ce cri du cœur rétrospectif.

Quant à moi, j'avais réintégré aussitôt ma coquille ; les jeunes filles n'étaient pas mon fort, je le savais déjà, et il me tardait que ce grand-guignol prît fin. Ultimes images : Antonin Buchat, là-bas tout au fond, m'adressant un petit signe de main chaque fois que je tournais la tête dans sa direction ; la plaidoirie ânonnante et creuse de Grand-Benêt ; le réquisitoire enfin du procureur, infiniment plus subtil et dévastateur, me décrivant comme un individu « profondément enraciné dans la délinquance », et recommandant à la cour de me condamner à une peine de dix à douze ans de réclusion criminelle. Vicieuse manière d'en obtenir au moins dix. La cour se montra toutefois plus modérée. Je le dus sans doute au président Mollerat, qui sut intégrer dans l'algorithme du verdict ma tentative de suicide (à laquelle il s'était longuement arrêté), la nullité de Grand-Benêt, le comportement irresponsable de Feller — et peut-être aussi, qui sait, la razzia des passants sur les pierres précieuses défenestrées, attestant, s'il était besoin, que la malhonnêteté était la chose du monde la mieux partagée... Huit ans, m'annonça donc l'ascétique et chenu magistrat. Une condamnation que, compte tenu de la façon dont le monde et les procureurs allaient leur train, j'estimais somme toute raisonnable. Au reste, mes calculs étaient faits : je savais déjà n'accomplir, si tout allait bien, que cinq de ces huit années de réclusion.

Il y avait un endroit du plafond, juste au-dessus de moi, où apparaissaient comme des bulles sur le point de crever, et où d'autres avaient éclaté ; autour de ces plaies ouvertes, la peinture formait des pétales grisâtres et secs que je m'attendais à chaque instant à voir se détacher et à me tomber sur la figure. Je bus une nouvelle rasade de Ballantines, posai la bouteille sans la reboucher sur la table de nuit. Et je me mis à imaginer une pluie d'écailles de peinture voltigeant silencieusement autour de moi comme une giboulée de neige sale, et m'ensevelissant peu à peu, définitivement... Hélas ! des miracles de cet ordre, cela n'existait pas !... J'avais déjà payé pour apprendre que la Camarde ne se présentait pas comme un chien qu'on siffle. Il fallait, semblait-il, la mériter d'abord... et même alors, mourait-on vraiment jamais ?

La crainte que l'existence fût ce cauchemar éternel se perpétuant de fausse mort en fausse mort, et nous plongeant dans un univers chaque fois plus absurde que le précédent, était devenue chez moi une hantise. Ma dernière tentative de suicide y était certainement pour quelque chose. J'admettais encore avec peine qu'une cartouche toute neuve eût ainsi fait long feu, et j'avais toujours à l'oreille le pffuit ! dérisoire et obscène s'échappant comme un pet du barillet, au lieu de la noble détonation à laquelle je m'attendais. Et je me revoyais, éberlué et rageur, essayant vainement d'armer le chien pour rectifier cette erreur, ou cette distraction du destin...

Je me souvins alors d'une autre tentative de suicide, infiniment plus romantique, celle-là, et en tout cas moins brutale. C'était à Saint-Malo et j'avais quatorze ans. Par un après-midi ensoleillé de juin, j'étais allé m'installer à marée basse dans un creux des rochers du Fort-National, plage de l'Éventail. Tout un monde naufrageait alors autour de moi, n'attendant plus que mon accord pour basculer dans un irréversible oubli. L'année scolaire avait pris fin dans le flamboiement des premiers jours de l'été. La mer, « la mer toujours recommencée », scintillait aux confins du présent dans une indifférence intemporelle. Et je pouvais apercevoir, émergeant au-dessus des remparts de la ville, les toits de mon collège — mon collège à la fois si proche et si lointain. On venait de signifier à ma tante qu'on ne m'y accepterait plus l'année prochaine à cause de mon indiscipline. Ce renvoi, qui en soi ne m'affectait en rien, sonnait cependant le glas de ma jeunesse. Où que je portasse à présent le regard, ce n'étaient me semblait-il que ruines invisibles des rêves mort-nés de mon adolescence et de mes illusions.

... Et le désert, bien sûr, le désert de l'été qui déployait à l'infini l'immensité bleue du ciel au-dessus de moi...

Rencogné dans les rochers du Fort-National, je m'attardai un moment à évoquer, croyais-je pour la dernière fois, mêlés aux senteurs de l'iode et du goémon, la fraîcheur des couloirs de ce collège, le parfum de l'encens qui les dimanches inondait la chapelle, l'odeur d'encre et de livres de la salle d'étude — et j'en revisitai l'espace parcouru pendant toutes ces années, ces escaliers baignés de pénombre, ces classes de ma sixième à ma troisième, ce réfectoire, ces cours de récréation, celle des petits puis celle des moyens, ce hall enfin, immense sous la verrière là-haut qui l'éclairait, et où les lundis matin nous formions carré comme des militaires pour y entendre, annoncé classe par classe par le principal, le résultat des compositions de la semaine précédente. Tout cela avait fini par devenir comme une extension vitale de moi dont chaque été j'étais amputé un peu plus, et dont aujourd'hui l'arrachement définitif me laissait échoué dans mes rochers telle une épave. Et des visages, des visages défilèrent devant moi : ceux de mes professeurs, sévères toujours, menant je ne savais quelle procession funèbre, mon enterrement peut-être ; puis ceux de mes camarades, et il me parut que le voile sépia du passé se déposait sur chacun d'eux ainsi qu'une cendre, ternissant à jamais l'éclat de leur jeunesse.

Voilà donc, me disais-je, tout ce qu'il restait de ces années lumineuses et sombres à la fois où j'avais pris conscience des possibles et des lointains : cet album de photographies déjà très anciennes dont la contemplation me déchirait. Je portai le regard autour de moi, continuant d'en feuilleter les pages desséchées. Sur la grande plage du Sillon qui s'étend là-bas jusqu'à Rochebonne, des adolescents jouaient au ballon — ballons rouges, ballons verts, ballons multicolores rebondissant mollement comme en apesanteur ; bras dessus, bras dessous, des couples de retraités se promenaient pieds nus au bord de l'eau, lui, le pantalon retroussé jusqu'aux genoux, elle, le vent jouant dans sa robe d'été grand teint — et leurs silhouettes pathétiques faisaient des taches claires qui tremblaient sur le sable luisant ; des femmes lisaient ou tricotaient à l'ombre des brise-lames dont les fûts tors et noircis, çà et là, servaient de perchoir à une mouette blanche — et je fus soulagé de n'avoir plus à attendre la prochaine marée d'équinoxe, quand gronde et bouillonne la mer entre les rangs serrés de cette armée fossile et squelettique, gardienne exsangue des jours enfuis...

En vérité, le spectacle paisible de cette plage sous le soleil de juin achevait de m'accabler. Et ce n'était pas parce que je croyais ne plus jamais revoir ce sable, cette mer, ce ciel. Mais parce que sous mes yeux mêmes paraissaient se figer les gestes de ces adolescents jouant au ballon, se suspendre le pas de ces retraités, se pétrifier sur place ces femmes solitaires perdues dans leurs rêveries et leurs pensées... La mort était partout présente, était partout à l'œuvre. Son ombre sourdait secrètement de la lumière même de l'été, son haleine était aussi le vent léger qui parcourait la plage, son silence, la rumeur sereine ou joyeuse de la vie alentour dont je me sentais si mystérieusement, si irrémédiablement, si scandaleusement exclu.

Il fallait en finir.

Je sortis alors de la poche de mon pantalon la petite lame de rasoir Gillette soigneusement enveloppée dans un mouchoir, et j'entrepris, maladroitement mais consciencieusement, de m'entailler les veines du bras gauche. Comme un homme.

Comme un homme, j'ingurgitai une nouvelle et généreuse rasade de Ballantines. J'avais dépassé la cote d'alerte, je le savais. Après ces quatre années de semi-désintoxication, ces retrouvailles brutales avec l'alcool allaient très vite avoir raison de moi. Déjà le lit tanguait subrepticement et le plafond commençait à se gondoler. Encore deux ou trois gorgées, et c'est la chambre tout entière qui se mettrait à danser. Pour éviter le mal de mer, je fermai les yeux. Un bourdonnement étrange venu d'ailleurs se propagea aussitôt sous mon crâne. En revanche, mon corps s'était fait léger, léger, et le feu qui brûlait dans mes veines acheva de me le rendre immatériel. Un soleil. Je me métamorphosais en soleil. Avec ravissement, je bredouillai des mots rimés et parfumés : astres et désastres... morts et sycomores... roses et névroses... Je devenais surréaliste. Bientôt toutefois, je fus incapable d'une idée suivie. Il me sembla n'être plus qu'un foyer de sensations confuses et vaguement écœurantes où présent et passé s'amalgamaient, s'empêtraient, s'abolissaient l'un l'autre. Ma vie, ma pauvre vie fadasse et rance, commençait à m'ensabler la bouche et cherchait à m'étouffer. Roses et névroses ? Morts et sycomores ? Astres et désastres ? Mon cul, oui ! J'avais envie de vomir, je vomis ; de suffoquer, je suffoquai ; de pleurer, je pleurai... Il y eut encore, juste avant l'amnésie libératrice et en guise de consolation peut-être, une ultime et éblouissante image sortie tout droit d'un musée d'art kitsch : une 2 CV (et non pas un éléphant) rose bonbon descendait du ciel prendre livraison du corps exsangue d'un petit collégien breton qui s'était suicidé au Ballantines — oh ! le vilain ! Et au moment de reprendre son envol, le séraphique engin — « troènes et Citroën ! » parvins-je encore à bafouiller entre deux hoquets — laissa choir de son coffre arrière la brune Élisabeth dont le visage de gitane lubrique s'ornait d'un magnifique œil au beurre noir. Non mais !

Le lendemain matin, le réveil fut rude et me trouva tout grelottant. J'ouvris d'abord un œil. Un jour sale suintait du rideau jaunâtre masquant la fenêtre, portant à son comble la misère accablante de la chambre : à refaire, le monde avait tout faux. Je refermai aussitôt l'œil et me concentrai sur mon état. Ce n'était guère plus reluisant. Des frissons me secouaient par intermittence, j'avais la bouche pâteuse et ma langue était collée ; mais au moins la tête ne me faisait pas souffrir. C'est l'avantage du whisky, carburant propre, écologique, non polluant s'il en est. Puis je me souvins d'avoir vomi, et je me dressai sur mon séant pour évaluer les dégâts : rien. Je n'avais fait ni sur moi ni sous moi ; ma dignité était intacte. En revanche, la descente de lit — ou la chose qui en tenait lieu — avait tout écopé : un petit tas de rogatons affreux au remugle aigrelet s'y trouvait répandu, ayant souillé au passage le bas du couvre-lit (lie-de-vin, ce qui rendait le drame acceptable). Au temps pour l'aubergiste !

Des éclats de voix montaient à présent de la cour, accompagnés de raclements de poubelle qu'on rentre. Alcalá ? Non, pas encore. Le temps se traînerait entre-temps ; des petites morts succéderaient à de grandes cuites ; des choses auraient lieu pour tromper le temps, sans parvenir jamais à le tuer tout à fait, avant de venir s'échouer dans ma mémoire comme s'y était échouée déjà ma jeunesse : oui, braves gens, la mémoire est aussi ce lieu où se suicident les souvenirs.

Je consultai ma montre : 9 heures et quart. Tout à fait réveillé à présent, je me levai d'un bond et allai ouvrir le rideau ; la pluie avait cessé. Je procédai rapidement à ma toilette. Quand j'eus terminé, rasé de frais et parfumé au Givenchy, et que j'eus changé de chemise et de cravate, c'était la grande forme : j'avais repris goût au désespoir, on allait voir ce qu'on allait voir !

« *Recuento !* »

Celui de 22 heures... Le compte à rebours a commencé. Je note que mon état s'est soudainement amélioré et que le vent s'est calmé.

« *Vale !* »

Je me déshabille et m'étends nu sur le lit. Avant de sombrer dans le sommeil, rompu par tous ces jours de fièvre, j'ai le temps de penser que si j'écrivais un livre — ce qu'à Dieu ne plaise, croix de bois, croix de fer... — il s'appellerait *Suerte* et se poursuivrait ainsi :

7

Cette première permission fut un déjeuner de soleil. Cinq jours, cinq jours irréels d'échappée à l'air libre, plus les « délais de route » — dix-huit heures dans mon cas —, cela passe atrocement vite. Et encore devais-je m'estimer heureux que l'administration n'eût pas pris en compte l'existence de la nouvelle ligne du TGV qui venait de mettre Lyon à deux heures de Paris.

En quittant l'hôtel, j'allai d'abord me débarrasser de mon encombrant sac de voyage dans un casier de consigne automatique de la gare Perrache, ne conservant avec moi que mon parapluie. Puis, dans la foulée, je me rendis au commissariat de police proche du dépôt des colis. Il s'agissait de faire viser mon titre de permission par l'autorité compétente — police, gendarmerie ou service d'application des peines du palais de justice — pour justifier à mon retour auprès de l'administration pénitentiaire que je m'étais bien rendu là où j'avais prétendu aller. La même opération devrait se répéter le jour de mon départ.

Le gardien de la paix de service à l'accueil, un petit brun trapu et basané d'une quarantaine d'années, moustache à la Georges Brassens, prit la feuille que je lui tendais, y jeta un vague coup d'œil, et me regarda sans comprendre.

« Qu'est-ce que c'est que ça ? lança-t-il d'une voix rogue.
— C'est une permission.
— Une permission ?
— Exactement.
— Une permission de quoi ?
— C'est écrit là, fis-je en indiquant du doigt l'en-tête du formulaire imprimé en caractères gras : "Permission de sortie du centre de détention de Melun, Essonne."
— Vous êtes un taulard en permission ? »
Son regard se mit à me toiser sans vergogne.
« C'est cela même, fis-je avec bonhomie. J'ai été très sage, alors on me laisse prendre un peu l'air.
— Et qu'est-ce qu'on a à voir, nous, avec ces élucubrations ?
— Vous avez à signaler au verso que je me suis bien présenté devant vous, aujourd'hui mercredi 14 novembre 1984, à... (je consultai ma montre) 10 h 12. Coup de tampon, date et signature. Je reviendrai vous voir le jour de mon départ pour la même formalité. Comme vous voyez, c'est tout simple. Et vachement sympa, je trouve. »
Une petite lueur canaille s'alluma aussitôt dans le regard du gardien de la paix, tandis qu'un sourire entendu étirait ses lèvres. Puis il considéra de nouveau le formulaire de permission, le tourna, le retourna en émettant des petits pshh ! pshh ! dégoûtés, et lâcha en relevant la tête :
« En permission, hein ? On a été bien sage, hein ?
— Comme une image, monsieur l'agent.
— Et on trouve ça tout simple et vachement sympa, hein ?
— Oui, monsieur l'agent.
— Eh bien, voyez-vous, cher monsieur (et il appuya sur le "cher monsieur" sans se départir de son sourire), je crains, moi, que tout ça ne soit pas si simple que c'en a l'air. Je dirai même plus, cette histoire de permission, c'est un problème complexe, bougrement complexe même, pour un pauvre agent de police comme moi. Faut d'abord que j'analyse.
— Je comprends très bien, monsieur l'agent. Ç'a beau être sympa, faut que vous analysiez. Eh bien, au revoir. »

Et je me dirigeai vers la sortie.

L'autre aboya :

« Où allez-vous ? »

Je répondis par-dessus mon épaule :

« Jouir de ma permission, monsieur l'agent (et j'appuyai lourdement sur le "monsieur l'agent"). Je sais que mon formulaire est entre de bonnes mains. Je repasserai le prendre le jour de mon départ. »

Puis j'ouvris la porte.

« Hé ! attendez ! »

Je me retournai avec une lenteur étudiée.

« Oui ? »

L'autre était à la fois furibond et paradoxalement calmé.

« Ça va, ça va, marmonna-t-il. Bouge pas, on va te le tamponner, ton chiffon... »

Et il disparut dans un bureau contigu.

Moins d'une minute après, il était de retour avec mon titre de permission dûment visé. J'y jetai un coup d'œil, puis, satisfait, je pliai la feuille en quatre et la rangeai soigneusement dans mon portefeuille.

« Merci beaucoup, monsieur l'agent », fis-je avec chaleur.

L'autre hocha la tête.

« C'est quoi ton truc ? demanda-t-il. Le braquage ?

— Oh ! monsieur l'agent !...

— Alors, c'est quoi ? »

Je regardai autour de moi, feignant de craindre les oreilles indiscrètes, ôtai mes lunettes, et lâchai sur le ton de la confidence :

« L'enculage de mouches, monsieur l'agent. Et après, je revends les œufs au noir. Plutôt pervers, non ? »

Sur quoi, lui ayant adressé un clin d'œil complice, je m'en fus prestement.

Quand on vient de se faire un ami, il convient de ne pas en abuser le premier jour.

Ragaillardi par cette première vraie prise de contact avec la liberté — il existe mille et une manières de négocier les situations kafkaïennes qui conditionnent ce qu'on appelle étourdiment la liberté, mais la règle numéro un est d'éviter soigneusement l'autocompassion —, je m'enfournai le cœur léger dans le boyau de Plexiglas qui mène à la passerelle supérieure de l'atroce édifice. Là, j'avisai un téléphone public, et je m'apprêtais à régler une nouvelle formalité, de courtoisie celle-ci, quand je m'aperçus qu'il s'agissait d'un appareil à carte magnétique. Le TGV, la monétique... En quelque quatre ans, j'avais été relégué à la préhistoire. Par acquit de conscience, j'allai jeter un coup d'œil aux autres appareils installés sur la passerelle : tous fonctionnaient selon le même système. Je regardai stupidement autour de moi, avant de me résigner à entrer dans la galerie marchande où, en achetant *Le Monde*, j'appris que le buraliste vendait la fameuse carte. Je pris celle de cinquante unités, fidèle à mon habitude de prévoir large, et ainsi soulagé d'une centaine de francs, je m'en fus faire joujou avec la première puce savante de ma vie.

Le standard du couvent des dominicains de la rue Bugeaud mit un certain temps à répondre à mon appel. Enfin, une voix chevrotante dont le propriétaire cacochyme devait être sourd comme un pot, me fit répéter à plusieurs reprises mon nom et celui de mon correspondant. Nouvelle attente, déclic et crachotements ; puis un claironnant « Salut, Christian ! » retentit dans l'écouteur. C'était Hervé R..., mon professeur d'exégèse biblique. Ravi de me savoir arrivé à bon port, il me dit qu'il m'attendrait jusqu'à midi. Je lui promis d'être au couvent dans moins d'une demi-heure, et je raccrochai sur un non moins claironnant « À tout de suite, Hervé ! ».

Il était 10 heures et demie. J'estimai avoir le temps d'avaler un petit déjeuner express. Après l'épreuve barbare de la nuit passée mon estomac réclamait un réconfort chrétien que j'allai expédier au bar de la brasserie de la galerie marchande sous les espèces d'un café crème et d'un croissant. Les clients émergeaient lentement de la nuit des temps, nimbés de stupeur. Personne n'avait l'air tout à fait sûr d'exister ni même de penser que ça pouvait en valoir la peine ; et de fait, il n'y avait rien, dans ce déploiement hypnotique, vulgaire et routinier du train-train matinal, qui pût donner envie d'entonner *La Marseillaise* ou le *Magnificat*. Pourquoi donc, Seigneur, le monde était-il tant épris de liberté ? Qu'est-ce qu'on y faisait donc, hors des murs des geôles, des asiles et des couvents, de si passionnant — exception faite, pour quelques rares élus, de la création artistique, de la recherche scientifique et du gouvernement des hommes ? En vérité, il fallait s'appeler Mao, Einstein ou Salvador Dali pour ne pas bâiller d'ennui en ce bas monde et avoir l'idée de se lever avant midi. Ou alors être simple d'esprit et s'amuser d'un rien. Des pantalons à pinces, par exemple...

Le pantalon à pinces me préoccupait depuis la veille. Il était apparu en même temps que le TGV et la carte de téléphone, et je l'avais même vu porté par certains détenus, de retour de permission. Je n'y avais pas prêté autrement attention, mon heure d'entrer en scène n'ayant pas encore sonné. Mais depuis hier, depuis ce moment où j'avais mis le pied dehors à mon tour, je n'étais pas à mon aise. Je n'avais pas le bon costume, c'était flagrant. Oh ! certes, ce n'était pas encore intenable. Entre un pantalon de coupe droite, classique comme le mien, et les pantalons à pinces, amples aux hanches et légèrement rétrécis au bas, qui vibrionnaient autour de moi comme autant de reproches discrets, il n'y avait pas d'abîme à proprement parler. J'avais connu bien pis en 1970, lorsque j'avais été élargi pour la première fois de ma vie. L'ironie du mot m'avait alors atteint à bout portant. C'était bien d'élargissement en effet qu'il était question ! Sept ans plus tôt, fragile jeune homme, j'étais entré avec un pantalon fuseau — « tuyau de poêle » pour être exact —, et je me trouvai d'un coup, adulte incertain et ahuri, cerné de pantalons « pattes d'éléphant » dont il me semblait presque entendre les barrissements hilares... En ce temps-là, la prison était l'exclusion absolue, le royaume des ténèbres, la géhenne au sens propre. Point de petit écran ni de magazines pour vous montrer comment les stylistes vous déguiseraient demain. Au reste, demain n'existait pas, et votre « style » était fixé à perpétuité : droguet marron (veste en couverture de l'armée, d'une ligne très pure, sans martingale, et pantalon droit de même matière, sans pinces ni revers risquant d'alourdir la silhouette), galoches (un plaisant compromis entre le brodequin de l'Inquisition, le socque villageois et la chaussure orthopédique pour pied-bot), et chemise de toile bleue au col chiffon qu'il suffisait, si le cœur vous en disait, d'escamoter à l'intérieur pour obtenir une chemise guillotine toute simple, exquise à porter par les petits matins blêmes. Enfin un béret savamment informe, en couverture de l'armée lui aussi, et dont le port était obligatoire hors de la cellule, relevait cet ensemble rétro d'une note discrètement médiévale, sans toutefois vous décoiffer car on était tondu ras. Après sept ans sous cette tenue, même un bleu de chauffe vous paraissait une tapageuse fantaisie vestimentaire. Alors, les pantalons « pattes d'eph »...

Cette fois-ci, heureusement, l'atterrissage serait plus doux. D'abord, le décalage horaire ne serait « que » de cinq ans. Ensuite, depuis l'arrivée des socialistes aux affaires, nous pouvions porter les nôtres en prison, qu'au fil des permissions chacun renouvelait peu à peu jusqu'à paraître aussi *in*, son heure venue, que l'honnête homme le plus branché.

Seule l'escale technique de la première permission posait encore problème à cet égard. Un problème adouci cependant par le fait qu'aujourd'hui la mode est plus extensive qu'autrefois, tolérant le disparate, l'interprétation personnelle, les figures libres, le schisme et même l'hérésie déclarée. L'accoutrement d'Élisabeth hier soir, venue m'accueillir en gitane sur le quai de la gare de la Part-Dieu, en était une preuve réconfortante. N'empêche : il allait me falloir acheter au plus tôt un nouveau pantalon. La ringardise ne pouvait passer pour une figure libre. La ringardise était la ringardise, comme ma présence était ma présence. C'est-à-dire une tautologie insoutenable.

Hervé R... avait accepté de se porter garant pour la durée de mon séjour à Lyon. Quelques mois auparavant, il avait donc apposé sa signature au bas d'un très officiel certificat d'hébergement que j'avais joint ensuite à ma demande de permission. C'était la règle. Nul ne peut en effet bénéficier d'une permission de sortie sans que quelqu'un ne déclare sur l'honneur le prendre en charge à son domicile. Ce quelqu'un est évidemment presque toujours un membre de la famille du détenu. Dans le cas contraire, une enquête de moralité est commandée à la gendarmerie par le juge d'application des peines, afin d'éviter que Dédé-le-Tatoué, par exemple, n'aille éhontément se refaire une santé dans la maison de campagne de Paulo-les-Diams. Cette fois-ci, le juge d'application des peines avait dû être parcouru d'un long frisson d'extase : Christian-le-Vertueux, dit l'Abbé, mettait à profit sa permission pour parfaire son évolution spirituelle, et troquait sa cellule de prison contre une cellule de couvent...

En fait, nul calcul hypocrite n'était entré même pour partie dans ce choix de mon hébergement. Tout simplement je n'avais pas de famille pour m'accueillir, à l'exception d'une tante âgée que je répugnais à perturber avec mes problèmes. Restaient Antonin Buchat et Élisabeth. Celle-ci habitait encore chez ses parents à Vienne, ce qui rendait la chose franchement délicate ; et quant au fidèle La Toune, je savais qu'il avait eu maille à partir plusieurs fois avec la justice, en raison de son appartenance au CID-UNATI dont il avait été un temps le fer de lance lors des mises à sac de perceptions et autres manifestations musclées de ce syndicat. J'avais alors songé à Hervé R... Quoique relativement impersonnels, nos rapports étaient bons. Nous avions échangé une correspondance régulière et amicale depuis la visite qu'il m'avait rendue à Saint-Paul, et je venais d'obtenir cette UV d'exégèse biblique pour laquelle il m'avait préparé. Aussi, lorsque je lui fis part de mon problème, accepta-t-il de bonne grâce de me recevoir rue Bugeaud où, m'avait-il assuré, « la place ne manquait pas ».

Le plus délicat, me dis-je en descendant du taxi, allait être de lui faire avaler que je n'avais pas du tout l'intention de séjourner, même le temps d'une courte sieste, dans son fichu couvent...

Celui-ci se trouve immergé dans le pâté de maisons de ce côté de la rue Bugeaud où se dresse l'église Saint-Nom-de-Jésus, dont il jouxte d'ailleurs la partie arrière. De ce fait, il est invisible de la rue. Seule une plaque discrète à l'entrée du couloir menant à la conciergerie en signale l'existence.

Je m'engageai dans le couloir et ouvris la porte du fond après avoir sonné comme il était indiqué sur le battant. Un vieux moine tout décati se matérialisa comme par enchantement dans la pénombre du vestibule, me salua et s'enquit du motif de ma visite. Je reconnus la voix chevrotante qui m'avait répondu au téléphone.

« Le père Hervé doit m'attendre, expliquai-je avec amabilité.

— Qui-qui ? bredouilla le chenu cénobite en mettant sa main en forme de cornet acoustique autour de son oreille.

— Hervé R... ! criai-je.

— Ah ! Vous êtes monsieur Lhorme, n'est-ce pas ? »

Je fis signe que oui.

« Eh bien, montez, m'invita-t-il en me désignant l'escalier au fond du vestibule. Je vais sonner le père Hervé. »

Et il se fondit de nouveau dans l'obscurité de la pièce en glissant silencieusement sur ses chaussons. Avais-je été témoin d'une apparition ?

La sonnerie annoncée déchira brutalement le silence des lieux au moment où j'arrivais en haut de l'escalier. Devant moi s'amorçait un long couloir crépi de blanc sur le côté droit duquel se trouvaient distribuées les cellules des moines, une grosse sonnette électrique fixée au-dessus de chaque porte. À gauche, des fenêtres donnant sur le jardin intérieur du couvent dispensaient la lumière d'un jour maussade, que le parquet impeccablement ciré du couloir réfléchissait par intervalles. Cela sentait le propre, l'anonyme, l'austère et le pétrifié. N'eût été l'absence de barreaux aux fenêtres et de judas aux portes, on aurait pu se croire dans une prison. La qualité du silence elle-même ne me parut guère différente. Il s'agissait d'un silence par défaut, c'est-à-dire que la rumeur de la vie était venue s'éteindre là, dans ce mouroir à deux pas de la rue...

Une porte s'ouvrit soudain. Et le père Hervé, souriant, alerte et en bras de chemise, sortit à ma rencontre. Le clac-clac de ses socques de bois martelant bruyamment le parquet dissipa d'un coup la sensation d'oppression qui s'était emparée de moi depuis mon arrivée. Il y avait au moins quelqu'un de vivant dans ce sépulcre ! Tandis qu'il s'avançait vers moi, je notai cependant avec dépit que ce quelqu'un, tout moine qu'il était, n'arborait rien de moins qu'un magnifique Levi's à pinces, le modèle Officers Corps... Non seulement le père Hervé était vivant, mais encore il était à la mode !

Nous nous serrâmes la main avec, de sa part, exactement ce qu'il fallait d'effusion pour me rendre plus gênante encore la tâche ultérieure de décliner son hospitalité. Puis il s'effaça courtoisement pour me laisser entrer.

Il me fallut tout mon sang-froid pour ne pas marquer de surprise déplacée en pénétrant dans sa « cellule ». Je me bornai à lâcher d'un ton enjoué :

« Chouette petite garçonnière, mon père et cher compère, que vous avez là... »

Hervé se mit à rire.

« Précisément, je suis un incorrigible vieux garçon, répliqua-t-il en refermant la porte. Tu voudras bien excuser le désordre. »

Je ne vis rien de tel. Mais évidemment, le studio que j'avais sous les yeux, un peu exigu certes, mais très sympathiquement meublé, était l'antithèse d'une cellule de la Trappe. Le désordre, si désordre il y avait, consistait simplement en ce que l'ordre des dominicains était d'un autre ordre, apparemment, que celui des saints Masochistes et autres athlètes de la contemplation...

J'embrassai d'un coup d'œil rapide la kitchenette logée dans un renfoncement à gauche : son carrelage mural à motifs — des violettes ou des myosotis, me sembla-t-il —, ainsi qu'un bouquet de fleurs séchées dans un pot de cuivre ornant le petit réfrigérateur, commençait d'attenter dès l'entrée aux canons de l'austérité monacale. Juste après la kitchenette, sur une commode rustique et pansue, deux grosses bougies fantaisie rouge écarlate invitaient — après le coucher du soleil — à la contemplation plutôt profane d'un superbe batik représentant des papillons et des fleurs aux couleurs flamboyantes, punaisé au mur à cet endroit. L'angle au fond à gauche était occupé par un pouf parachute marron et blanc, mol ersatz sans doute de l'incommode et barbare prie-Dieu d'avant Vatican II... Enfin, un cosy se trouvait installé dans le sens de la largeur de la pièce, au fond, sous une fenêtre à petits carreaux à travers laquelle je pouvais apercevoir l'arrière de l'église Saint-Nom-de-Jésus. Il y avait quatre ou cinq coussins de velours vert disposés sur le lit, recouvert quant à lui de velours beige, dans l'intention évidente de lui donner l'apparence d'un canapé, tandis qu'une table basse rectangulaire, en verre, posée sur une natte ovale, complétait l'ameublement de ce « coin salon ». Abandonnés sur la table, une tasse à café, le journal *La Croix*, et un cendrier où brûlait encore un mégot, témoignaient seuls du désordre annoncé. Je ne vis nulle part de télévision. Un crucifix garni d'un rameau de buis à la tête du lit, et deux reproductions d'icônes de part et d'autre de la fenêtre tentaient pathétiquement de rectifier l'atmosphère garçonnière de la pièce. Las ! Les trois masques africains d'un paganisme virulent qui encadraient à droite le chambranle d'une porte entrebâillée (la salle de bains ? le hammam ?) arboraient un rictus goguenard qui semblait vouloir dire au visiteur : « Les gris-gris ne font pas le moine, ô bwana ! »

Hervé nota le coup d'œil que je leur lançai, et m'expliqua :

« Ce sont des souvenirs rapportés de voyage par des amis. Le batik au-dessus de la commode m'a été offert par une copine de retour d'Indonésie. »

Je hochai la tête avec compréhension.

« Tu aurais dû me le dire, fis-je. Je t'aurais rapporté la tête réduite de mon surveillant-chef de détention... »

Pour toute réponse, Hervé me poussa en souriant légèrement vers la porte entrebâillée. Ce n'était donc pas le hammam.

« Passe dans mon bureau, dit-il en effet. On sera mieux là pour causer. »

Le cosy canapé, apparemment, était réservé pour sa copine...

Je poussai la porte et entrai. C'était un bureau bibliothèque. Des rayonnages et des rayonnages de livres recouvraient jusqu'au plafond toute la surface du mur du fond. Entre ce mur et la porte, s'interposait une vaste table campagnarde de chêne massif — le bureau — encombrée de paperasse, de cahiers, de livres encore et d'objets divers allant de la boîte de trombones à la machine à écrire, en passant par une bouteille Thermos, un crucifix, une grenouille cendrier, un téléphone, un Pierrot de bronze à tête d'ivoire, mandoline en bandoulière, une lampe d'architecte et un transistor. L'inventaire de Prévert au complet, moins le raton laveur à cause des puces. La pièce était éclairée à gauche par une fenêtre jumelle de celle du living, et j'aperçus à droite une autre porte, sans doute celle du cabinet de toilette.

« Assieds-toi et mets-toi à l'aise, m'invita Hervé en indiquant une chaise devant le bureau. Je vais chercher le café. J'en ai du tout frais-tout chaud dans la cafetière. D'accord ?

— Volontiers », dis-je sans conviction, en accrochant mon parapluie sur le rebord du bureau.

Comme s'il eût deviné mes pensées, Hervé s'excusa :

« Je n'ai pas d'alcool, Christian. Pas même de bière.

— Je ne saurais t'en vouloir », fis-je d'un ton lugubre.

Je l'entendis rire, tandis qu'il se dirigeait vers la kitchenette.

« C'est vrai, tu aimes l'alcool ?

— Disons que je ne le hais point.

— Je ne saurais t'en vouloir », répliqua-t-il en imitant à la perfection mon intonation.

Nous nous mîmes à rire. Il était espiègle, mon moine hospitalier. Se montrerait-il aussi mutin au moment d'apprendre que son certificat d'hébergement signé sur l'honneur n'était qu'une joyeuse galéjade ?

Il revint avec un petit plateau chargé d'une cafetière, de deux tasses et d'un sucrier, et dut écarter la paperasse et les livres pour pouvoir le poser sur le bureau.

« C'est mon petit foutoir, dit-il en se mettant à remplir les tasses d'un café noir et fumant.

— Impressionnant, fis-je.

— Quoi ? Le désordre ?

— Non, ton bureau. Tous ces livres... »

Il alla prendre place en face de moi, de l'autre côté du bureau, sur un moderne fauteuil tournant.

« J'ai remarqué que pour les visiteurs, dit-il en sucrant son café, ces livres sont comme une espèce de décor d'ambiance. Mais pour moi, ce sont surtout des outils de travail. Mes heures de fac exceptées, je passe ici le plus clair de mon temps, souvent jusque tard dans la nuit. »

Il but une gorgée de café, reposa délicatement la tasse sur sa soucoupe, croisa les mains et me regarda en souriant timidement. Son attitude me rappela la visite qu'il m'avait faite à Saint-Paul deux ans auparavant. À présent que nous nous retrouvions l'un en face de l'autre, les salutations faites et ayant sacrifié aux banalités d'usage, une sorte de gêne bizarre s'installait de nouveau entre nous. Impassible, je me mis à tourner mon café.

« Et cette permission ? » lâcha-t-il enfin, voyant que le silence menaçait de durer.

J'émis un gros soupir désabusé.

« Bof !

— Pas plus que ça ? s'étonna-t-il.

— Tu sais, cinq jours... Il n'y a guère de quoi grimper aux lustres. »

Hervé hocha la tête.

« Cela ira mieux dans quelques heures, dit-il. J'imagine que c'est un peu comme la plongée sous-marine. Il doit falloir observer des paliers de décompression avant de refaire surface... »

Élisabeth, le bruissement des peupliers, ma cuite au whisky, des paliers de décompression ? Je bus quelques gorgées de café.

« J'ai eu tout le temps de refaire surface, dis-je enfin en posant mes lunettes sur la table. Je suis arrivé hier soir. »

Hervé marqua un rien d'étonnement, mais s'abstint de poser aucune question. Le silence s'était fait seulement un peu plus lourd, me sembla-t-il. Mais peut-être étais-je tout bonnement en train de culpabiliser ?

« J'ai préféré t'annoncer mon arrivée seulement pour aujourd'hui, expliquai-je. D'abord parce que je savais arriver tard. Ensuite, précisément, à cause de ce problème technique de la décompression... »

Hervé eut un sourire pudique. Qu'allait-il imaginer dans son Levi's à pinces, l'affreux ?

« Aucun problème, Christian, fit-il.

— J'ai fait la connaissance, épistolairement parlant, d'une étudiante, poursuivis-je. C'est elle qui s'est chargée de me transmettre les polycopes des cours durant mon cursus. »

Le sourire d'Hervé s'élargit.

« C'est plutôt une bonne nouvelle, non ? Elle sait que tu es là ?

— Bien sûr. Nous avons d'ailleurs projeté de passer ensemble la plus grande partie de ma permission. »

Hervé ouvrit les mains avec mansuétude, d'une manière telle que je crus voir s'en échapper un petit Cupidon ailé au cul tout rose.

« Je te le répète, Christian : aucun problème.

— Il y en a tout de même un, lâchai-je. Tu m'as signé un certificat d'hébergement sur l'honneur, or je n'ai pas l'intention de dormir ici. »

Cette fois, le coup parut porter. Hervé se carra dans son fauteuil, l'une de ses mains fut agitée d'un spasme comme s'il eût voulu rattraper par le zizi ce petit salaud de Cupidon, mais il était trop tard.

« Ah », fit-il simplement. »

Il avait l'air de quelqu'un qui vient de prendre conscience de s'être fait avoir dans les grandes largeurs, et son regard évitait le mien. Il était grand temps de le caresser dans le sens du poil si je ne voulais pas compromettre mon avenir de permissionnaire.

« Il n'y a rien de dramatique, Hervé », le rassurai-je.

Et je pris ma belle voix grave, celle qui rassure la veuve et l'orphelin — troisième corde vocale au fond à gauche —, pour expliquer :

« Le seul problème, c'est que je te mets devant le fait accompli, et je te demande de m'en excuser. À cause de la censure du courrier, il m'a été impossible de t'informer de mes intentions. Mais je ne me suis pas servi de toi, Hervé, crois-le bien, et je suis sincèrement navré de n'avoir pu t'expliquer la chose d'avance comme je l'aurais souhaité. »

Si Paul Greppo m'avait entendu, nul doute qu'il m'aurait dit d'une voix bouleversée en me prenant par les épaules : « C'est beau comme du Pagnol, Christian... »

De fait, l'expression d'Hervé parut se radoucir un peu.

« Et concrètement, demanda-t-il, cela va se passer comment pour moi ?

— Comme si de rien n'était. Tu m'as vu, non ? Et je reviendrai te saluer avant mon départ. Si tu y tiens, je peux même laisser un petit bagage et quelques affaires de toilette dans la chambre que tu m'as préparée. Mais crois-moi, c'est inutile. Cette histoire de certificat d'hébergement n'est qu'une formalité administrative.

— Et s'il se passe quelque chose ?

— Tu fais allusion à une entorse en descendant du trottoir, ou à un hold-up suivi d'une prise d'otages ? » m'enquis-je poliment.

Hervé ne put s'empêcher de rougir.

« Non, dit-il. Le hold-up, franchement, je n'y crois pas. »

C'était le moment de l'acculer en douce dans les cordes.

« Je te remercie de ta confiance, Hervé. Tu as ma parole qu'il n'arrivera rien qui puisse te créer des problèmes. »

Puis j'ajoutai, après quelque hésitation :

« Tu sais, ces permissions, je les sollicite parce que c'est la mode et que je passerais pour un demeuré aux yeux de mes petits camarades si je n'en profitais pas. Mais en fait, elles ne m'intéressent pas du tout. La prison est déjà quelque chose d'absurde. Mais ces permissions !...

— C'est toujours mieux que de rester dedans, non ? s'étonna Hervé.

— Qu'est-ce qu'une parenthèse de cinq jours *extra-muros* tous les trois mois et en fin de peine peut changer à la réalité de l'enfermement ?

— C'est quand même une bouffée d'oxygène, s'entêta Hervé.

— C'est surtout le point d'orgue de la connerie carcérale. La vraie finalité de la permission, c'est de contraindre le détenu à réintégrer volontairement la prison. Évidemment, la plupart des taulards voient ça autrement. Pour eux, c'est une récréation, un défoulement, voire une récompense... Une récompense ! Mais la méconnaissance, apparemment, est indispensable à la bonne marche du système. »

Hervé réfléchit quelques instants. Au moins je lui avais donné un os à ronger, c'était déjà ça !

Il demanda :

« Tu pourrais développer un peu ce que tu as voulu dire par "contraindre le détenu à réintégrer volontairement la prison" ? »

Je souris.

« C'est le type même de l'injonction paradoxale qui rend schizo... Le genre : "Sois spontané, chéri, ou je te gifle ! " C'est tout simple. Quand on t'accorde une permission, tu as déjà accompli la plus grande partie de ta peine, grâces déduites. D'où il résulte, primo, que tu éprouves une bien légitime envie de prendre l'air, et, secundo, que le bon sens te commande de réintégrer gentiment ta geôle après, car te mettre en cavale ne vaut plus le coup. Tu es donc "contraint" d'entrer dans le jeu des permissions, et d'une manière telle qu'il te semble le faire volontairement : tu ne peux pas ne pas vouloir sortir, et tu ne peux pas ne pas vouloir rentrer. Et s'agissant de liberté, *ta* liberté, c'est quelque chose de proprement scandaleux que de t'amener à vivre la chose de cette manière-là. Et si tu ne t'en rends pas compte, ce qui est le cas de la plupart des détenus, c'est encore pis : tu deviens *de facto* l'esclave de tous les systèmes, l'objet de toutes les manipulations. On t'a *assujetti* au moyen de ta propre liberté. La liberté comme valeur ouvrant devant toi une perspective où projeter ton existence est ici complètement bafouée. La liberté que t'offrent les cuistres technocrates de la Pénitentiaire est la liberté des eunuques dans un harem. C'est une liberté par défaut, humiliante et superlativement négative. »

Il y eut un silence. L'étonnement d'Hervé était presque palpable.

« J'avoue, finit-il par dire, qu'il ne me serait pas venu à l'esprit de considérer la chose sous cet angle-là.

— Ce n'est pas grave, Hervé. C'est un problème qui n'intéresse personne, de toute façon. Je ne suis même pas sûr que ça m'intéresse moi-même beaucoup...

— Tu sembles pourtant être allé assez loin au fond des choses ? observa-t-il.

— Il m'arrive en effet d'être profond par inadvertance. À l'avenir je me surveillerai. »

Hervé se mit à rire.

« Tout de même, insista-t-il, d'un point de vue strictement terre à terre, ces permissions aident bien un peu le détenu à refaire surface, non ? Je fais allusion à la réaccoutumance à la vie civile, aux retrouvailles avec la famille, que sais-je encore...

— Même pas, Hervé. Ces permissions ne sont qu'un vulgaire défouloir dont nous ne pensons qu'à profiter comme des porcs lubriques. Réaccoutumance à la vie civile, dis-tu ? Ceux qui sont mal assistés et qui n'ont pas de famille pour les accueillir économisent comme des malades leur paie de l'atelier pour pouvoir "s'éclater un max" pendant ces cinq jours. J'en connais qui ne dorment pas cinq heures en tout et pour tout, et qui prennent de la coke ou des amphés pour résister. En fait de réaccoutumance à la vie civile, il s'agit plutôt d'un recyclage non-stop en discothèque... Quant à ceux qui ont une famille, parlons-en. La famille, c'est généralement papa, maman ou une grande sœur. On leur consacre poliment le premier et le dernier jour, les pauvres, on leur doit bien ça. Mais ils doivent aussi comprendre, n'est-ce pas, qu'après toutes ces années on a besoin d'autre chose que d'égrener des souvenirs d'enfance. À peine expédié le veau gras, l'enfant prodigue sent déjà que son slip bâille d'ennui. »

Hervé ne broncha pas. *In petto*, je me promis de le présenter un de ces jours à Rouquemoute. Il ferait un excellent partenaire au poker.

« Ce n'est donc pas vraiment une liberté d'eunuques dans un harem, fit-il remarquer d'une voix égale.

— C'est juste. On ne te castre qu'au bout de cinq jours...

— Et ceux qui sont mariés ? demanda-t-il encore. Ça n'est pas plus positif ?

— C'est une minorité. Les permissions n'interviennent qu'en fin de peine, comme je te l'ai expliqué ; si bien que les couples ont eu tout le temps d'éclater. Quant à ceux qui ont résisté... Eh bien, justement, les retrouvailles, ça coince. La femme ne cesse de gémir sur ses difficultés à boucler les fins de mois, au lit, c'est plus ça, et les mômes se demandent qui c'est ce type qui vient draguer leur mère à la maison dans un futal de l'après-guerre. Quand le pauvre gars nous revient cinq jours après, on jurerait qu'il a passé sa perme au Père-Lachaise à rechercher la tombe d'Hamlet. »

Hervé rit une nouvelle fois.

« Tu ne forcerais pas un peu le trait, par hasard ?

— J'ai un petit côté nettement sardonique, c'est vrai.

— Et irréductible aussi, peut-être ? »

Je réfléchis quelques instants.

« C'est bien possible, en effet. »

Il y eut un silence pendant lequel Hervé me considéra me sembla-t-il avec sympathie, mais aussi avec gravité.

« Il te reste encore combien de temps à tirer, Christian ? demanda-t-il.

— Je serai libéré au début du mois de mai de l'année prochaine, si tout va bien.

— Qu'est-ce que ça veut dire "si tout va bien" ?

— Tu sais, en fin de peine, tu finis par craquer, et un rapport d'infraction est vite arrivé. Ils en profitent alors pour te sucrer quelques semaines de RPS, les remises de peine supplémentaires, ce qui remet évidemment en question la date de ton élargissement.

— Je vois. Par conséquent, il te reste environ deux permissions ?

— Une seule en février, normalement. Mais s'ils me lâchent plus tard que prévu, il m'en restera une dernière effectivement, la troisième du cycle, de dix jours celle-là. C'est ma roue de secours en cas de malheur.

— Tu le vois bien que c'est utile, les permes...

— Rigolo plein de poils. »

Nous nous mîmes à rire.

« Je te signerai le ou les prochains certificats d'hébergement, dit-il.

— Merci.

— Et comment vois-tu ta future liberté ? fit-il tout à trac. Tu sais, "cette valeur qui ouvre devant soi une perspective où projeter son existence...".

— D'un point de vue eschatologique, j'ambitionne fortement de me réincarner en archange dispensé de travail manuel. D'un point de vue plus terre à terre, la même chose, mais sans les ailes. »

J'eus envie d'ajouter : « Ce qui ne m'empêchera pas de voler... » mais je me retins.

Hervé eut un sourire un peu contraint.

« Tu ne te livres pas facilement, n'est-ce pas ?

— L'expérience m'a appris que ça ne servait strictement à rien. Et puis, livrer quoi ?

— Délivrer, peut-être ? »

Je haussai les épaules. Hervé n'insista pas.

« Une autre tasse de café ? proposa-t-il.

— Non, merci, Hervé.

— Et tes études ? demanda-t-il encore. Tu les laisses définitivement tomber ? »

Je lui avais écrit en effet ne pouvoir terminer ma seconde année de DEUG. Il ne me manquait pourtant que deux UV libres et une de logique (que j'avais très logiquement ratée, le professeur de cette noble matière étant le seul à s'être refusé à m'assister par correspondance). Mais les huit heures quotidiennes d'atelier auxquelles j'étais astreint à Melun, ajoutées à l'approche de ma première permission puis de ma libération, avaient fini par émousser ma volonté. Toutefois, pour ne pas perdre le bénéfice des trois mois de grâce de cette seconde année, j'avais passé et réussi un autre examen : celui de correcteur, qui était mon emploi à l'imprimerie administrative de la prison.

« Oui, fis-je. De toute manière, au prix de l'entrecôte, un DEUG de philo m'aurait donné peu de chances de faire mon plein de protéines.

— Et ce travail de correcteur ? Ça n'est pas une perspective ?

— Théoriquement, si. Mais dans la presse, ça dégraisse, dans l'édition, faut du piston, et dans les autres secteurs, j'suis pas à la hauteur. Mon travail à Melun n'est qu'une vaste rigolade. De toute façon, je verrai ça à ma libération. Le syndicat CGT des correcteurs de la région parisienne m'aidera peut-être à trouver du travail si j'accepte de distribuer *L'Humanité-Dimanche* à la station de métro Foch...

— C'est beau, la camaraderie.

— Ouais. C'est la fraternité, moins la tendresse. »

Nous nous mîmes à rire. Un nouveau silence s'installa ensuite entre nous, qu'Hervé rompit bientôt charitablement en demandant :

« Je suppose que tu as un rendez-vous ?

— Effectivement ; ma philosophe m'attend au *Caveau*.

— Éros et Thanatos ?

— Disons un flirt autour d'une chope de Mort-Subite... »

Souriant, Hervé se leva, mettant fin à notre entretien.

Que pouvions-nous nous dire de plus, en effet ? À l'évidence, c'était un brave type. Je le devinais sincère et ouvert, et il avait sûrement espéré que notre rencontre débouchât sur quelque chose de positif et de plus chaleureux. Mais à quelle aune aurait-il pu mesurer la distance inexpiable qui nous séparait ?

Il tint à m'accompagner jusqu'au vestibule du rez-de-chaussée. Le bruit de ses socques de bois sur les marches avait dû parvenir aux tympans du concierge, car celui-ci nous attendait en bas dans l'ombre, un sourire un peu égaré sur son visage émacié. Là, je pris congé de mon hôte en lui promettant de repasser le voir avant mon départ.

« Téléphone-moi d'abord, s'il te plaît, et laisse un message si je ne suis pas là, me recommanda Hervé.

— D'accord.

— Et passe une bonne perme, Christian.

— Avec ta bénédiction, ça va même être une sacrée perme », rétorquai-je en souriant.

Et je m'en fus retrouver l'air libre, l'air libre, l'air libre... J'étais au bord de l'asphyxie.

Il était midi moins le quart.

Un ciel gris plomb couvrait la ville et l'air était chargé d'humidité. Je remontai le col de mon manteau et me dirigeai rapidement vers l'ancienne gare des Brotteaux, à présent désaffectée, avec l'espoir que la station de taxi qui s'y trouvait cinq ans auparavant n'avait pas été supprimée. Chemin faisant, je regrettai de n'avoir pas le temps de renouer avec ce quartier sympathique et animé — et peuplé de bars innombrables — où j'aimais à flâner autrefois quand j'habitais la toute proche rue Tête-d'Or. Mais Élisabeth devait déjà m'attendre, ou peu s'en fallait.

Elle m'attendait, en effet. Assise à une table au fond de la salle, elle écrivait, un livre ouvert devant elle. La gitane de la veille avait cédé la place à une sage jeune femme au nez chaussé de fines lunettes à monture vert pâle dont les branches étaient reliées par une chaînette. La collection de bracelets tintinnabulants avait disparu de ses poignets, et une veste tailleur en laine chinée grise, combinée à une jupe plissée bleu marine, s'était sobrement substituée aux consternants oripeaux d'hier. La veste s'ouvrait sur un élégant jersey vert émeraude qu'un rang de perles ornait par-devant ; perles encore à ses oreilles, et perle à l'annulaire de sa main gauche. Enfin, croisées dessous la table, apparaissait une paire de jambes exquises gainées de nylon sombre qu'hier soir la jupe tête-de-nègre lui arrivant aux chevilles avait scandaleusement occultées. Des chaussures à talons hauts, noires et ultra-chics, parachevaient la métamorphose.

« Bonjour, vous, fis-je en me penchant par-dessus la table pour l'embrasser. Souvent femme varie...

— ... et bien fol est qui s'y fie », acheva-t-elle, souriante, en me rendant mon baiser.

Elle n'était pas maquillée. Sauf ses lèvres — pulpeuses et délicatement ourlées — sur lesquelles elle avait passé un rouge chocolat identique au vernis de ses ongles. Autour de sa personne flottait un subtil et capiteux parfum qui paraissait comme l'aura odoriférante même de son élégance vestimentaire.

Je pris place en face d'elle et la couvris d'un long regard approbateur.

« Je te trouve superlativement ravissante et puissamment fringuée, déclarai-je enfin.

— Oh ça ? fit-elle négligemment en refermant *L'Œuvre d'art et ses significations*. C'est l'uniforme des étudiantes célibataires de Lyon-III, section Esthétique. »

Je hochai la tête et reniflai le verre qu'elle avait devant elle.

« Et ça ? C'est le médicament prescrit par la fac pour accompagner la lecture de Panofsky, je présume ?

— Martini dry, me renseigna Élisabeth. Le mois dernier, c'était ma période curaçao bleu, qui elle-même faisait suite à une longue période de tâtonnements métaphysiques au cours de laquelle je recherchais le fondement ontologique de mon ego à travers, je cite dans l'ordre, la Kronenbourg-Picon, le blanc-cassis et le cidre bouché.

— N'était-ce pas une forme particulièrement plébéienne de vous soûler la gueule, mon enfant ?

— Je buvais ces choses avec une paille, docteur.

— On commence par boire machinalement avec une paille, fis-je sentencieusement. Et on finit par ne plus voir la poutre qui nage dans le verre de son voisin. »

Élisabeth pouffa.

« Tu as l'air de bien savoir de quoi tu parles, Bukowski.

— Kirk Douglas, si ça ne te fait rien. Et toi, tu as déjà expédié combien de Martini ? C'est juste pour savoir si je t'ai fait attendre... »

Le garçon qui s'était approché de notre table la dispensa de me répondre. Je commandai un 102.

« Certainement, monsieur. Huit douzaines plus quatre. Et vous les voulez comment : durs ou mollets ? »

Élisabeth nous regardait, bouche bée. Je soupirai : j'étais tombé sur un intellectuel d'Oulan-Bator, autrement dit un mongolien surdoué.

« Non pas un cent d'œufs, cher ami, quoique cela tombe sous le sens, dis-je avec patience. Mais un double 51 tout simple. Voyez : cinquante et un deux fois, un et un deux, cinq et cinq dix. Du moins si mes souvenirs de maternelle sont exacts. »

Sans s'émouvoir, le garçon sortit une calculette de sa poche, pressa quelques touches et déclara avec un flegme impressionnant :

« C'est parfaitement exact, monsieur. Je vous félicite. Je vous amène ça immédiatement. »

Élisabeth éclata de rire.

« Et vlan ! Et comment Al Capone punira-t-il l'outrecuidant limonadier ? » demanda-t-elle, les yeux brillants, quand celui-ci fut parti.

Élisabeth me défiait, toute secouée d'un rire silencieux, et ses fossettes eurent raison de la mauvaise humeur que je sentais poindre en moi.

Soudain elle s'exclama, mystère des associations d'idées :

« Tiens, je n'ai pas vu ton parapluie ?

— Foutredieu ! fis-je. Je l'ai oublié au couvent ! »

Je revis l'ustensile resté accroché au rebord de la table de bureau d'Hervé.

« Au couvent ? » fit Élisabeth, croyant à une nouvelle plaisanterie de ma part.

Je lui racontai brièvement ma visite à Hervé en lui en donnant la raison.

« Pourquoi ne m'as-tu jamais parlé de cette histoire d'hébergement ? s'étonna-t-elle quand j'eus terminé mes explications. J'aurais peut-être pu trouver une solution, chez des copains par exemple...

— Il y aurait eu enquête des flics, et ça n'est jamais agréable pour personne.

— Bah ! »

Élisabeth était redevenue sérieuse et me considérait pensivement.

« Tu as couché à l'hôtel, hier soir ?

— Oui, m'dame. »

Elle se mit à griffonner des petits dessins sur la feuille où elle avait pris des notes. Le garçon était revenu avec mon 102, mais nous l'ignorâmes tous deux superbement. Quand il se fut éloigné, Élisabeth dit :

« J'ai eu du remords, hier soir...

— Oh.

— Ouais. La pluie, tout ça... »

Elle gardait les yeux baissés sur la feuille où sa main continuait de tracer distraitement des arabesques, des losanges, des spirales...

« C'était pas bien de te laisser comme ça, poursuivit-elle en levant soudain vers moi un regard chargé d'une espèce de tendresse émouvante.

— J'avais mon parapluie...

— Oui ; mais tu m'as paru quand même très seul. »

Elle répéta doucement :

« Vraiment, mais vraiment très seul.

— Dans le grand froid, le grand soir, le grand noir...

— Ouais.

— Mais qu'est-ce que tu aurais bien pu faire d'autre ? gémis-je avec une candeur désarmante.

— Je propose que nous mettions la question à l'ordre du jour », dit-elle en levant son verre.

Je versai une molécule d'eau dans le mien, et nous trinquâmes.

« Tchin !

— Tchin ! »

Nos regards se croisèrent. Je la trouvai très belle avec ses grands yeux gris. Mais mon émotion tout esthétique, rien qu'esthétique, fut de courte durée. Le feu de l'anis presque pur me brûlant sauvagement l'œsophage fit passer tout le reste à l'arrière-plan. Dieu, que c'était bon !

8

Ce midi-là, nous allâmes déjeuner dans une auberge de sa connaissance quelque part dans le Beaujolais. Élisabeth avait tenu à sortir de la ville pour donner à cette première journée passée ensemble un petit air d'escapade ; et de fait, en regardant défiler la campagne sous mes yeux, je trouvai qu'elle avait eu raison. J'avais besoin d'espace, de paix, de nature — et de ciels, même gris, se déployant jusque très loin à l'horizon. Bientôt, le ronronnement monotone de la 2 CV, sur fond duquel se détachait, rieuse et claire, la voix d'Élisabeth, acheva de me détendre tout à fait ; et la jeune fille me demanda :

« Tu es bien ?

— Ça commence. Il y a des petits frissons charmants qui me picotent la nuque. Chez moi, c'est plutôt bon signe. »

Élisabeth sourit ; puis, soudain sérieuse :

« C'est dur, la prison ? »

Je ne répondis pas tout de suite. En fait, il me parut que la question avait déjà beaucoup perdu de son actualité.

« Franchement, je ne sais plus, lâchai-je enfin.

— Ça s'oublie si vite ?

— J'en ai peur. »

Puis je considérai de nouveau la route. Il y avait des arbres dont la plupart avaient commencé à perdre leurs feuilles ; il y avait des prés et des vergers ; et des maisons ni tristes ni gaies, simplement paisibles, posées çà et là avec des gens alentour. Je vis encore des enfants courant après un chien, du linge séchant immobile dans l'air plombé de novembre, un tracteur jaune apparaissant au loin, au détour d'un chemin...

Non, ça ne s'oubliait pas. Simplement c'était là, et puis ça n'y était plus. Mais ç'avait existé, et les choses et les gens en conservaient bizarrement l'empreinte, comme si mon regard les eût transformés en souvenirs rien qu'en se posant sur eux.

L'auberge se tenait à l'écart de la route. On avait d'abord traversé un village, parcouru ensuite un kilomètre entre des vignes, et la 2 CV rose bonbon s'était arrêtée devant la tonnelle déserte d'une ancienne ferme transformée en restaurant. Deux autres voitures seulement se trouvaient garées là, ce qui semblait indiquer que nous serions tranquilles pour déjeuner. Effectivement, il n'y avait que trois tables d'occupées dans la salle, et nous allâmes nous installer près d'une fenêtre donnant sur la cour arrière de l'auberge et, au-delà, sur une perspective de vignobles. Les vendanges étaient passées, les ceps encore feuillus couvraient le paysage de leur alignement monotone ; et, devant nous, au beau milieu de la cour, trônait un puits fleuri de géraniums sur la margelle duquel un gros chat gris et blanc faisait sa toilette, indifférent aux poules qui caquetaient et picoraient au-dessous de lui.

« C'est chouette, non ? » fit Élisabeth.

J'émis un soupir d'aise.

« Tu es une fée, la complimentai-je.

— Mais une fée qui meurt de faim. »

Et elle se jeta sur le menu que venait de nous remettre, après nous avoir souhaité la bienvenue, la maîtresse des lieux, une grande femme maigre et triste habillée avec une austère distinction.

Après qu'elle fut partie, je dis à Élisabeth :

« Cette tragique vestale a l'air d'une aubergiste comme moi je ressemble à Scarface.

— Si tu choisissais ton menu ? »

J'obtempérai ; mais avant, pour m'inspirer, et peut-être aussi pour chasser le souvenir de ma chambre d'hôtel de la veille, je jetai un coup d'œil rapide au décor de la salle à manger, d'un style rustique sans surprise, mais agréable : poutres ; vaisselier garni d'assiettes de faïence ; vaste table massive chargée de hors-d'œuvre et de desserts disposés autour d'un petit pressoir ; cheminée ; horloge comtoise ; et, sur le mur opposé au nôtre, toile immense représentant une scène de banquet rural : trognes rouges des paysans hilares et gros nichons des paysannes sur fond de vendanges. Des rideaux à carreaux rouges et blancs aux fenêtres et des fleurs à toutes les tables complétaient la décoration que je trouvai, tout compte fait, fort appétissante. Sans plus attendre, je plongeai le nez dans le menu.

« Alors ? me demanda bientôt Élisabeth.

— Alors, ce sera un petit en-cas léger pour me chatouiller l'organisme : coquilles Saint-Jacques aux girolles, puis filet de chevreuil aux olives.

— Et moi, du bien gras et du bien crémeux pour me lubrifier le cogito : cervelas truffé, suivi de quenelles Nantua.

— Et quêqu'c'est-y qu'on va bouêre avec ça, mam'selle Babeth ?

— On pourrait p'têt'ben siffler d'abord un apéro, grand-père Lhorme ? Quêqu'vous en pensez ? »

Sur quoi elle fut prise d'un fou rire qu'elle essayait vainement encore d'étouffer quand notre hôtesse réapparut avec son carnet à souches et la carte des vins. Bien que ce fût Élisabeth qui invitait, je vins à son secours et passai moi-même la commande, à laquelle je pris l'initiative d'ajouter deux kirs royaux.

Ceux-ci nous furent servis rapidement, et nous trinquâmes pour la seconde fois de la journée. Les fossettes d'Élisabeth clignotaient, et ses grands yeux gris pétillaient à l'unisson des kirs. Après avoir bu une gorgée du mien, je me mis à étudier la carte des vins, et quand je relevai la tête, Élisabeth avait déjà, comme elle disait, sifflé son verre.

« Bon, fis-je. Voici le problème. L'idéal serait un saint-joseph pour ton cervelas et mon chevreuil, et un meursault pour tes quenelles et mes Saint-Jacques.

— Et c'est un problème, ça ? » fit-elle d'une petite voix flûtée.

Je sentis qu'une nouvelle crise de rire menaçait, et je pris un ton sévère.

« Ajouté aux Martini de tout à l'heure et au kir que tu viens d'expédier, le mélange meursault-saint-joseph risque d'être fatal. Or il ne faut pas compter sur moi pour conduire ton Schtroumpf à roulettes sur la route du retour.

— Tu n'aimes pas les 2 CV rose bonbon ?

— Là n'est pas la question. Je ne conduis tout simplement jamais.

— Jamais ? s'étonna Élisabeth.

— Jamais.

— Et pour les hold-up, comment tu fais ?

— Je pars à pied, tranquille comme Baptiste.

— Ça alors. Et aujourd'hui, comment on va faire ? On va rentrer à pied aussi ?

— Non. Aujourd'hui, on va déjeuner au champagne. On a déjà plus ou moins commencé avec le kir, autant continuer. Ça sera plus léger.

— Hou la la ! Et la note ? Elle va être légère aussi, la note ?

— Je paierai le champagne. Et même le tout, ce qui serait franchement plus raisonnable.

— Pas question ! Je veux me ruiner pour mon gangster à pied qui va tout seul, tranquille comme Baptiste, dans le grand froid, le grand soir, le grand noir... »

Et, s'étant penchée par-dessus la table, elle me plaqua une bise retentissante sur le nez.

La bougresse devait déjà être à demi soûle, c'est sûr. Je n'avais pas souvenance en effet que quiconque, même un robot fou, m'eût jamais embrassé sur le nez.

La suite fut un enchantement dû sans doute en partie au cristal roederer rosé pétillant dans nos verres. Mais avec ou sans champagne, Élisabeth avait manifestement décidé de faire une fête de cette journée. Remords de m'avoir « abandonné » la veille ? Effets de l'alcool ? Je crois qu'elle était tout simplement heureuse de me faire plaisir — de faire plaisir à un homme dans ma situation. Elle se mit à me raconter avec drôlerie une foule d'anecdotes concernant sa vie d'étudiante, à me croquer les professeurs que nous avions en commun mais qu'évidemment je ne connaissais pas, et peu à peu je me laissai charmer par cette présence juvénile si incroyablement autre et qui était *elle*. Levinas avait raison, me dis-je en l'écoutant et en la regardant ainsi, qui voyait en la femme l' « autre » idéal, l' « autre » absolu, l'« autre » essentiel. Mais tout charmé que j'étais, je me parus à moi-même, alors, comme l'envers négatif de toute altérité, et la face visible (et lumineuse) de cet autre-ci me renvoya soudain à la nuit de mon propre moi.

Toutefois, je chassai bien vite ces pensées moroses. Et pour divertir Élisabeth à mon tour, je me mis à lui conter... la prison, mais sur le mode mineur, un peu comme on parle de son service militaire à ses petits-enfants : entre la poire et le fromage, Courteline me semblait en effet plus digeste que Kafka. La jeune fille m'écouta comme on écoute un voyageur de retour de Papouasie, et l'absurdité foncière, la monotonie corrosive, la brutalité sourde de l'univers carcéral passèrent ainsi loin d'elle, pas même entraperçues. Le voyageur n'était-il pas là devant elle, sans stigmates apparents et plutôt bien portant ? Et même en Papouasie, ne s'était-il pas inscrit comme tout le monde à l'UER de philosophie de l'université Lyon-III ?

Nous quittâmes l'auberge vers 4 heures et demie, après avoir poussé le café d'un verre de cognac. Au bout de quelques minutes, nous abandonnâmes la 2 CV. Il nous parut en effet qu'une petite promenade à pied dans la campagne environnante s'imposait. Non pour nous fouetter le sang, qui affluait généreusement aux joues de l'un comme de l'autre, mais au contraire pour en calmer les ardeurs. Nous dûmes toutefois nous contenter de suivre le chemin communal pierreux qui, passé l'auberge, sinuait entre les vignobles, car la pluie de la nuit précédente avait détrempé la terre alentour.

N'importe, nous cheminâmes ainsi deux bons kilomètres sous le ciel gris, salués de temps à autre par le croassement d'un corbeau solitaire. Puis 5 heures sonnèrent au clocher du village, et nous fîmes demi-tour.

« Premier jour, dis-je.

— Quoi, premier jour ?

— Je suis sorti hier à 5 heures. Les premières vingt-quatre heures sont écoulées. »

Élisabeth garda le silence. Au loin devant nous, garée de guingois sur le rebord d'un talus, la 2 CV rose bonbon faisait une tache incongrue dans le paysage.

« Au fond, si je comprends bien, ça ne s'oublie pas, dit enfin la jeune fille.

— En permission, c'est difficile.

— Sartre prétendait que les Français n'avaient jamais été si libres que sous l'Occupation. En permission, ça n'est pas le cas ?

— C'est exactement le contraire. On n'est jamais autant prisonnier.

— Tu avais l'air d'avoir un peu oublié, tout à l'heure ?

— J'avais oublié la prison. Mais pas le fait que je suis en permission, si tu vois ce que je veux dire.

— Je vois... »

Nous fîmes encore quelques pas en silence, puis Élisabeth passa un bras autour de ma taille, ce qui m'obligea à faire quelque chose de l'un des miens, c'est-à-dire à le passer autour de ses épaules. Là-bas, la 2 CV me parut danser soudain sur sa suspension : le Schtroumpf devait se marrer comme un bossu en se tapant sur le ventre et le bras d'honneur devait avoir doublé de volume... Fallait-il exploiter sans plus attendre ce moment sublime ? Et plaquer ma bouche sur la bouche aux lèvres pulpeuses et délicatement ourlées de cette exquise enfant ? Oui, bien sûr. Et je m'empressai de ne pas le faire, m'enlisant délicieusement dans les sables mouvants de ma névrose. Disqualifié, l'Abbé ! J'entendais les lazzis et les sifflets de la foule : Remboursez ! Je me mis à envier ces personnages de romans ou de scénarios qui répondent si docilement aux espoirs de leurs auteurs. Christian Lhorme, lui, était rétif et gourd, et d'une mauvaise volonté évidente. Son scénariste aurait pu rédiger trente-six brouillons qu'il n'aurait encore pas réagi normalement au stimulus le plus banal. En l'occurrence, il dit avec un à-propos saisissant :

« Et Hegel, dans tout ça ? »

Élisabeth se mit à rire.

« Nietzsche l'a condamné à lire le journal jusqu'à la fin des temps, dit-elle. Pourquoi ? »

Le corbeau solitaire passa de nouveau au-dessus de nous en croassant.

« Parce que l'histoire n'a pas de sens, soupirai-je. Si tu avais lu Castaneda, tu comprendrais que c'est précisément ce que ce corbeau est en train de nous dire : pourcroâ, pourcroâ, pourcroâ...

— Castaneda, c'était ce gourou des hippies ?

— Un peu sommaire, mademoiselle.

— Ouais, bon. C'est un ethnologue devenu chaman en buvant du peyotl, c'est ça ?

— Tes raccourcis sont saisissants.

— Et quelle serait cette histoire qui n'a pas de sens ? demanda-t-elle d'une petite voix.

— Je pensais à celle d'un scénariste de mes amis dont les corbeaux bouffent chaque fois le manuscrit, juste au moment où Kierkegaard, le héros du film, se penche sur le décolleté de Greta Garbo en disant...

— En disant quoi ?

— Pourcroâ, pourcroâ, pourcroâ ! »

Élisabeth pouffa.

« Elle est complètement surréaliste, ton histoire. Mais ça ne veut pas dire pour autant qu'elle n'a pas de sens... »

Nous étions arrivés près de la 2 CV et Élisabeth se tourna vers moi. Dans ses grands yeux gris dansait une lueur coquine et les deux fossettes creusaient légèrement ses joues encore roses. Soudain, sans crier gare, elle plaqua sa bouche sur la mienne, et force me fut alors d'éteindre son rire silencieux sous un baiser mécanique, mais correct, comme mon scénariste m'avait appris à le faire dans de très anciens brouillons qu'avaient miraculeusement épargnés les corbeaux

Lorsque la prise fut finie, Ophélie avait disparu.

Je notai qu'en revanche le visage de la jeune femme qui prit le volant quelques instants plus tard et le portrait Photomaton que j'avais dans la poche intérieure de ma veste se ressemblaient comme deux gouttes d'eau. Un je-ne-sais-quoi dans l'expression alourdissait pareillement leurs traits et leur donnait à tous deux comme un indéfinissable « air d'alcôve »...

Je choisis un hôtel luxueux du centre-ville, à deux pas de la place des Jacobins, où nous déposâmes nos « bagages » après être passés prendre mon sac de voyage à la consigne de la gare Perrache. Outre ce sac, lesdits bagages comportaient une petite valise de toile qu'Élisabeth avait extraite comme par magie du coffre de la 2 CV, le porte-documents qu'elle devait emporter le lendemain à l'université pour assister à ses cours, et enfin un sac de sport plutôt crasseux. Dans ce dernier se trouvaient rangés auparavant des outils et des accessoires de dépannage que nous avions retirés pour leur substituer de quoi faire la nouba toute la nuit. C'est Élisabeth qui avait eu cette brillante idée en repassant, sur la route du retour, dans le village que nous avions traversé pour nous rendre à l'auberge.

« Tu as gardé ta chambre à l'hôtel ? avait-elle demandé avec une feinte indifférence.

— Non.

— Pourquoi ?

— Y avait pas de lits jumeaux.

— Ah. Et tu crois qu'on va trouver ça ?

— Faudra bien.

— Mais dis donc ! Tu me dragues, toi ! »

Sur quoi elle m'avait plaqué une nouvelle bise, sur la joue cette fois, avant d'arrêter la 2 CV sur la place du village.

« Je propose un truc, avait-elle dit alors en se tournant vers moi. Il nous reste pas mal de jours devant nous et je ne veux pas que tu claques le fric bêtement en restaurants. Et comme je suis certaine, mais alors absolument certaine, que tu ne sais même pas ce qu'est un McDo'et que tu ne feras aucun effort pour le savoir...

— Tiens, c'est vrai, ça. Qu'est-ce que c'est ?... Non, ne me le dis pas.

— ... je propose donc que nous bouffions ce soir dans la chambre d'hôtel.

— On va saucissonner dans ma suite au *Carlton* ?

— Oui, vicomte.

— Et quêqu'c'est-y qu'on va bouêre avec ça, mam'selle Babeth ?

— Du gros qui tache, mildiou ! »

Et nous étions sortis de la voiture pour aller faire nos commissions à la charcuterie, à l'épicerie, puis à la boulangerie du village qui se tenaient toutes les trois sur la place où nous étions garés.

En reprenant le volant un peu plus tard, les provisions rangées dans le coffre, Élisabeth avait râlé :

« J'avais dit "du gros qui tache, mildiou", et tu prends deux bouteilles de morgon à quarante-cinq francs la pièce !

— Sapée comme tu es, on ne pouvait pas faire moins. Si j'avais demandé du Kiravi, l'épicière nous aurait pris pour des snobs.

— Et le whisky ? C'était indispensable, le whisky ?

— Là, c'est à cause du prix, justement. Cent cinq francs, c'est donné.

— C'est donné !

— Parfaitement. Pas plus tard qu'hier soir, j'ai vu la même bouteille de Ballantines à... Tiens, non, je préfère ne pas te le dire. »

Élisabeth m'avait lancé un regard noir.

« Forcément, si tu es allé la boire dans une boîte des quais de Saône !...

— Et voilà comment on prend vingt ans de réclusion criminelle, soupirai-je. Sur la foi du témoignage fallacieux d'une concubine aigrie... »

Élisabeth m'avait décoché un coup de poing dans la cuisse sous prétexte d'enclencher la première, et nous étions repartis vers Lyon, ses nuisances et ses néons. Le jour baissait rapidement et une légère bruine s'était mise à tomber. Quand nous arrivâmes en ville, avec ce ciel bouché, il faisait déjà nuit.

Élisabeth fit « You-ouh ! » ou quelque chose d'approchant en regardant autour d'elle, jeta son sac sur le lit, se rendit à la salle de bains dont elle alluma les lumières — « You-ouh ! » lâcha-t-elle encore —, revint dans la chambre, avisa la radio incorporée au chevet du lit et l'alluma également. « *Let's dance !* » éructa David Bowie de sa voix de bellâtre humanoïde. « You-ouh ! » répondit Élisabeth en lançant ses chaussures à travers la pièce. Puis elle alla ouvrir la fenêtre et se pencha au-dessus de la rue du Président-Édouard-Herriot dont la rumeur monta soudain jusqu'à nous. « You-ouh ! »

Quand elle referma la fenêtre, quelques instants plus tard, ravie comme une gamine, elle s'écria :

« Ce que ça doit être chouette de crécher ici, en plein centre-ville ! Et puis, quand tu as besoin de quelque chose, hop ! tu décroches le téléphone. Simple, rationnel, normal.

— Justement, il faudra le décrocher.

— Il nous manque quelque chose ?

— Oui, un tire-bouchon. On a pensé au morgon, mais pas au tire-bouchon.

— Tiens, c'est vrai, ça. »

Puis elle s'assit sur le lit, me regarda et se mit à rire.

« Qu'est-ce qui t'arrive ? dis-je en allant suspendre mon manteau dans la penderie de l'entrée.

— Il m'arrive que c'était bien la peine de vouloir te faire faire des économies. Trois cent cinquante balles la chambre, plus quatre-vingt-dix de pinard, plus cent de whisky... c'est un vrai scandale.

— Ah.

— Tu vis toujours comme ça, en liberté ?

— Des fois oui, des fois non. Le plus souvent possible, en tout cas.

— C'est le goût du luxe qui te pousse à braquer ? »

Devais-je lui parler du *Principe dansant de l'Hourloupe* et du lynch-bages blanc ? Non. Je me mis à défaire mon sac.

« Non.

— Alors c'est quoi ?

— La fainéantise, je crois. La seule idée de travailler me fait trembler les genoux.

— Tu n'as jamais travaillé de ta vie ?

— Si. J'ai fait quelques incursions — je devrais dire excursions, en fait — dans le monde du travail.

— Et alors ?

— Alors, rien. Quand j'ai voulu prendre des photos, je me suis fait virer.

— Il existe sûrement un travail qui te plairait.

— Et qui m'épanouirait, me revaloriserait et grâce auquel je me réaliserais.

— J'allais justement te le dire.

— Ce serait trop de bonheur d'un coup, fis-je en allant ranger mes affaires de toilette. Je ne sais pas si je pourrais supporter. »

Et j'ajoutai, de la salle de bains :

« De toute façon, je le connais, ce boulot.

— Ah ? Et c'est quoi ?

— Chasseur de baleines blanches. »

J'entendis rire Élisabeth.

« À cause de leur rareté ? fit-elle.

— Exact. »

Quand je revins dans la chambre, Élisabeth était étendue sur le lit. Elle avait quitté sa veste tailleur, et ses cheveux noirs et lisses, son jersey vert émeraude, sa jupe plissée bleu marine jetaient des notes contrastées sur le dessus-de-lit bleu pâle. Mes yeux glissèrent encore sur ses jambes gainées de nylon noir, sur sa poitrine qui gonflait mollement le jersey vert, sur la chair mate de son cou dont il me semblait sentir la tiédeur et sous laquelle une veine battait doucement. Enfin, mon regard s'arrêta sur ses mains aux ongles chocolat. Et je me mis à songer, je ne sais pourquoi, aux *Chercheuses de poux* de Rimbaud, dont « les doigts fins, terribles et charmeurs... font crépiter, sous leurs ongles royaux, la mort des petits poux ».

La radio martelait à présent quelque chose de pesamment rythmé qui faisait boum boum BONG ! boum boum BONG ! boum boum BONG !... Mon scénariste était en train de se surpasser, mais ce ne serait pas encore cette fois-ci qu'il allait m'avoir : ma tension n'avait pas augmenté d'un iota ni mon pouls accéléré si peu que ce fût...

« Quand tu auras desserré ta cravate, ôté ta veste et expédié tes chaussures par la fenêtre, tu viendras me faire un gros mimi, dis ? » demanda Élisabeth.

Il y avait eu comme de l'ironie dans son intonation. Et son regard, tout à l'heure si clair, si limpide, soudain s'était voilé en même temps qu'un pli vulgaire était apparu à la commissure de ses lèvres. « Air d'alcôve », diagnostiquai-je, comme un médecin aurait dit : « Tuberculose »...

« Tu ne crois pas que nous devrions nous pencher d'abord sur la scolie 27 *bis* des *Hypotyposes pyrrhoniennes* de Sextus Empiricus ; tu sais, celle qui...

— Non. Je veux un gros mimi tout de suite.

— Bon. »

Je desserrai ma cravate. Boum boum BONG ! Tombai la veste. Boum boum BONG ! Quittai mes chaussures. Boum boum BONG ! Et ôtai mes lunettes. Boum boum BONG ! C'était un test. J'étais sûr à présent que mon scénariste n'était qu'un nègre de BD, section bruitage.

Boum boum BONG !

« Éteins la radio, s'il te plaît, chérie, dis-je en m'approchant du lit.

— Pourquoi ?

— Ça m'empêche de me concentrer. »

J'ignore si la foule siffla ou cria « Remboursez ! »... J'étais déjà très loin au milieu du désert blanc, cherchant un peu d'ombre parmi les rochers ocre, un peu de fraîcheur au cœur du silence. Il me sembla que des serpents jaunes glissaient sur le sable en faisant mine de ne pas me voir, mais je n'étais pas très sûr que ce ne fût pas des hallucinations, et je n'étais pas sûr non plus que si c'en était, leur venin ne fût pas mortel quand même. Puis j'aperçus ou crus apercevoir à l'horizon le ruban asphalté et étrangement bleuté d'une autoroute ; et le ronronnement d'un moteur solitaire s'amplifiant peu à peu parvint à mes oreilles, et je me mis à courir, à courir, tout en sachant que je n'arriverais jamais à temps. Et de fait, la distance était trop grande, elle était infinie, à chaque foulée mes pieds s'enfonçaient dans le sable rêche, et plus je courais vite, plus ils s'enfonçaient. Je perçus bientôt très distinctement le bruit du moteur et le camion rouge apparut. La radio gueulait dans la cabine, le type au volant avait un coude qui dépassait par l'encadrement de la vitre baissée, et des photos de sa femme et de ses enfants étaient collées sur le tableau de bord. L'engin passa devant moi dans un grand fracas. « *Let's dance ! Let's dance !* » fredonnait le type en regardant vaguement dans ma direction. Puis le ronronnement du moteur s'amenuisa peu à peu, il y eut un dernier frémissement chuintant tout là-bas, et le silence revint, intense, absolu, définitif. Quand je repris connaissance un peu plus tard, beaucoup plus tard, le ruban asphalté et bleuté de l'autoroute disparaissait sous un nuage de sable... non ! j'entendis soudain comme un crépitement métallique et innombrable qui engloutissait tout... des sauterelles ! C'était un nuage de sauterelles !... Mon Dieu, me dis-je alors, pourquoi donc n'y a-t-il personne, *personne*, dans ce désert ?

Le lendemain matin, j'étais frais comme un gardon mais Élisabeth avait la gueule de bois. Elle partit pour ses cours à reculons et s'y rendit à pied, laissant la 2 CV dans le parking souterrain de la place Bellecour où nous l'avions laissée la veille. Enfin seul dans le lit, je pus contempler à loisir le plafond de la chambre, impeccable celui-ci. Et je sentis qu'à l'intérieur j'étais pareil. J'avais refait le vide en moi, il n'y avait plus une tache, plus une cloque, plus une griffure. C'était comme si la mer, une mer de sel, en se retirant avait tout nettoyé, tout récuré. J'étais lisse et net comme un plafond de chambre d'hôtel trois étoiles.

Je demeurai ainsi quelque temps immobile dans le lit, sans penser à rien. Puis j'eus soudain conscience très clairement de l'Inéluctable : il se tenait là, un peu en retrait à ma gauche, tapi secrètement dans l'interstice infinitésimal qui sépare les univers entre eux.

« Nous y voilà », murmurai-je ; et je me sentis comme étranger à moi-même, exactement comme autrefois. « Tout ce temps perdu n'aura vraiment servi à rien », murmurai-je encore. Et cette lapalissade m'arracha un ricanement involontaire.

« Et à présent, voyons un peu tout ça. »

Je me levai et allai farfouiller dans la poche intérieure de ma veste. Comme d'habitude, l'argent s'y trouvait en vrac, et non pas rangé dans le portefeuille. Dans la poche de mon pantalon, je découvris encore deux billets de cent francs et un de cinquante ; je négligeai la monnaie et allai faire le compte sur le lit : trois mille quatre cent cinquante francs. Je fis le point : cinq nuits d'hôtel à trois cent cinquante francs, plus l'achat d'un pantalon à pinces, resteraient environ mille francs. Mon billet de retour était pris, mais il me faudrait quelque argent sur moi pour le trajet et aussi pour « vivre » jusqu'à lundi. Or, il n'était pas question qu'Élisabeth déboursât davantage ; le chèque qu'elle avait remis à l'auberge hier après-midi lui paraîtrait déjà assez douloureux quand elle en aurait fini avec la phénoménologie des plafonds de chambre d'hôtel...

Décidément, me dis-je, rien, mais rien n'avait changé. La réalité s'accrochait à mes basques comme la névrose à ma psyché. Et les deux voulaient ma peau.

Je retournai fourrer l'argent dans la poche de ma veste et me dirigeai vers la salle de bains. Il était presque 10 heures. Le deuxième jour de permission avait à peine commencé, et déjà toute cette histoire me fatiguait. Mais si Élisabeth n'avait pas été là, qu'est-ce que j'aurais fait ? N'était-ce pas moi qui, à l'approche de cette première permission, avais pris soudain l'initiative de « personnaliser » une correspondance n'ayant jusqu'alors consisté qu'en un ronronnant échange de lettres motivé seulement par mes cours ?

« Tu n'es qu'un abject salaud, dis-je à mon reflet dans la glace. Tu n'es même plus capable de t'emmerder tout seul. »

Tout en m'enduisant le visage de crème à raser, je repensai à la jeune fille, à son corps aux formes généreuses, à sa peau mate et douce, à ses seins, à... « Ça te gêne que j'aie le sexe rasé ? » m'avait-elle demandé en s'enroulant autour de moi comme une algue tiède. Non, cela ne me gênait pas. Rien ne me gênait, en fait. Et je m'étais abstenu de lui dire que, de toute façon, il était un peu tard pour me demander mon avis. « Ça me rappelle les coquillages à marée basse bayant aux corneilles sous la bise de noroît... » m'étais-je contenté de répondre avec un grand sérieux rêveur.

Et je m'étais mis à lui caresser la chose en prenant garde toutefois que ledit coquillage ne se refermât pas sur mes doigts avec un clac ! retentissant. Puis, comme rien de grave n'avait eu l'air de se produire, j'avais pris mon courage à deux mains et...

Mfff-barghh-leumff-schlapff... Je portais le bouc, ça compensait, non ?

« Qu'est-ce que tu ressens quand tu braques ? » m'avait-elle encore demandé un peu plus tard en regardant mon pénis.

« Pas grand-chose », dis-je à mon reflet. Et, m'étant rincé, j'étudiai mon visage dans la glace. Non, rien, mais rien n'avait changé. C'était toujours cette même tête d'intellectuel mussolinien, avec ce quelque chose de froid, ou de lointain, ou de mortellement indifférent dans le regard. Pour le reste, presque pas de rides, comme si la vie eût passé sur moi (ou se fût écoulée hors de moi) sans laisser de traces. C'était à n'y pas croire. Pas même un cheveu gris. Avais-je donc rêvé toutes ces années de misère ?

« Ta gueule », dis-je.

Et je me frictionnai au Givenchy en sifflotant pour faire mine d'être heureux.

« Mais tu *es* heureux, canaille ! » dis-je encore en m'adressant un sourire euphorique parfaitement imité.

Sur quoi je retournai dans la chambre, bus à même le goulot une large rasade de scotch — il en restait tout de même un bon tiers —, et commençai de m'habiller. L'Inéluctable était toujours là, quelque part à ma gauche. Je sentais sa présence oppressante et invisible, mais j'ignorais sous quelle forme il allait se manifester.

Élisabeth avait cours jusqu'à midi, ainsi que l'après-midi de 14 à 16 heures. Elle m'avait proposé de venir la chercher à l'université pour faire connaissance avec le nouveau-Bachelard-éblouissant qui était aussi le doyen de la fac. Mais j'avais refusé. Nous nous étions donc donné rendez-vous au *Caveau* comme la veille, à partir de 16 h 30, ce qui me laissait plusieurs heures de liberté. Je décidai qu'en sortant de l'hôtel j'irais acheter mon pantalon à pinces ; après quoi je rendrais une visite surprise à Antonin Buchat, à qui je n'avais rien dit de ma permission. Le déjeuner serait ainsi assuré d'être copieux, abondamment arrosé et, ce qui ne gâtait rien, gratis. Allais-je en plus taper le brave La Toune de quelque mille francs ? Ce n'était pas du tout exclu.

Je rectifiai le nœud de ma cravate devant la glace murale de la chambre, jetai un dernier coup d'œil critique à ma silhouette, puis considérai pensivement le téléphone. Pourquoi pas maintenant ? me dis-je. Je sortis de mon portefeuille le feuillet où j'avais inscrit le numéro, et j'appelai la réception. La communication me fut passée moins d'une minute plus tard.

« Allô, madame Greppo ? demandai-je.

— De la part de qui ? »

La question avait fusé dans l'écouteur, proférée par une voix de femme nettement sur la défensive.

« Christian Lhorme, madame, répondis-je. Paul m'avait dit dans sa dernière lettre de vous téléphoner pendant ma permission.

— Ah ! oui ; je suis au courant. (La voix s'était soudain radoucie.) Excusez-moi, je suis toujours un peu méfiante au téléphone.

— Je comprends.

— Il y a un numéro auquel vous devez appeler. C'est une surprise, m'a dit Paul.

— Ah ? Bien, je note. »

Et j'inscrivis ce nouveau numéro qui m'intriguait déjà énormément. La femme de Paul poursuivit :

« Mon mari sera en permission la semaine prochaine, trois jours à partir de mardi. Serez-vous encore là ?

— Non, hélas. Je dois rentrer lundi matin.

— Il s'en doutait un peu. Mais comme sa permission a été avancée, il avait espéré avoir une petite chance de vous voir.

— Oui ; c'est la raison pour laquelle il m'avait suggéré de vous téléphoner.

— Je le vois samedi au parloir. Avez-vous un message à lui transmettre ?

— Seulement mes amitiés. Ma prochaine permission sera en février. Nous pourrons sans doute nous voir à ce moment-là.

— Sûrement. Il espère bénéficier bientôt de la semi-liberté grâce à ses études.

— L'heureux homme ! Et quel effet cela fait-il, si je ne suis pas trop indiscret, d'être l'épouse d'un jeune et fringant licencié en psycho ? »

Elle se mit à rire, un joli rire clair et sympathique.

« Bof ! C'est toujours Paul, non ? Et c'est tout ce qui m'intéresse. Et qu'il sorte le plus vite possible, bien sûr.

— Évidemment. Eh bien, je vous remercie, madame.

— Je vous en prie. Au revoir.

— Au revoir.

— Et bonne fin de permission !

— Merci. »

Je raccrochai, pensif. J'étais déçu de ne pas pouvoir rencontrer Paul Greppo ; mais qu'est-ce que c'était que ce numéro où, selon lui, m'attendait une surprise ?

Pour savourer un peu le mystère, et aussi pour tenter de l'élucider par moi-même avant d'appeler, j'allai tirer le rideau de la fenêtre et j'ouvris celle-ci. Le ciel était un peu plus dégagé que la veille et un pâle soleil faisait miroiter les parois vitrées des cabines téléphoniques de la place des Jacobins. J'observai un moment la circulation de la rue du Président-Édouard-Herriot au-dessous de moi, puis l'air frais me fit frissonner et je refermai la fenêtre.

« Je donne ma langue au chat », dis-je en retournant m'asseoir près du téléphone. Et j'appelai de nouveau la réception.

« Allô ! »

C'était une voix de femme, jeune et vulgaire. Je dois avouer qu'en l'entendant, l'idée d'un canular signé Paul Greppo fit un peu plus que m'effleurer.

« Bonjour, dis-je. Je ne sais pas qui vous êtes et vous n'allez sûrement pas me croire ; mais on m'a dit que si je vous téléphonais, j'aurais une surprise. »

La voix se mit à rire.

« Et vous, vous êtes qui ?

— Christian, répondis-je prudemment.

— C'est bien ça. Ne quitte pas, Christian. Je vais chercher la surprise. »

L'écouteur retransmit le bruit sourd du combiné qu'on avait reposé brutalement, et j'attendis. Pas longtemps. Une autre voix, masculine celle-ci, gouailleuse et reconnaissable entre mille, me fit soudain sursauter.

« Alors, l'Abbé ? On a fait le mur du séminaire pour s'aérer un peu les valseuses ? »

Rouquemoute ! La surprise s'appelait Rouquemoute !

« C'est vraiment une bonne surprise, dis-je en riant. Je m'étais torturé le chignon pour savoir qui ça pouvait être.

— T'avais pas deviné ?

— Non. Je te croyais encore sur ton île en train de scruter l'horizon.

— Dis donc, tu me veux du mal, toi !

— Tu n'as pas dû sortir il y a bien longtemps.

— Exact. Y a tout juste un marcotin.

— Alors, heureux ? »

Rouquemoute se mit à rire.

« C'est exactement ce que m'a demandé Ernestine cette nuit après m'avoir fait le toboggan mandchou. »

J'entendis protester la voix vulgaire de la jeune femme.

« Elle s'appelle Ernestine ? demandai-je.

— Non, Odile. Mais Ernestine, c'est pour lui rappeler que le patron, ici, c'est moi. »

Un « Salaud ! » retentit là-bas, en fond sonore. Rouquemoute riait.

« Et les chèvres ? dis-je. Et les laitues ? Et la fermette ?

— Et si on causait de tout ça à la maison ? coupa Rouquemoute. Tu es où en ce moment ?

— À l'hôtel.

— Quel hôtel ? »

Je le lui dis.

« Mazette ! siffla Rouquemoute. T'as tapé une affaire en route, ou quoi ?

— Non ; j'ai seulement économisé pendant deux ans comme un prolo pour pouvoir passer cinq nuits à l'hôtel comme un patron.

— Arrête, je chiale. Eh bien, ne bouge pas, je passe te prendre. Tu n'as pas de rencard ? »

Je pensai à Antonin Buchat. Les retrouvailles avec Rouquemoute avaient incontestablement la priorité.

« Je dois d'abord acheter un pantalon, là, tout de suite, dis-je.

— Qu'est-ce qui se passe, l'Abbé ? T'as fait le voyage en caleçon US ?

— C'est pis. Je ne suis pas à la mode.

— Là, je te comprends. Moi-même, pour séduire Ernestine, j'ai dû enfiler d'abord un Levi's 501. C'est te dire...

— Le monde est fou, c'est affreux.

— Ouais, bon. Tu montes après ton shopping et on bouffe ensemble à la baraque ?

— OK. Tu me dis où tu te terres et j'arrive à midi sonnant.

— Pour sonner, ça sonnera. On crèche là-haut à Fourvière, à deux pas de la basilique. Comme ça, tu seras pas dépaysé, l'Abbé. Voilà l'adresse. »

Je pris note, et nous raccrochâmes sur un « Salut ! » rigolard.

Je restai ensuite assis un moment sur le bord du lit à regarder pensivement l'adresse que je venais de noter. Puis je bus une autre rasade de Ballantines. Rouquemoute, ça s'arrosait ! Ce sacré Paul avait soigné la surprise — à moins, me dis-je après réflexion, qu'en raison de la censure du courrier, il n'eût jugé plus prudent de ne pas mentionner la libération de son ami dans sa dernière lettre.

En tout cas, je ne sentais plus la présence de l'Inéluctable à ma gauche. Sa mission messagère accomplie, il s'était évanoui — me laissant seul en face du choix, c'est-à-dire tout en haut de la pente fatale. Il connaissait apparemment mon goût pour les dégringolades vertigineuses...

Après avoir replié et rangé le feuillet dans mon portefeuille, j'enfilai mon pardessus et jetai un coup d'œil machinal à la chambre. La bouteille de scotch et celles de morgon qu'Élisabeth et moi avions sifflées au cours de la nuit faisaient scandale sur la table de chevet. J'allai les dissimuler dans mon sac de voyage et quittai la chambre. Il était déjà presque 11 heures.

En remettant ma clé à la réception, j'eus la bonne idée de payer ma note d'hôtel jusqu'au lundi matin, m'assurant ainsi de ne pas dépenser « distraitement » cet argent-là. Puis je mis le cap droit sur un magasin de vêtements. J'avais encore à l'oreille le prophétique « Tu ne seras qu'un gandin et un fainéant comme ton père ! » dont m'avait si souvent gratifié ma grand-mère. Or, si je n'avais pas franchement démérité jusque-là quant à la fainéantise, en ce qui concernait l'élégance vestimentaire j'étais nettement en situation de contre-performance...

Odile-Ernestine ouvrit à mon premier coup de sonnette. C'était une créature blondasse et dodue d'environ vingt-sept ans. Et petite aussi, car elle m'arrivait à peine au sternum, que j'ai pourtant nettement sous le menton. Il eût été aussi vain de chercher des salières dans ce corps potelé qu'un brin de jugeote dans cette belle tête sortie depuis peu d'un emballage sous vide. La vulgarité, que j'avais déjà subodorée au téléphone, lui suintait effectivement par tous les pores, mais ç'avait l'air d'une brave fille, le genre « Je prends la vie comme elle est, c'est pas moi qu'ai fait les plans ». Son sourire, un rien vaginal, était aussi généreux que son décolleté, et elle avait les gros yeux bruns rêveurs d'une génisse daltonienne abandonnée au beau milieu d'un champ de luzerne. Il n'y avait rien à en dire de plus. Je n'eus pas besoin de me présenter, car elle me dit tout de go, comme si elle eût passé toutes ces dernières années avec mon portrait anthropométrique en sautoir sur sa gorge opulente :

« Salut, Christian ! C'est bien toi, y a pas de doute ! »

Je serrai une main molle et tiède comme du beurre manié et souris à mon tour.

« Tiens, tiens, fis-je. Le beau René t'aurait-il déjà décrit ma noble figure de patricien romain ? »

L'organe rouquemoutien retentit avant que son propriétaire ne se matérialisât dans le vestibule.

« Je lui ai surtout parlé de ta tronche de défroqué salace, l'Abbé ; et tu vois, elle t'a pas pris pour le facteur ni pour le Messie. »

Rouquemoute tel qu'en lui-même... Le regard de ses petits yeux bleu pâle était toujours aussi inexpressif et son sourire aussi sarcastique. Mais il y avait de la chaleur dans l'accolade avec laquelle il m'accueillit.

Puis il me poussa vers le living de l'appartement — un F4 au quatrième étage d'un immeuble ancien —, me débarrassa de mon manteau qu'il remit à Odile-Ernestine, et m'invita à prendre place sur un canapé à la couleur indéfinissable et aux ressorts contondants. La décoration et l'ameublement de la pièce étaient à l'avenant, c'est-à-dire qu'ils remontaient manifestement à Clotaire II et paraissaient avoir été spécialement destinés à un ménage de nonagénaires schizophrènes. Pour couronner l'ensemble, un énorme dogue allemand au souffle asthmatique et comme écrasé sous son propre poids somnolait au pied du canapé. Il n'avait même pas ouvert un œil à mon arrivée.

« Ça, c'est Luther, m'expliqua Rouquemoute en administrant une lourde caresse sur le flanc de l'animal. Le chien-chien à sa mémère Ernestine. Il est centenaire et con, mais elle refuse de l'envoyer à l'hospice sous prétexte que les petits vieux sentent mauvais.

— J'en connais un autre qui devrait y être, à l'hospice ! » riposta la jeune femme.

Ce disant, elle ouvrit un buffet et se mit à en sortir des verres.

« Je suppose que vous allez boire quelque chose ? lança-t-elle à la cantonade.

— Qu'est-ce que tu en penses, l'Abbé ? fit hypocritement Rouquemoute.

— Qu'y a-t-il à boire en ces saints lieux, la Bénédictine mise à part ? m'enquis-je avec onction.

— Te fous pas du logis, hein ? Ces saints lieux, comme tu dis, appartiennent au papa veuf d'Odile parti se consoler un peu plus loin chez une gourgandine du quartier. Et il a laissé l'appart à sa grande fifille, c'est-à-dire à moi. À la mort de cette belle-famille, j'hérite de tout, sauf du clebs que j'achèverai avant au 44 Magnum.

— Fais pas attention, Christian, dit Odile. Il délire. Bon. Il y a du pastis, du whisky, du gin, du Martini, de la bière, du mâcon, du beaujolais...

— Inutile de me réciter toute la liste des médicaments de René, mon enfant, la coupai-je. Le whisky, ce sera très bien. J'ai justement une légère migraine due à l'abus de l'aspirine. »

Rouquemoute ricana.

« Comme tu peux voir, Odile, je ne fréquente que du beau monde. Cet abbé-là, c'est une de mes toutes dernières relations. T'as vu comme il cause ?

— Je le trouve distingué et très poli, minauda Odile en remplissant généreusement mon verre de Chivas.

— Oh ! pour être distingué, ça, il se distingue...

— Et toi, qu'est-ce que tu vas boire ? demanda-t-elle à Rouquemoute.

— Un pastaga, ma toute belle. C'est l'heure, non ?

— Après toute la bière que tu viens de t'enfiler ?

— De quoi, de quoi ? feignis-je de m'étonner.

— Quoi, de quoi-de quoi ? Tu t'imagines peut-être, l'Abbé, qu'une exégèse approfondie du *Paris-Turf* se fait à l'Évian ?

— Non, certes. Mais l'alcool, le jeu... Nous voilà loin des bonnes résolutions dont tu me rebattais les oreilles à Saint-Paul.

— Il avait de bonnes résolutions, là-bas ?

— Il a failli me convertir au bouddhisme lyonnais.

— Qu'est-ce que c'est que ça ? Une variante de la coinche ? »

Nous nous mîmes tous à rire. Odile-Ernestine avait l'air de bien connaître son homme.

« Bon, dit Rouquemoute. Et si on trinquait ?

— Très juste, fis-je en levant mon verre. À nos retrouvailles !

— Et à la liberté ! fit Odile en m'adressant un sourire.

— Ouais, et au fric, bougonna Rouquemoute.

— Oh ! toi et ton fric ! »

Rouquemoute avala d'un trait la moitié de son pastis — un 204, me sembla-t-il —, puis regarda fixement la jeune femme.

« Et le Canigou de Luther, bougresse ? Il est remboursé par la sécu, peut-être ?

— Quel salaud ! fit-elle en s'adressant à moi. Il ne bouffe presque plus, le pauvre chien !

— L'essentiel est qu'il ait terminé sa croissance, émis-je avec tact.

— C'est ça, ricana Rouquemoute. Parle de ton clebs à l'Abbé. Et si tu lui tires une larme, je t'offre une croisière en pédalo sur le canal de Jonage. »

Là, Rouquemoute me mettait dans un cruel embarras : devais-je verser une larme ou non ? Soudain le hibou albinos avisa mon pantalon, et dit :

« C'est le futal que tu viens d'acheter, ce truc ?

— Je t'en prie. Ça, c'est l'ancien. Le nouveau, je passe le chercher dans la soirée. Il y avait des retouches à faire et je le voulais avec revers.

— Ah ouais ? »

Il termina son verre d'une seule lampée, lâcha un rot sonore, puis dit en soupirant :

« Eh bien, c'est le début. Les retouches et les revers, t'as pas fini d'en voir.

— Ça veut dire quoi, cette métaphore ?

— Ça veut dire que tout va mal. Les temps sont devenus durs, durs. Il n'y a plus de thune, une tournée au rade te coûte chaque fois dix sacs et les aminches ne te font plus croquer. Voilà ce que ça veut dire.

— Tu ne serais pas en train de nous faire une grosse dépression, là, sans prévenir ? » m'inquiétai-je.

Odile soupira.

« Et il est comme ça tous les jours. Faut dire aussi que c'est pas en lisant *Paris-Turf* jusqu'à midi... »

Rouquemoute l'interrompit d'un ttt-ttt-ttt ! et lui dit tout à trac :
« Tu sais pourquoi il ne becte plus, ton clebs, Odile ?
— Non, fit la pauvrette en écarquillant les yeux.
— Parce qu'il ne sort pas assez.
— In'sorpazacé ?
— Exactement. Tu le sortirais maintenant une petite demi-heure, tu vois, *surtout maintenant*, eh bien, je suis sûr qu'en remontant il aurait la dalle.
— Oh ! ça va, j'ai compris ! dit-elle en se levant, vexée. Et l'eau des pâtes ?
— T'arrêtes le gaz. Y a pas le feu, non ? Hein, l'Abbé, tu n'es pas pressé ?
— J'ai rendez-vous à 4 heures et demie.
— Parfait. Je t'y emmènerai, à ton rencard. Pour le menu, t'inquiète pas, ça ira vite : c'est des spaghettis à la bolognaise. T'auras même pas besoin de mastiquer. »
Odile fixait déjà docilement la laisse au collier du chien-chien, lequel ouvrit un œil à la fois ahuri et consterné. Qu'est-ce que c'était que cette lubie de vouloir le sortir à cette heure-là ? Il y avait belle lurette que sa vessie était hors d'usage : il faisait de l'urée au lieu de pisser, et voilà tout. Mais sa maîtresse ne l'entendait pas de cette oreille et elle le houspilla sans ménagement jusqu'à ce qu'il consentît à se lever. Puis elle quitta l'appartement en tirant l'animal derrière elle, et nous entendîmes claquer violemment la porte du palier. Rouquemoute riait.
« C'est une brave gisquette, dit-il... De toute façon, je n'ai pas eu le temps de chercher mieux. Le gîte et le couvert d'abord ; plus tard on verra...
— Tu auras fait vite pour l'éduquer, dis-moi... »
Rouquemoute se composa un sourire enjôleur qui le fit instantanément ressembler à une musaraigne lubrique.
« Mon charme, expliqua-t-il. Je détords les trombones rien qu'en les caressant du regard. Alors les femmes, t'imagines... »
J'imaginai. Si bien, même, que les femmes me parurent encore un peu plus incompréhensibles qu'avant.

« Bon, on remet ça ? proposa Rouquemoute en empoignant la bouteille de Chivas.

— Excellente idée, fis-je. J'étais si ému de te revoir que j'ai vidé mon verre sans m'en rendre compte. »

Rouquemoute ne releva pas la tartuferie. Ayant rempli les verres, il se carra dans un angle du canapé, et dit :

« Et si on parlait un peu affaires, maintenant qu'on est seuls ? T'as des idées sur ton avenir ?

— Tu me demandes ce que je veux faire quand je serai grand ? »

Rouquemoute fronça les sourcils.

« Arrête un peu de déconner, l'Abbé. Je cause sérieux.

— Non ; je n'ai strictement aucune idée.

— T'as du fric de côté ?

— Exactement neuf mille francs sur mon pécule sortie. Mais comme tu le sais, je ne pourrai les toucher qu'à ma libération.

— Et pour ta perme ?

— Ça ira. En revanche, pour la prochaine en février... Je peux mettre à plat ma paie de l'imprimerie pendant les deux mois qui viennent, mais alors je ne cantine plus. J'étais justement en train de réfléchir ce matin aux avantages d'un plan d'épargne logement échelonné sur vingt ans, compte tenu...

— Arrête.

— Bon.

— Et après cette perme de février, tu décarres ?

— En mai. Mais s'ils me sucrent une semaine ou deux de RPS, je prendrai certainement la dernière perme du cycle, celle de dix jours.

— Et tu la vois comment, celle-là ?

— Périlleuse. Dix jours à baguenauder en ville sans un sou en poche... Ce n'est plus une perme, c'est un exercice de survie en environnement hostile.

— Non, c'est un test, ricana Rouquemoute. C'est pour voir si tu seras capable de vivre avec le SMIC quand tu trouveras un job de balayeur.

— Ah ? Tu fais bien de me prévenir. Je vais prendre tout de suite des cours de yoga.

— Sage précaution », fit Rouquemoute.

Puis il s'exclama :

« Au fait, qu'est-ce que tu fous à l'hôtel ?

— J'y dors.

— Et l'hébergement obligatoire ? Ils t'ont laissé sortir sans ? »

Je me mis à rire.

« Non, j'en ai un. Mais il est un peu tristounet...

— On peut savoir ? fit-il, intrigué.

— Un couvent de dominicains, aux Brotteaux. L'un des moines était mon professeur d'exégèse biblique, une matière que j'avais intégrée sur tes recommandations à mon cursus de philosophie... »

Je ne fus pas peu fier de voir s'allumer dans les petits yeux d'ordinaire si inexpressifs de Rouquemoute une lueur d'ahurissement.

« Tu ne manques vraiment pas de toc, l'Abbé », lâcha-t-il enfin.

Mais il se remit vite, et, ayant liquidé la moitié de son 204, il dit en reposant son verre :

« Bien, alors écoute. J'ai une proposition à te faire. Et je te la fais parce que tu me bottes bien. »

Je hochai la tête. Au fond, l'Inéluctable ne s'y prenait pas autrement qu'un vulgaire représentant en aspirateurs.

« Je suis très touché, Rouquemoute, fis-je en bloquant ma respiration pour essayer de rougir.

— Ouais ? Eh bien, bois un coup, ça va passer », répliqua rondement le hibou albinos.

J'obtempérai.

« Voilà, expliqua-t-il. Ce n'est rien de très reluisant, mais quand on sort du ballon par les temps qui courent, il ne faut pas s'attendre à des miracles. J'ai deux trucs à te proposer pour février. Le premier est complètement désintéressé ; c'est un carnet de chèques bancaires et un autre de chèques postaux avec un jeu de fafs complet pour chacun d'eux : carte d'identité, carte d'électeur, quittances EDF et permis de conduire. Avec ça, tu pourras te la faire crème pendant ta perme. Ça te va ? »

J'étais un peu surpris.

« Ça n'est pas exactement ma spécialité...

— Eh bien, c'est un tort, camarade, trancha-t-il. Aujourd'hui, tout le monde s'y met. Et avec ta tronche, ton style et ton culot, c'est pratiquement sans risques. »

Je réfléchis rapidement. Malgré ma « tronche », comme disait Rouquemoute, l'escroquerie était une activité qui m'avait toujours répugné. Mais à quoi rimaient ces pudeurs d'esthète, franchement ?

« OK, dis-je.

— Bien. Dans ce cas, tu me remettras avant ton départ pour Melun quatre photos d'identité : deux en couleur, en veston-cravate comme tu es maintenant ; les deux autres en noir et blanc avec juste un pull. Un coup tu souris en pensant à ton avenir, un coup tu fais la gueule en pensant à ton passé, et ni vu ni connu je t'embrouille, les photos du permis de conduire et celles des cartes d'identité ne donneront pas l'impression d'avoir été prises à la même époque. Parce qu'à présent, figure-toi, beaucoup de commerçants exigent qu'on leur présente deux pièces d'identité avant d'accepter un chèque. Tu piges ?

— Je pige. Sauf que pour faire la gueule, je penserai à mon verre vide. Et le deuxième truc ? »

Rouquemoute me servit docilement une nouvelle ration de Chivas.

« Là, faudra fader avec moi, annonça-t-il. C'est un petit braco.

— Tu as besoin de moi pour un petit braco ?

— Je ne me mouille plus, l'Abbé, et surtout pas pour un petit braco. Mais tu peux refuser, ça n'est pas moi qui te le reprocherai. Et ça ne changera rien à ma proposition des chécos.

— Je t'écoute.

— D'abord, acceptes-tu de faire équipe avec un autre ?

— Si tu le connais, oui.

— Je le connais... »

Rouquemoute riva sur moi le regard de ses petits yeux froids.

« ... Et depuis longtemps », ajouta-t-il.

Le message était clair. Le rouquin voyou venait de me rappeler, avec tout le tact dont il était capable, que de ne pas me connaître, moi, depuis longtemps, ne l'empêchait cependant pas de me faire confiance.

« En ce cas, pas de problème, dis-je.

— Parfait. Je t'explique le topo dans les grandes lignes, mais on aura l'occasion d'en reparler à ta prochaine perme. Il s'agit d'un PMU en banlieue. C'est pour ça que tu n'aurais pas pu le taper seul, il faut une guinde pour décarrer après, et je me suis souvenu que tu ne conduisais pas. »

J'eus un haut-le-corps.

« Même si je conduisais, Rouquemoute ! Un PMU tout seul ! »

Et j'ajoutai, après réflexion :

« Et même à deux, voyons ! Il n'y a pas plus foutraque que ces affaires-là ! »

Rouquemoute m'apaisa d'un geste.

« Du calme, l'Abbé. Je t'aime bien, mais tout de même pas au point de t'aider à réussir ton suicide. Ce PMU, je le connais. Le patron ferme le dimanche après-midi, mais il rouvre le soir de 6 à 8 pour les clampins du coin. Faudra taper à ce moment-là, et non à midi quand les manars font la queue aux guichets. La thune est planquée dans un placard de la cuisine, dans une boîte de biscuits. Le jacquot du petit bureau attenant n'est qu'un leurre. Mais t'iras quand même droit sur lui, comme si tu n'étais pas au parfum, d'accord ? Mon tuyau est de première. Pour une fois d'ailleurs que j'ai un tuyau aux courses...

— Et tu estimes le pactole à combien ?

— Ça ne sera pas un pactole. Ç'aurait été en avril, par exemple, je t'aurais dit de taper l'affaire le lundi de Pâques au soir, comme ça on aurait griffé les enjeux du dimanche en plus de ceux du lundi. Mais là... Mettons six, au maximum, ce qui nous fera environ deux plaques chacun. »

Je hochai la tête.

« Ça me va.

— Tu ne tiques pas ?

— Pourquoi est-ce que je tiquerais ?

— Parce que ça n'est pas lerche, et qu'en plus je te demande une part complète.

— À la vitesse avec laquelle l'argent me file entre les doigts, le rassurai-je, deux unités seront les bienvenues, surtout en perme. Quant à ta part... »

Je souris à l'Inéluctable qui venait de surgir dans le dos de Rouquemoute, et qui m'adressait tout un tas de grimaces imbéciles.

« ... compte tenu du cours actuel du Canigou, elle me semble justifiée. Mon futur associé est d'accord ?

— Il le sera, m'assura Rouquemoute. Je te dis deux mots sur lui, puisqu'on y est. C'est un gonze en cavale, c'est pourquoi il ne fait pas trop le difficile. C'est un bon casseur. Le braquage par contre n'est pas vraiment son truc, mais il est intelligent et il a de la mentalité. Il fera comme tu lui dis.

— Tu pourrais lui demander de repérer déjà un peu l'affaire et de préparer l'itinéraire de fuite ? Ça nous ferait gagner du temps.

— C'est prévu.

— Et les armes ?

— Il a ce qu'il faut. D'ailleurs, il maquille aussi là-dedans. Si tu veux t'offrir un bon boukala, tu lui en parles. »

Je réfléchis un instant.

« Et s'il me venait une idée brillante pour utiliser tes chèques, demandai-je, ça pourrait l'intéresser de m'accompagner ?

— Sûrement. Tu penses à filouter des grossistes ?

— Peut-être, je ne sais pas encore. Mais si j'ai besoin d'un véhicule, il me faudra le chauffeur avec.

— Dès que t'arrives, je vous présente et vous voyez ça ensemble. OK ?

— OK.

— Bien. Tu peux choisir dès maintenant la date de ta prochaine perme ?

— Sans problème. »

Je sortis un petit calendrier de mon portefeuille et l'étudiai rapidement.

« Je sortirai le jeudi 7 février, annonçai-je. Le vendredi midi, je passe te voir et tu t'arranges pour que ton gars soit là aussi. Et le dimanche 10, on touche le tiercé dans l'ordre.

— D'accord. Vendredi midi 8 février. C'est enregistré là », fit-il en tapotant son grand beau front criblé d'éphélides.

Puis il jeta un coup d'œil à sa montre.

« Un dernier mot, l'Abbé, avant qu'Ernestine ne rapplique. Tu sais, en ce moment je suis comme tout le monde : je rame sec pour remonter mes billes. J'ai une combine de bagnoles maquillées en vue, et peut-être encore une autre de cartes de crédit, mais comme plus personne ne te fait croquer si tu ne fais pas briller d'abord l'oseille, il m'en faut pour démarrer. Voilà pourquoi je t'ai demandé une part. Je prends le fric où je peux et comme je peux aux moindres risques — mais ça ne m'empêche pas de trouver lamentable d'avoir à t'offrir de braquer pour deux plaques, alors que tu viens de tirer cinq piges de ballon et que tu n'en es même pas encore sorti. »

Je trouvai que le discours de Rouquemoute avait au moins le mérite de la franchise, et ce fut à mon tour d'apaiser mon hôte d'un geste.

« Tu n'as pas besoin de me donner d'explications, Rouquemoute, dis-je. On se connaît tout de même un peu, non ? Et pour ce qui me concerne, un petit braquage en passant me distraira toujours cinq minutes. »

Rouquemoute hocha la tête.

« Ouais, soupira-t-il. C'est aussi pour ça que j'ai pensé à toi. Je me suis souvenu que tu te foutais de tout.

— N'exagérons pas, fis-je modestement. Je n'ai rien à secouer du tiers comme du quart, ça oui. C'est seulement du reste que je me fous. »

Sur quoi je levai mon verre. Rouquemoute s'empressa d'en faire autant, et l'Inéluctable s'évanouit de nouveau avec un ricanement étouffé que je fus bien sûr le seul à percevoir.

Odile et son monstre rentrèrent peu après, alors que notre conversation avait dérivé sur Paul et les douze ans de réclusion criminelle auxquels lui et le grand Ludo avaient été condamnés pour l'affaire d'Allemagne. J'en profitai pour informer Rouquemoute que son ami serait en permission la semaine prochaine, et il se promit de lui rendre une petite visite à cette occasion.

Épuisé, le chien-chien était venu s'échouer à nos pieds et avait replongé instantanément dans son coma habituel. Quant à la jeune femme, rien ne pouvant subsister bien longtemps sur la surface antiadhésive de sa conscience, elle avait recouvré toute sa bonne humeur.

« Il a quand même réussi à chier ! clama-t-elle, triomphante. Ça faisait trois jours. Deux crottes grosses comme ça ! »

Petites causes, grands effets, me dis-je, ému. Le machisme rouquemoutien avait sauvé Luther de l'occlusion intestinale...

Élisabeth était encore arrivée avant moi au *Caveau.* Elle était assise à la même table que la veille et lisait le même ouvrage de Panofsky. Sauf qu'elle ne prenait pas de notes et buvait du Perrier. Quand je pris place en face d'elle, elle referma le livre et posa tranquillement sur moi le regard de ses grands yeux gris. J'y lus comme une espèce d'indifférence shintoïste, et je lui adressai le sourire le plus charmeur, le plus candide, le plus rayonnant que je pus trouver dans ma palette riche en grimaces de toutes sortes. Évidemment, je n'avais aucune idée de l'effet qu'un tel sourire pouvait produire sur une jeune étudiante de philosophie au pubis rasé de frais, car même devant la glace, dans la solitude des salles de bains, je n'avais jamais encore essayé celui-là. C'était un tort. L'absence totale de réaction d'Élisabeth indiquait à l'évidence qu'il avait besoin d'une sérieuse mise au point.

« Alors, et cet Hegel de bois ? » m'enquis-je avec aménité.

À ce moment, le virtuose de la division des œufs durs par douze s'approcha de notre table, et je lui passai commande de la-même-chose-que-mademoiselle. Cette fois, Élisabeth réagit.

« Qu'est-ce qui t'arrive ?

— Et toi ?

— Moi, j'ai encore la gueule de bois.

— Et moi, je viens de déjeuner chez un dogue sénilissime prénommé Luther, en compagnie d'un gangster roux et de sa maîtresse ernestinissime prénommée Odile. Cela se passait dans un appartement où tu aurais pu pisser sur les murs sans que cela se remarque.

Au menu, il y avait des spaghettis à la bolognaise avec une garniture de carillons de Fourvière en fond sonore.

— C'est du Ionesco ?

— Le rapport avec le Perrier, puisque tu me le demandes, tient dans les doses de Chivas dont on m'a gratifié avant le repas. Or, je m'étais déjà rincé la bouche au Ballantines ce matin après ton départ. Il y a donc un moment, estimé-je, où il ne faut pas hésiter à reconnaître, oui, à reconnaître humblement, que le Perrier, mon Dieu, dans certains cas bien particuliers et sous certaines conditions bien définies...

— Je vais rentrer à Vienne, ce soir, Christian.

— Oui ?

— Oui.

— Tu as laissé branché ton fer à repasser ? »

Élisabeth ne répondit pas. Elle caressa distraitement la couverture de son livre et posa de nouveau son regard sur moi.

Elle avait l'air d'une sphinge à présent, et je la trouvai belle, vraiment très belle. De cette beauté qu'ont parfois les choses et les êtres et qui est le rayonnement même de leur altérité. Quand il s'agit de choses, un paysage ou une œuvre d'art par exemple, la contemplation en est paisible et désintéressée. C'est le don qui vous est fait d'elles-mêmes par le hasard ou par les dieux, et l'oubli, l'évacuation de soi en est la récompense naturelle. Quand il s'agit d'un être humain, en revanche, la contemplation est toujours douloureuse. Loin de vous désencombrer de vous, de vous soustraire à la pesanteur de votre être, elle s'accompagne au contraire d'un sentiment aigu d'exclusion qui vous renvoie brutalement à votre solitude originelle, à votre insuffisance, à votre nuit. La beauté d'autrui, toujours énigmatique, toujours inaccessible, vous nie et vous désespère car elle est perçue comme un manque. Devant elle, il se produit une involution de soi et l'on n'existe plus qu'en creux. Au lieu de vous caresser l'âme comme un baume, le rayonnement de cette altérité-là vous transperce le cœur comme un poignard.

La beauté d'Élisabeth à cet instant me parut d'autant plus comminatoire — elle avait l'air de me dire en effet : « Lhorme, vous n'êtes que de la merde, comment osez-vous porter le regard sur moi ? » — que je connaissais les ravages que la vulgarité pouvait opérer sur ce visage, ce pouvoir qu'elle avait, d'un coup, d'en défaire l'harmonie et d'en ternir l'éclat. J'eus alors le sentiment fugace mais violent d'être victime d'une injustice affreuse remontant à la nuit des temps ; et n'eût été ma méditation du matin, au cours de laquelle la sérénité impeccable et glacée du plafond de la chambre s'était communiquée à moi, je crois bien que j'eusse rougi sous l'affront — de colère et de honte mêlées.

Dans le silence qui s'ensuivit, Élisabeth baissa le regard sur le livre dont elle continuait de caresser machinalement la couverture. Je n'avais pas ôté mes lunettes et je n'avais aucune envie de le faire. Je n'avais pas non plus envie de parler. J'étais seulement curieux, stupidement curieux, d'entendre ce qu'elle allait dire à présent. Et à ma grande surprise, alors que j'avalais une gorgée du Perrier que le garçon venait de m'apporter, je vis bouger les lèvres de la jeune fille, mais je n'entendis rien. Je n'entendis plus non plus la rumeur bourdonnante de la brasserie ; c'était comme si quelqu'un eût soudain coupé le son. Cela dura je ne sais combien de temps, un siècle ou une seconde, et quand le bruit revint, Élisabeth disait :

« Tu comprends, Christian ? »

Son sourire était triste et doux. Derrière elle s'étirait à l'infini une longue, longue route bordée d'arbres sans feuilles. Le macadam luisait sous la pluie et la campagne alentour disparaissait peu à peu dans le crépuscule.

« Je comprends », dis-je à la jeune fille.

Et je lui souris à mon tour, tandis que s'éloignait tout là-bas sur cette route un type engoncé dans son pardessus, allant je ne sais où en quête de je ne sais quoi.

9

Le lundi matin, à 11 heures tapantes, je franchis la porte du centre de détention dans le sens du non-sens, autrement dit je me constituai moi-même prisonnier. Les détenus travaillaient encore dans les ateliers à cette heure-là, et comme un brouillard épais enveloppait la prison, la cour centrale était déserte et quelque peu fantomale quand je la traversai pour regagner ma cellule.

Celle-ci se trouvait dans l'aile A (l'« unité de vie » A, comme ils osent appeler ça sans rire), face à l'église qui jouxte la prison. En y pénétrant après ces cinq jours trois quarts de permission, je fus parcouru d'un frisson de dégoût. Je ne m'étais jamais rendu compte jusqu'alors à quel point elle pouvait être sale, exiguë et humide. Par comparaison avec celles de Saint-Paul, pourtant, les cellules du centre de Melun m'avaient paru à mon arrivée des havres de paix et des modèles de propreté. Leur exiguïté même convenait à ce besoin — atroce — d'être enfin « chez soi », tranquille, stabilisé, que l'on éprouve après ces années de promiscuité en prison préventive couronnées par ce transit à Fresnes — de deux mois dans mon cas — où l'on se retrouve parqué pour un temps indéterminé et dans l'ignorance de sa destination finale.

Mais ce lundi-là, ma cellule avait perdu d'un coup son charme. Elle ne supportait même pas la comparaison avec la chambre d'hôtel pourtant infecte où je m'étais soûlé le soir de mon arrivée à Lyon. Ce n'avait été là, somme toute, qu'un décor où lâcher bride à mes états d'âme. Tandis que ma cellule... D'ailleurs, ce n'était plus *ma* cellule, mais une cellule. La permission m'avait comme dessillé : soudain toute la brutale nudité de la prison me sautait aux yeux, et je doutai d'avoir vécu là-dedans, dans cette alvéole moitié niche funéraire, moitié placard à balais, où flottait une abominable odeur de temps stagné, pendant plus de deux ans sans m'y être décomposé. Normalement, c'était mon squelette que j'aurais dû retrouver sur ce lit. C'est bien simple, je ne reconnaissais même plus mes affaires, ces livres, ce dessus-de-lit, cette serviette de toilette, cette lampe de chevet... Cinq jours avaient suffi pour me rendre totalement étranger à ce lieu auquel pourtant, par un tissu serré d'habitudes monotones, j'avais fini par m'adapter à mon insu.

Le surveillant qui m'avait accompagné pour ouvrir ma cellule s'en était allé sans refermer la porte derrière moi, ayant verrouillé seulement la grille d'accès de l'aile A. J'étais seul à présent dans cette partie du bâtiment complètement silencieuse, et j'appréhendais le tohu-bohu de la fin du travail, à midi, quand les quelque deux cent quatre-vingts détenus débouleraient dans les « unités de vie ». Deux ou trois amis ne manqueraient pas de me rendre une petite visite de courtoisie... histoire de s'assurer que j'étais bien rentré. Puis il y aurait, à 14 heures, l'épreuve de l'atelier.

Je travaillais à la « correction » de l'imprimerie, un bureau que je partageais avec deux autres détenus, des voyous parisiens, diplômés l'un d'histoire, l'autre de psychologie, dont l'esprit caustique et l'ironie dévastatrice décourageaient les emmerdeurs. Pour qui n'était pas membre du club, très restreint à Melun, des voyous bon teint, ou qui n'entretenait pas à un titre quelconque des relations d'amitié avec l'un ou l'autre d'entre nous, s'aventurer dans notre bureau pour y bavarder ou essayer de se rendre intéressant relevait du masochisme pur.

Cette correction, naguère encore, était le domaine réservé des notaires marrons et autres cols blancs indélicats. Leur niveau d'instruction les destinait logiquement à cet emploi ; mais leur soumission naturelle à l'autorité n'était pas non plus sans séduire l'administration qui préférait disposer à ce poste clé, compte tenu du je-m'en-foutisme de l'ensemble des « travailleurs » de l'imprimerie, d'un personnel servile, zélé et compétent.

Et puis survint la mode des voyous à diplôme. Le phénomène était dû à la fois à l'attrait qu'exerçaient les remises de peine sanctionnant la réussite aux examens, et à la durée de la détention préventive en matière d'affaires criminelles permettant d'entamer largement les études en maison d'arrêt. Le détenu pouvait donc préparer son bac ou l'ESEU en attendant son jugement, et, ainsi paré, s'inscrire ensuite à l'université dès son arrivée en centrale. Un autre facteur incitait encore à ne pas rester les bras croisés ou cloué à une table de tarot : pour un voyou, la probabilité d'obtenir une libération conditionnelle avoisinait le zéro pour cent. Pour obtenir une libération conditionnelle, en fait, les études étaient inutiles, voire plutôt mal vues au ministère : mieux valait cent fois avoir trucidé sa légitime de deux cartouches de chevrotine en pleine tête, sous prétexte qu'elle couchaillait avec le charcutier du village ; ou bien, étant gardien de la paix, avoir lutiné une jeune Maghrébine dans le panier à salade en compagnie de ses copains de patrouille : on avait alors le profil pur et bouleversant — et indiscutable — d'un réinsérable. Ce n'était pas faire montre de mauvais esprit que de dire cela, c'était constater simplement ce qui se pratiquait sous vos yeux, à Melun, par temps clair. Personnellement, je ne tirais aucune amertume de cet état de choses ; je trouvais plutôt rassurant au contraire, pour ma philosophie personnelle, que ce monde dérogeât si peu que ce fût aux décrets de l'absurde.

Un beau jour donc, la correction fut squattée par les voyous. Il suffit du reste qu'un seul y mît les pieds une première fois — un Corse diplômé d'AES, me dit-on — pour que le cancer entrât aussitôt en métastase. C'était facile : quand l'un des trois correcteurs était libéré, la direction de l'imprimerie répugnait à imposer un remplaçant qui n'aurait pas fait l'unanimité des deux autres, afin de préserver l'harmonie indispensable au bon fonctionnement du bureau. Les voyous de la correction anticipaient donc l'avenir et recherchaient eux-mêmes le candidat adéquat. Profil requis : être voyou et, si possible, être au moins bachelier. Autrement dit, être un peu compétent, mais n'être ni servile ni zélé. Quelques pressions discrètes visant à décourager les candidatures des demi-sel à BEPC, des cols blancs et autres accidentés sociaux, achevaient d'éclaircir les rangs au profit du Voyou Intello, le seul digne d'accéder au triumvirat de la correction. Celle-ci jouissait donc d'un notable prestige. Lorsque le surveillant-chef passait dans l'atelier, lui-même venait nous saluer d'un narquois « Alors, les généraux ? »... Bien entendu, avant son arrivée, nous avions eu le temps d'ôter nos pieds de dessus nos bureaux, d'éteindre nos joints, et de mettre en route le ventilateur pour évacuer la fumée : des généraux, n'est-ce pas, ne pouvaient manquer d'avoir des sentinelles...

Mon recrutement fut, lui, plutôt accidentel : il n'y avait pas de voyou connu et diplômé pour remplacer l'un des correcteurs sur le point de partir. « On » m'avait toutefois envisagé comme une recrue possible, et « on » m'avait observé lors de mon stage obligatoire à l'atelier de typographie. En ma défaveur : mon air BCBG et mon attitude sérieuse, peu communicative, qui pouvaient faire craindre une mentalité sournoise de fayot accompli. Mais « on » nota aussi la rareté des « copies » que je soumettais à la correction, comme c'était la règle. Il me fallait bien deux jours en effet pour composer un plomb de six lignes (mais sans fautes), ce qui pouvait signifier soit que mes mains n'étaient pas mes mains, mais de vieilles prothèses rouillées, soit que j'étais, vu la noblesse de mon port de tête, le descendant en ligne directe de Sigebert III, roi fainéant. Je suppose qu'après délibération dans leur bureau et après avoir fumé quelques pétards, les joyeux drilles sarcastiques de la correction s'en tinrent à cette dernière explication.

L'un d'eux, prénommé Serge, un grand blond pâle d'environ trente-cinq ans aux longs doigts fuselés et diaphanes de pianiste poitrinaire — maîtrise de psycho —, vint donc me voir à ma « casse » et, après un préambule courtois où il rendit un hommage ému à mon hallucinante virtuosité de typographe, me demanda si venir me reposer les mains à la correction, huit heures par jour, dans une ambiance chaleureuse et fraternelle, ne me tenterait pas.

La mère de l'auteur.

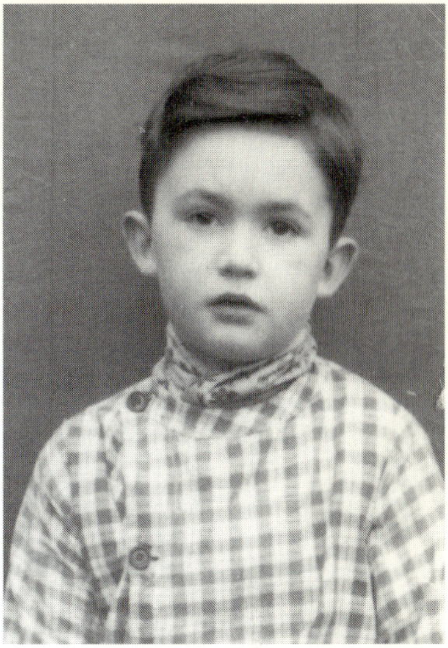

L'auteur enfant...

... puis
adolescent,
aint-Malo.

Le café du Bassin avant la guerre.

L'auteur à dix-huit ans.

Pénitencier de Daroca (Espagne) où l'auteur a passé les trois dernières années de sa peine.

Claude LUCAS, né le 30 octobre 1943 à La Baule, de Jane Lucas et de père inconnu.

Élevé par ma grand-mère et par ma tante.

Scolarité : école primaire chez les frères des Écoles chrétiennes ; secondaire à l'Institution de Saint-Malo (collège privé) jusqu'en troisième.

Continuation de mes études (seconde) au lycée Champollion de Grenoble.

J'interromps mes études pour travailler épisodiquement dans l'hôtellerie.

En 1963 – j'ai vingt ans –, je suis condamné pour le meurtre d'un proxénète à cinq ans de prison avec sursis.

Appelé sous les drapeaux à ma sortie de prison, je déserte au bout de quelques mois.

Arrêté à Marseille un an plus tard pour vols et port d'armes, je suis condamné à 2 ans de prison, et mon sursis est révoqué, soit 7 ans.

Suis transféré à la centrale d'ENSISHEIM où je séjourne de 1965 à 1970.

Dix ans plus tard, je suis de nouveau arrêté à Lyon pour un hold-up chez un diamantaire, et condamné à 8 ans de réclusion criminelle, au cours desquels je reprends mes études : baccalauréat ; études de 1er cycle de philosophie à l'université Lyon-III.

Libéré au bout de cinq ans, en 1985, du centre de détention de MELUN où j'étais correcteur à l'Imprimerie administrative de la prison.

En fuite après un hold-up commis en 1987, je suis arrêté un an plus tard en Espagne et condamné à 8 ans de prison pour port d'armes. En 1994, soit six ans plus tard, je suis extradé en France où je dois être jugé pour le hold-up commis en 1987.

Outre *Suerte*, j'ai écrit plusieurs pièces de théâtre, dont l'une, *L'Hypothèse de M. Baltimore*, est éditée chez Aléas-Éditeur ainsi qu'un recueil de nouvelles, *Chemin des fleurs*, en attente d'éditeur.

Biographie de Claude Lucas, écrite par lui-même.

Jean Claude Lucas, peligroso delincuente francés, buscado por la Interpol y perseguido hasta la saciedad por la gendarmería francesa, quizás nunca llegó a pensar que el final de su carrera delictiva iba a estar en Sevilla, a donde llegó de rebote tras dar un 'golpe' en Figueras. Este peculiar personaje, que desde hace dos años forma parte del paisaje carcelario español, se encuentra en la actualidad en el centro penitenciario Sevilla-1 y a juicio de la Policía sevillana, que lo detuvo en una mezcla se suerte y valor, preparaba un gran golpe en la ciudad. En este reportaje damos a conocer algunos perfiles de este misterioso francés al que la prensa de París le apodó como 'el gángster filósofo'.

SOCIEDAD

España gastó 60 mil millones en seguridad
Página 5
Colombia advierte del auge del narcotráfico a España
Página 9

Hace dos años que el francés Jean Claude Lucas fue localizado en Sevilla en un golpe de suerte y riesgo

El 'gángster filósofo', preso en Sevilla-1

Cuando fue detenido en la calle Jiménez Aranda iba armado y no opuso ningún tipo de resistencia

ANTONIO SILVA/SEVILLA

- ¿Me hubieras matado?

La pregunta se la hizó Jean Claude Lucas, peligroso delincuente francés, al policía sevillano que un par de días antes lo tuvo encañonado en la calle Jiménez Aranda durante varios minutos a la espera de una dotación policial que se llevara detenido al mafioso.

El día 6 de mayo de 1988 en un golpe de suerte y riesgo la Policía sevillana conseguía la detención de Lucas, que iba armado y que se mostró tranquilo hasta el final.

"Estoy harto de estar en la cárcel. Me debías de haber matado", confesó dos días después de su detención al propio inspector sevillano que lo ponía a disposición judicial.

Jean Claude Lucas se encuentra desde el día 2 de marzo del pasado año en la prisión provincial Sevilla-1, cumpliendo una condena de ocho años de prisión mayor por tenencia ilícita de armas. Recientemente una comisión rogatoria francesa, compuesta por dos jueces del país vecino y tres inspectores de la Seguridad Nacional de Francia interrogaron en la prisión a Jean Claude Lucas. El mafioso no quiso responder a ninguna pregunta. Fuentes del Ministerio del Interior han señalado a este periódico que es posible que en breve Lucas sea extraditado.

JESUS SPINOLA
En esta solitaria calle Jiménez Aranda se produjo la detención del que luego se supo que era un peligroso mafioso buscado por Interpol.

Historia peculiar

La historia de Jean Claude Lucas en Sevilla está revestida de numerosas anécdotas. Desde esa pregunta que fríamente le hizo en el juzgado al policía que lo detuvo a la exigencia de un intérprete en el juicio celebrado en abril del pasado año a pesar de que hablaba perfectamente el castellano.

Cuando fue detenido, el mafioso tenía habitación en el hotel Niza, en pleno centro de la ciudad y en Jerez también se le localizó otra habitación en un hotel de la localidad.

El "gangster filósofo", apodo con el que es conocido en Francia, dio su último golpe en el país fronterizo el día 24 de julio de 1987, cuando con otros individuos que fueron detenidos secuestró a punta de pistola al director de un banco y a su esposa, reteniéndolos durante toda una noche hasta que abrió la sucursal bancaria que atracaron. La Policía de Montluel consiguió hacer un cerco a los secuestradores-atracadores y tras un intenso tiroteo todos fueron detenidos, a excepción de Jean Claude Lucas que huyó a París.

En la capital de Francia Lucas tuvo la ocurrencia de convocar, en un lugar secreto, una rueda de prensa disculpándose por el secuestro de la familia del director del banco y lanzando duras críticas contra la Policía francesa por la operación de liberación de los rehenes en la que él consiguió escapar.

Cuando Jean Claude Lucas fue detenido en Sevilla tenía en su poder un recorte del periódico 'Liberation' que hacía alusión a esa rueda de prensa y en donde Lucas era bautizado con el nombre de "el gangster filósofo", apodo con el que también es conocido en las cárceles españolas donde ha estado internado.

La rueda de prensa provocó la indignación de la Policía francesa que lanzó todos sus efectivos a la caza y captura del 'gángster filósofo', quien totalmente acorralado se vio forzado a huir hacia España. Jean Claude, valiéndose de una de sus muchas identidades falsas llegó a la frontera de Port-Bou, y presentando una tarjeta de identidad como capitán de Protección Civil de Francia cruzó a nuestro país. Eso sí, tras los reglamentarios saludos de los agentes de la Guardia Civil que 'picaron' de la identidad falsa del 'gángster filósofo'.

Jean Claude Lucas hizo su primera parada en Figueras donde llevó a cabo un atraco para poder proveerse de dinero español. Un juzgado de Figueras tenía ordenada la busca y captura de Lucas cuando fue detenido por la Policía sevillana en la calle Jiménez Aranda.

Después de su detención le dijo al policía que lo había encañonado que debía de haberle matado para no ir a prisión.

SPINOLA
Cuando fue detenido vivía en una habitación del hotel Niza.

La costa mediterránea y el campo de Gibraltar fueron otros de los lugares visitados por Jean Claude Lucas en su periplo español.

La Policía sevillana barajo la teoría de que cuando fue detenido se encontraba preparando algún golpe gordo en Sevilla en compañía de un súbdito alemán que fue detenido también en Sevilla casi a la par que Lucas.

Pero la peculiar historia del 'gángster filósofo' en tierras sevillanas no acaba ahí, ya que la primera vez que tuvo que ser juzgado la vista oral tuvo que suspenderse porque el preso al parecer se 'había perdido'.

Nivel cultural alto

Cuando Lucas fue detenido el día 6 de mayo del 88 ingresó en la prisión Sevilla-1, donde al cabo de algunos meses se detectó que estaba ocasionando problemas en el centro penitenciario, por lo que fue trasladado a la prisión de alta seguridad de Alcalá-Meco.

Para el mes de febrero de 1989 estaba señalado el juicio, pero cuando iba a comenzar la vista en la sección primera de la Audiencia Provincial Jean Claude Lucas no estaba ni en los calabozos de la Audiencia ni en la prisión Sevilla-1, sin que en ese día nadie supiera donde estaba. Jean Claude Lucas se había perdido y por tanto el juicio tuvo que suspenderse.

Finalmente en el mes de abril del 89, casi un año después de su detención, Lucas compareció ante los tribunales españoles acusado de un delito de tenencia ilícita de armas y uso de documento de identidad falso y falsedad como medio para cometer un delito de estafa. El tribunal sevillano sentenció con ocho años de prisión mayor al 'gángster filósofo'.

Su negativa de hablar con los jueces franceses y sus intentos de confundir a la Policía española servirán para que nunca se logre conocer cual era el gran golpe que Jean Claude Lucas preparaba en Sevilla.

El policía que lo tuvo encañonado en plena calle Jiménez Aranda afirmó a este periódico que Jean Claude Lucas, tras su detención, se mostró como una persona culta, educada y de trato agradable.

La Policía considera un golpe de suerte y valor la detención del mafioso francés.

"Fueron unos segundos muy tensos. Lucas iba armado con un revólver y hubo que desarmarlo mientras era encañonado".

Por si faltaba una guinda al pastel de la historia española de Jean Claude Lucas, se puede apuntar ésta: el día antes de ser detenido -es decir el 5 de mayo- fue trasladado en un patrullero a la Jefatura Superior de Policía, para ser identificado, quedando en libertad gracias a su falsa identidad. Pero el colmo fue que en ese traslado a las dependencias policiales Lucas escondió un revólver de doble acción en el patrullero que lo trasladaba.

Article d'*El Correo de Andalucía* relatant la capture de l'auteur, en 1988.

Le terrain de sport du centre pénitentiaire d'Alcalá-Meco

Vue des Bâtiments
de détention de la
maison d'arrêt
de Villefranche-sur-Saône.

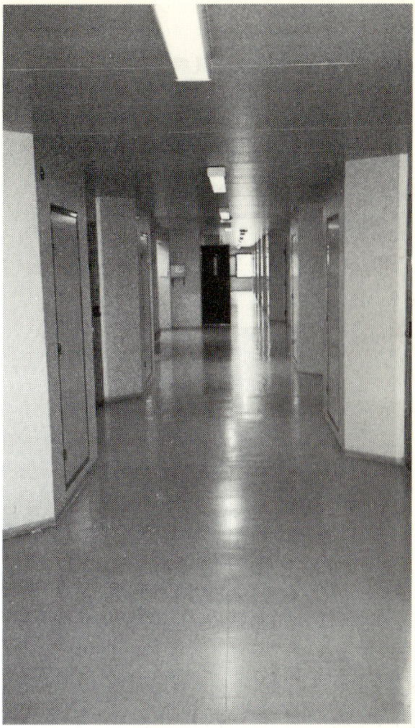

couloir,

Contrôle,

cellule...

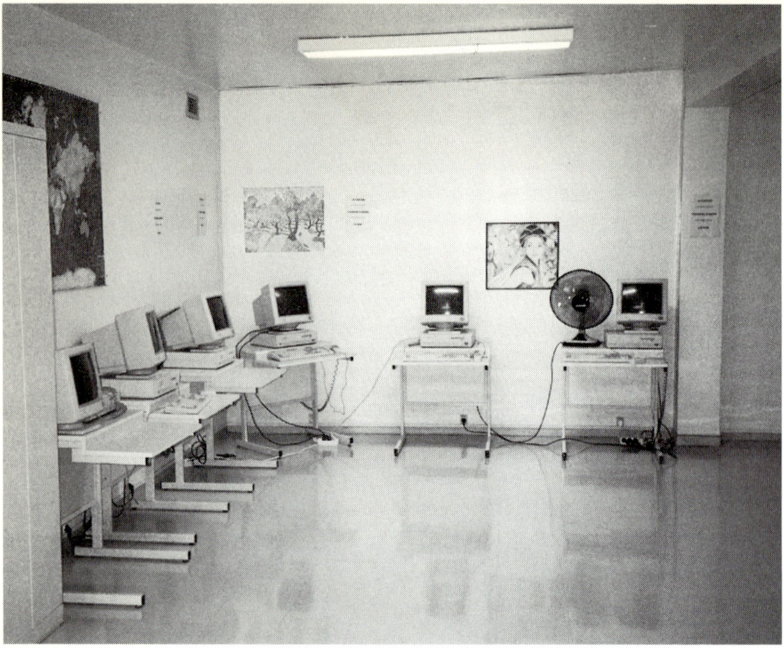

L'atelier informatique.

L'atelier peinture.

« Tu seras au moins assis, ajouta-t-il avec délicatesse, et tu ne seras pas absolument obligé de te laver les mains avant de manger un sandwich. »

Je donnai mon accord aussitôt. Tant de tact, n'est-ce pas...

Le contremaître de l'atelier, une blême petite chose hypocrite et infrahumaine que je devais bientôt surnommer Saturnin à cause de la poussière de plomb qui semblait lui boucher les synapses, n'y vit pour sa part aucune objection. Lui aussi (lui surtout) avait été abusé par le sérieux compassé de mon apparence, et il s'était imaginé, ce beauf de Machiavel, pouvoir torpiller ainsi par mon austère présence la belle harmonie voyoucratique de la correction. C'est ce qu'on appelle se planter.

Passé le cap des premiers jours de cohabitation, toujours difficiles pour moi à cause de ma maudite introversion, je me trouvai bientôt à mon aise dans ce bureau dont les deux titulaires se révélèrent de parfaits compagnons. Vincent, le second correcteur (DEUG d'histoire), un garçon de vingt-sept ans au caractère méfiant et ombrageux, eut besoin peut-être d'un peu de temps pour prendre toute la mesure de ma « présence ». Mais Serge, lui, me calibra rapidement ; et je surpris plus d'une fois son sourire rigolard tandis qu'il me regardait corriger d'un œil rêveur le fatras d'inepties qui passait quotidiennement entre nos mains. Ce fut lui qui vint, avec sa belle Mercedes, me chercher à la porte de la prison le matin de ma libération...

Nous ne travaillions qu'environ trois heures par jour, ne corrigeant qu'un certain nombre de pages — vingt exactement — en provenance de la Lino, en plus des plombs de la typo et des épreuves d'offset : ainsi en avait décidé Serge, pour ne pas inciter l'ineffable Saturnin à nous gaver de copies. Celles-ci passaient d'abord par moi en première lecture (puisque j'étais le dernier arrivé), puis par Vincent, et enfin par Serge à qui il revenait de superviser le tout et d'apposer son tampon de chef correcteur, ultime visa avant le « bon à tirer » de la direction.

Il va sans dire que tout l'intérêt, et même le seul intérêt du travail de Serge consistait à repérer *la* faute, généralement énorme, qui avait échappé à ma lecture comme à celle de Vincent. On avait alors droit à tout un grand-guignol d'exclamations et de trépignements hystériques, du genre : « Ils l'ont pas vue ! ILS L'ONT PAS VUE, CELLE-LÀ ! Je me paluche ! Je me paluche ! » Pièce dont nous lui rendions la monnaie avec intérêts quand parfois (pas trop souvent heureusement, car c'est Saturnin, alors, qui se fût « paluché ») *la* faute lui avait échappé également, et que la direction s'en était rendu compte avant — voire après ! — le tirage. À ces moments-là, grandioses, Vincent et moi nous levions de nos fauteuils et nous mettions à danser la danse du scalp au beau milieu du bureau, en martelant rythmiquement le sol et en ululant comme des Sioux : « Il l'a pas vu-e ! Hou-hou-hou-hou ! Youp-youp ! J'éjacule ! Il l'a pas vu-e ! Hou-hou-hou-hou ! Youp-youp ! J'éjacule ! »

Les voyous, au fond, sont de grands enfants incompris du CNPF...

Ces trois heures de « travail » accomplies, nous passions le reste du temps à lire, à rêvasser et à bavarder. Les conversations tournaient presque toujours autour du même thème : les femmes, la dernière permission, les femmes lors de la dernière permission, la prochaine permission, les femmes lors de la prochaine permission — bref, comme disait Serge : les « spermissions »...

La mienne, dès qu'elle fut acceptée, déchaîna bien entendu les plaisanteries les plus fines. Je cite entre autres :

« Tu sais qu'un tapin acceptant de te lire d'une voix douce en allemand un chapitre de *Sein und Zeit* pour essayer de t'exciter peut te demander jusqu'à cinq mille francs la passe, même avec notre recommandation ? » (Vincent.)

« Tâche de ne pas prendre un travelo brésilien pour une mineure orpheline ; un chagrin d'amour, à ton âge, ça ne pardonne pas. » (Serge.)

« Le toubib t'a dit que la poussière de plomb amplifie les effets inhibiteurs de l'andropause ? » (Serge.)

« Préviens le SAMU dès que t'auras repéré une nana. Ils t'assisteront pendant la saillie. » (Vincent.)

Etc.

C'était la raison pour laquelle, ce matin-là, j'appréhendais l'épreuve de l'atelier. Ç'allait être ma fête, et je n'avais pas le cœur à plaisanter, ni même à parler.

Je refermai la petite fenêtre que j'avais laissée ouverte pour que la cellule fût aérée pendant mon absence, et, à demi frissonnant, je me plantai devant le calendrier mural punaisé au-dessus de ma table : six mois. Il me restait six mois à tirer — une éternité ! Ç'allait être dur, très dur à présent de supporter ma détention. Non pas que ces derniers cinq jours m'eussent laissé un souvenir à ce point impérissable, ni que la perspective de ma relativement proche libération m'enfiévrât les sangs. Mais parce que.

Tout simplement, la prison, dorénavant, ne serait plus, mais plus du tout supportable.

Parce que.

Point.

Je n'avais pas manqué, bien sûr, de rendre visite à Antonin Buchat avant de réintégrer ma geôle. Le brave La Toune fut tout bouleversé de me revoir à l'improviste à l'heure de l'apéritif, et me crut libéré. Après lui avoir exposé la situation entre les rasades de 102 dont il m'abreuva, je le laissai à ses fourneaux, puis, le service terminé, nous déjeunâmes ensemble en compagnie de sa femme. Je passai ainsi à *La Mangeoire* une journée qui fut pour moi la meilleure de mon séjour à Lyon — une journée sans contraintes psychologiques ni fantômes latents, une heureuse parenthèse à l'intérieur de celle, absurde et fastidieuse, de la permission même.

À l'occasion de cette visite, mon hôte m'apprit qu'il faisait transformer sa maison, sise à Genas, à la périphérie de Lyon, en restaurant. Cela s'appellerait *La Gourmandine*. Quant à *La Mangeoire*, il la laisserait en gérance à partir du 1er janvier prochain.

« Je compte ouvrir *La Gourmandine* en mars, me confia-t-il. Vous ne serez pas là pour l'ouverture, mais on y arrosera votre libération un peu plus tard. Vous ne perdrez pas au change.

— Et si on se tutoyait ? » lui suggérai-je tout à trac.

Je lus dans son regard que ma proposition lui faisait un immense plaisir.

« Je n'osais pas te le demander, fit-il en éclatant de rire. Mais c'est vrai, hein, que c'est quand même tarte de nous vouvoyer ! »

Il me regarda, mi-rigolard, mi-indécis, et ajouta :

« C'est à cause de ton air... je ne sais pas comment dire. Enfin, sérieux, quoi.

— Je comprends, soupirai-je. On m'a surnommé l'Abbé, là-bas.

— Moi, j'aurais dit Monseigneur.

— Tu es beaucoup trop impressionnable. »

Et nous levâmes nos verres à ce resserrement de nos liens d'amitié.

Après le repas, tandis que sa femme vaquait avec les serveurs à la mise en place de la salle, nous allâmes nous asseoir à une table du bar, et je m'ouvris à La Toune de cette idée que j'avais eue chez Rouquemoute : Est-ce qu'il ne connaîtrait pas, lui demandai-je, quelqu'un parmi les ruffians de sa brigande corporation qui serait disposé à m'acheter de la marchandise en gros ?

« Quel genre de marchandise ?

— De la marchandise achetée avec des chèques bidon et des papiers balourds.

— Bien. Mais quelle marchandise ?

— Celle qui te semble susceptible d'intéresser un restaurateur.

— Du surgelé et de la viande fraîche, alors. Et du pastis.

— Et tu connaîtrais de ces rubiconds taverniers allergiques aux factures ?

— Ce n'est pas ce qui manque à Lyon. À commencer par moi.

— Toi, Antonin, il n'en est pas question », dis-je.

L'escroquerie aux chèques n'était pas ma spécialité, lui expliquai-je, et je pouvais commettre une erreur risquant d'entraîner la découverte du pot aux roses. Mieux valait donc qu'il se tienne en dehors de tout cela. En revanche, ce que j'attendais de lui était qu'il me recommandât à d'éventuels acheteurs, m'indiquât l'adresse des fournisseurs les plus faciles à berner, et me précisât la marche à suivre pour ne pas éveiller les soupçons de ceux-ci lors de mes prestations. Antonin Buchat me promit d'y réfléchir et m'assura qu'il aurait ces renseignements pour ma prochaine permission. Je l'en remerciai, lui promettant de régler ma dette à ma libération, et peut-être avant si tout marchait comme je l'espérais.

Le soir venu, Antonin Buchat voulut me retenir à dîner, mais je déclinai son invitation, prétextant un rendez-vous. À ma requête, il me prêta encore mille francs sans sourciller ; et je quittai *La Mangeoire*, ainsi rassuré sur ma solvabilité présente et sur les perspectives de mon avenir prochain. J'errai ensuite une partie de la nuit sous la pluie et les bourrasques de vent, sans souci pour mon beau pantalon à pinces dont, soudain, je me moquais éperdument... Trottinant derrière moi tel un chien affamé, l'Inéluctable m'accompagna jusqu'à mon retour à l'hôtel.

Le lendemain, j'étais allé me faire tirer le portrait dans une cabine Photomaton en suivant scrupuleusement les recommandations de Rouquemoute, que je retournai voir pour lui remettre les épreuves. J'étais allé également rassurer Hervé R..., en guise d'au revoir, sur l'état de mes chevilles ou la santé de mes otages, au choix. Puis j'avais fait viser de nouveau mon titre de permission, mais cette fois à l'annexe du palais de justice, place Bellecour, afin de m'épargner une seconde scène courtelino-kafkaïenne. Et voilà tout.

Les trois mois qui me séparèrent ensuite de la deuxième permission furent une espèce de cauchemar. Jamais encore l'univers carcéral ne m'avait paru aussi irréel ni aussi oppressant. L'air parfois venait à me manquer, et je regardais mes codétenus évoluer d'un lieu à l'autre de la détention telles des ombres à la fois familières et paradoxalement étrangères. Leur visage me rappelait quelque chose, mais qu'était-ce donc ? J'avais l'impression alors de ne pas pouvoir m'en souvenir vraiment, et cela ajoutait à mon angoisse. Le haschisch, bien sûr, entrait pour une large part dans cette évanescence ou cet effilochement de la réalité. Je m'étais mis en effet à en fumer plus que d'habitude. Mais au lieu de me détendre comme il faisait avant — je ne fume même pas de tabac en temps ordinaire, et quelques bouffées d'un joint suffisent à mon bonheur —, il avivait à présent mon malaise et amplifiait l'extranéité foncière de mon environnement. C'était d'ailleurs ce qu'inconsciemment je devais rechercher : non pas le soulagement ou la béatitude hilare qu'entraîne habituellement la consommation du haschisch, mais cette espèce d'enlisement onirique dans un entre-mondes fellinien, où êtres et choses, soudain caricatures d'eux-mêmes, se trouvent comme restitués au songe panique de leur origine.

Parmi ces créatures émanées du délire de je ne savais quelle bacchante mélancolique et soûle, la Duchesse figurait en bonne place, c'est-à-dire à la première, *ex aequo* avec le nouveau directeur qui venait de nous échoir. Ce succube à inhiber les lapins de garenne s'appelait Mme Leduc — d'où son surnom — et elle était professeur de psychologie sociale, section des étudiants « empêchés » de l'université de Nanterre. La prison devait lui faire courir sur l'échine de petits frissons délicieux, à cette femme. Non seulement en effet elle avait choisi d'enseigner au centre de détention, mais encore elle habitait non loin de celui-ci, sur l'autre rive de la Seine, d'où elle aurait pu sans problème adresser de son balcon des baisers fous et passionnés au grand amour de sa vie, Kurt M...

Kurt était un détenu autrichien, ex-play-boy de la jet-set, qui avait défrayé quelques années auparavant les chroniques judiciaire et mondaine à la suite d'une retentissante affaire de trafic de haschisch ayant eu pour cadre Saint-Jean-Cap-Ferrat. C'était un grand beau gars blond et sympathique, opportuniste et charmeur, dont cette vieille couenne ménopausée s'était évidemment amourachée. Il n'y aurait rien eu à redire à cela, en vérité, d'autant qu'un détenu y trouvait son profit. Mais cette chavirante candeur de collégienne rhumatisante ne parvenait pas à faire oublier l'hypocrisie froide et calculatrice de l'enseignante : elle ne faisait au contraire que la rendre plus criante et plus insupportable.

Sa spécialité était les débats à bâtons rompus qu'elle provoquait mine de rien sous couvert de nous dispenser ses cours de psychologie sociale, lesquels consistaient pour l'essentiel à nous faire établir des fiches de lecture d'ouvrages tels que *Logique de la communication*, de Watzlawick, ou *La Dimension cachée*, d'E. Hall. Pour le reste, elle étudiait surtout notre petit groupe d'étudiants empêchés (empêchés de la gifler, pour ce qui me concernait). C'est-à-dire qu'elle observait et enregistrait nos réactions à la faveur de ces débats informels et sans le moindre rapport avec le cours. La vraie étudiante, en fait, c'était elle, la Duchesse, dont nous étions les cobayes et sans doute aussi, je le subodorais, la matière de quelque thèse fumeuse qu'elle devait mijoter dans son grand côlon cérébral.

Le débat lancé, sur un thème généralement propre à susciter les passions, le terrorisme par exemple, ou la justice, il fallait la voir alors nous écouter, yeux mi-clos, comme une vieille chatte à l'affût feignant de se chauffer au soleil. Elle ne prenait bien sûr jamais de part active à ces conversations. Quand celles-ci s'enlisaient, elle se bornait à les ranimer vicieusement par une question ou une remarque faussement anodines ; ou bien, ce qui était plus efficace encore, elle laissait le silence se prolonger jusqu'à ce qu'il parût tellement insupportable, en raison précisément de sa présence à elle, muette et rendue redondante par ce mutisme même, que l'un d'entre nous finissait par craquer et le rompait alors d'un vague borborygme ou, comme il arriva un jour, d'un très inspiré : « Ouais, bon, c'est pas tout ça, mais si on parlait un peu de cul ? »

La Duchesse, ce jour-là, dut être aux anges. Une telle remise en jeu ne pouvait manquer en effet de lui paraître chargée d'un sens profond, c'est-à-dire freudien : elle était aussi psychanalyste...

C'est à cette autre facette professionnelle que nous dûmes sans doute de nous voir soumettre un jour cette question d'une délicatesse rare : « Ne pensez-vous pas, messieurs, que l'homosexualité pourrait être, à tout prendre, une solution à votre frustration sexuelle et affective ? Autrement dit, ne faudrait-il pas, dans votre situation, surmonter ce tabou de l'homosexualité ? »

Il y eut d'abord un silence, bref mais qui en disait long. Puis l'un de nous — un Voyou Intello — dit :

« Ça va pas la tête, madame Leduc ? »

Et il me regarda, sans doute pour s'assurer qu'il n'avait pas été victime d'une hallucination auditive.

Je lui dis :

« Fais gaffe, Charlie. Parce que si ça te choque de trop, ça pourrait signifier que tu n'es pas si frustré que ça, et alors Mme Leduc va demander à voir ta poupée gonflable. »

Nous éclatâmes tous de rire. La Duchesse évidemment ronronnait sur sa chaise, dans son attitude favorite d'« écoutante ». Elle était certaine qu'avec un tel sujet elle allait décrocher la timbale et pouvoir ajouter un chapitre charnière à sa thèse sur la sexualité des affreux Jojos en milieu appauvri.

Mais Charlie n'était pas du genre à laisser passer les affronts — en l'occurrence une insulte au bon goût et à la dignité — sans les rendre avec intérêts. Il se fendit d'un sourire canaille, et lâcha en rivant son regard dans celui mi-clos de la vieille chouette :

« Au fond, c'est une bonne question, madame Leduc. Et qu'a répondu Kurt quand vous la lui avez posée ? »

Le petit tas avachi de la Duchesse sursauta sous l'impact.

« Je ne vous permets pas, monsieur D... ! » couina-t-elle, rosissante de pudeur outragée.

Mais il était inutile de lutter avec Charlie. Celui-ci soutint sans ciller le regard courroucé de la psy-devant Duchesse, et susurra avec une candeur désarmante :

« Ben quoi, madame Leduc ? C'est un sujet tabou, ça aussi ? »

Charlie, bien sûr, fut recalé à son UV de psychologie sociale. La mère Leduc, apparemment allergique au Lacan-dira-t-on, y veilla. Kurt, en revanche, qui parlait le français à peu près comme moi le tagal ou le N'debele, obtint sans problème sa licence de psycho comme il avait déjà obtenu son DEUG l'année précédente. C'est-à-dire à califourchon sur les genoux de sa psychanalyste, laquelle, isolée avec lui dans la salle de classe où elle lui dispensait de prétendus cours particuliers, lui « freudonnait » amoureusement les réponses dans le creux de sa grande oreille virile.

Quand il apprit que son UV n'avait pas été validée, Charlie n'eut qu'un mot : « Autrichienne de vie, va ! » Mais il aimait bien Kurt, et moi de même. Nous allâmes donc tous deux féliciter ce dernier dans sa cellule. Sa brillante réussite à la licence méritait cet hommage de notre part : à défaut d'être une performance intellectuelle, en effet, c'en était une de *Realpolitik*. D'autant, comme disait Charlie, que peloter la vieille truie pouvait être considéré comme un périlleux TP de psycho-pathologie, et que de ce point de vue, il fallait admettre que le brave Kurt n'avait vraiment pas volé son diplôme...

Kurt rigola à notre arrivée. Il savait bien sûr que notre visite n'était pas entièrement désintéressée. Comme il l'avait déjà fait maintes fois, il sortit donc cérémonieusement d'un carton d'Évian une bouteille en plastique d'un litre et demi apparemment identique aux autres, la décapsula et nous en servit un grand verre chacun.

« *Prosit*, messieurs ! fit-il, hilare, en levant son verre.

— À la tienne, crapule teutonne ! » répondit Charlie en lui adressant un amical clin d'œil.

Et nous vidâmes nos verres cul sec, à la russe, d'un mouvement bref de la tête rejetée en arrière pour faire « tomber » la vodka au creux des reins — cette vodka couleur d'Évian que la Duchesse lui apportait chaque semaine dans cet emballage au-dessus de tout soupçon...

J'abominais cette femme pour son voyeurisme éhonté, et pour cette façon qu'elle avait de jouer sans vergogne de son autorité d'enseignante et de psy pour subjuguer certains détenus — ces accidentés sociaux, comme je les appelais — qui investissaient pathétiquement sur elle. Ces cours, en vérité, n'étaient qu'une comédie lamentable ; mais ce qui était pis, ils étaient surtout le scandaleux alibi qu'avait trouvé cette femme pour nous amener à produire là, à la faveur du jeu malsain qu'elle provoquait, tout un travail souterrain de distanciation à l'égard de notre situation, n'ayant d'autre objet que de nous la faire banaliser à notre insu. Car il ne s'agissait pas, bien sûr, de nous aider à dédramatiser ainsi la réalité carcérale, ce qui, bien que malhonnête, eût au moins eu le mérite de viser à soulager notre souffrance ou, comme elle aurait dit, notre frustration. Il s'agissait seulement de nous la faire paraître *normale*. La prison, pour cette mégère, n'était qu'un des modes du principe de réalité. D'où sa délicate invitation à considérer l'homosexualité comme un palliatif du désert affectif que nous traversions. Le monde est ainsi, nous disait-elle à sa manière inimitable, c'est-à-dire détournée. Acceptez-le comme il est et organisez-vous pour y survivre... Il ne lui serait pas venu à l'esprit, cela va de soi, de cautionner de son autorité et de son expérience professionnelles un desideratum que l'administration pénitentiaire comme les syndicats de surveillants rejetaient véhémentement : je veux parler de l'aménagement de ces parloirs intimes, baptisés (par Prénatal ?) « chambres d'amour », que les détenus réclamaient en vain depuis l'arrivée des socialistes au pouvoir. C'était pourtant là une solution qui aurait dû faire tilt dans sa ducale babasse. Il était là, le palliatif. Elle était là, l'oasis, la halte fraîche et déshydratante au cœur du désert affectif que traverse le détenu sur le chameau de sa culpabilité et de son échec...

Mais le monde est ainsi, oui, c'est elle au fond qui avait raison. Par bonheur, j'en avais fini avec ses pseudo-cours de psychologie sociale. Ne devaient plus me rattacher au souvenir de la Duchesse, dès lors, que mes visites de plus en plus fréquentes chez Kurt. À chacune d'elles, nous nous soûlions tous deux copieusement, alternant bières et vodka, et achevant ensuite de nous abstraire des contingences à l'aide de quelques joints bien chargés. Au cours de ces voyages ou de ces naufrages, comme on voudra, Kurt se mettait parfois à psalmodier quelque interminable mélopée viennoise et nostalgique. Je l'écoutais alors en hoquetant de rire, ou bien, l'œil atone, je tentais désespérément de déchiffrer dans les volutes de la fumée de haschisch les signes abscons que l'Absurde semblait dessiner dans l'espace pour moi seul.

Mon truc à moi, c'était le principe d'irréalité...

Il y eut encore deux permissions, comme je l'avais craint... Un beau jour en effet, qui l'eût cru ? Saturnin craqua, et le triumvirat de la correction fut saqué d'un coup, ce qui ne s'était jamais vu de mémoire d'imprimeur melunais. Notre style d'outre-Atlantique (pieds sur la table et écouteurs de Walkman aux oreilles), cette impression bizarre d'être transparent que nous devions lui donner quand il nous disait quelque chose, et cette compétence aérienne enfin — d'un simple survol du regard, hop ! la faute était pêchée comme une truite à la mouche —, avaient fini par faire douter le pauvret de l'idée qu'il se faisait du travail et du détenu. Il y remédia donc hystériquement en entrant dans notre bureau déguisé en tornade, glapissant et brandissant une épreuve d'offset comme un arbitre de football un carton jaune :

« Je vous vire ! Je vous vire ! hurla-t-il. Vous vous branlez de tout, eh bien, vous avez gagné ! Je vous vire ! »

Nous dégringolâmes brutalement des sphères lointaines où nous méditions et nous nous mîmes, cette fois en rase-mottes, à examiner ladite épreuve. Il nous fallut tout de même plusieurs lectures pour parvenir à débusquer enfin une pâle et dérisoire coquille que seul un collectionneur de fossiles précambriens armé d'une loupe et d'une longue patience aurait eu quelque chance de distinguer. Ou un Saturnin vicieux ayant juré de se débarrasser de nous.

Nous ne fûmes pas dupes, évidemment, de la scène qu'il nous jouait là. Serge et moi étions respectivement à un et deux mois de la libération ; c'était une occasion à ne pas laisser passer. L'Inepte en avait assez en effet de ne jamais pouvoir placer à la correction ses chouchous analphabètes et dociles. En nous virant, comme il bramait, tous les trois à la fois, il allait certes causer un embarras durable à l'imprimerie, mais en revanche il en aurait enfin fini avec ce bastion voyoucratique dont les membres avaient pris la fâcheuse habitude de se renouveler par cooptation, comme les Immortels du quai Conti.

Ce jour-là, nous ne dansâmes pas la danse du scalp intitulée : « Il l'a pas vu-e ! Hou-hou-hou-hou ! Youp-youp ! J'éjacule ! » Être viré de l'atelier signifiait en effet devoir rester enfermé une grande partie de la journée dans sa cellule. Dorénavant, à Serge comme à moi, les jours nous séparant de la libération allaient paraître longs, longs. Quant à Vincent, à qui il restait encore un peu plus d'un an à tirer, il devrait subir une période indéterminée de purgatoire avant de retrouver un emploi dans un autre atelier.

Pour comble enfin, si nous ne passâmes pas au prétoire, nous fûmes néanmoins punis d'une suppression de quinze jours de RPS. La tuile affreuse. Quinze jours de plus, en fin de peine, sont une éternité. Par chance, il me restait cette ultime permission de dix jours dont je m'empressai de déposer la demande : jusqu'au bout, il fallait disputer un moignon de soi à l'Hyène pénitentiaire.

Ma deuxième permission, Dieu merci, avait été fructueuse. Le vendredi 8 février, comme convenu, je m'étais rendu chez Rouquemoute. Celui-ci m'attendait en compagnie de mon futur associé, un grand gars blond et rougeaud taillé pour labourer le matin, moissonner l'après-midi et rentrer les foins le soir. Il me fut immédiatement sympathique. Il avait un curieux sourire de Joconde, subtil et à peine esquissé, qui surprenait dans ce large visage sanguin de décathlonien des champs de betteraves. Et dans son regard aussi, bleu comme celui de Rouquemoute mais placide et non pas fixe, passait par instants une lueur indéchiffrable, une espèce d'ironie légère et fugace qui donnait à penser que le lascar était infiniment moins nature que sa dégaine de journalier de choc ne le laissait supposer. Il était vêtu correctement, mais d'une manière neutre, sans recherche ni laisser-aller ni rien qui pût retenir l'attention. Et quand il parla, ce fut encore une autre surprise : sa voix était posée, presque distinguée, et son élocution comme son langage étaient ceux de quelqu'un d'instruit et de réfléchi.

Rouquemoute fit les présentations. Le gaillard s'appelait François L..., mais il répondait de préférence au surnom mystérieux de J'En-Viens. Quant à moi, je fus confirmé à cette occasion sous celui de l'Abbé auquel Rouquemoute paraissait tenir mordicus. Cela établi, j'allai m'asseoir sur le canapé néo-carolingien tandis que le maître de céans rajoutait un verre d'apéritif à mon intention. Odile-Ernestine était absente. Son bourreau l'avait expédiée Dieu sait où pour la circonstance. Seul Luther, affalé à nos pieds et dont la respiration sifflante et syncopée faisait craindre le pire à tout moment, aurait pu nous écouter ou lire sur nos lèvres. Mais par bonheur, l'animal était sourd, analphabète et teuton. Si bien que nous pûmes ourdir nos espiègleries en toute quiétude.

J'En-Viens se montra immédiatement intéressé par mon idée d'achats en gros de produits alimentaires. Le matin même, j'étais passé voir Antonin Buchat à Genas, dont la métamorphose de son domicile en *Gourmandine* touchait à son terme. Les adresses que je lui avais demandées étaient prêtes quand j'arrivai. Celles des clients : quatre restaurateurs dont il avait déjà le détail des commandes et qui n'attendaient plus que ma livraison ; et celles des fournisseurs : trois importants distributeurs de surgelé situés à la périphérie de Lyon, ainsi qu'une boucherie en gros du quartier de la Guillotière. En me remettant ces adresses, La Toune m'indiqua la bonne manière de procéder et, pour le reste, m'assura faire entièrement confiance en mon expérience approfondie du théâtre.

« Sur quelle base te paiera-t-on la marchandise ? demanda J'En-Viens.

— On touche la moitié du montant facturé hors taxe, cash à la livraison.

— Et à combien s'élèvent tes commandes ?

— À une moyenne de quinze mille francs chacune. Il y en a quatre. On empoche une plaque et demie toi et moi si tout va bien, et si tu es d'accord.

— Ça marche ; c'est un boulot qui m'amuse. »

Et il ajouta, avec son sourire de Joconde :

« J'ai déjà acheté des moutons sur pied comme ça, à des paysans. »

Je le regardai, interloqué.

« Des moutons sur pied ? »

Rouquemoute intervint :

« Faut sortir un peu de ton presbytère, l'Abbé. Aujourd'hui, les paysans ont la hi-fi sur leurs tracteurs, et ils reçoivent d'abord par fax la tronche d'une vache et un gros plan de ses pis avant de l'acheter.

— Je vois. Et pour le taureau ?

— Le Minitel rose, évidemment, mon petit cœur », répondit Rouquemoute en minaudant de manière impayable.

Nous nous mîmes à rire, sur quoi notre hôte leva son verre.

« Au business, les aminches ! dit-il.

— Au business ! » répondîmes-nous avec entrain.

Puis Rouquemoute alla farfouiller dans le tiroir du buffet et en sortit un petit paquet qu'il me remit.

« Tes lettres de créance », fit-il.

J'ouvris le paquet : c'étaient les carnets de chèques « bidon » et les papiers d'identité « balourds ». Pour la BNP, je m'appelais Jean-Michel Lanier, et pour la Poste, Claude Cherruy. Dans les deux cas, j'avais une tête de parfait honnête homme, à la mine grave et au beau regard franc fixé tout là-bas sur la ligne bleue des Vosges.

« C'est parfait, Rouquemoute, dis-je. Je me sens légèrement biloqué. Serait-ce le signe avant-coureur d'une décorporation imminente ?

— Ce n'est rien, me rassura l'autre. Au début, la réinsertion, ça fait toujours ça. »

Restaient à préciser deux choses encore. Je dis à J'En-Viens :

« Tu disposes de calibres, à ce que m'a dit Rouquemoute ?

— Exact.

— Il m'en faudra un pour mon numéro chez les fournisseurs », dis-je.

Rouquemoute sursauta.

« T'as besoin d'être enfouraillé pour signer des chécos ? » fit-il.

Je dus lui expliquer que nous allions opérer dans des établissements dont les employés étaient des manutentionnaires robustes et bornés qui n'y regarderaient pas à deux fois pour nous assommer à coups de palettes si la caissière se mettait à crier au voleur.

« Et il est tout à fait hors de question qu'un ouvrier porte la main sur moi, conclus-je péremptoirement.

— Alors quoi ? fit Rouquemoute. Tu vas fumer une compagnie de smicards pour quelques kilos de cuisses de grenouille ?

— Entre sortir un calibre et commettre un génocide de classe, il y a tout de même une marge, non ? »

J'En-Viens abonda dans mon sens.

« Il a raison, Rouquemoute, dit-il. On ne peut pas se permettre de commander quinze mille francs de camelote en rase campagne les mains dans les poches en sifflotant. En plus, il va nous falloir du temps pour charger la marchandise. Ce qui en donnera aussi à la caissière pour renifler le chèque de l'Abbé sous toutes les coutures. »

Je saluai *in petto* le pragmatisme de mon futur compère, et j'ajoutai à l'intention de Rouquemoute :

« Par ailleurs, je te rappelle que je suis en permission. Je n'ai pas envie de faire le voyage du retour entre deux pandores, comme un vagabond.

— Et moi, je suis en cavale, renchérit J'En-Viens. Avec une femme et deux gosses à nourrir. »

Rouquemoute agita une main, vaincu.

« Ça va, ça va, dit-il. Ce que j'en disais, c'est parce que, de mon temps, on tapait aux chécos en gants blancs, une fleur à la boutonnière.

— Mais oui, Rouquemoute, susurrai-je. Seulement aujourd'hui, les paysans parfument leurs veaux au Balenciaga avant de les présenter à l'hôtel des ventes, et les escrocs ont un Colt à la ceinture. Faudra sortir un peu de ton magasin d'antiquités, dès que tu auras un moment. »

Rouquemoute se tourna vers J'En-Viens.

« J'ai supporté ça dix-huit mois dans ma cellule, et sans pastis, soupira-t-il. Et on dit que j'ai mauvais caractère ! »

Sur quoi il remplit de nouveau nos verres. J'En-Viens enchaîna en s'adressant à moi :

« À propos de Colt, j'ai justement deux .45. Je t'en passerai un pour braquer dimanche, et tu n'auras qu'à le garder pour la suite du programme. On fera la tournée des fournisseurs le lendemain, je suppose ?

— Exactement. Dès lundi, deux fournisseurs deux matins de suite, à partir de 6 heures. Ce n'est pas la peine de saloper le travail en essayant de tout faire le jour même n'importe comment. Si tu es d'accord, bien sûr.

— Pas de problème. »

Rouquemoute se marrait.

« M'invitez surtout pas, les mecs, supplia-t-il. À cette heure-là, j'ai les yeux tellement collés que je ne pourrais pas distinguer une queue de langouste d'un pied de cochon.

— Au fait, et tes crampes ? m'enquis-je avec délicatesse. C'en est où ?

— Eh bien, tu ne vas peut-être pas me croire, l'Abbé ; mais Ernestine a trouvé un truc pour me les faire passer. Et c'est mieux que Lourdes.

— Le toboggan mandchou ?

— Non ; ça, c'est pour les aigreurs d'estomac. Pour les crampes, elle me fait la varappe philippine. Tu connais ?

— Euh...

— Laisse tomber, l'Abbé. Tu vas t'emmêler les valseuses dans ta soutane. »

Je me le tins pour dit et abordai le second point restant à éclaircir : les véhicules. Rouquemoute m'apprit qu'une Visa GTI toute fringante nous attendait, grâce à ses soins, dans un box dont il venait de donner l'adresse et les clés à J'En-Viens. C'était parfait pour un braquage à deux. Quant au véhicule avec lequel nous ferions la tournée des fournisseurs, J'En-Viens me rassura : il savait où se procurer un break 304, idéal également pour ce genre de prestation.

« D'ailleurs ça tombe bien, ajouta-t-il. On l'utilisera dimanche comme véhicule relais après le braquage. »

Mon associé me dit encore qu'il ferait faire samedi deux jeux de plaques minéralogiques différents — un par paire de fournisseurs. Décidément, ce garçon était une perle. Comme nous étions sur le sujet, j'estimai opportun de lui préciser que, bien que j'eusse mon permis, je ne savais pour ainsi dire pas conduire...

« Rouquemoute m'a mis au courant, en effet », dit-il en posant sur moi son regard placide.

S'il était intrigué, il ne le montra pas. Rouquemoute, en revanche, n'hésita pas à émettre un ricanement prolongé.

« Et peut-on savoir pourquoi Son Éminence ne daigne pas se mettre à conduire comme tout le monde ? demanda-t-il.

— Pour la même raison que celle pour laquelle les officiers de la Royale refusaient autrefois d'apprendre à nager, répondis-je avec simplicité. Pour rester digne dans le naufrage. »

Rouquemoute se tourna vers J'En-Viens.

« Tu m'excuseras, dit-il. Mais c'est le seul manœuvre avec casier judiciaire que l'ANPE a pu me fournir. Tous les autres savaient conduire, mais ils étaient honnêtes. »

J'En-Viens ébaucha son énigmatique sourire.

« L'essentiel est que sa belle écriture plaise et qu'il ait de la chance aux courses », dit-il en m'adressant un clin d'œil.

Notre briefing prit fin sur ces paroles. Rouquemoute se leva pour aller mettre à chauffer l'eau des pâtes — des spaghettis dont il avait passé la matinée, prétendit-il, à préparer la sauce carbonara. Quand J'En-Viens le menaça de fouiller la poubelle à la recherche de la boîte de sauce Buitoni s'il persistait à nous prendre pour des jobards, il se mit à siffloter. Tandis qu'il s'affairait ainsi dans la cuisine, J'En-Viens et moi achevâmes de faire connaissance autour de la bouteille de pastis. Nous tombâmes bientôt d'accord pour passer l'après-midi ensemble. Sitôt expédié le déjeuner, nous irions chercher le break 304, puis il me montrerait le café PMU et l'itinéraire de fuite qu'il avait arrêté quelques jours auparavant. Au passage, nous choisirions le lieu du relais où nous changerions la Visa pour le break après le hold-up. Du coup, je suggérai d'aller voir aussi où se nichaient nos fournisseurs. Il risquait en effet d'être malaisé de trouver leur adresse dans l'obscurité pluvieuse des petits matins de février. J'En-Viens estima l'idée judicieuse, et nous passâmes à table.

Je ne vis pour ma part aucune différence entre ces spaghettis à la carbonara et ceux à la bolognaise qui m'avaient été infligés lors de ma visite précédente. Mais peut-être était-ce dû à cette garniture de carillons de Fourvière, qui brouillait les saveurs les plus subtiles, fussent-elles buitoniennes...

J'eus de la chance aux courses.

Le hold-up du PMU, le dimanche soir, ne fut qu'une aimable saynète. Comme l'avait voulu Rouquemoute, je donnai le change au patron en lui intimant d'ouvrir son coffre-fort. Le rusé bonhomme s'empressa d'obtempérer et, dégoulinant de soumission navrée, il me remit une boîte en fer à l'intérieur de laquelle gisaient trois rouleaux de pièces de monnaie et quelques misérables coupures de vingt francs.

« C'est tout ce qui reste, monsieur, larmoya-t-il. Après les jeux, je porte toujours l'argent à la banque.

— Un dimanche ? hurlai-je.

— Je mets l'enveloppe dans la boîte des dépôts, monsieur. Vous savez, c'est comme une boîte aux lettres... »

Il était touchant, l'affreux. Je feignis une grosse colère et allai ouvrir le tiroir-caisse du bar. Près de la porte d'entrée, massif et calme, impressionnant avec sa cagoule, J'En-Viens tenait en respect les quelques clients qui se trouvaient là, groupés à une même table au beau milieu de la salle. J'empochai le maigre contenu du tiroir-caisse, comme l'auraient fait les braqueurs du dimanche qu'il fallait laisser croire que nous étions. Puis je me dirigeai vers la cuisine. Là, tel un junkie épileptique, je me mis à tout bouleverser, jetant pêle-mêle à terre le contenu des placards, du buffet et même du réfrigérateur ! Ayant trouvé depuis longtemps la boîte de biscuits remplie de liasses de billets, je revins enfin dans la salle, brandissant l'argent. Derrière moi, la cuisine paraissait avoir été balayée par une tornade philippine.

« À la banque, hein, gros porc ! hurlai-je sous le nez du bistrotier. La boîte des dépôts "vous-savez-monsieur-c'est-comme-une-boîte-aux-lettres", hein ! »

Le patron était devenu blême, et dans ses yeux étincela une velléité de révolte. Je lui administrai aussitôt une petite tape légère et affectueuse sur la joue, et lui dis sur un ton radouci :

« Tu sais que j'ai bien failli te croire, mon bébé ? Tu sais que tu es doué, toi ? »

Sur quoi nous prîmes congé : l'opération venait de nous rapporter quelque cinquante-cinq mille francs.

Mon écriture aussi, ma belle écriture, plut.

Mais je ne pris aucun plaisir à ces escroqueries gastronomiques. Ce fut monotone et sans gloire. D'une facilité désolante aussi. Chaque fois la caissière goba machinalement mon chèque comme une poule d'un élevage de Pavlov. J'En-Viens avait revêtu pour la circonstance une veste de cuisinier artistement maculée de taches de graisse et autres matières indéfinissables, et il fut parfait dans son rôle de fidèle cuistot accompagnant son patron au marché. Chaque fois également, les employés nous aidèrent à charger la marchandise dans le break — et voilà tout. Le seul vrai risque, en fait, était que notre Colt nous tombât de la ceinture au cours de ces manutentions. C'était à vous dégoûter d'être voleur. J'eusse été plus ému en allant pointer à l'usine, une de ces grandes usines comme celle de Renault à Boulogne-Billancourt, où un puissant sentiment d'angoisse doit vous étreindre quand vous en franchissez le seuil... Certes, cela nous rapporta un peu plus de trente mille francs, mais il avait fallu travailler tôt, deux matins de suite. J'avais du reste baptisé cette opération « Opération potron-minet », ce qui fit beaucoup rire J'En-Viens, qui avait du vocabulaire.

La part du hold-up revenant à Rouquemoute déduite, mon associé et moi empochâmes chacun trente-trois mille francs. C'était modeste. Mais tout s'était passé sans la moindre anicroche ; les restaurateurs nous avaient payés rubis sur l'ongle à la réception de la marchandise ; et trente mille francs, ma foi, quand on est permissionnaire et philosophe, sont une somme propre à vous encourager à persévérer dans votre être... Par ailleurs, ces opérations avaient été l'occasion pour J'En-Viens et moi d'apprendre à nous connaître et de nous apprécier mutuellement. Or dans ce milieu, une estime forgée sur le terrain peut être une assurance sur l'avenir.

Avant de prendre congé de cet excellent garçon, je tins à lui acheter l'automatique qu'il m'avait prêté ces derniers jours. C'était le classique .45 ACP, modèle 1911 A1, de l'armée américaine, plus connu dans le milieu sous l'appellation de « 11,43 », qui est la mesure de son calibre en millimètres. Le Colt avait été parfaitement entretenu et se trouvait comme neuf. Il me le vendit cinq mille francs, et me fournit en sus un chargeur de rechange, un nécessaire de nettoyage et deux boîtes de vingt-cinq cartouches, type « Blazer », non rechargeables. Il me dit de lui faire signe quand je voudrais d'autres munitions : l'un de ses amis les fabriquait lui-même. Son domicile étant grillé à cause de sa cavale, il me communiqua également l'adresse d'un bar où je pourrais le contacter à l'avenir sans avoir à passer chaque fois par Rouquemoute ; et nous nous serrâmes chaleureusement la main. Ce n'était bien sûr, nous n'en doutions ni l'un ni l'autre, qu'un au revoir...

Enfin, je revis Paul Greppo. Il avait obtenu une courte permission de trois jours ; mais dans moins d'un mois il serait transféré à la prison Montluc où il bénéficierait du régime de la semi-liberté. Nos retrouvailles eurent lieu dans un bistrot proche de son domicile à Villeurbanne et furent brèves : Paul voulait consacrer en effet le plus de temps possible à sa fille dont il avait été trop longtemps séparé. J'étais ému de le revoir ainsi — dehors, à l'air libre... Son bon regard exprimait le soulagement, la délivrance, et son sourire, d'ordinaire contenu, un rien brimé, s'épanouissait ce jour-là sans retenue : les lendemains qui chantent se profilaient à l'horizon.

Il dit :

« J'ai une piste à l'université, grâce à un prof. Un petit job temporaire qui m'a permis de décrocher la semi et que je pourrai peut-être garder à ma libération. Je me recycle, mec... »

Et il se mit à rire doucement. Je me souvins alors de nos conversations dans la cour « camembert » de Saint-Paul, et de l'amertume qui m'avait saisi lorsqu'il m'avait demandé : Pourquoi braques-tu ?... Non, les lendemains, pour moi, ne chantaient pas encore. Ne venais-je pas de reprendre du service avant même d'être libéré ?

Nous convînmes de nous revoir au plus tôt ; et, après son départ, je me demandai comment il se faisait qu'en sa présence le sentiment pénible d'avoir irrémédiablement gâché ma vie me submergeait si totalement...

Une image encore traînera dans ma mémoire, des derniers mois de mon incarcération : celle, touchante, de quelques détenus jouant dans la cour à la pétanque avec un surveillant. Le syndrome de Stockholm dans sa version provençale... Au fond, l'effet le plus pernicieux, le plus irréversible de la prison sur le détenu était celui-ci : l'inexorable dissolution de son identité. Par bonheur, moi, d'identité, je n'en avais pas. Le nom de Christian Lhorme fut tout de même effacé de la liste d'appel le samedi matin 25 mai 1985, peu avant 8 heures. Mais il s'agissait peut-être de quelqu'un d'autre ?...

10

Ce matin-là, comme il avait promis, Serge m'attendait devant la porte, sa belle Mercedes gris métallisé garée presque sous la caméra de télévision qui surveille l'entrée de la prison. Il se tenait adossé au capot de l'automobile, bras croisés ; une cigarette blonde brûlait entre ses longs doigts fuselés et un sourire goguenard flottait sur ses lèvres. Toute son attitude exprimait une insolence jubilatoire, et je compris que ma libération lui avait offert l'occasion bénie de narguer une dernière fois l'administration pénitentiaire. À mon apparition, il lança son expression favorite de sa voix de titi :

« Alors, p'tite tête de ratagna ? »

Et nous nous fîmes la bise afin que rien ne manquât à cette scène de polar de série B. Devant son écran de télévision, le surveillant de service devait se croire connecté sur Canal +...

Nous prîmes notre petit déjeuner dans une brasserie du centre-ville, puis nous filâmes sur Paris. Le ciel était d'un bleu limpide, Manu Dibango chantait dans l'autoradio ; et je regardais, vaguement nauséeux, l'œil atone, défiler le long de la route ces enseignes tonitruantes qui foisonnent aux abords de la capitale : MARAFOCON, TYDAR, TALTO, MOUTHMA, NEXLIMOU, etc. Je les recomposais en verlan pour ne pas sombrer dans la neurasthénie, mais je m'avisai bientôt que même à l'envers, ces totems comminatoires me déprimaient tout autant.

« À quoi tu penses, mon bébé ? demanda Serge.

— Je m'extasiais silencieusement sur la beauté du paysage postmoderne que tu me fais traverser entre autres épreuves.

— Tu croyais peut-être que j'allais t'emmener en lune de miel à Trouville ?

— Tu ne m'emmènes pas en lune de miel à Trouville ?

— Écoute, ma louloute. Je t'affranchis tout de suite avant que tu ne publies les bans ; j'en aime une autre.

— Déjà ?

— Ouais. Je l'ai rencontrée au Minitel.

— Elle a des sous ?

— Elle a une maison quelque part au soleil.

— Le Prophète a dit : "La mousmé qui a une maison au soleil quelque part peut se dispenser d'être callipyge autre part."

— Elle est quand même callipyge, et son sourire me fait craquer. J'ai d'ailleurs l'intention de tomber amoureux d'elle avant l'hiver.

— Tu l'as déjà vue ailleurs qu'au Minitel ?

— Évidemment, gros niais. Elle est montée à Paris rien que pour me voir.

— Ah ! Paris ! Visitez la tour Eiffel et grimpez le grand Serge, et la province ne vous semble plus qu'une morne plaine.

— Eh oui !... »

Serge me tapota la cuisse et susurra, hilare :

« Tu n'es pas fâché, mon biquet ?

— Et ces affaires dont tu veux me parler ? Elles ont quelque chose à voir avec ce grand amour désintéressé ?

— Oui et non. En fait, je veux remonter mes billes et raccrocher. Je crois que ça va gazer avec cette nana ; elle est intelligente et super sympa. M'installer avec elle dans le Midi serait l'idéal. J'ai trop d'amis par ici ; si je ne veux pas retomber dans les mêmes salades, il faut absolument que je décarre... »

Et il ajouta :

« Je songe même à chercher un job. Tu te rends compte ? »

Je ne répondis pas. La cassette de Manu Dibango s'était arrêtée, et l'on n'entendait plus que le ronronnement régulier du moteur de la Mercedes. Le ruban d'asphalte se précipitait sous les roues de la voiture ; une herbe jaunâtre et rase recouvrait les bas-côtés de la route ; et, par-ci par-là, on pouvait voir quelques arbres, quelques vestiges de nature que n'avait pas encore étouffés l'exubérante floraison des panneaux MARAFOCON, TYDAR, MOUTHMA, TALTO et autres NEXLIMOU. Je trouvai que c'était dommage.

« Et tu veux monter sur un dernier braco avant de pointer à l'ANPE, c'est ça ? finis-je par demander.

— T'es pas fou ? Un braco ! Ne me parle surtout plus de braco ! Plus de risques ! J'arrête tout !

— Allons bon, soupirai-je. Encore un.

— Quoi, encore un ?

— Des amis de Lyon... L'un ne veut plus se mouiller et se lance dans des trafics ; l'autre suit des pistes et parle de job... C'est la grande débandade. On renie ses valeurs ; on foule ses rêves aux pieds ; on mue, on a du poil partout et on veut se marier. C'est la fin, quoi.

— Écoute, mon bouquetin des cimes. Je viens de tirer huit piges pour romantisme aggravé, sous prétexte que mon .357 avait une érection chaque fois que je passais devant une banque. Alors, hein, tu m'excuseras, mais le priapisme crapuleux, terminé, je suis guéri.

— Bon, bon... »

Je me mis à siffloter, en signe ostentatoire de désapprobation. Serge rit.

« Franchement, dit-il, à quarante piges, tu comptes encore monter sur des bracos ?

— Je n'ai aucun projet précis. Je crois que je vais me laisser ballotter par la vie, d'un bord sur l'autre, comme un bateau ivre.

— Ouais, bon. Et cet ami qui se lancerait dans des trafics, c'est un Lyonnais ?

— Bon teint, connu et estimé.

— Ça colle avec ce dont je veux te parler. On me propose une association dans une magouille de cassettes vidéo pirates qui fonctionne déjà bien sur Paris. Si j'accepte, j'aimerais pouvoir apporter quelque chose.

— Tu veux agrandir le marché ?

— Exact. Tu crois que ça intéresserait ton ami ?

— Sûrement.

— Parfait. Le marché lyonnais, avec des gens sérieux, c'est du tout bon. Je t'expliquerai le topo en long et en large pendant le déjeuner. »

Serge m'administra une lourde claque sur la cuisse, ôta la cassette de l'autoradio, et s'enquit avec gracieuseté :

« Qu'est-ce que tu veux que je te mette comme zizique pour voir la vie en rose crevette, mon bigorneau d'Armor ?

— Tu n'aurais pas la messe de Pâques chantée en grégorien par les saints moines de l'abbaye de Ligugé, par hasard ?

— Non, mais j'ai *Ma cabane au Canada* par Line Renaud. Tu verras, ça va te plaire. »

La matinée me parut interminable. À Paris, Serge alla prendre rendez-vous chez un garagiste de ses amis pour une révision de sa Mercedes, et il resta près d'une heure à bavarder avec l'homme-cambouis. Puis il m'emmena au Sentier chez un autre de ses amis, celui-là grossiste en prêt-à-porter. Après une autre heure passée en palabres et en essayages au milieu d'une cohue de manutentionnaires, j'en ressortis avec un paquet de survêtements, de jeans, de tee-shirts, ainsi qu'avec un splendide blouson de cuir et un anorak en Gore-tex ; le tout offert par la maison...

« Et chez Renoma, Gucci, Dior ? balbutiai-je, ému, en sortant. Tu n'aurais pas aussi tes entrées ? »

Mais non ; là, il n'avait pas. Ni d'ailleurs, apparemment, dans aucun des bars de la capitale, ce qui commençait à me mettre les nerfs à vif. Ces deux haltes et le temps passé à circuler dans Paris avaient eu raison de la matinée. Il était presque midi, et à cette heure-là, à l'époque heureuse où j'étais en prison, c'est-à-dire hier encore, j'avais déjà ingurgité deux ou trois bières et gobé ma ration de vodka en compagnie de mon ami Kurt.

Et je ne pouvais même pas me plaindre : Serge abominait les alcooliques... Je pris néanmoins mon courage à deux mains avant de mourir déshydraté dans un embouteillage, et je suggérai d'un ton dégagé :

« Si tu as des cigarettes à acheter, mon tout-en-sucre, n'hésite pas à t'arrêter au prochain bar-tabac. Tu en profiterais pour faire un gros pipi, tandis que je nous commanderais un Viandox léger. Qu'en penses-tu ? »

Serge me lorgna du coin de l'œil, consulta sa montre Cartier, une vraie et non une imitation piémontaise, bougonna qu'il pisserait volontiers mais qu'il boirait plutôt un jus de tomate. Et nous trouvâmes bientôt à nous garer non loin d'un bar-tabac, un vrai également, un qui n'était pas un mirage saoudien. En franchissant le seuil du dispensaire, j'émis un soupir qui aurait pu me transformer en montgolfière.

Mon altère-ego m'abandonna aussitôt devant le comptoir pour aller chercher un jeton de téléphone à la caisse, et fila aux toilettes du sous-sol. Dès qu'il eut disparu, je commandai deux jus de tomate et fis verser dans le mien cinq doses de vodka pour transformer l'infâme purée de légumes en Bloody Mary de choc.

« Vous comprenez, expliquai-je au barman qui rigolait, le grand machin qui m'accompagne est mon directeur commercial. Ça sort de HEC, ça se shoote au Bifidus et ça porte des caleçons imprimés fleurs et paillettes de chez Jean-Paul Gaultier. Et moi, je me farcis ce yuppie aseptisé depuis ce matin rien qu'avec un petit crème dans le ventre. Inouï, non ? »

Et je le priai de se payer rapidement. Quand Serge revint, j'avais bu juste ce qu'il fallait pour que le contenu de mon verre fût au même niveau que le sien, et j'avais fait disparaître le ticket de caisse d'une chiquenaude après l'avoir froissé en boule. Le crime parfait.

Serge dit :

« Tiens, tu t'es mis aux boissons horticoles, toi aussi ?

— Bof ! Il y a longtemps. Avant, je buvais du Cinar.

— Qu'est-ce que c'est que ça ?

— Une boisson bretonne à base d'artichaut.

— Je vois. On en remplit la poche du biniou et on aspire. Allez, tchin !

— Tchin ! »

Nous vidâmes rapidement nos verres, car Serge m'annonça qu'il venait de réserver une table pour 13 heures chez un restaurateur de ses amis, aux anciens abattoirs de la Villette. J'observai finement :

« Dis donc, mon grigou, tu as des amis dans tous les corps de métier, toi ! »

Il me répondit alors en minaudant, juste au moment où le barman rinçait des verres sous notre nez :

« Hélas non, ma Joconde ! Sinon, je t'aurais déjà offert cette bague de fiançailles que tu me réclames depuis si longtemps... »

Le barman me sembla être parcouru d'une onde électromagnétique de forte intensité, et il me lança un regard étrange qui m'englua jusqu'au scrotum. Non, décidément, le crime n'était pas du tout parfait. J'aurais dû étrangler sans pitié ce complice encombrant, sitôt la potion servie...

Notre repas chez son ami de la Villette fut un vrai déjeuner d'affaires. Serge m'expliqua le topo des cassettes vidéo pirates en long et en large comme il avait dit. L'équipe, appris-je ainsi, disposait des matrices d'origine et s'était installée dans une villa de location où elle enregistrait les films sur une batterie d'une demi-douzaine de magnétoscopes tournant 24 heures sur 24. Le catalogue était la copie conforme, régulièrement remise à jour, de celui de la maison de production qu'ils pirataient. Toutes les étapes de l'opération, de la duplication à l'emballage, se trouvaient parfaitement au point et aboutissaient à un produit indiscernable de l'authentique, propre à séduire les distributeurs les plus frileux. Il m'incomberait donc, si cela m'intéressait, de « cibler le marché lyonnais ». Sur quoi Serge me communiqua les tarifs, bien entendu dégressifs au prorata des commandes, et évoqua pour finir la question de mes primes de responsable de secteur.

« As-tu bien tout entravé, ma puce en silicium ? s'enquit-il au terme de son exposé.

— Euh... oui. Juste une petite question : une fois complètement parasité le marché national, est-il prévu de lancer une OPA sur la maison de production ? »

En fait, sa proposition m'intéressait médiocrement ; je donnai néanmoins mon accord, par amitié pour lui, et aussi pour Rouquemoute qui n'allait pas manquer de sauter à pieds joints sur l'occasion. Par ailleurs, Serge voulant n'avoir affaire avec personne d'autre que moi, je n'allais être qu'une espèce d'intermédiaire — ce qui était bien suffisant, compte tenu des problèmes qu'à plus ou moins long terme ce genre de trafic finit immanquablement par entraîner...

Le repas achevé et le café bu, le patron vint s'asseoir quelques instants en notre compagnie, armé d'une bouteille de vieil armagnac et de trois verres à dégustation. Il avait une bonne bouille ronde et sanguine comme celle d'Antonin Buchat. Serge me présenta comme sa nouvelle conquête et lui demanda ce qu'il en pensait. L'autre me recommanda de fouetter Serge un peu plus fort la nuit prochaine pour lui apprendre la politesse. Sur ces fines plaisanteries et quelques autres qui, l'armagnac aidant, me parurent presque savoureuses, nous prîmes bientôt congé. Serge devait me déposer à la gare de Lyon pour le TGV de 16 heures.

Sur le chemin du retour, nous réglâmes encore quelques détails, et il me communiqua un numéro de téléphone où le joindre. Je codai aussitôt le numéro, ce qui donna ce texte édifiant : « Ouvre mon cœur, Seigneur, et referme mes plaies » (sainte Barbe) — sainte Barbe faisant aussi partie du code...

« Et toi, ma louloute, où c'est-y que tu vas crécher à Lyon ? demanda Serge quand j'eus terminé l'opération.

— Ma foi, je n'en sais rien.

— Ce n'est pourtant pas les pochetées qui manquent. Tu n'en as pas encore trouvé une qui accepterait de jouer du xylophone sur tes vieux os la nuit dans sa mansarde ?

— Non.

— Qu'est-ce que tu as foutu pendant ta dernière perme ? Un check-up chez un gérontologue, ça ne dure quand même pas dix jours, si ? »

Qu'est-ce que j'avais fait, effectivement, pendant cette dernière permission ? À part une journée passée avec Paul, qui se trouvait en semi-liberté, je ne m'en souvenais plus. En tout cas, je n'avais ni braqué de PMU ni escroqué de grossistes en surgelé. J'En-Viens n'était pas là : « Il fléchait quelque part — m'avait appris Rouquemoute — avec une équipasse de braqueurs foutraques, et qu'un jour ou l'autre ç'allait mal tourner... »

Serge enchaîna :

« Si tu veux un conseil, trouve-toi un gîte vite fait, parce que notre bizness ne démarrera pas avant un mois, et que tes économies ne vont pas t'attendre. »

J'opinai du chef. J'en savais quelque chose : à cause de mon renvoi de l'imprimerie, j'avais dû me faire envoyer un gros mandat par Antonin Buchat ; si bien qu'après ces dix jours de permission, il ne me restait plus chez celui-ci que douze mille francs, soit un modeste viatique de vingt et un mille francs en comptant les neuf mille de mon pécule perçus ce matin même à ma sortie. Mais baste ! Au diable les soucis d'argent. J'étais libre, c'était déjà bien assez préoccupant...

« Et toi ? demandai-je. Quand est-ce que tu vas y vivre, chez ton amazone du Minitel ?

— Quand j'aurai des talbins, ma bichette. Figure-toi que pour chercher du boulot en Basse-Provence, il vaut mieux avoir un bas de laine. »

Je ricanai, puis scrutai sa noble tête de ratagna, profil tribord.

« C'est vraiment sérieux, cette histoire de te mettre à travailler ? m'enquis-je enfin.

— Tout ce qu'il y a de plus sérieux. Le funambulisme sur câble à haute tension, les yeux bandés, les pieds mouillés, j'arrête. Maintenant j'aspire au repos du guerrier. Ma nouvelle devise, c'est : Touche pas à mon pot-au-feu. »

Je soupirai, et nous roulâmes quelque temps en silence.

« Tu veux que je te remette *Ma cabane au Canada* pour accompagner cette grosse mélancolie, mon cafardeau des soupentes ? demanda Serge au bout d'un moment.

— S'il te plaît, mon Jésus. Je sens que ça va me faire du bien. »

Il me prit au mot, et la voix lino-rénaldienne me scia les os jusqu'à la gare de Lyon...

Sur le parking, Serge descendit de voiture et m'aida à sortir mes affaires du coffre. Je bourrai comme je pus dans mes deux sacs de voyage les vêtements que m'avait offerts son ami du Sentier, sauf l'anorak que je laissai dans son sac d'emballage. Puis nous nous fîmes la bise.

« Allez, dis-je. Et merci pour tout, Serge.

— Tut tut ! fit l'affreux en me tapotant affectueusement les omoplates. C'est-y que tu deviendrais sentimental, ma bousette ?

— Mais non, mon girafon des savanes. Mais fais-moi plaisir quand même : arrête de grandir, sinon je ne pourrai bientôt plus t'embrasser sur la bouche. »

Ce fut le mot de la fin. Nous nous séparâmes ainsi, lui rigolant, moi ricanant. Je le vis ensuite plier son élégante carcasse longiligne pour entrer dans la Mercedes et, en quittant le parking, il donna un coup d'avertisseur et agita la main en signe d'adieu. Il fit bien : je devais rester sans nouvelles de lui pendant six mois... La vie est ainsi faite, la nôtre en tout cas, pleine d'incertitude, d'impondérables, de péripéties, de chausse-trapes, d'accidents, de catastrophes, que sais-je encore...

Dans la gare, j'achetai *Le Monde* et *Le Nouvel Observateur* et j'allai m'installer avec mes bagages à la terrasse du buffet, face aux quais. Là, je commandai un sérieux d'allemande et lâchai un soupir d'aise. J'étais enfin libre, j'étais enfin seul. J'avais menti à Serge en lui disant que je partais pour Lyon. Mais si je lui avais fait part de mon intention de passer quelques jours à Paris, je n'aurais pu y savourer cette liberté et cette solitude enfin recouvrées. Il m'aurait traîné de restaurants en discothèques, tous tenus par ses amis, fait héberger chez les amis de ses amis (il vivait quant à lui chez une démonstratrice en parfumerie avec laquelle il avait assuré ses perm-missions, et qu'il allait sans doute plaquer bientôt), et noyé sous des flots de jus de tomate et de Canada Dry...

À cette pensée, je fus parcouru d'un long frisson et je bus une lampée de bière pour me remettre. Puis je cherchai la page d'« Agrippine », parcourus les gros titres du *Monde* et jetai un coup d'œil au dessin de Plantu. Après quoi, délaissant la presse, je m'abandonnai avec béatitude au spectacle qui se déroulait sous mes yeux.

J'adore les gares. À toute heure du jour ou de la nuit, que je parte ou que je reste. Je prends souvent mes repas dans leurs buffets, j'y mange des choucroutes et j'y bois des bières, des bières, des bières. Le soleil ne pénètre pas vraiment dans les grandes gares, même à midi. Il y règne un jour spécial, artificiel et tamisé par la verrière, là-haut, du hangar immense qui abrite le hall d'accès aux quais. C'est un univers transitoire, comme la scène d'un théâtre, que des figurants un peu hagards sillonnent en foule à pas pressés ou hésitants, se heurtant les uns les autres, le nez levé en quête d'un tableau d'affichage, d'un numéro, d'une direction — des personnages, dirait-on, en quête d'auteur.

Et de fait, dans les gares, à l'exception des employés qui y travaillent, personne n'a de rôle. Chacun y évolue comme en marge de soi et du monde extérieur, chacun vient d'arriver ou va partir, et donc n'est pas là où il doit être, n'est plus à sa place. Il est dans l'Intervalle. Il a perdu ses repères : son bureau, sa maison, son quartier. Avec ce qu'il emporte dans ses bagages, il ne pourrait survivre longtemps. Il est nu.

Et chacun de chercher fébrilement quelque chose, un ersatz de certitude qui tiendrait lieu des repères disparus : le quai n° 7 *bis*, les toilettes, la sortie taxi, la consigne, le bureau de tabac, un marchand de sandwiches, le guichet des réservations, le téléphone, les renseignements... peu importe, pourvu que ça ait l'air vrai. Car dans les gares, l'on doute de tout et de tous, de soi comme des autres. On consulte sa montre toutes les deux minutes ; on pose la même question successivement à un touriste belge, à une vieille dame distinguée, au conducteur d'un chariot électrique ; on relit pour la énième fois un tableau que l'on connaît pourtant par cœur... Le monde ici est si mouvant, si instable ! Il bascule et renaît de couloirs en escaliers, de portes en quais, de salles en halls, de départs en arrivées. Chiffres et lettres du tableau Solaris crépitent au-dessus des têtes : Grenoble s'escamote, Dijon apparaît, Mâcon surgit, devient Turin, puis Marseille ou Saint-Gervais... Précarité insoutenable des choses ! Horaires et destinations se décomposent et se métamorphosent ainsi sans cesse, l'espace et le temps s'écroulent et se reconstituent sans fin, et tout cela, ce désordre, cette folie, cette magie, paradoxalement obéissent à des lois strictes et intransgressables. Des rouages infaillibles en effet meuvent imperturbablement ce monstrueux moulin des courants d'air, et cela ne fait que vous affoler davantage et vous précipiter dans l'urgence abstraite et impersonnelle de l'instant.

L'instant roi, le seul qui soit. Le passé gît dans l'ombre des coulisses et l'avenir attend là-bas, où mènent ces rails impitoyablement parallèles... Ne subsiste sur scène que cette horloge géante qui pend des cintres et dont la grande aiguille, de minute en minute, marque l'instant, toujours le même, quelle que soit l'heure, un instant pesant, dense, itératif et absolu de soixante secondes qui vous obnubile et vous met à nu : la comédie, le Rôle, tout cela est bien fini ; le train va partir. Et si vous n'êtes pas anxieux comme les autres, pas sous l'emprise de cette hâte panique dont la plupart autour de vous sont possédés, alors c'est que l'instant s'écoule interminablement de vous, qu'il vous vide peu à peu de votre substance. Vous êtes là, dans cette salle d'attente, absent, résigné, vaincu, votre regard se fixe sur le vide et votre pensée s'effiloche : oui, le train va partir, un jour, le train, le temps, comme c'est long, je ne sais pas, ou plus tard, il est bien tard, mon billet, non, si, quinze ans, j'avais quinze ans, tout ce temps, Dinard c'est cela, et son regard, son regard !...

À quoi bon ?

À quoi bon avoir cheminé si longtemps ? Tourné en rond pendant des années, des années, à l'intérieur de soi comme dans un labyrinthe pour en arriver à cet instant où vous n'êtes plus démangé que par une furieuse envie de pisser, de téléphoner, de bouffer un sandwich au saucisson ou de dormir là, sur ce banc de bois de la salle d'attente, avant de monter dans le train qui va vous emporter ? Et pourquoi ce train-là, d'abord ? Franchement ? Pourquoi pas n'importe lequel au hasard, et au diable votre valise, vos slips de rechange et votre brosse à dents, qu'est-ce que ça peut bien faire tout ça, ces choses, ces directions, ces horaires, votre billet, qu'est-ce que ça peut bien faire toute cette logique ou cette nécessité qui s'accrochent encore à vous dans cet univers absurde du transitoire où l'on va, où l'on vient, où l'on arrive, où l'on part, interchangeables à l'infini et plus désorientés que des enfants ?

Je me levai. Je n'aurais su dire combien de bocks j'avais bus, car le serveur les avait remplacés au fur et à mesure de mes SOS. Mais à en juger par le cours de mes pensées et les moulages en plomb qui s'étaient substitués à mes mollets, il était évident que j'avais pris les sérieux à la légère et qu'à présent ils se vengeaient. Je sortis de la gare en ayant l'impression pénible de patauger dans de la vase et traversai le boulevard Diderot. À quelques rues de là, j'avisai l'enseigne d'un hôtel sur le trottoir duquel trois prostituées, dont une aux appas tonitruants, guettaient le chaland égaré. Quand j'arrivai à leur hauteur, j'entendis le mot « chéri » suivi d'un bruit de bouche mouillé censé réveiller mes instincts assoupis. Ils ne se réveillèrent pas. Avec mes sacs, un dans une main et deux dans l'autre, j'éprouvai sous le regard de ces trois femmes un sentiment aigu d'indignité, et j'adressai à celle qui m'avait interpellé, la grosse sculptée dans la masse au marteau-piqueur puis joyeusement ripolinée par Niki de Saint Phalle, une espèce de sourire idiot trahissant, je le crains, ma vraie nature...

C'était encore un de ces hôtels dont l'absence d'étoiles empêche de distinguer avec certitude si le dessus-de-lit est en coton chiné terre de Sienne, ou bien si ce qu'on y voit ne serait pas tout bonnement des traces de pieds de poule sur un fond de caca d'oie. Je décidai que ça ne me regardait pas, jetai mes sacs sur le lit, ôtai mon manteau et le remplaçai par le blouson de cuir noir. En me tournant ensuite vers la glace de la penderie, j'y vis une entité inconnue, d'allure moderne et dégagée, qui se livra devant moi à toute une série de crochets du gauche, d'esquives et d'uppercuts, émettant de brefs ffou-ffou-ffoûûû ! respiratoires entre les mouvements, et m'adressant pour finir un splendide bras d'honneur. Satisfait, mais complètement hors d'haleine, je lui tournai le dos et allai pisser mes bières.

Je ressortis de l'hôtel moins de dix minutes plus tard, mon manteau au bras. Il n'y avait plus que deux prostituées sur le trottoir, mais la grosse était toujours là. Quand je repassai devant elle, elle m'interpella de nouveau :

« C'est pour moi, mon bijou, que tu t'es fait tout beau ? » minauda-t-elle dans une assez bonne imitation de Serge.

J'avais la cote, c'était évident. Je lui resservis le même sourire qu'à l'aller — mais où donc avais-je appris à faire ce sourire-là ? — et poursuivis mon chemin. Dans mon dos, le rire des deux femmes m'accompagna quelques instants comme un grelot que j'eusse traîné au bout d'une ficelle. Boulevard Diderot, je pris à droite en direction du Quartier latin où j'avais projeté de célébrer mon retour à la liberté par un bain de foule, un bain de vie — la vie des autres, multicolore, bourdonnante, chaotique, étrangère et inaccessible... À partir d'aujourd'hui, ç'allait être comme d'habitude. Restait une dernière formalité à accomplir avant de barboter dans tout ce grand bonheur retrouvé : me défaire du vieil homme. Ce que je fis pont d'Austerlitz en expédiant d'un geste décidé mon pardessus dans la Seine.

Et maintenant, parlez-moi de réinsertion. Oh ! oui, parlez-moi de réinsertion, tandis que je vais cheminer par les rues, les avenues, les boulevards de la grande ville ! Parlez-moi du travail, de la famille, de l'avenir des générations futures, parlez-moi des hommes mes frères et parlez-moi des femmes mes très chères sœurs, tandis que j'errerai des Invalides au Châtelet, de l'Étoile au Sacré-Cœur, de Beaubourg à Pigalle, oui, parlez-moi du bonheur d'être enfin de retour parmi vous, tandis que j'emplirai mes yeux du spectacle et mes oreilles de la rumeur de la ruche immense où vous tous bourdonnez, aveugles et sourds à tout ce qui n'est pas votre miel... Paris ! Paris le jour et Paris la nuit. Moi ! Moi le jour et moi la nuit. Paris et moi. La Ville Lumière et l'Homme éteint. La ville en route et le citoyen en déroute. Vous et lui. Vous tous et lui tout seul. Seul. Lui. Vous tous contre lui. Tenez : parlez-moi seulement de l'insertion. Comment s'insère-t-on parmi vous ? À qui faut-il faire signe ? Faut-il se jeter du haut de la tour Eiffel en criant : « J'arrive » ? Griller des brochettes à la flamme du Soldat inconnu ? Ou bien s'asseoir tout nu devant le Palais-Bourbon dans l'attitude du *Penseur* après avoir bu deux litres de laxatif ? Et même ainsi, me verrez-vous ? Me sentirez-vous vraiment ? Serez-vous touchés par tant de simplicité naïve et tant d'émouvant désarroi ? Ne serez-vous pas plutôt enclins à me prendre pour une allégorie vivante du stress des yuppies ?

Oh ! je sais. Je sais ce que vous vous dites, tandis que vos belles têtes pensantes dodelinent gravement dans les compartiments cosmopolites et bondés du métro : S'il n'est pas arabe, breton bretonnant ou bougnat patenté, qu'est-ce qu'il fout là celui-là ? S'il est blanc seulement parce qu'il n'est pas noir ? S'il n'est ni skinhead, ni client chez *Lipp*, ni Canne blanche ? S'il n'est pas Témoin de Jéhovah, ne veut rien savoir, ne veut rien voir ? S'il n'est ni papa, ni maman, ni brésilienne boiboulognaise ? S'il ne souffre pas comme nous d'être ce qu'il est, n'étant rien ni personne ? S'il n'est même pas malade ? Ne milite pas, ne pointe pas, n'adhère pas, ne s'engage pas, ne s'affilie pas, ne s'inscrit pas, ne défile pas, ne vote pas, ne vient jamais prier avec nous au Parc des Princes et n'est même pas beau ? S'il est sans contrat fait comme un rat ? N'a pas fait la guerre d'Algérie sans parler des autres ? N'a pas fait non plus celle de 14 sans parler des suivantes ? S'il est minoritaire ? Ne sait pas tailler les rosiers, changer une roue, jouer de la flûte, se faire aimer a-reu a-reu, mourir pour la patrie à petit feu en faisant tout plein d'enfants avant, une-deux une-deux ? S'il est méchant ? S'il est timide ? S'il a honte (de nous, pas de lui) ? S'il préfère les hold-up aux sit-in ? Si sa maman est montée au ciel sans lui comme une Mongole fière ? Si c'est bien fait tout ça qui lui est arrivé ? Et surtout, surtout, s'il remonte à pied cette fichue rue de Vaugirard parce que c'est la plus longue et la plus triste de Paris, le dimanche après-midi, en regardant les fenêtres des immeubles des immeubles les fenêtres les fenêtres des immeubles des immeubles des immeubles jusqu'à en perdre la raison la raison la raison la raison jusqu'à la déraison ? Franchement ? Que voulez-vous qu'on y fasse, nous ?

Justement, parlons-en. Qu'eussé-je voulu que vous y fissiez ? Je me le demande. Je me le demanderai longtemps, d'ailleurs. Toute ma vie sans doute. Et à vous aussi, je vous le demande. On se le demande tous, il faut bien l'avouer. C'est une si grande question ! Qui peut quoi pour qui ? Et qui est qui ? Et le mérite-t-il ? Mérite-t-il que nous nous posions seulement la question de savoir ce que nous pourrions pour lui, à supposer que nous ayons la plus petite chance de savoir qui il est ? Nous-mêmes, du reste, savons-nous bien qui nous sommes ? Que pouvons-nous faire, nous, dans le meilleur des cas, pour nous-mêmes, en en sachant si peu sur nous ? Franchement (*bis*) ? Regardons plutôt couler la Seine de temps à autre, tiens, ou visitons la tour Eiffel, oh ! oui, avec les enfants, ou le musée Grévin, oh ! oui, oui, c'est encore mieux, dis, maman, tu crois qu'ils sont vivants tous ces gens-là qui sont en cire, et tous ceux-là qui sont vivants, dis, tu crois qu'ils sont en cire aussi ?

Va savoir. Allez savoir. Allons savoir. Sache qui peut. Il y a pourtant des certitudes, en ce monde, c'est indéniable. Moi qui vous cause, j'en connais d'indiscutables, et dimanche après-midi justement, en remontant à pied cette si divertissante rue de Vaugirard dont les fenêtres les fenêtres des immeubles des immeubles, je me les récitais avec ferveur. Permettez-moi de vous en rappeler quelques-unes, parmi les plus inoffensives : le tabac à priser fait moucher ; la nielle de blé cause de grands ravages dans les cultures ; la Marne mêle ses eaux à celles de la Seine ; autrefois les nourrissons étaient ligotés dans leurs maillots ; les jeunes sarigues se juchent sur le dos de leur mère en enroulant leur queue préhensile autour de la sienne ; l'orge gruée est de l'orge mondée grossièrement écrasée ; ciel pommelé, femme fardée ne sont pas de longue durée ; dans un rosaire il y a quinze Pater et cent cinquante Ave ; le Panthéon porte en épigraphe : « Aux grands hommes, la patrie reconnaissante » ; etc. J'allais oublier : Elisabeth II succéda à George VI.

L'ennui, c'est que tout cela n'aide pas vraiment à vivre. Ce sont des vérités, certes, et il n'est sans doute pas indifférent que l'orge gruée soit de l'orge mondée, même grossièrement écrasée. Il suffirait d'ailleurs que ce ne le soit plus pour que le monde fût bientôt sens dessus dessous. Imaginez-vous, hou la la ! que les nourrissons, tout soudain, soient ligotés sur le dos de leur mère en enroulant leur queue préhensile autour d'une femme fardée ? Que les jeunes sarigues se mouchent dans la Marne ? Que nielle de blé, orge gruée fassent cent cinquante Ave ? Que le Panthéon porte en épigraphe : « À George, Elisabeth reconnaissante » ? Franchement (*ter*) ? Mais en quoi, moi, n'étant ni réinséré ni même modestement inséré, suis-je concerné par la *concatenatio omnium rerum* ? Où donc sont-elles, en effet, ma juste place dans ce bel enchaînement des causes et des effets et ma juste part de ce riche patrimoine commun de vérités premières, endémiques et indiscutables ?

Non, ça n'aide pas à vivre. Je ne sais pas pourquoi. Je crois que j'ai froid. Cela vient du dedans. J'ai aussi des moments d'absence. C'est très curieux. Mais c'est ma faute. J'ai cru trop longtemps que les autres n'existaient pas vraiment, et je les pinçais, je les pinçais... Je le regrette aujourd'hui. Je suis un salaud. Je n'aurais pas dû faire ça. Ce n'est pas la bonne manière de se faire aimer. Et maintenant ils se vengent, les autres. Ils ne me pincent pas, eux. Ils ne me voient même pas. Ils me rendent à ma transparence originelle d'avant le big bang. Car ils existent, eux, énormément. Comment ai-je pu en douter ? Ne pas me rendre compte qu'ils étaient plus nombreux que moi ? Alors que moi... Moi tout seul, que puis-je prouver ? Ils existent, eux, majoritairement. Mais j'étais jeune. J'avais quatorze ans. On n'est pas encore bien lucide, à quatorze ans. On croit des choses. Le temps passe. La mer au loin... Le vent fait rouler le chapeau d'une vieille dame, là-bas, sur le sable mouillé. Madame ! Madame ! Oui, mon petit. C'est le vent. Le temps qui passe et qui repasse. Il est bien tard. Allons nous coucher. Il faut dormir à présent, mon petit. Dormir, dormir plutôt que vivre...

Je suis resté une semaine à Paris et, contrairement à ce qu'on pourrait croire, j'ai bu très peu. Je n'en ai pas eu besoin. Je n'ai eu besoin de rien spécialement. J'ai changé d'hôtel trois fois pendant ces huit jours, afin de changer de décor. Le lendemain de ma libération, j'ai appelé Rouquemoute au téléphone pour lui proposer l'affaire des cassettes vidéo. Deux jours plus tard il m'a donné son accord. Quand j'ai voulu l'annoncer à Serge, un correspondant anonyme m'a répondu qu'il n'était plus là, qu'il y avait de l'eau dans le gaz. En attendant mon tour chez le coiffeur, j'ai lu alors dans *France-Soir* qu'une équipe de truands parisiens recyclés dans le piratage des cassettes vidéo avait été démantelée par la police. Je n'ai pas vu le nom de Serge parmi ceux des voyous arrêtés, et j'en ai conclu qu'il s'était mis au vert en attendant que les choses se tassent. Puis un beau matin, il ne m'est plus resté que cinq cents francs des neuf mille de mon pécule. Je m'étais tout de même acheté une paire de mocassins, un pantalon et une veste légère, deux chemises à manches courtes, et, dans une armurerie de la rue de Rennes, un holster de hanche Gil pour .45 ACP. Alors je suis rentré à Lyon. Nous étions en juin. Il faisait beau, l'été approchait.

11

Alcalá-Meco, août 1988. Il n'y a plus de vent, pas le plus léger souffle d'air, seulement cette fournaise qui chauffe la plaine à blanc. Dieu merci, ma fièvre a passé, j'ai repris mes esprits, je vais bien. Je vais très bien. Ce n'aura été qu'une espèce de long vertige suffocant, comme celui qui accompagne une chute dans le vide ou le passage dans un autre univers. Normal. Je vieillis sans doute. Toutefois, le béton ne me fait plus ni chaud ni froid — juste cette sensation physique de tiédeur quand parfois, machinalement, je pose la main à plat sur sa surface grenue.

15 h 30. Le patio est bombardé par un soleil vertical dont l'éclat aveuglant se réverbère sur les murs et sur le sol. Inanimés, absents d'eux-mêmes, en instance de leur dématérialisation définitive, les gobelets de carton, les boîtes vides de Coca-Cola et d'autres détritus gisent là, au fond de ce puits où arde la fournaise silencieuse du temps. Je m'efforce à fixer mon regard sur chacun d'eux les uns après les autres : ces récipients, ces emballages, ces mégots, ces pelures d'orange... Toutes ces choses sans fonction comme moi, mais vidées objectivement du souci d'être, parvenues au-delà du sens et du non-sens, désinformées, « amnésiées », desquelles enfin l'étant bée par son absence...

Ce sont des bouées. En s'arrêtant sur elles, ma conscience croit s'accorder un instant de répit, arrêter le flux de sa propre durée et se réifier elle aussi. Mais elle s'abuse. Elle prête à ces pauvres choses une fonction nouvelle, imaginaire, qui lui revient en boomerang et la fait se réfléchir de plus belle, cette fois à l'intérieur du cercle vicieux du jeu où elle s'est prise au piège : l'analogon, jamais, ne peut transir la conscience qui lui assigne une telle fin. Au contraire, il la démultiplie à l'infini. C'est pourquoi il n'y a pas de salut pour le prisonnier, hors le suicide ou la folie — hors l'évasion. La permanence morne et creuse des choses qui l'environnent et qu'il contemple s'alimente au flux même de sa conscience. Tous les jours, le prisonnier donne sa vie pour que les choses soient, les mêmes jour après jour qui l'emprisonnent. La prison est ainsi ce tonneau des Danaïdes que son regard perdu construit et reconstruit sans cesse et par où sa vie coule — tandis qu'il reste là, lui, à le remplir...

C'en est assez.

Je me lève du tabouret de plastique blanc et vais pêcher une boîte de Coca-Cola dans le seau rempli d'eau fraîche. Puis je bois à petites gorgées le liquide gazeux et caramélisé (pouah !) en marchant dans la cellule — sept petits pas jusqu'à la porte, demi-tour en pivotant sur la plante du pied, sept autres jusqu'à la table devant la fenêtre... Que faire d'autre ?

Penser. Boire sans soif (dipsomanie ?). Penser encore.

Mais penser à quoi ?

Il y a maintenant presque deux mois que j'occupe cette cellule du *módulo de aislamiento*, le quartier d'isolement destiné aux détenus présumés dangereux. Quatre autres Français s'y trouvent aussi, arrivés le mois dernier. Nous nous voyons dans le patio. En fait, il s'agit d'un semi-isolement qui a pour nom « article 32 » et dont la durée ne doit pas dépasser cent jours (sauf en cas de rapport disciplinaire). Cette mesure s'applique aux détenus conflictuels, entre la période de mitard et le retour à la « vie normale », ainsi qu'à certains étrangers inculpés dans d'importantes affaires ou réclamés par la justice de leur pays. C'est notre cas, à nous les Français, sauf un : outre les délits commis sur le territoire espagnol et pour lesquels nous devrons être jugés ici, nous faisons l'objet d'une demande d'extradition.

Retour à la case prison, donc.

Quel délit ai-je commis, au fait, dans ce pays où je suis venu me réfugier, reprendre un peu souffle, calmer des nerfs mis à trop rude épreuve par ma cavale ? Ce pays où je ne suis venu, au fond, que pour mourir ?

Aucun, à vrai dire. Un délit « passif », comme je les appelle : un simple port d'armes... Séville. Je revois ce flic courtaud, brutal, en pull bleu ciel et chaussé comme un plouc — des chaussures grossières à semelles épaisses idéales pour aller dans les champs —, surgissant dans mon dos, et qui me braque soudain :

« *No te muevas ! No te muevas o te mato !* »

Sevilla....

Los arqueros oscuros
a Sevilla se acercan.
Guadalquivir abierto.

Anchos sombreros grises
largas capas lentas.
¡ Ay Guadalquivir !

La calle Jimenez-Aranda.

Une rue longue et triste comme un chemin de croix oublié des nazareños de la Semaine sainte, où j'avais bien senti que l'Inéluctable rôdait, m'attendait, armé de sa muleta noire, pour une dernière faena.

Sevilla es una torre
llena de arqueros finos.
Sevilla para herir,
¡ Siempre Sevilla para herir[1] *!*

1. García Lorca, *Romancero gitano*.

Je m'y suis pourtant engagé, dans cette rue.

Et je l'ai pourtant repéré, ce flic, mais trop tard.

Et je lui ai tourné le dos, baissant ma garde. Mon peu de « pouvoir », cette fin d'après-midi-là, à l'heure où les *toros* meurent dans les *ruedos*, m'avait abandonné. J'avais oublié les conseils que donnait le sorcier don Juan à son apprenti Castaneda, l'ethnologue : n'être jamais pris au dépourvu, anticiper, « voir ». Je n'ai rien vu. Ou j'étais fatigué. Ou j'avais trop bu d'*oloroso*, peut-être...

Qu'importe, à présent ?

« *No te muevas ! No te muevas o te mato !* »

La voix, le regard dangereusement écarquillé du flic me hantent tout de même encore. Et s'il m'avait tué, au fait ? S'il avait pressé la détente de son .38 Special deux pouces qui paraissait si dérisoire dans sa grosse main pataude, mais dont il appuyait le canon sans trembler sur ma tête ?

Qui peut m'assurer en effet que le cauchemar ne continue pas une fois de plus dans un de ces univers parallèles plus absurde encore que le précédent, et que... et que...

Et cætera.

La semaine dernière, Georges m'a dit : « Ce serait bien si cet Anglais, cet Howing Machin-Chose, était transféré à Alcalá. Normalement, c'est ici qu'il devrait atterrir, dans ce módulo. » L'esprit ailleurs, je lui ai demandé pourquoi ce serait si bien.

Georges est un truand de la vieille école, impeccable, futé, solide. Une gueule à la Lino Ventura aux cheveux de neige, comme passés à l'eau oxygénée, et aux yeux bleus — bleu acier, pas bleu rêveur... Il vivait depuis dix ans à Marbella sous une fausse identité helvétique, après s'être évadé d'une prison française. Circulant dans sa belle Ferrari rouge plus par souci de discrétion que par goût du luxe : à Marbella, n'est-ce pas...

Il m'a répondu, surpris :

« Pour le fric, tiens ! T'en as, toi, du fric ?

— Non.

— Moi non plus. »

Il ne lui reste rien, à Georges, du pactole qu'il a tranquillement amassé en dévalisant les joailleries haut de gamme de la péninsule Ibérique. Ses associés se sont évaporés après son arrestation ; sa femme a fait de même, lestée d'une partie de son trésor de guerre dont il a dépensé le reste, pendant ces trois années de prison, à organiser des évasions qui n'ont jamais abouti, mais dont la mise au point et les complicités de fortune ont achevé de le ruiner. Ici encore, à Alcalá-Meco, il veut s'évader. Il s'est accusé du cambriolage d'une bijouterie de Benidorm pour faire reculer la date fatidique de l'extradition. Depuis, il joue au chat et à la souris avec la justice espagnole, multipliant les recours, les ajournements, par avocats interposés. L'administration pénitentiaire, elle, le balade de prison en prison, Málaga, Carabanchel, Alicante, et maintenant Alcalá. Elle se méfie de ce vieux « franchute » — comme elle se méfie de nous tous, d'ailleurs. Ce sont ces transfèrements surprises qui ont fait tomber à l'eau chaque fois tous les beaux projets d'évasion de Georges...

Il m'a dit encore ce jour-là :

« S'il vient, il va falloir faire vite. S'il ne parle ni le français, ni l'espanche, je compte sur toi pour le travailler au corps.

— Tu sais, mon anglais..., ai-je marmonné. Et puis, il doit bien parler l'espanche. Il vivait à Palma.

— Ouais. Peut-être. Mais ça m'étonnerait que ce mec ait copiné beaucoup avec les indigènes. »

Georges n'aime pas les Espagnols. Il les connaît trop bien, dit-il... Mon esprit s'arrête un instant à ce nouveau projet d'évasion de Georges. Pourquoi pas ? Mais non ; je n'y crois guère. Et puis tous ces combats d'arrière-garde, ces croisades sans croix et autres martyres sans la foi ne m'intéressent plus. À force de jouer les anti-héros existentialistes, je suis devenu un authentique raté, je le sais. C'est comme si ma nature « bioculturelle » se vengeait sur le tard, reprenait sardoniquement ses droits. J'ai tout bafoué : le social, le vital. Et me voici bientôt quinquagénaire, fatigué, mûr pour la récupération de la dernière heure, celle des asiles, des prisons-hôpitaux, que sais-je encore ? Je n'avais pas prévu qu'il me faudrait endosser ce rôle-là, figurant pourtant de longue date dans la distribution sociale de la comédie humaine, et qui me colle aujourd'hui à la peau — que dis-je ? qui a gangrené déjà ma substance même...

Je finis ma boîte de Coca-Cola et la jette par la fenêtre. Les ondes sonores de sa chute sur le béton vibrent un instant dans ma tête. Bing, bong ! Drelin, drelon ! Puis silence, silence, silence...

En soupirant, je vais m'étendre sur le lit et je regarde le plafond. Où en étais-je ? Ah ! oui : Howing Machin-Chose... J'ai justement là sur ma table un exemplaire d'*Interviú* qui lui consacre un article cette semaine. On l'y surnomme « Narco Polo ». Il serait le plus important pourvoyeur de haschisch et de marijuana du marché nord-américain. Diplômé de physique (Cambridge). Contractuel du MI 5 à ses moments perdus. Des bureaux à Hong Kong, à Taïwan, à Karachi. Bref, un phénomène. Après avoir accumulé patiemment les preuves contre lui pendant des années, la DEA a passé le relais à la police espagnole qui a procédé docilement à son arrestation. Il vivait là, à Palma de Mallorca, avec sa femme, sa fille et son garde du corps américain, menant une existence effacée de résident touriste anglais de la *middle class*. La villa qu'il habitait n'avait rien de luxueux. Et il ne roulait pas en Ferrari, mais dans une vieille Ford. La justice espagnole n'a strictement rien à lui reprocher ; elle va se borner à statuer sur la demande d'extradition présentée par les États-Unis. Dans un sens en principe favorable... Enfin, il ne s'appelle pas Howing Machin-Chose, bien sûr, mais Dennis Lowing-Böse.

Je ricane *in petto* : le « travailler au corps », m'a dit Georges... J'imagine mal ce type se laisser embobiner par une rhétorique pidgin de marchand d'aspirateurs. Certes, du fric, il doit en avoir. Mais précisément, s'il en a, pourquoi financerait-il une évasion hasardeuse avec des inconnus ? Au reste, l'article d'*Interviú* signale qu'il se serait déjà sorti en douceur d'un mauvais pas quasi identique dans son propre pays, il y a quelques années. Pourquoi ne s'en remettrait-il pas, cette fois encore, au pouvoir de son argent, à l'influence de ses relations et à l'habileté de ses avocats pour annuler cette demande d'extradition ?

Et puis au diable toute cette histoire. Machin-Polo-Böse n'est pas là, que je sache. Georges se débat, se débat... Il regarde trop ce ciel bleu qui fait comme un rectangle au-dessus de nos têtes — mais si lointain, si lointain... Ne rêvons pas aux hélicoptères. Il fait trop chaud, vraiment, au fond de ce puits. Rêvons plutôt à un ventilateur, tout simplement.

16 h 30. Je suis au garde-à-vous au fond de ma cellule. La porte de celle-ci, la première du couloir, coulisse bruyamment sur son rail, et le fonctionnaire m'examine un instant, me défie du regard devrais-je plutôt dire. Puis il me fait signe de sortir. C'est P'tit-Con, le blondinet chafouin qui a fouillé ma cellule hier soir comme un sadique. Je vais me mettre face au mur « aveugle » du couloir, jambes écartées, bras levés et mains à plat sur le béton, pour qu'il puisse me fouiller comme c'est l'usage avant et après chaque promenade. L'opération prend peu de temps : je suis en chemisette, en short et en tongs, et n'ai dans les poches qu'un peu de monnaie destinée à payer mon café à l'*economato*. « *Vale* », dit P'tit-Con ; et je me dirige vers le patio. Au bout du couloir, protégé par la grille à ouverture électrique du sas d'accès au módulo, se tient un autre fonctionnaire qui a surveillé ma sortie de la cellule et qui me regarde maintenant passer devant lui. Nous sortirons ainsi un par un, étage après étage, et rentrerons selon le même rituel rigoureux.

Eh non, ma bonne dame ! À Alcalá-Meco, ça ne rigole pas, soyez rassurée...

Dehors, la chaleur m'assomme presque, et la lumière vive m'éblouit un instant malgré les verres teintés de mes lunettes. Cependant je ne vais pas me réfugier à l'ombre, sous le petit préau. Je traverse le patio dans sa longueur et vais accrocher ma chemisette au grillage du fond. Derrière celui-ci on peut voir, par-delà la fosse bétonnée qui en défend l'approche, le mur d'enceinte de la prison et la passerelle métallique scellée à mi-hauteur reliant les miradors entre eux.

M'étant adossé au grillage, je regarde à présent les détenus entrer dans la cour les uns après les autres, clignant des yeux et ôtant comme moi leur chemise. Belle exposition de tatouages... Je distingue aussi, mais difficilement et par intermittence, le troisième surveillant en faction dans la *vigilancia*. C'est une espèce de guérite-bureau attenante au préau, dont les fenêtres aux vitres teintées protégées par des barreaux réfléchissent le patio comme un miroir. J'ai baptisé cette vigilancia le « feignantoir »... C'est maintenant au tour des détenus du premier étage de sortir. Le Cubain d'abord (celui qui m'a offert le tee-shirt Miami ; les deux Colombiens, des frères ; puis un Espagnol ; encore un Espagnol ; les Français enfin, du moins trois d'entre eux : Charles, le Marseillais ; Alexandre, son associé, un Corse ; et Gérard, un Parisien inculpé d'un enlèvement retentissant perpétré à Madrid — le seul d'entre nous qui ne fasse pas l'objet d'une demande d'extradition. Chacun s'empresse d'ôter sa chemise ou son tee-shirt. Pas de tatouages sur les épidermes français, colombiens et cubain. Il n'y a que les Espagnols à se recouvrir de graffiti comme des murs de pissotières. Nous échangeons quelques mots ; Charles et Gérard distribuent des revues et des *France-Soir* qu'ils ont reçus au courrier de cette semaine ; Jaime, l'un des Colombiens, me remet un *Tiempo* que je passerai ensuite à Georges quand je l'aurai lu. Georges et moi sommes en effet les seuls parmi les Français à parler espagnol.

Arrivent enfin les détenus du second étage. Georges sera le dernier, l'ultime cellule de son étage, juste après la sienne, étant inoccupée pour le moment.

Et Georges paraît, comme on dit au théâtre. La soixantaine, taille moyenne, athlétique. Ses cheveux de neige et ses yeux bleus contrastent avec son visage hâlé d'ex-baroudeur de la Costa del Sol. Il est en short lui aussi, et il se dirige vers notre petit groupe en boitant fortement. Ses jambes sont déformées aux genoux, ses chevilles sont boursouflées, violacées et labourées de cicatrices : il s'est jeté du quatrième étage au moment où la police faisait irruption dans son appartement, et il a raté le toit voisin, en contrebas de son balcon... Fractures multiples, six mois d'hôpital, des os qui tiennent avec des vis... Oui, vraiment, avec de telles jambes, l'avenir sans hélicoptère est bien difficile à envisager.

Georges nous sourit, et lance à la cantonade en faisant un geste du pouce par-dessus son épaule :

« On a un petit nouveau. »

Et son sourire s'élargit encore en m'adressant un clin d'œil appuyé.

Aussitôt nos regards se portent avec un bel ensemble sur l'entrée du módulo. Et le « petit nouveau » paraît à son tour, clignant des yeux comme un hibou sous les feux de la rampe. C'est un grand type dégingandé et un peu voûté d'une cinquantaine d'années. Il est vêtu d'un short kaki immense qui lui fait des jambes ridicules, et d'un maillot de corps dont la blancheur immaculée rivalise avec celle de son épiderme. *Last but not least*, il porte aux pieds d'exquises socquettes de laine rouge et des sandales en plastique translucide... L'ahuri dans sa perfection archétypale.

Évidemment, je l'ai immédiatement reconnu. Nous l'avons tous reconnu, d'ailleurs, grâce aux photographies de lui parues dans la presse : Howing Machin-Chose, *alias* Dennis Lowing-Böse. Bref, Narco Polo...

12

Où en étais-je ?

Pas d'incises, de digressions inutiles et saugrenues, tel est le secret. Droit au fait pour que le cher lecteur, lec-TEUR, LEC-teur, ne perde pas les pédales, et d'énervement ne vous en colle pour vingt ans ferme. C'est si sensible, un lecteur juré à un procès d'assises, un rien le perturbe, le disloque, lui fait faire pipi dans sa culotte — oui, droit au fait je vous prie, sinon je fais évacuer la salle, brame le président.

Oh yeah.

Faut pas rigoler, un thriller, avec distanciation et tout, c'est drôlement sérieux.

Et maintenant une pause.

Heurrghh !

Et un rot. Merde alors, je suis chez moi, je fais ce que je veux. Manquerait plus que ça. Qu'un pseudo-critique littéraire, par exemple, vienne témoigner à charge à mon procès — gare aux représailles ! gare aux représailles ! Je suis mafioso, qu'on se le dise ! en ces termes : « Heu, ce type-là, monsieur le président, eh bien, il a roté, parfaitement, roté, page 224. »

Le président, surpris :

« Vous êtes sûr que c'était un rot ?

— Ben... le bruit, monsieur le président, heurrghh, avec trois h, un devant, deux derrière... »

Le président, geste agacé de la main :

« D'accord, d'accord, ne chipotons pas sur le bruit... »

Le témoin, sûr de son fait :

« C'était un rot d'auteur, monsieur le président. »

Aussitôt, bien sûr, rires dans la salle, murmures confus, le procureur qui pouffe, et la grande bringue de journaleuse, celle que le profil mussolinien de mon scénariste avait fait se pâmer il y a sept ans, encore elle, oui, je sais, ça fait beaucoup, mais que voulez-vous que j'y fasse, en train de se masser la vessie sans vergogne. Y a des gens, franchement... Passons. Donc le président finit par se fâcher, normal, mettez-vous à sa place. Non, moi je ne peux pas. J'ai été déchu de mes droits civiques, je ne pourrai plus jamais être président de cour d'assises. Assesseur non plus, ni hallebardier, rien, néant. Juste coupable, hé, hé.

Heurrghh.

Voilà que je récidive ; c'est une manie. Sûr qu'ils vont finir par m'en coller pour vingt ans. Pensez, enlèvement d'un gentil banquier, association de gais lurons, indélicatesse à main armée, tout ça, heurrghh, en rotant, en rigolant, pas stressé pour un rond ni sérieux non plus, faux joueur, faux jeton, pas même une vieille maman grabataire à notre charge, à mon scénariste et à moi, pour justifier tout ce tintouin... Ah bien, nous voilà beaux !

Qu'est-ce que j'ai bu. Ouaf. Alors là j'en tiens une sévère. Vingt dieux ou vains dieux, je ne sais plus, en tout cas je les vois plusieurs. Le studio tangue. Jean-Claude-Vivant aussi, le bougre. Heureusement que l'alcôve est solidement amarrée au rouf, sinon... Tangue et retangue. M'en fous. Continuons. Ouaf. Heurrghh. Oh yeah.

Où en étais-je ?

Ah oui : la distanciation. Je vous dis pas la distance : des années-lumière. Allez, salut. Mon scénariste s'est fait la malle, je crois bien. Re-salut. Il était pas d'accord avec le style. Paraît que ça fait une rupture ou je ne sais quoi. Ferait mieux de s'occuper de ses pompes, moi je suis très bien dans les miennes. À la raie, je lui pisse. N'a qu'à relire Beckett meurt, de Malone. Y rigole pas, çui-là. Je cite : « Mais laissons là ces questions morbides et revenons à celle de mon décès, d'ici deux ou trois jours si j'ai bonne mémoire[1]. » Hein ! Envoyé, non ? Ou Henri Michaux, un truc qui se passe à Anhimaharua (non, c'est pas du verlan) : « La fête me fait ombre. Les paroles d'autrui me deviennent verglas. J'ai mal dans la roseraie, mais j'ai apogée dans la citerne, moi. » Une citerne de scotch, ouais, faites-moi confiance, je m'y connais un peu en poésie...

Continuons, c'est intéressant. J'ai trouvé le filon, c'est sûr. Trois cents pages de cette mouture et c'est la gloire, mon scénariste me baise les pieds demain matin en lisant tout ce que j'ai vécu pendant qu'il buvait du... voyons voir... tiens ! nous avons changé de marque, du Glenfiddich 12 years old, oh yeah, et 43° aussi comme nos chaussures, ça alors. Passons. Ou plutôt continuons. Continuer, c'est vivre. Voilà un sujet, tiens, pour le bac philo. Je vois d'ici les merdeux de terminale décachetant leur enveloppe surprise : « Christian Lhorme fait dire à son héros, Kirk Douglas, alors qu'ils pataugeaient tous deux dans la tourbe maltée du domaine de Glenfiddich (scène mémorable où il nous est donné de vivre en direct, soit dit entre parenthèses, une bouleversante expérience de distanciation) : “Continuer, c'est vivre.” Commentez. »

Ouaf.

Heurrghh.

Là, je me suis forcé. C'est pour mon scénariste que je fais tout ça. Pitié, il me fait, il y a des jours, ce branleur de subjonctifs imparfaits. Drôle de type, vraiment. Puceau de la tête. Ne sait pas bien qui il est. Se cherche. Mais aimerait bien le savoir. Se cherche. Chauve avant d'avoir vécu. N'a pas trouvé son style. Compte surtout pas sur moi, mec. Le trouvera sans doute jamais, si vous voulez mon avis. Personnalité floue, évanescente, filandreuse, ambivalente, duelle même pour tout dire. Boit beaucoup. Se cherche. Je

1. S. Beckett, *Malone meurt*, éd. de Minuit.

veux dire, plus que moi, ce qui est vraiment, mais vraiment beaucoup. Paraît qu'il n'est pas heureux. C'est beau, les phrases courtes. Je le suis, moi, peut-être ? Ça ne m'empêche pas de faire un brouillon de ma vie. Avec des ratures, des pâtés, des bouses, beaucoup de bonne volonté, de désir de mieux faire, ponctuation et tout. Heurrghh.

Là, çui-là m'a carrément échappé. Nouveau paragraphe, par conséquent. Comme quoi il ne faut jamais désespérer de la littérature. Par contre et nonobstant, je sens qu'une certaine tristesse me submerge. Nous avons dégueulé, mon scénariste et moi. Ça devait arriver. Sur nos beaux petits souliers. Mais j'ai pas bougé ses pieds et lui n'a pas bougé les miens. Respect total de l'autre. D'ailleurs, pourquoi qu'on les aurait bougés, nos pieds, hein ? Nos pauvres pieds, quatre en tout, deux fois deux, et tout ça ne faisant qu'une seule âme sur le linoléum de notre studio rue Jean-Claude-Vivant, Villeurbanne, Rhône, Voie lactée, cosmos, du dégueulis partout, amen... Triste vraiment. J'en ai trop marre aussi, faut dire. La poésie en cagoule, les hold-up à marée basse, du goémon plein les pompes... Et depuis 1945 que ça dure comme ça sans circonstances atténuantes, on croit rêver. D'ailleurs je...

« Tu vas la fermer, TA GUEULE ! »

Méchant.

Pourquoi que tu me parles comme ça ? Pourquoi que tu ne m'aimes pas un tout petit peu, dis ? Juste un tout petit peu ? Froid aux pieds, j'ai. Méchant. Pourquoi que tu m'as déchaussé ? Au dodo ? Tu vas me mettre au dodo ? Hi, hi. Tu m'aimes un petit peu, alors ? Voui ? Un tou ti peu cô ça ? Tou ti — tou ti peu ? Ton ti Christian ? Ton ti Cri-Cri ? Un tou ti peu cô ça ? La culotte aussi ? Tu vas enlever ma tite culotte ? Hi, hi. Bisou. Faire à moi gros bisou là. Gros-gros bisou. Moi pas faire dodo si toi pas faire gros bisou là à ti Cri-Cri. Ton ti Cri-Cri rien qu'à toi. Voui. Core. Fort, fort. Core gros bisou. Oh voui. Ché bon. Kèche que ché bon. Ch'aime. Core. Fort, fort.

Il est adorable, ce gosse. Comment ne pas s'attendrir, ne pas l'aimer, ne pas lui caresser la quéquette cinq tites minutes, ché drôlement bon, ch'aime, core, core, non moins fort, cô cha, merchi, pour l'aider à faire le point ? C'est moi qui l'ai élevé, après tout, qui en ai fait ce qu'il est. Et Dieu sait s'il l'est. J'en suis pas peu fier. Il est tout à moi et j'suis tout à lui. On est à nous. Lui-je-moi, à tue et à toi. D'ailleurs un jour je vais me l'étrangler entre deux branlettes, c'est sûr, de tant de passion partagée, de pain rompu, de pâques ensemble célébrées, de tant de toute honte bue. Et maintenant un ti poème, il veut, pour l'aider à faire dodo. Le coquin. L'enfant de Marie. Le gros nave. Il sait que je lui passe tout, l'enfant de putain. Donc un poème. Pourquoi pas. Voyons voir. J'ai la mémoire qui flanche, comme dirait l'autre, mais il doit bien me rester quelque chose d'un ti peu doux dans le chou, hi, hi. Bêtifions, bêtifions. L'occasion est trop belle. Des chapitres comme ça, ça n'arrive qu'une fois dans une vie, et encore ! Bêtifions, donc. J'ai trouvé. Du Michaux, par exemple. Tendre et tout. Allons-y. Faisons-lui fermer sa grande gueule, à cet enfoiré. Une, deux, trois :

Si tu vas Nje
Nja va da
Si tu ne njas
njara ra pas[1]

Hein ? hé, hé. Et il dort. Ce boulot, ma mère. Tu dors, dis ?

« Houmpf.

— C'est bien vrai ?

— Tch'ron bo... bo Diga. Mff. Potch y ti chou... Pshhh. »

Parfait, parfait. Il a changé de galaxie, le cher ange. Il est au-delà des mots, du langage, des idiomes, du patois des Z'Humains, a franchi la frontière du dicible et du visible, n'est plus que brise, haleine, zéphyr, alizé... M'a laissé seul. Dans le grand froid, le grand soir, le grand noir il m'a laissé. Plus de Glenfiddich. Vraiment seul. Me reste plus rien, ni papa ni maman, plus rien à boire, plus rien à voir.

1. H. Michaux, *Moments*, Gallimard.

Plus rien à branler non plus d'ailleurs. Tout à fait seul. Dis, qu'as-tu fait, toi que voilà, de ta jeunesse ? Hein ?

Souvenirs, souvenirs...

INTERLUDE

Sur les remparts de Saint-Malo. Nous sommes au mois d'octobre, ou de novembre, 5 ou 6 heures du soir, nuages sombres fuyant dans le ciel, des rafales de vent écrêtent les vagues, sifflent entre les toits. Des mouettes criaillent dans les bourrasques en tournoyant. Et lui. Il est assis là, près d'une échauguette, dans l'échancrure d'un créneau, juste au-dessus de la plage du Môle. Il regarde vers Dinard, ou Saint-Lunaire, vers Dieu sait où, on s'en fout. Non, on s'en fout pas. Quel âge a-t-il ? Quatorze ans, évidemment. Joli garçon. Des traits fins, un peu maigre peut-être, de grands yeux sombres. Vraiment joli garçon. Incroyable. C'est pourtant moi, et cependant c'est lui. Quatorze ans ! Ce que j'étais beau. Bref, il est là, et c'est pas moi, maintenant c'est lui. Moi, j'en ai quarante et quelques. Vains dieux ! Il ne va pas me reconnaître, c'est sûr. Va me prendre pour une vieille tante à la mode de Bretagne, oui. Quoique... Il est si naïf. Enfin il me semble, je ne me souviens plus très bien. En tout cas, il a été élevé chez les curés, comme on dit. Ça doit rendre tolérant, humain et tout. Compatissant même, peut-être. Passons. Moi, j'arrive de la rue de la Soif, la rue qui longe les remparts de la porte Saint-Vincent à la Grande Porte. Mais pas bourré, hein, entre deux eaux seulement, voyez ce que je veux dire. J'ai monté l'escalier allègrement sans trébucher et, arrivé en haut, j'ai commencé mon tour des remparts qui s'achèvera tout à l'heure porte Saint-Thomas, plage de l'Éventail. Petite promenade hygiénique, par conséquent, pèlerinage également, excellent pour les poumons, pour la mémoire, pour les doigts de pieds. Et soudain je le vois, lui, assis là-bas. D'abord je ne me suis pas méfié. Je ne voyais qu'une silhouette. C'était une silhouette sur *mon* créneau, près de *mon* échauguette. Je continue donc d'avancer. Et je le reconnais. Il était de profil, pourtant, le regard tourné vers Dinard, Saint-Lunaire, ce que vous voudrez. Mais je l'ai reconnu aussitôt.

Un coup de poignard. Je n'ai plus senti le vent, plus entendu les mouettes, le temps s'était arrêté, la terre ne tournait plus, seulement la mer, la mer, la mer...

Une conscience en cercle
sur ma conscience
se pose
se superpose
J'existe en double[1]

et je m'approche. Qui me le reprochera ? J'étais si seul. Ça n'était pas prémédité. Donc je m'approche. Beau garçon, vraiment. Normalement je ne m'approche jamais des beaux garçons de quatorze ans. Des autres non plus, d'ailleurs. Mais celui-là, vous avouerez, c'est un cas à part. Il m'a entendu venir, puis m'arrêter près de lui. Je veux dire qu'il a cessé à un moment d'entendre mes pas et qu'il s'est retourné. Magnifiques grands yeux sombres. Bouche aux lèvres sensuelles. Peau pâle, fraîche, veloutée. Un je-ne-sais-quoi d'émouvant dans l'attitude. Comme je le plains ! Comme il est beau ! Comme j'ai pitié de lui ! Il me regarde. Ne semble manifester ni crainte ni surprise ; un vague ennui, peut-être, mêlé d'interrogation polie. Je dis :

« Bonsoir », d'un ton léger, engageant.

Me regarde toujours. Ses yeux semblent s'agrandir infiniment. Je n'aurais pas dû. Je le dérange. Il est timide. Je le viole, là, dans son intimité, dans son recueillement, dans son silence qui est mon passé — qu'est-ce que je raconte ? — qui *était* mon passé, parce que moi à présent je n'appartiens plus au temps, je veux dire là, maintenant, beurré, bourré, remembeurré, dégoulinant de souvenirs dans mon alcôve... Qu'est-ce que je fais là, mon Dieu, au lieu d'être sur mes remparts comme autrefois ? Autrefois donc. J'y suis, j'y reste. Remembeurrons-nous ses grands yeux sombres qui s'agrandissent et qui m'aspirent. Gouffre, abîme, abysses il est, le beau garçon de quatorze ans...

1. *Ibid.*

« Bonsoir, monsieur », qu'il répond, poliment et tout.

Voix claire, un peu grave déjà. A-t-il mué ? Est-il en train de le faire ? Je me remembeurre mal ; je veux dire : comment le savoir, c'est si loin tout ça... J'ai envie de lui dire, brutalement : Eh bien, tu ne me reconnais pas ? Mais il a bien le temps. Et lui qui continue à me regarder, me vide de ma substance... Vertige de moi qui ne suis plus moi mais qui est lui... Je dis — car il faut absolument que je me jette à l'eau maintenant :

« Joli panorama, n'est-ce pas, jeune homme ? »

Léger silence.

« Oui », qu'il lâche enfin, d'une petite voix.

Allons-y, secouons-le un peu. On n'est pas là pour rigoler, merde. C'est une scène tonique, iodée, édifiante, tragique !

« Vous venez souvent ici ? » m'enquiers-je finement.

Il hausse les épaules. Bon signe, ça, très bon signe. Je l'agace. Hé, hé. Finirait-il par me haïr avant même de m'avoir connu ?

« Oui-non », qu'il fait.

Insistons, insistons. J'étais si peu liant déjà, moi, étant jeune ?

« Comment ça, oui-non ? »

Et j'ai un large, rassurant sourire en ajoutant :

« C'est un panorama breton, pas un panorama normand, il me semble ? »

Et il sourit à son tour. Merveille de son sourire. Délices de son sourire. Comme à cet âge-là cela est sensible, frémissant... Une petite merveille, vraiment, qu'un adolescent comme ça.

Puis il a un mouvement bref de la tête pour rejeter en arrière une de ses longues mèches brunes, mouvement gracieux, un peu provocant, et il dit, souriant toujours :

« Je voulais dire : des fois je viens, des fois non. Ça n'est pas une habitude, quoi. »

Menteur. Adorable menteur. Tu en ferais une habitude, une terrible et douloureuse habitude, s'il n'y avait le collège, et le *Café du Bassin*, et tout le saint-frusquin de l'épuisant carcan de cette enculée de vie... Je dis :

« Ah. Et quand vous venez, c'est toujours à cet endroit ? Ou bien n'importe quel créneau fait l'affaire ? »

Son visage se ferme soudain. Ombre sur son visage. Tombe sur son visage.

« C'est à cet endroit.

— La vue est plus belle pourtant, face au large, un peu plus loin ? Non ?

— C'est bien possible.

— Et vous vous en foutez ?

— Pardon ?

— Je dis : Et vous vous en foutez ? »

Mon visage n'exprime rien. Lui en revanche me contemple, interloqué. Puis il semble ajuster sa vision à ma présence, me prendre enfin en considération, bref décider que j'existe.

« Pourquoi me posez-vous toutes ces questions ? demande-t-il enfin.

— J'avais envie de parler avec vous. Ça m'a pris comme ça, en vous voyant à cet endroit. En fait, ce créneau-là, où vous êtes assis, c'est mon créneau. Voilà pourquoi.

— *Votre* créneau ?

— Oui. Quand j'avais votre âge, moi aussi je venais m'asseoir là, exactement où vous êtes assis et comme vous êtes assis, et je regardais dans la même direction que vous. »

Il a pâli, tout à coup, le bel adolescent. Et son visage aux traits si fins s'est crispé. Puis il a détourné la tête, et son regard a filé là-bas, vers la pointe du cap Fréhel, vers l'horizon, le soleil couchant...

« Quelle direction ? » demande-t-il d'une voix sourde.

J'ai un geste vague, accablé du bras.

« Dinard, Saint-Lunaire... Enfin là-bas, quoi, vous voyez ce que je veux dire... »

Il ne répond pas. Enfin pas tout de suite.

« Vous... vous connaissez... là-bas ? Dinard, Saint-Lunaire, tout ça ?

— C'est juste en face, non ? »

J'ai soupiré. Juste en face, oui. Il n'y a que la rade à traverser. Et si loin maintenant, si loin « tout ça ». Mais c'était déjà loin avant, et drôlement même !

« Ça ne vaut pas Venise, croyez-moi. »

Pourquoi est-ce que je lui ai sorti une pareille connerie ? J'en suis sidéré.

« Vous connaissez Venise ? demande-t-il d'une voix lointaine.

— Oui. Et Villeurbanne également, hélas. Mort à Venise et vivant à Villeurbanne. Tout un programme.

— Pardon ?

— Des associations d'idées, ne faites pas attention. Le temps qui passe... Vous connaîtrez ça aussi, croyez-moi. Ce créneau, il ne vous quittera plus. C'est peut-être tant mieux, d'ailleurs. Il y a tellement de gens qui en cherchent un, de créneau, par les temps qui courent... »

Il me regarde à nouveau. À présent, c'est moi qui l'aspire. Il voudrait tellement savoir, la vie, la mort, « tout ça », son avenir. Il en a tellement assez de tomber tout seul infiniment dans le temps qui commence seulement de naître pour lui, là, foudroyé sur son créneau, temps mort qui déjà l'emporte, momifié, pétrifié, devenu autre déjà, mais qui ? et l'emporte, et l'emporte, mais où ?... Et il demande, bien sûr, que pourrait-il demander d'autre :

« Qu'est-ce qu'il y a *après*, monsieur ? »

Pathétique. Résistons, résistons. Faisons durer le plaisir. « Après quoi ? dis-je avec bonhomie.

— Après... après ça, tout ça, Dinard, Saint-Lunaire... ?

— Ah !... Après... »

Que lui dire ? Que ne pas lui dire ? La vérité ? Quelle vérité ? Je m'appuie au créneau ; je caresse le granit lisse, poli par les vents, les bourrasques, les tempêtes, poli par le temps... Après, mon Dieu, qu'est-ce qui a bien pu se passer ? Après cette chute dans le vide, vide lustral qui nous a comme baptisés, lui et moi ?

« Rien, dis-je. Après, il n'y a strictement rien. Juste du temps qui passe, en avant, en arrière, comme les marées, des flux, des jusants, des trucs qui montent et qui descendent, sans commencement ni fin, en avant, en arrière, toujours, comme les marées... »

Long, long silence entre nous.

Je sens comme se raidir en lui toute l'espérance de sa jeunesse. Il résiste, n'est pas tout à fait mort encore, s'arc-boute. Et moi qui le poignarde, là, doucement, tendrement, en prenant tout mon temps, le sien, qui l'exécute, lui donne amoureusement le coup de grâce. Et dans le dos encore, car il ne regarde pas. Il regarde le soleil couchant, soleil voilé, exsangue au fond du ciel plombé qui noircit l'horizon. Et il frissonne un peu, dans le froid déjà de tous les avenirs et de tous les abandons. De toutes les misères. Je suis un tueur, et il ne le sait pas. Comment le saurait-il, lui, pauvre victime promise à tous les mauvais sorts, à toutes les morts ?

Et sauvagement, sauvagement, mais d'une voix douce éperdument, il dit alors :

« Pourquoi est-ce que vous ne vous êtes pas suicidé, si tout ce que vous dites est vrai ? Pourquoi est-ce que vous continuez à vivre ?

— Vous allez vous suicider ? »

Et vlan ! Manquerait plus qu'il me donne des leçons, à moi, après tout ce que j'ai vécu, après tout ce que j'ai trimé, ce petit salaud !

« Hein ? Vous allez vous suicider, vous ? je répète, ricanant.

— Ce ne sera pas la peine », murmure-t-il.

Et alors — oh ! non, pas ça ! — il se met à pleurer. Je vois les larmes rouler sur ses joues. Ses épaules sont secouées de tremblements terribles et légers à la fois, si légers. Il pleure, il pleure silencieusement, infiniment, il pleure courageusement le petit homme, pleure, pleure, pleure, et son regard se vide peu à peu, se vide complètement. Ça y est, le soleil est tombé dans l'eau. Il fait nuit. Son regard est sec. Nuit sur les remparts de Saint-Malo. Et de nouveau les rafales de vent qui giflent le ciel, sifflent entre les toits, et les mouettes qui criaillent en tournoyant dans les bourrasques, et le ressac au-dessous, frappant, frappant sans relâche les murs de la cité... Vraoum ! Vraoum !

J'aurais pu le pousser. Il se serait laissé faire, n'aurait même pas crié, aurait disparu dans l'eau sombre et écumante en bas, dans l'eau grondante. Et ni vu ni connu je t'embrouille. Mais je suis un tueur, un vrai. C'est lui-même qui a dit : Ce ne sera pas la peine... Je lui ai fait confiance. Le vrai tueur fait confiance à la vie pour enterrer les morts. Je l'ai regardé une dernière fois. Il était immobile, comme statufié, ses beaux yeux sombres mais secs grands ouverts sur la nuit. Alors j'ai haussé les épaules et j'ai dit :

« *Suerte, amigo !* »

Et je m'en suis allé. Je ne me souviens plus de rien. Un tueur comme ça, j'ai voulu être. Sans mémoire ni passion. Du moins je le croyais. Mais parfois mes pas résonnent encore sur les pavés du chemin de ronde... Les phares au loin clignotent, balaient la nuit, à éclats rouges du Grand-Jardin, blancs du cap Fréhel, et là, tout près, rouges encore du môle des Noires. Ils clignotent, clignotent pour les hommes qui vont et viennent, qui ont une mission à remplir, des liens à tisser, des amours à partager, et la terre à faire tourner, tourner, tourner sans fin.

À vomir.

Et je vomis une dernière fois, avant de m'échouer...

Tch'ron bo... bo Diga. Mff. Potch y ti chou... Pshhh.

Silence
silence
Laissez-moi nager dans les murs[1]

de Saint-Malo.

Oh, la belle histoire.

FIN DE L'INTERLUDE

1. *Ibid.*

13

Quelle cuite, Seigneur !

Je me redressai et regardai autour de moi : la vue de mon studio me fit refermer aussitôt les yeux. Dire que j'allais mariner là tout le mois d'août... ! Le mois d'août à Villeurbanne !

Pendant quelques minutes, yeux clos, la migraine battant mes tempes, je demeurai immobile sur mon lit à m'écouter respirer. Quelle heure était-il ? En ouvrant les yeux, j'avais noté qu'il faisait déjà grand jour. Aucun bruit ne s'entendait pourtant dans l'immeuble. Une tombe. Un mausolée. Ni dans la rue non plus, sûrement déserte. Rue morne, rue anonyme — rue Jean-Claude-Vivant...

Oui, quelle cuite !

Soudain, je grimaçai de dégoût : dans l'alcôve où mon lit s'encastrait, flottait un remugle atroce. Ça n'était pas la madeleine de Proust, ça non, mais la mémoire me revint quand même. Je rouvris aussitôt les yeux pour constater les dégâts. Du dégueulis partout : sur mes chaussettes que j'avais gardées aux pieds — nos pauvres pieds, quatre en tout, deux fois deux, et tout ça ne faisant qu'une seule âme —, sur le lit aussi, bien sûr, et enfin dans la ruelle à ma droite où gisaient mes chaussures, souillées de même. Pouah !

Tout à fait réveillé à présent, je pris conscience de la brûlure à mon estomac et de la chaleur moite qui régnait dans le studio. Je consultai ma montre : 11 h 20. Ça promettait. Canicule à Villeurbanne ; et l'ennui — sans *bulerías*, olé ni *paseos marítimos* —, un ennui hexagonal, banlieusard et asphyxiant...

Machinalement, je portai mon regard sur la table de nuit. La seule vue de la bouteille de Glenfiddich, pourtant vide, me fit frissonner. Il y avait des limites à l'endurance, apparemment... Détournant la tête, j'eus de nouveau sous les yeux le living-douche-cuisine de mon studio, là, juste devant l'entrée de l'alcôve. Quel spectacle, que ce studio ! Mais c'était ça ou garder les yeux fermés. Il était la version jumelle de cette chambre d'hôtel où j'avais passé la première nuit de ma première permission. C'était quand, ça, déjà ? Passons. Même tapisserie innommable, même plafond désolé : des cloques, des écailles, des croûtes, et des archipels de taches jaunâtres comme si le précédent locataire se fût entraîné à viser le plafond après s'être retenu de pisser trois jours et trois nuits... La première fois que Rouquemoute y était venu, il avait lâché :

« Tu t'entraînes pour la Trappe, l'Abbé, ou c'est à cause du fisc ? »

Ce studio appartenait à Antonin Buchat. C'était un de ces placements en viager dont le brave La Toune s'était fait une spécialité (d'où l'assiduité avec laquelle il épluchait chaque matin la rubrique nécrologique du *Progrès*). À mon retour de Paris il avait timidement proposé de me le louer, sous réserve d'y entreprendre auparavant quelques travaux. Je l'en avais aussitôt dissuadé. La timidité de son offre avait manifestement pour cause le fait que, même rénové, l'endroit resterait encore à ses yeux indigne d'un hôte tel que moi. Et j'avais dû lui expliquer : *a)* que je n'émargeais plus au ministère de la Culture, et *b)* que pour lire et relire *Malone meurt*, mon livre de chevet, le décor était précisément celui qu'il fallait... Antonin Buchat s'était rendu à mes raisons à contrecœur, mais avait tenu quand même à faire installer une douche. Ce qui prit une journée à un bricoleur de ses amis ; après quoi j'avais emménagé sans plus attendre, n'introduisant dans le décor qu'un peu de literie, une poêle Tefal, un petit réfrigérateur et un poste radio.

J'aurais pu depuis longtemps dénicher un autre meublé. Avec J'En-Viens et cette équipe de braqueurs « foutraques » à laquelle je m'étais joint par nécessité pendant quelques mois, j'avais gagné largement de quoi redorer mon standing. Mais je jouissais là, dans cet immeuble sans concierge et dans cette rue grisâtre d'un anonymat rassurant ; et deux ans avaient ainsi passé dans ce studio à m'imbiber du vide des jours (et de whisky) dans les temps morts de l'action ou, comme à présent, dans ce temps mort des saisons qu'était pour moi l'été. Paul était en Ardèche avec sa femme et sa fille. Rouquemoute était chez lui, c'est-à-dire chez elle, sa nouvelle Ernestine, propriétaire d'une coquette villa dans l'Ain où j'aurais pu passer tout cet interminable mois d'août comme je venais déjà d'y passer juillet. Mais il fallait laisser croire que mon existence était remplie de rendez-vous, d'activités, de projets, que sais-je... Il fallait laisser croire que j'étais vivant.

... Et mon regard se posa sur la table, sur la chaise du coin-cuisine. Et il me sembla qu'il était un termite rassasié dévorant l'essence de ces choses par habitude ou par fatalité. Puis il se traîna au sol. Du pied du lavabo jusque devant la porte du studio, à droite, un rai de soleil se découpait sur le linoléum. Plan fixe sur le linoléum dans la lumière de l'été. J'en appréhendai chaque tache, chaque motif et chaque méandre du dessin. Il y avait du marron, du jaune, du vert pâle, quelques griffures, un petit morceau de papier d'aluminium qui scintillait, et comme une cloque, là, devant le balai. J'examinai la cloque longuement jusqu'à ce que les yeux me brûlent. Puis le balai. Celui-ci était posé debout contre la table soutenant le réchaud. Mon regard s'arrêta aux petits agglomérats de poussière grise qui s'accrochaient à ses soies. Et je songeai au temps, à tout ce temps qui avait passé là depuis mon élargissement, et dont j'avais balayé machinalement les cendres, semaine après semaine, mois après mois...

Je soupirai, levant un peu les yeux.

Sur le réchaud, il y avait dans un plat un reste refroidi de spaghettis au parmesan, et dans le lavabo une assiette et un couvert attendant d'être lavés. Je me forçai à regarder ce plat, puis le lavabo, de nouveau le plat, et encore le lavabo, tandis que le silence de cet interminable été s'infiltrait en moi goutte à goutte comme l'eau d'un robinet qui fuit.

Floc. Floc. Floc. Floc.

Vivant, mort-vivant à Villeurbanne.

Je me sentais arder silencieusement au pied de mon lit, l'estomac me brûlait, de la sueur perlait à mon front, mouillait le dos de ma chemise.

Mort à Villeurbanne, oui, mais sans Mahler ni Visconti...

La juteuse opération prévue pour la mi-septembre, dont Rouquemoute et moi avions réglé les détails le mois dernier, m'apparut un peu plus dérisoire encore que d'habitude. Assis au pied de mon lit, la migraine battant mes tempes, je me souvins de ce soir où, profitant de l'absence de Rouquemoute sorti téléphoner au village, Françoise (Ernestine) avait lâché tout à trac :

« Tu sais, Christian, je ne suis pas idiote. Tous les deux, vous préparez un coup.

— Voyons, Françoise, tu plaisantes ! » m'étais-je exclamé avec un haut-le-corps effaré.

Mais Françoise avait fondu en larmes. J'avais essayé de la calmer de mon mieux, lui expliquant que René était actuellement un peu stressé parce que ses affaires n'allaient pas trop bien, mais que cela finirait par s'arranger... Essuyant ses larmes d'un revers de main, elle m'avait alors lancé hargneusement en quittant la pièce :

« Ne te fatigue pas, va, l'Abbé. René est stressé, mais c'est à cause de toi. Et toi, ça non, tu n'es pas stressé ! »

Et la porte de la salle de bains avait claqué violemment derrière elle...

Cette Françoise était un cas qu'un psychanalyste rural aurait trouvé intéressant. Divorcée d'un assureur, esthéticienne à Lyon, c'était une grande ganache blond platiné, affligée du syndrome de Cendrillon : elle voyait dans chaque homme ayant eu l'heur de la séduire un prince charmant. Avec Rouquemoute, rencontré Dieu sait où, il va sans dire qu'elle avait décroché le cocotier du malentendu, et son entêtement à nier l'évidence touchait là au pathétique, et même au masochisme...

Mais à mon sujet du moins, sa féminine intuition ne l'avait pas trompée : je n'étais pas stressé, et les autres l'étaient... Or l'acteur vrai est sérieux toujours : « Pouce, je ne joue plus », dit-il sérieusement en entrant en scène, les jambes molles, la bouche sèche et la mine grave.

Je trichais donc, moi qui n'avais pas le stress ? Rouquemoute était soucieux, tendu. Paul aussi, à qui je rendais une visite hebdomadaire à son bureau de l'université, ou que je rencontrais le temps d'un déjeuner d' « affaires » à *La Gourmandine* : il était devenu sec, précis, peu disert, préoccupé seulement par des questions du genre : « À quelle heure le sous-dic rentre-t-il sa GS dans le garage de la villa ? », « Avez-vous vérifié la fréquence des rondes nocturnes de la gendarmerie dans le quartier de la banque ? », etc. Bref, Paul était sérieux. Le stress de jouer trahit la peur de perdre. Et moi qui trouvais là prétexte à m'oublier un peu... Cela m'était égal, au fond, que l'opération réussisse ou échoue. Le spectacle que nous montions n'était pas le mien, j'étais le traître de la troupe, je jouais, oui, mais sans adhérer au projet commun, absurdement, perversement... Je n'adhérais vraiment, moi, qu'au linoléum, au lavabo, au balai... Être membre d'un gang me divertissait surtout de braquer solitairement le regard sur moi... Vous avez dit mafioso ?

Et après le hold-up, si tout se passait bien ? Paul, péremptoirement, m'avait averti : « Après, ne viens plus me prendre la tête avec des histoires de braco, hein ! Mes poches pleines, je me cherche un petit job et je continue mes études. Jusqu'au DESS. » À bon entendeur... Rouquemoute, lui, projetait de se la couler douce, ce qui n'était pas nouveau, mais « sans l'angoisse du lendemain ni d'Ernestine à me les briser », avait-il précisé. Quant à J'En-Viens... il envisageait, si le butin était celui qu'on espérait, de se constituer prisonnier pour l'affaire pas trop grave pour laquelle il était recherché...

Moi donc, après ?

Angoisse.

Après, pour moi, ce serait de nouveau la vertigineuse et immobile contemplation du linoléum, du lavabo, du balai, de ceci, de cela... J'appréhendai, soudain, de me retrouver seul dans mon studio, définitivement seul, démobilisé, ne pouvant plus tricher avec le projet des autres, les poches pleines, sans plus même l'alibi de l'absurde survie pour me mouvoir, prévoir, agir... Je vieillissais, je vieillissais... L'absence de sérieux mène droit au pourrissement sur pied.

... Autrefois je comptais, je comptais jusqu'à trois cents, quatre cents et avec d'autres choses encore, les ondées, les cloches, le babil des moineaux à l'aube, je comptais, ou pour rien, pour compter, puis je divisais par soixante. Ça passait le temps, j'étais le temps, je mangeais l'univers. Plus maintenant. On change. En vieillissant[1].

Paul ne s'était pas résolu de gaieté de cœur à reprendre du service. Au contraire de Rouquemoute ou de J'En-Viens qui ne songeaient à dételer qu'une fois leur avenir assuré, Paul avait réellement tenté de se réinsérer. Et il ne s'était pas borné, comme moi, à remonter la rue de Vaugirard en se demandant si par hasard elle ne mènerait pas à Lourdes...

Non, lui avait suivi plus modestement ce qu'il appelait « des pistes ». Libéré sans condition quelques mois après mon élargissement grâce aux remises de peine que lui avaient values ses diplômes de psychologie (DEUG, licence), il avait continué d'occuper à l'université le poste que son professeur de psychologie sociale — un vrai, celui-là, pas un clone de la Duchesse — lui avait procuré pour sa semi-liberté. Il s'agissait d'un petit job tranquille, l'accueil des étudiants travailleurs, qui le mobilisait en fin de journée du lundi au vendredi, et pour lequel il percevait mensuellement la modique somme de quinze cents francs. De quoi payer son loyer. Pour le reste...

---

1. S. Beckett, *Malone meurt, op. cit.*

Le reste, ma foi, était affaire de patience : « ne pas brusquer les choses », tel avait été son leitmotiv inlassable pendant dix-huit mois. Souvent j'étais allé le voir à son bureau quai Pasteur, et chaque fois notre commun passé carcéral m'avait sauté à la figure... C'était hier, semblait-il, mais que de chemin parcouru du sous-marin du bâtiment G à ce bureau de l'université ! Grâce à une disponibilité sans faille, Paul s'était créé peu à peu tout un réseau de relations — de braves gens qu'attendrissait ce voyou diplômé si patient — dont la recommandation lui avait entrouvert quelques portes. Outre ses vacations à l'université, Paul animait ainsi à une radio libre une émission hebdomadaire traitant du « problème » de la prison... et de la réinsertion. Il participait également à la création d'un journal de l'université et se trouvait invité parfois à des débats, sur le thème de la prison toujours, en compagnie des fumistes appointés des comités de probation : telles étaient ces fameuses pistes ne pouvant manquer, selon lui, de déboucher un jour ou l'autre sur un véritable emploi.

Mais la réalité n'avait pas répondu à ses espoirs. D'une part, avec ses peaux d'âne et ce pragmatisme qu'on était en droit d'attendre d'un ex-truand, Paul avait dû paraître à ses nouveaux amis plutôt bien armé, risquons le mot, pour s'en sortir par lui-même. Et d'autre part, jamais il n'avait voulu ouvertement évoquer devant eux ses difficultés matérielles. Si bien qu'à le voir se multiplier sans compter en activités bénévoles ou d'appoint, ces braves gens avaient sans doute fini par croire que pour lui, ce temps dont il était si prodigue n'était pas de l'argent...

Or depuis sa libération Paul bouclait ses fins de mois avec la plus grande peine. À plusieurs reprises je l'avais invité à participer à l'une de ces opérations « Potron-minet » que je montais encore de temps à autre : dans la situation précaire où il se trouvait, la perspective de gagner ainsi dix mille francs au saut du lit aurait dû normalement l'allécher. Mais Paul avait chaque fois décliné l'offre avec fermeté. « Du calme, avait-il dit. Attendons de voir...

— De voir quoi ?

— On m'a promis deux ou trois jobs, dont un poste de pion dans un collège privé. Cette fois, ça m'a l'air sérieux.

— Des pistes, encore des pistes, toujours des pistes, avais-je soupiré. Tu n'en as pas marre ?

— Pour le moment, ça va. »

Et il avait posé sur moi son regard un peu lourd assorti d'un sourire mitigé...

Cependant, « s'il l'avait voulu vraiment », comme nasillent les procureurs dans les prétoires, Paul aurait pu trouver du travail sans trop de mal : la mécanique, la maçonnerie, la peinture et le plâtre n'avaient pas de secrets pour lui, ni la conduite de n'importe quel véhicule à roues, bulldozer inclus. Le bougre savait même monter à cheval ! Un vrai James Bond. Seulement voilà : pas davantage que de savoir que le tabac à priser fait moucher ou que la nielle de blé cause de grands ravages dans les cultures, les clés à molette, les truelles, les triporteurs et les camions n'aident vraiment à vivre. Ce qui aidait à vivre, selon Paul, c'était contribuer à influer sur le cours des choses. Ce qu'il appelait : conquérir le droit à la parole et se trouver une tribune où l'exercer...

L'existence de sa fille n'était sans doute pas étrangère à cette intransigeance. Inconsciemment, Paul se refusait à partir le matin pour l'usine ou le chantier sous le regard de l'adolescente, lui qui avait vu tant de fois son père rentrer le soir de son travail, harassé et les mains vides... De quoi sert en effet le pain de la survie sans rêve pour en beurrer les tranches ? Et je mesurai toute la profondeur de son amertume lorsqu'il me lâcha, au début du printemps de cette année 1987 :

« C'est bon, Christian. Vois cette banque avec Rouquemoute. »

La goutte d'eau qui avait fait déborder le vase fut d'apprendre qu'une des pistes sur laquelle il fondait alors le plus d'espoir — ce poste de pion dans un collège privé — avait été minée traîtreusement sur la ligne d'arrivée. Recommandé par l'une de ses relations, Paul avait obtenu cet emploi sans qu'on eût cherché à savoir qui au juste il était : son cursus de maîtrise avait achevé de lui assurer le bon profil. Or, peu après avoir donné son accord de principe, le directeur apprit d'un charitable informateur que l'impétrant était un truand. Horreur ! Un loup s'était introduit dans sa bergerie ! Se jugeant berné, le bonhomme attribua aussitôt l'emploi à quelqu'un d'autre. La belle excuse, en fait, que cet apparent manque de franchise de Paul ! Allez donc confier lors d'un entretien d'embauche qu'en plus d'être licencié en psycho vous figurez au fichier du grand banditisme...

La voix chargée d'une rage contenue, Paul me conta l'affaire à son bureau de l'université. Son récit achevé, je sortis de ma poche la flasque de whisky que j'emportais avec moi quand j'allais le voir.

« Bois donc un coup », lui dis-je.

Ayant vidé d'un trait la moitié du flacon, Paul tira la morale de l'histoire :

« C'était ma dernière chance, dit-il. Ce job allait m'apporter un minimum de sécurité financière, et les horaires m'auraient permis de poursuivre mes études. C'était un tremplin en quelque sorte. Maintenant... »

Il promena un regard désabusé sur les murs de la pièce ornés d'affiches, d'horaires, d'organigrammes, sur les armoires, les classeurs — puis l'arrêta sur moi.

« Maintenant je suis raide, lâcha-t-il. Je ne peux plus continuer comme ça. »

Dans le silence qui s'ensuivit, un sourire amer s'esquissa lentement sur ses lèvres.

« Tu l'attendais, ce moment, hein, vieux charognard ? » fit-il en me rendant la flasque.

Pour toute réponse, je portai un toast d'une voix volontairement avinée :

« Aux lendemains qui chantent des mélodies en sous-sol, mon frère ! »

Après quoi, ayant expédié ce qui restait de whisky, j'indiquai d'un geste le décor de la pièce :

« Je suppose que tu vas larguer tout ça *illico presto* ?

— Tu veux rire ! Si je reprends du service, il va me falloir une couverture. Je garde tout, au contraire : l'université, la radio... »

J'émis un gloussement amusé.

« Les flics y ont certainement déjà pensé. Le Greppo s'est trouvé une chouette couverture, doivent-ils se dire...

— Depuis le temps que je fréquente les amphis, que j'anime des colloques, que je cause dans le poste et que je roule dans une vieille Simca achetée à crédit, ils auront peut-être fini par lever le pied, tu ne crois pas ?

— C'est probable, acquiesçai-je.

— Bien. Parle-moi donc un peu de Rouquemoute, maintenant. Il en est où, lui ?

— Au même point que toi, mais pour des raisons différentes. Il a claqué en martingales hippiques les trois quarts des économies de sa nana. Le reste s'est envolé en bamboches et en affaires bidon.

— Parfait. »

Je me mis à rire ; Paul eut un haussement d'épaules.

« Ce n'est pas du cynisme, dit-il. Rouquemoute a eu cent fois l'occasion de raccrocher. Seulement il est fainéant comme un pou et l'argent lui file entre les doigts. Alors hein, quand on a la chance qu'il soit le dos au mur juste au moment où on a besoin de lui...

— Il n'est pas très chaud pour remonter sur un braco, tu sais.

— Et cette banque dont tu me rebats les oreilles depuis trois mois ? C'est bien lui qui t'en a parlé, non ?

— Oui. Mais comme d'une affaire qu'il se limiterait à préparer.

— Du dix pour cent ?

— Quelque chose comme ça. En fait, c'est moi qui lui avais suggéré de me trouver un truc sérieux au lieu de perdre son temps à éplucher le *Paris-Turf*. C'était avant... avant que des mecs avec qui je fléchais ne se fassent serrer. »

Paul écarta ces considérations d'un geste.

« C'est bon, Christian, dit-il. Vois cette banque avec Rouquemoute. Quand il saura que je suis dans le coup, il sortira de sa torpeur.

— Ludo sera de la partie ?

— Je vais lui en parler, mais c'est douteux. Il est encore en conditionnelle, et les lardus ne vont pas le lâcher d'une semelle... À ce propos, et Rouquemoute ? Il ne les aurait pas non plus sur les endosses ?

— Là où il crèche, en rase campagne, l'approche et les filatures sont difficiles. Par ailleurs, comme il est toujours fourré chez

Balard, ils doivent se douter qu'il fricote dans le maquillage des bagnoles. Ça leur fait un os à ronger. »

Paul tambourina pensivement sur son bureau.

« Tu sais que Balard joue de temps à autre au tennis avec un des archers de l'antigang ? demanda-t-il soudain.

— Rouquemoute m'en a touché deux mots. Mais c'est plutôt bien, non ? Comme ça les decs croiront dur comme fer que Rouquemoute ne s'est rangé des voitures que pour mieux les trafiquer...

— Mouais... »

Paul médita ma réponse quelques instants. Puis nous nous regardâmes l'un et l'autre en silence ; c'était la première fois que nous avions ensemble une conversation de voyous, et j'en eus le cœur un peu serré.

« Rouquemoute est chez Totor en train de taper le carton, dis-je en me levant. Je vais aller le mettre au courant de ta décision.

— Bonne idée. Et ne le lâche plus, tu sais comme il est...

— Compte sur moi.

— Autre chose : ne téléphone plus à la maison et n'y passe plus. À partir de maintenant, tu me téléphones et tu viens me voir ici, à l'université, à mes heures de permanence. OK ?

— OK.

— Et surveille tes arrières.

— Facile. Les flics n'ont plus de spécialistes des filatures pédestres depuis des lustres.

— Tu parles ! Ils n'ont qu'à mettre un planton dans chaque bar de la ville, et ils sauront toujours où tu es... ! »

Sur cette flèche du Parthe reçue en plein foie, je serrai la main de Paul en ricanant et je m'en fus.

Les trois coups venaient de retentir. Le rideau allait se lever. C'était une comédie qui finirait peut-être mal — mais qu'importait ?

Chez Victor était un bar de Caluire situé presque en face de l'île Barbe. Le patron, Victor, dit Totor, avait dû se donner un mal de chien pour dénicher ce boui-boui sur ce quai de Saône si peu fréquenté et où il était si malcommode de se garer. Seuls un voyou connaissant l'endroit ou un touriste anglais déshydraté pouvaient avoir l'idée de venir s'y abreuver.

Quand j'entrai, Ninette, l'épouse de Totor, me salua derrière le bar d'un timide « Bonjour, monsieur Christian », auquel je répondis d'un signe de main amical et d'un sourire. Depuis le jour où Rouquemoute m'avait introduit dans ce cénacle, je comptais, certes, au nombre des amis choisis et non des touristes anglais, mais mon air BCBG causait encore une certaine sensation... Du coin de l'œil, j'aperçus Boum-Boum, attablé seul à l'écart, et j'allai directement vers lui. C'était le rescapé de l'équipe de braqueurs foutraques avec qui J'En-Viens, puis moi-même, avions fléché pendant quelque temps. À demi dissimulé par un pilier s'interposant entre la table où il était assis et l'entrée du bar, il se tenait le dos au mur selon son habitude, feuilletant un journal et buvant un Perrier tout en se rongeant les ongles. De la pure prestidigitation. Je lui dis que je le rejoindrais dans un instant, et je me dirigeai vers le fond de la salle où Rouquemoute « coinchait » en compagnie de Totor, de P'tit Michel, un proxénète notoire, et d'un retraité habitant l'immeuble mitoyen du bistrot. Ne voulant pas troubler la partie, je saluai rapidement tout le monde et soufflai à Rouquemoute :

« Je vais discuter un peu philo avec Boum-Boum en t'attendant. Il faut que je te parle.

— Je suis à toi dans dix minutes, l'Abbé. T'auras tout juste le temps de lui raconter la dernière de Schopenhauer. »

« Alors-alors ? »

C'était le préambule habituel de Boum-Boum lorsqu'il rencontrait un ami. « Alors-alors. » Il lâchait cela de sa voix haut perchée, un éternel sourire plaqué sur ses lèvres. Mais la rondeur de sa silhouette et sa physionomie faussement réjouie ne pouvaient guère m'abuser. Boum-Boum était un lascar d'une dangerosité extrême. L'effarante mobilité de ses petits yeux noirs dont le regard ne cessait de balayer machinalement le panorama autour de vous tandis que vous lui parliez trahissait la tension constante et quasi pathologique du personnage. C'était un gaillard d'une trentaine d'années d'origine italienne, pratiquement inconnu du milieu, et qui par je ne savais quel miracle avait réussi à ne jamais encore aller en prison. Normalement, un excité comme lui n'avait rien à faire chez Totor, rendez-vous des chevaux de retour quadragénaires et raisonnables. C'est J'En-Viens qui l'avait introduit là récemment, comme Rouquemoute l'avait fait pour moi. Mais si Totor avait su ce que Boum-Boum portait sur lui en permanence, il l'aurait prié poliment de ne plus se présenter chez lui qu'en collant de cycliste : une grenade dans les poches droite et gauche de la veste de treillis militaire dont il était toujours affublé ; un « 11,43 » à la hanche, dont le bloc culasse chromé, la détente et le chien dorés, et les plaquettes de crosse en nacre auraient pu faire croire qu'il s'agissait d'un jouet ; des chargeurs de rechange à double capacité dans les poches de poitrine ; et enfin, dans sa bottine droite, un .38 Chief's Special deux pouces, minuscule mais redoutable revolver à cinq coups, constituaient en effet l'arsenal ordinaire de Boum-Boum, jours ouvrables comme jours fériés. À quoi venaient s'ajouter, lorsqu'il partait en opérations, un Derringer dissimulé dans son slip, plus une mitraillette Sterling ou une *lupara*, selon la nature de l'objectif.

Mais aujourd'hui, Boum-Boum faisait relâche : il avait les mains vides... Comme à son habitude, il portait beau sous sa veste de treillis : une fine chemise de lin bleu ciel et une cravate feuille-morte en soie, toutes deux griffées Saint-Laurent, mettaient en valeur son teint mat d'Italien du Sud. Un pantalon bleu marine au pli parfait et les éternelles bottines noires impeccablement cirées que je voyais briller sous la table complétaient sa tenue.

Je pris place en face de lui et m'empressai de répondre à sa question :

« Alors, ça sera un petit jaune, ration habituelle. »

Derrière le comptoir, Ninette enregistra le signe que lui adressait Boum-Boum, et je la vis se saisir d'une bouteille de pastis.

« Et ta dermite séborrhéique ? s'enquit Boum-Boum, son regard voltigeant au-delà de moi, du bar à la porte d'entrée. Elle se résorbe ? »

Après « Alors-alors », sa manie de se ronger les ongles et son regard voltigeur, c'était le quatrième de ses tics : il vous affublait d'une maladie inimaginable et différente chaque fois qu'il vous rencontrait, et vous demandait où ça en était. Je le soupçonnais d'avoir appris par cœur quelque encyclopédie médicale.

« Pas vraiment », dis-je, souriant à Ninette qui m'apportait mon 102 et une carafe d'eau.

Et j'expliquai pour lui river son clou :

« Elle se complique d'un lupus érythémateux plutôt sournois. »

Boum-Boum hocha la tête en connaisseur, les yeux fixés sur le derrière quinquagénaire et maigrichon qui s'éloignait : c'était le cinquième de ses tics. Seule une paire de fesses ou de nichons, fussent-ils flétris, tannés, usés jusqu'à la fibre, avait en effet le pouvoir d'immobiliser durablement son regard.

« Ça sera psychosomatique, l'Abbé, fit-il enfin.

— C'est évident », dis-je en regardant ses mains posées à plat sur le journal.

C'étaient des mains trapues, velues, dont les doigts presque entièrement dépourvus d'ongles avaient l'air d'affreux petits boudins. Je revins à son visage, et songeai à cette phrase de Levinas : « Autrui est métaphysique. » Levinas, évidemment, ne connaissait pas Boum-Boum.

« T'as des trucs en vue, en ce moment ? demanda-t-il.

— Non, mentis-je.

— Eh bien, moi, l'Abbé, j'ai quelque chose qui pourrait t'intéresser. »

Faisant celui qui n'avait pas entendu, je versai une larme d'eau dans mon pastis.

« Tchin ! dis-je en levant mon verre.

— Ça ne t'intéresse pas ?

— Non. L'arrestation de Gadget m'a sérieusement refroidi... »

C'était une excuse qui ne tenait pas debout. Gadget et son cousin — les deux autres membres de l'équipe de braqueurs foutraques dont Boum-Boum était à la fois le demi de mêlée et l'armurier (c'est lui qui fabriquait les munitions que J'En-Viens fournissait ensuite aux amis) — avaient été arrêtés pour des affaires n'ayant rien à voir avec les hold-up que nous avions perpétrés ensemble.

Boum-Boum fronça les sourcils.

« Qu'est-ce que tu racontes, l'Abbé ? »

Je haussai les épaules.

« C'est comme ça, fis-je. Je suis superstitieux.

— Y a longtemps ? »

Boum-Boum n'était pas dupe de mon explication, évidemment. Son sourire artificiel me parut s'être altéré un peu, mais il n'insista pas.

« Bon, bon, fit-il. Ce que j'en disais...

— Plus tard, peut-être, éludai-je en vidant mon verre.

— Ouais, peut-être... »

Boum-Boum me considéra un instant avec une expression un peu ironique, puis son regard reprit le large, voltigeant de nouveau de droite à gauche. Il dit encore :

« De toute façon, tu sais où je crèche. Si tu changes d'avis...

— Pas de problème, Boum-Boum. Des types comme toi, ça ne court pas les rues... »

J'avais réussi à dire cela sans rire... Car des Boum-Boum, il était à souhaiter qu'il y en eût le moins possible lâchés dans la nature. Je savais effectivement où il habitait ; un jour il m'avait emmené chez lui pour me montrer une arme. Mais j'espérais bien n'avoir jamais à y retourner, même à court de munitions. Il y avait des limites aux mauvaises fréquentations...

« Et toi ? Ça roule en ce moment ? » m'enquis-je par politesse.

La déception avait dû réveiller l'appétit du malfrat, car il s'était mis à ronger l'extrémité charnue d'un de ses affreux petits boudins de doigts. Il accueillit ma question d'un haussement d'épaules.

« Bof ! Le fric, ça va. Mais je m'emmerde à la maison. »

Allons bon ! Allais-je devoir lui conseiller la lecture de Beckett ou la contemplation du linoléum pour l'aider à tuer le temps ? Rouquemoute me dispensa de succomber à la compassion. La partie de coinche venait de s'achever, et, sans même s'asseoir à notre table, il me lança d'un air pressé :

« Dis donc, l'Abbé, je dois passer prendre un congélateur chez ma mère. Tu ne voudrais pas me donner un petit coup de main, par hasard ? »

Je me levai aussitôt.

« Excuse-moi, Boum-Boum. Le devoir m'appelle.

— *Ciao bello !* » fit l'affreux en me tendant une pogne que l'on pouvait serrer hardiment sans crainte de s'écorcher.

Une fois installé au volant de sa R 21, Rouquemoute me dit :

« Je suppose que tu ne souhaitais pas rester plus longtemps en compagnie de Boum-Boum ?

— Tout juste.

— Qu'est-ce qui t'amène ?

— Je suis venu t'annoncer que tes vacances étaient terminées.

— Sans blague ? »

Le rouquin voyou se tut et prit la direction des hauts de Caluire. Il me parut soudain crispé ; mais peut-être cherchait-il seulement à deviner ce que j'étais venu lui dire pour mieux préparer sa réponse. Rouquemoute n'aimait guère être cueilli à froid. Arrivé place du Maréchal-Foch, il demanda :

« Qu'est-ce qu'on fait ? On va chez Françoise, ou je te dépose en ville ?

— Ça dépend de ta réponse. Si c'est oui, il faudra qu'on en discute. En ce cas on passe chez moi prendre mes affaires, puis on file chez ta tigresse.

— Bien ; je t'écoute.

— C'est au sujet de la banque dont tu m'as parlé.

— Et alors ?

— Alors, Paul a décidé de se mettre sur l'affaire. Là, tout de suite. »

Silence. Rouquemoute accusait le coup.

« T'as réussi à le faire craquer, hein, l'Abbé ? ricana-t-il enfin.

— Je n'y suis pour rien. Ce sont ses nouvelles relations qui l'ont fait craquer.

— Ouais... »

Nouveau silence. Rouquemoute avait pris la direction de Villeurbanne, c'est-à-dire de chez moi.

« Alors ? » fis-je.

Il haussa les épaules, hésita une seconde, puis laissa tomber d'une voix morne :

« Alors, moi, c'est Longchamp, Auteuil et Vincennes qui me font craquer.

— Je comprends, compatis-je. Des pistes, encore des pistes, toujours des pistes... »

Et je lâchai un discret soupir de soulagement : le hold-up venait d'être programmé.

J'avais fini par nettoyer le studio, changer les draps de mon lit souillés de vomi, puis je m'étais douché et rasé. Preuve qu'il était aussi difficile d'imiter *Malone meurt* que Jésus-Christ. Il y avait toujours un moment en effet où l'on cédait à la tentation de la normalité...

Et à présent que faire ? Sortir ? Mais où aller, un dimanche d'août à Villeurbanne ?

Machinalement, j'ouvris le buffet-penderie et contemplai le désordre. Tout s'y trouvait en vrac, sauf les vêtements (fainéant, l'Abbé, mais gandin...) qui, eux, étaient pliés ou suspendus à des cintres. Sur une étagère, à côté du théâtre de Beckett, j'avisai *Totalité et Infini*, dans l'édition Livre de Poche. Je pris l'ouvrage et fis comme on fait avec la Bible, je l'ouvris au hasard. Page 115. Une phrase était soulignée au crayon. Je lus : « Réduite à la pure et nue existence, comme l'existence des ombres qu'aux enfers visite Ulysse — la vie se dissout en ombre. » Je refermai le livre.

J'aimais Levinas. Un Maître. Comment se faisait-il qu'on parlait davantage de Le Pen ? J'essayai d'imaginer celui-ci expliquant à son public qu' « un infini qui ne se ferme pas circulairement sur lui-même, mais qui se retire de l'étendue ontologique pour laisser une place à un être séparé, existe divinement », et je crus comprendre pourquoi...

Mon esprit revint au hold-up et, par association d'idées, au pistolet et au revolver qui se trouvaient rangés dans le tiroir de la table de nuit. Je décidai de les nettoyer et de les graisser pour me passer le temps. Ayant déplié sur la table de la salle à manger le journal périmé qui traînait là, je sortis du buffet-penderie le nécessaire de nettoyage et la bombe à huile. Puis j'allai chercher les armes et les déposai sur le journal.

Le Colt .45 et l'Enfield MK IV, version « Commando », avaient un aspect fatal. Pistolets et revolvers m'ont toujours fasciné, à la fois esthétiquement et... métaphysiquement. L'Enfield, pourtant, est franchement laid. C'est un revolver comme seuls les Anglais — les Anglais dc 1940 — pouvaicnt oscr cn conccvoir. En outrc, dans cettc version, le chien de l'arme est écrêté : ainsi en avait-il été décidé pour éviter les accidents lors des parachutages. Par surcroît, j'avais ôté le guidon, fixé par une vis à l'extrémité du canon, qui s'accrochait systématiquement au tissu de mon pantalon : il m'avait été impossible en effet de trouver un holster décent qui s'adaptât à cette horreur... N'empêche, telle quelle, l'arme, dans un état parfait, robuste dans son matériau comme dans son mécanisme, était d'une laideur esthétique ; c'est-à-dire qu'il émanait d'elle une espèce de sombre beauté. En m'en faisant cadeau, J'En-Viens m'avait permis d'économiser ainsi les quelque cinq ou six mille francs que m'aurait coûté un moderne .357. Et j'avais fini par adopter cette seconde arme, dont la nécessité s'était imposée à moi depuis mon suicide manqué lors du braquage, manqué également, de la Feller SA...

Ayant pris place à la table, je fis basculer vers l'avant le canon de l'Enfield solidaire du barillet d'où je sortis les six cartouches qui le garnissaient : du .38 Smith & Wesson, et non du .38 courant ; une munition obsolète difficile à se procurer mais qui ne posait pas de problème à l'« armurier » Boum-Boum.

Je passai ensuite au Colt dont j'éjectai la cartouche engagée dans la chambre, puis le chargeur — jamais approvisionné, lui, à mon domicile, afin d'éviter d'en fatiguer le ressort élévateur. Après quoi je procédai machinalement au démontage de l'automatique — machinalement, c'est-à-dire l'esprit ailleurs...

Le hold-up était prévu pour le mois prochain, aux environs du 15 septembre. Il nous manquait encore un élément d'information pour en fixer la date avec précision. Pour des raisons de sécurité, il avait été finalement décidé que Ludo ne ferait pas partie de l'équipe qui se composerait de sept hommes, moi inclus : Paul, Rouquemoute, J'En-Viens, et trois de leurs communes relations lyonnaises, un certain Toni, un certain Max et un certain Frédo. Lors des présentations qui avaient eu lieu trois mois auparavant dans les allées du parc de la Tête-d'Or, ces trois hommes m'avaient salué avec circonspection, se demandant manifestement si je n'étais pas quelque aumônier militaire détaché auprès de leur commando par le général des jésuites. Mais Rouquemoute les avait aussitôt rassurés.

« Vous fiez pas à sa tronche d'exégète, les mecs, avait-il expliqué à sa manière inimitable. L'Abbé est un kamikaze intégriste. »

Et il avait ajouté :

« C'est lui qui se chargera des liaisons entre nous pour la préparation du braco, et qui vous emmènera séparément sur le terrain pour les repérages. C'est plus sûr : il n'est pas lyonnais. »

Plus sûr ?

Il y avait eu deux ou trois alertes d'une possible surveillance policière de notre équipe. Nous avions tendu des pièges, procédé à quelques contre-filatures : l'horizon paraissait dégagé. Je songeai à ce type grisonnant aperçu par moi à deux reprises non loin de *La Gourmandine* où Rouquemoute, Paul et J'En-Viens venaient parfois déjeuner en ma compagnie, et qui était devenue l'un de nos lieux de rendez-vous. Mais le type avait disparu, semblait-il, depuis que j'étais allé rôder nonchalamment près de sa voiture, une vulgaire 2 CV. Un flic ? Pour ne pas alimenter sans plus de certitude la paranoïa de l'équipe, j'avais gardé ce « détail » pour moi.

À présent, l'acier mat du bloc culasse du .45 que je venais de vaporiser d'huile luisait légèrement. Je huilai également les autres éléments de l'arme : le ressort récupérateur, la goupille d'assemblage, le fût du canon et sa biellette, le pontet solidaire de la carcasse, puis la détente. Cela fait, je remontai le pistolet.

L'odeur d'huile s'était répandue dans le studio, rendant oppressante l'atmosphère déjà moite de la pièce. Je demeurai un moment immobile, le regard perdu sur un point du mur, à gauche du chauffe-eau. Le silence était absolu. Août paraissait avoir anesthésié la rue Jean-Claude-Vivant tout entière. Sans bouger, respirant à peine, la sueur perlant à mon front, me coulant dans le cou, j'écoutais le silence s'infiltrer en moi goutte à goutte comme l'eau d'un robinet qui fuit : floc, floc, floc, floc...

Mon regard revint aux armes posées sur le journal.

Un flic ?

Je me mis à nettoyer l'Enfield pensivement.

14

Vendredi 18 septembre 1987, 17 heures.

Doit-on raconter un hold-up au présent de l'indicatif ? C'est la question que je me posais, que je me pose cet après-midi-là en descendant avec Paul, J'En-Viens et Toni dans la cave de *La Gourmandine*. C'étaient les préparatifs de l'opération. Ce sont les préparatifs de l'opération. L'enlèvement du sous-directeur aura lieu dans quelques heures. L'enlèvement du sous-directeur allait avoir lieu dans quelques heures. Oui, doit-on raconter cela au présent de l'indicatif, ou à un temps du passé ? Ce temps du risque qu'on court, qu'il soit sportif, héroïque ou crapuleux, est en effet un temps à part, comme sorti du contexte. Je l'ai ressenti maintes fois en franchissant la porte de l'autre côté de laquelle, l'arme au poing, j'allais commettre mon forfait : le temps semble suspendu, et les images défilent à la fois très vite et comme au ralenti. Temps du strictement vital ou instinctuel, où la distance avec soi-même et ce que l'on fait est supprimée, temps pur — brut, pour mieux dire —, présent à la puissance dix, hyper-présent.

Sans doute, au moment où je parle, l'action véritable n'avait-elle pas commencé encore. Nous n'en sommes qu'aux préparatifs. Et c'est pourquoi j'ai loisir encore de me regarder gommer mes sourcils bruns et me coiffer d'une perruque blonde, en me posant cette question stupide de savoir s'il fallait raconter cela au présent, ou, ce qui revenait au même, s'il faut déjà le vivre au passé... Les autres, pendant ce temps, s'affairaient, sourds à l'histoire, présents tout entiers dans cet avenir inconjugable encore à l'imparfait. J'En-Viens achève de se coller une grosse moustache postiche, brune puisqu'il est blond, tandis que Paul et Toni, revêtus tous deux de combinaisons des Télécom et portant perruque également, enveloppent la tête des burins avec des chiffons pour que soient amortis les chocs des coups de massette, cette nuit, dans la salle des coffres... Pour eux donc, jour J, heure H, temps sans histoire, présent immédiat, urgence de l'instant. Pour moi, temps du regard encore. Tout à l'heure, je jouerai vraiment à mon tour, sérieusement — plus le temps de tricher —, immergé comme eux dans l'action, faisant irruption dans le temps d'autrui et dans sa maison, dévastateur comme un événement — événement-homme moi-même. Mais pour le moment, je me regarde faire, en deçà du présent, ou au-delà, loin au-delà de moi-même. J'essayais d'imaginer où je serais plus tard, un jour, inventant cette histoire comme si elle n'avait pas commencé déjà d'être vécue, dans quel ailleurs, moi d'un côté et cette histoire de l'autre, dans quel temps...

« À quoi tu rêves, l'Abbé ? »

Je reviens à moi. J'En-Viens me regarde bizarrement, méconnaissable. Sa perruque brune fait des touffes frisottées de chaque côté de la casquette bleue d'ouvrier, informe et d'une propreté douteuse, qu'il s'est vissée de guingois sur le crâne. Le logo des Télécom figure à gauche sur le devant de sa combinaison de travail. Une moustache brune, épaisse, assortie à ses sourcils postiches, lui donne un air à la fois bourru et compétent.

« Hein, à quoi tu rêves ? » me redemande-t-il en glissant son .45 dans l'étui d'épaule dont il a décidé de se harnacher pour ce hold-up non-stop de douze heures.

« À rien, dis-je. Tu es tellement beau en ouvrier que j'en suis resté saisi. »

J'En-Viens glousse. Il est calme. Gestes lents, précis. Je le connais bien, à présent. Il est sûr. C'est lui qui tout à l'heure entrera sur mes talons dans la villa des Chupin si ceux-ci consentent à nous ouvrir leur porte. Je sais qu'avec lui tout se passera bien, qu'il fera ce qu'il a à faire, simplement, naturellement, comme s'il s'agissait de réparer vraiment le téléphone.

Tandis qu'il plie ses vêtements civils et les range dans un sac de sport, je mets la dernière touche à mon déguisement. Moi, je ne suis pas un ouvrier, mais un technicien. Je porte un pantalon de ville — à pinces, la mode n'a pas changé, pour une fois —, et j'ai enfilé par-dessus ma chemise Cerruti et ma cravate Saint-Laurent une veste bleue des Télécom. C'est une veste alibi, une veste de chef qu'on porte par solidarité avec les subalternes, mais dont l'impeccable propreté souligne l'abîme qui vous sépare d'eux...

J'En-Viens m'examine, l'air narquois. Toute la subtilité de son sourire de Joconde se perd sous ses grosses moustaches.

« Toi aussi, chef, z'êtes pas mal non plus », dit-il.

J'arbore une casquette orange de base-ball. Une idée à moi, cette casquette. Elle se trouvait avec les bleus de travail dans le camion-atelier des Télécom volé par J'En-Viens et Frédo. Je l'avais essayée pour rire : elle était à mon tour de tête. Et soudain je m'étais dit que je tenais là, peut-être, le détail susceptible de mettre définitivement en confiance les Chupin. J'avais imaginé le camion arrêté devant leur villa, moteur tournant et gyrophare clignotant. Et moi sonnant au portail, l'air dégagé, avec ma belle casquette de base-ball orange et mes mèches blondes, vivante allégorie de la compétence décontractée et de la sûreté de soi. Tout le contraire, en somme, du sournois petit filou couleur de grisaille cherchant à s'introduire subrepticement chez les gens...

Je sors à présent de mon sac de sport un sachet de plastique contenant des munitions pour l'Enfield, ma cagoule de motard, noire à liséré rouge, une paire de gants et un talkie-walkie. Le talkie-walkie, lui, ce n'est pas pour la frime ; il fait partie de notre matériel opérationnel. Mais avec sa courte antenne caoutchoutée, l'appareil achève avec bonheur de faire de moi un Technicien.

Point n'est besoin de vérifier mes armes. Je l'ai fait dans mon studio avant de venir. Sous ma chemise, le maudit Enfield est calé contre ma rate ; le Colt est bouclé dans son holster à ma hanche droite ; et j'ai un chargeur de rechange dans un petit étui fixé à ma ceinture contre mon rein gauche. Avec toutes ces prothèses, je ne risque pas de danser le charleston !

Paul et Toni, silencieux tous deux là-bas à l'autre bout de la cave près d'un congélateur leur servant de coiffeuse, finissent de se préparer. Combinaison des Télécom, perruque et casquette comme J'En-Viens. Paul s'est également chaussé le nez de grosses lunettes à verres neutres. Je vais les rejoindre et demande :

« Tout est OK ? »

D'un mouvement de tête, Paul désigne le *riot-gun* Remington et les deux fusils à pompe posés sur des étagères, avec des boîtes de cartouches et des chiffons.

« Il faudrait les préparer », dit-il.

J'En-Viens et moi enfilons nos gants et nous nous mettons à essuyer soigneusement les fusils pour en ôter toute trace d'empreintes avant de les approvisionner de cartouches de chevrotine. Toni range ensuite les armes dans un grand sac marin. Je connais peu Toni — pas plus que Max et Frédo. Comme avec ces derniers, nos rapports se sont limités aux quelques repérages que nous avons effectués ensemble au cours des mois précédents. Mais il m'est plus sympathique que les deux autres ; moins frimeur, pour tout dire. C'est un petit brun trapu d'une quarantaine d'années à la voix traînante, rapide dans ses mouvements et parlant peu, et dont Paul m'a dit qu'il était courageux et doué d'une « vista » infaillible.

17 h 45.

Nous devons quitter maintenant *La Gourmandine* pour éviter autant que possible d'être vus par les employés d'Antonin Buchat revenant prendre leur service.

« C'est l'heure », dis-je.

Tendu, concentré à l'extrême, Paul hoche la tête, regarde autour de lui pour s'assurer que rien n'a été oublié. Il jette ensuite sur nous deux, J'En-Viens et moi, un coup d'œil critique. Mon impressionnant aspect de technicien des Télécom n'a pas l'air de l'épater beaucoup.

« Alors ? Tu vas te l'acheter ? »

Je fronce les sourcils, ahuri.

« Quoi ? fais-je. Qu'est-ce que je vais m'acheter ?

— *Le Principe dansant de l'Hourloupe.* »

J'éclate de rire. C'était hier, il y a six ans... Le temps a passé, n'a pas passé... Qui aurait imaginé que nous évoquerions de nouveau l'*Hourloupe* ensemble, armés jusqu'aux dents et sur le point d'enlever un cadre du Crédit lyonnais ? Je me reporte par la pensée dans la cour camembert de la maison d'arrêt, Paul marche à mes côtés, le temps s'est arrêté pour nous en ce temps-là, comme nous il tourne en rond, le temps... Vision fugitive et insensée !

« J'ai grand-peur que non, soupiré-je. La cote de Dubuffet s'envole en ce moment... »

Toni nous regarde sans comprendre, impassible et patient, le sac de fusils à l'épaule.

« Bien, dit Paul. Allons-y. »

Il ramasse le sac d'outils posé à ses pieds, ainsi qu'un paquet de sacs-poubelle destinés à recevoir le contenu des coffres-forts. Moi, je vais ranger mes effets personnels à côté d'un congélateur près duquel se trouvent déjà mes bagages... Eh oui ! Sitôt le butin partagé, l'Abbé s'éclipse, disparaît, se volatilise. Destination Madrid. Le billet de train est déjà dans une de ces valises. Nul doute qu'il ne pousse ensuite, le Lhorme, jusqu'à Algésiras. Il s'amuse tellement bien là-bas, le joyeux drille ! Et il y a si longtemps qu'il n'a médité sur ce banc du parc de La Línea qui l'attend, qui l'attend...

Au-dehors, ciel bleu, brise légère et tiède ; un temps d'été. *La Gourmandine* est un coquet restaurant situé un peu à l'écart du centre de Genas. Quelque cinquante mètres avant d'y arriver, à cause du virage en épingle à cheveux que fait la rue à cet endroit, les maisons de gauche le masquent à la vue. Ce n'est qu'après le virage que *La Gourmandine* apparaît, trônant au milieu d'un petit parc cerné d'un muret surélevé d'une grille peinte en vert. Il n'y a pas de maisons à droite en vis-à-vis, seulement un terre-plein servant de parking pour la clientèle. Au-delà, c'est la campagne, des terrains en friche, un château d'eau...

Antonin Buchat et sa femme n'ont conservé pour leur usage personnel que l'étage de la maison. Le rez-de-chaussée dans sa totalité, prolongé sur son flanc gauche par une véranda, a été transformé en restaurant, et la cuisine aussi a dû être agrandie en conséquence. Elle donne sur une cour, à l'arrière de la maison, qu'une haie de troènes courant de part et d'autre du restaurant jusqu'au muret de clôture interdit au public. Cette cour, d'assez vastes dimensions, jouxte celle d'une entreprise de déménagements offrant les services de garde-meubles. De ce côté-là, la vue n'est pas très aguichante : des camions, des hangars... Il aurait fallu surélever le muret à cet endroit, ou planter des arbustes. Mais Antonin Buchat a mis assez d'argent dans toutes ces transformations ; il lui faut rentrer à présent dans ses frais.

Au moment où nous sortons de la cave, un camion manœuvre devant l'un des hangars de l'entreprise. Un peu plus loin à gauche, deux ouvriers juchés sur un petit échafaudage passent au minium une armature métallique. Tout va bien. La terre tourne, l'humanité a les mains occupées et la tête ailleurs...

Pas un chat dans la cour de *La Gourmandine*. Mais que de véhicules ! Il y a là le break 304 d'Antonin Buchat, la Simca 1307 de Paul, la R 11 de Toni... Ne manque que l'Opel de J'En-Viens restée garée, je ne sais pourquoi, sur la place de Genas devant le PMU. Les deux autres, un fourgon Ford Transit aux vitres arrière passées au blanc de Meudon et une R 25 gris métallisé, sont des véhicules volés depuis un mois que Toni et J'En-Viens ont amenés tôt ce matin. C'est avec eux que nous allons gagner maintenant le point relais où nous attendent Max et Frédo en surveillance près du camion-atelier des Télécom. Nous les reprendrons demain matin après le casse, pour revenir à *La Gourmandine* avec le butin.

Antonin Buchat n'est pas visible non plus. Avant de monter se reposer dans son appartement comme il le fait tous les après-midi, il m'a murmuré un « Merde » assorti d'un lourd regard entendu... Il ne sait rien de précis, Antonin Buchat, mais il ne peut pas ne pas deviner. Ce n'est qu'au début du mois que Rouquemoute a pu connaître enfin la date exacte — samedi 12 septembre — à laquelle le directeur de l'agence du Crédit lyonnais de M..., muté ailleurs, quitterait les lieux. Son successeur, l'actuel sous-directeur répondant au nom de M. Chupin, habitait, lui, à la campagne et n'emménagerait pas tout de suite dans l'appartement de fonction situé au-dessus de la banque. Un tuyau en or. Nous pouvions ainsi squatter l'agence toute une nuit pour en fracturer les coffres.

Non sans quelque légitime réticence, Antonin Buchat m'avait donné son accord pour utiliser *La Gourmandine* comme base.

« Ça ne va pas devenir une habitude, j'espère ? » avait-il dit, ajoutant avec une tristesse qui témoignait de son affection pour moi :

« Je n'aime pas trop te voir dans ce genre de cirque, tu sais... Il me semble que c'était mieux quand tu faisais ça tout seul. »

18 h 45. Nous voici arrivés au point relais situé en bordure de la petite agglomération de S..., sur le parking d'une salle omnisports. L'endroit a été choisi personnellement par Paul aux yeux de qui, non sans raison, l'itinéraire de fuite constitue la priorité des priorités.

Lorsque J'En-Viens et moi arrivons à bord du Ford Transit, ni Paul ni Toni ne sont encore descendus de la R 25 déjà rangée aux côtés du camion bleu des Télécom. L'endroit est désert. Invisibles, Max et Frédo doivent patrouiller dans les parages, gardant discrètement sous contrôle le parking et le camion-atelier amené par eux au début de l'après-midi.

De fait, juste comme J'En-Viens coupe le contact du Ford, la CX de Max apparaît, suivie presque aussitôt par la BMW 3.20 de Frédo qui s'arrête, elle, le long du trottoir à une distance respectueuse du parking. C'est avec ces deux véhicules volés également un mois plus tôt qu'il est prévu, après le casse, de regagner le point relais où nous les changerons alors contre le Ford et la R 25.

Max descend maintenant de voiture pour remettre à Paul les clés du camion-atelier. La discrétion faite homme, ce lascar... En jean, mocassins verts et chemisette à fleurs, les yeux dissimulés derrière des lunettes de soleil à monture psychédélique, coiffé d'un chapeau de toile blanc comme on en porte pour aller à la plage... et ganté ! Pas des moufles, tout de même... D'ordinaire, Max est chauve ; mais aujourd'hui sa calvitie n'est plus qu'un mauvais souvenir, car une chevelure brune à la d'Artagnan s'échappe de dessous son galure et lui tombe presque sur les épaules... Le déguisement est à la mesure du gaillard, au genre naturellement m'as-tu-vu et grande gueule, que je n'aime guère et qui me le rend bien. Mais à l'heure de l'ahan collectif, ces états d'âme n'ont plus cours : clown et abbé, nous allons risquer notre peau côte à côte.

19 h 10. Le camion roule paisiblement en direction du village où habitent les Chupin. Il y a dix kilomètres de route nationale à parcourir depuis le point relais, et nous ne pouvons que nous en remettre à la chance pour qu'aucun contrôle de gendarmerie ne vienne interrompre inopinément notre belle équipée. J'En-Viens et moi sommes assis face à face, chacun sur un tabouret, dans l'étroit couloir central du compartiment atelier du camion. De chaque côté de ce couloir, ce ne sont que tiroirs et armoires métalliques remplis d'outillage, que bidules et machins accrochés et entassés un peu partout. Il y a aussi un petit établi sur lequel nous avons posé le sac des burins et le paquet de sacs-poubelle. Il règne là-dedans un suffocant cocktail d'odeurs d'huile, de métal, de sueur, de trichloréthylène et de caoutchouc, suffisant pour décourager une tortue des Galapagos de persévérer dans son être. À l'évidence, rien n'a été prévu pour le confort, même minimal, de kidnappeurs quadragénaires... Pis qu'un fourgon cellulaire !

Deux coups brefs retentissent bientôt contre la cloison séparant notre compartiment du poste de pilotage. C'est le signal que nous sommes arrivés dans nos fourrés : un endroit où nous pouvons attendre l'arrivée du sous-directeur à l'abri des curieux. De fait, le camion ralentit, vire en brinquebalant brutalement, puis s'immobilise. Le contact coupé, Paul nous crie, tel un gardien de prison :

« Promenade ! »

Très drôle.

J'En-Viens ouvre aussitôt la porte arrière du camion, et nous sortons avec soulagement du véhicule. Bien que tiède, l'air nous fait l'effet d'une bouffée de fraîcheur. Je consulte ma montre : 19 h 21. M. Chupin n'a pas encore quitté la banque ; Frédo et Max vont patrouiller maintenant aux abords du village pour guetter son arrivée.

À l'avant, Paul et Toni, restés sagement à leur place, ont ouvert chacun leur portière. Au moment où nous allons les rejoindre, des sifflements se font entendre dans nos talkies-walkies. Voix de Max :

« J'appelle Gaston. Gaston, me recevez-vous ? À vous.

— Ici Gaston, répond Toni. Bien reçu. À toi.

— La vieille est là. Elle rentre sa caisse au garage. Des voisins en face et un peu partout dans leur jardin. Rien d'autre à signaler. À vous.

— Bien reçu. Dans dix minutes, on est là-bas. À toi.

— OK. Je coupe. »

Simple échange destiné à nous confirmer la présence, comme tous les soirs à cette heure-ci de retour de son travail, de Mme Chupin dans la villa. Cela nous permet également de vérifier avant l'action la netteté des communications entre nous. « Gaston », le nom de code du camion-atelier, a été choisi par allusion à la chanson de Nino Ferrer : « Gaston, y a l'téléphon qui son »... La culture, y a qu'ça d'vrai.

Nouveaux sifflements.

« J'appelle Gaston... ston, me recevez-vous ? À vous. »

Cette fois, c'est Frédo. Toni répond derechef.

« Bien reçu. À toi, bouffi.

— ... fi toi-même. RAS. Sauf que la moitié des ploucs du coin sont dans leur... din en train de siroter... pastaga. À vous.

— OK. Situation des ploucs enregistrée. Ça grésille un chouia dans ton binz. Je coupe. »

Nous échangeons un regard fataliste. La présence de gens dans leur jardin ne constitue pas une surprise pour nous. Nous la considérions comme inévitable à cette époque de l'année et nous devrons nous en accommoder vaille que vaille... J'En-Viens soupire :

« Une belle petite averse qui chasse tout le monde des fenêtres et des jardins, voilà ce qu'il nous faudrait.

— Ouais, ricane Paul. Mais un enlèvement sous un beau ciel pur zébré de vols d'hirondelles, c'est pas vilain non plus, tu sais. »

Sur quoi il consulte sa montre. 19 h 28. À notre tour, nous allons passer dans le village afin de préparer le voisinage à notre « visite » tout à l'heure.

Vingt minutes plus tard, de retour dans nos fourrés, J'En-Viens et moi nous empressons d'aller aux renseignements ; dans notre caisson étanche, nous n'avons rien pu voir évidemment de la traversée du village.

« Alors ? fais-je.

— C'est comme ont dit Max et Frédo, confirme Paul. Les gens sont dans leur jardin.

— Ils nous ont regardés passer ?

— Tu parles ! On avait mis le gyrophare et on a roulé au pas, en faisant semblant de frimer à droite et à gauche. L'emmerdant, c'est le voisin d'en face. Il est en train de repiquer des asters et ça m'a tout l'air d'un méticuleux. J'aimerais quand même mieux qu'il soit devant sa télé quand le bal va commencer.

— Quel genre d'asters ? s'enquiert J'En-Viens. L'*éricoïdes* rose lilas ?

— Non, fait Paul, le *lateriflorus horizontalis*. Tu sais, celui à fleurs blanches... »

Nous éclatons tous de rire.

« Et le sous-dic ? demandé-je.

— Toujours pas là. Frédo s'est arrêté de tourner. Il a pris sa faction près de l'Abribus. Il nous avertira dès qu'il verra passer la GS.

— Max ?

— Il va s'arrêter de tourner, lui aussi. Sinon les habitants du village vont finir par trouver bizarre qu'un mec puisse se perdre dans un bled où il n'y a que quatre rues.

— Penses-tu, persiflé-je. Avec sa tenue d'explorateur de la Grande-Motte, c'est tout à fait normal, au contraire... »

Paul ôte ses lunettes sans répondre et se frotte un peu les yeux. Toni saute à terre. Il est 20 h 07.

« Faudrait quand même qu'il se magne le cul, le Chupin, râle Toni. Tu nous vois nous présenter à 10 plombes du soir pour réparer le téléphone ?

— Le sous-dic n'est encore jamais rentré à 10 plombes, lâche Paul paisiblement.

— Et le vendredi soir, il a toujours été régulier », renchéris-je.

Toni n'ajoute rien. C'est un garçon aussi placide que J'En-Viens, mais l'attente semble lui peser davantage. Après avoir fait quelques flexions de jambes pour se dérouiller les articulations, il remonte sans mot dire dans le camion et allume une cigarette. J'En-Viens en fait autant. Paul et moi ne fumons pas. Nous laissons filer ainsi cinq minutes, plongés chacun dans nos pensées. Puis Paul dit :

« C'est bon, Toni. Annonce-leur qu'on va repasser. »

J'En-Viens jette son mégot à terre et l'écrase sous son pied. Toni éteint le sien dans le cendrier du tableau de bord, puis l'expédie au-dehors d'une chiquenaude. Soudain, un sifflement retentit dans nos talkies-walkies. C'est Frédo.

« ... pelle Gaston... ston, me recevez-vous ? À vous.

— Ici Gaston, répond Toni. Bien reçu. À toi.

— ... vient de passer. Je répète... dic vient de passer. À vous.

— Mal reçu. Reconfirme. À toi.

— Je répète. La... du sous-dic vient de... sser. Je répète. La GS du... dic vient de passer. À vous.

— Bien reçu. À vos marques, les mecs. On y va. À toi, bouffi.

— ... fi toi-même. Je coupe. »

Paul tapote sa perruque, enfonce sa casquette et vérifie son look dans le miroir du pare-soleil. Puis, s'adressant à J'En-Viens et à moi, il explique :

« On va y aller tranquillement. Il y a des chances qu'on soit obligés de passer encore deux ou trois fois devant la villa, et peut-être même de revenir ici. Il faut bien laisser le temps au sous-dic d'enfiler ses charentaises. »

Il réfléchit encore quelques secondes, et ajoute :

« Bon. Si on doit faire une halte, Toni frappera deux coups comme d'habitude. Si c'est trois coups... vous savez ce que vous avez à faire. »

Nous savons. Les trois coups, là comme ailleurs, annoncent le lever du rideau.

Sur quoi Paul mit le contact. Il était 20 h 15. J'En-Viens et moi remontâmes dans le camion. Le claquement de la porte arrière résonna dans ma tête comme un coup de gong : il y avait quelque chose d'irréversible, en effet, dans cet instant que je savourais comme une gorgée de vieil armagnac. Tandis que le camion s'ébranlait, J'En-Viens prit place sur le tabouret en face de moi et nos regards se croisèrent. Mon « collègue » avait l'air tout à fait calme. Il me sembla même voir passer, fugace sous sa moustache, son éternel sourire de Joconde... Puis il fourragea sous sa veste pour vérifier la position de son holster. Du bord de l'index, je défis alors la fermeture à pression du mien.

15

Les trois coups retentirent contre la paroi peu avant que le camion s'arrêtât. J'En-Viens et moi étions déjà debout dans l'étroit couloir central du compartiment et j'avais la main sur le taquet d'ouverture de la porte arrière. Il était 20 h 32. Auparavant, nous avions effectué un passage aller et retour devant la villa, puis nous nous étions arrêtés cinq minutes à la sortie est du village, près de l'endroit où Max se tenait en faction dans sa CX. Là, Paul nous avait appris que le repiqueur d'asters n'était plus dans son jardin, que les Chupin se trouvaient à l'intérieur de leur maison et que la GS n'avait pas encore été rentrée au garage. Et il avait annoncé :

« Cette fois, c'est pour de bon. »

Le camion stoppa, et je sautai à terre. Puis, sans un regard ni à droite ni à gauche, je sonnai à la grille des Chupin. Dans mon dos, le moteur du camion, tournant pourtant au ralenti, ronflait bruyamment, et le gyrophare bleu clignotait avec ostentation : surtout, pas de demi-mesures ; dépanneur des Télécom est un métier dont il n'y a pas lieu de rougir... À mon coup de sonnette, un buste de femme s'encadra immédiatement dans l'embrasure d'une fenêtre ouverte, à gauche du perron, et je reconnus Mme Chupin. Afin qu'elle ne fût pas tentée de me demander de loin ce que je voulais — le moteur du camion tournait, entre autres raisons, pour parer à cette éventualité —, je me retournai d'un mouvement naturel vers J'En-Viens. Descendu du camion également, il feignait de fourrager à l'intérieur, et seuls ses jambes et son gros derrière étaient visibles. Le buste de Mme Chupin s'effaça alors de la fenêtre, et la femme du sous-directeur apparut sur le perron dont elle descendit vivement les marches. C'était une femme d'une cinquantaine d'années aux cheveux auburn coiffés court, de taille moyenne et d'allure énergique. Elle était bras nus, en chemisier turquoise et jupe à fleurs, sans doute la tenue qu'elle avait portée toute la journée à son travail ; mais elle était chaussée de mules ornées d'inouïs gros pompons jonquille desquels j'eus le plus grand mal à détacher mon regard.

Tandis qu'elle traversait le jardin, je criai à J'En-Viens :

« N'oublie pas le phytotron, Robert ! » — phytotron étant un mot qui me parut à ce moment-là du meilleur effet et n'engageant à rien —, puis je me retournai, souriant, vers Mme Chupin qui venait d'arriver à la grille.

« Bonsoir, madame ; compagnie des Télécom, annonçai-je en sortant de ma poche un papier griffonné. Nous sommes bien chez M. et Mme Chupin ?

— Oui... Qu'est-ce...

— Votre numéro de téléphone est bien le... 74 88 11 04 ?

— Oui...

— Un léger problème d'impédance, madame. Rien de grave. Verriez-vous un inconvénient à me laisser procéder à une rapide et tout inoffensive vérification ?... »

À ces derniers mots, mon sourire s'était accentué, et ma physionomie avait pris une expression à la fois charmée et respectueuse, un mélange subtil susceptible de donner à penser à une interlocutrice normale qu'elle était absolument irrésistible.

Las ! Mme Chupin n'était pas, en tout cas à pareille heure et retranchée derrière *sa* grille, une interlocutrice normale. Elle lâcha en fronçant les sourcils :

« Impédance ? »

Son intonation était vaguement sceptique, et son regard sauta de ma casquette orange, qui l'aimantait autant que les gros pompons jonquille de ses mules attiraient le mien, au gyrophare du camion. Puis elle eut un infime haussement d'épaules et dit :

« Bon. Je vais voir mon mari... Mais vous savez, ajouta-t-elle avec une espèce de défi puéril dans le regard, notre téléphone marche très bien. Ma fille vient de m'appeler. »

Maudite mégère !

« Impédance n'est pas panne, madame Chupin, expliquai-je avec bonhomie. Mais il y a des perturbations dans le secteur, et nous venons de relever chez vos voisins quelques petites anomalies qui gênent les usagers. »

J'avais prononcé le mot « voisins » en indiquant du menton la rue d'à côté. Cela eut l'air de la rassurer, car elle fit : « Ah ! bon », puis tourna les talons pour aller informer son fichu mari, lequel devait s'y connaître en impédance comme moi en phytotron... du moins fallait-il ainsi espérer.

Tandis qu'elle et les pompons jonquille disparaissaient à l'intérieur de la maison, j'allai rapidement faire mon compte rendu à Paul par la vitre baissée de sa portière :

« Elle est coriace, la ribaude. Mais je l'aurai à l'usure.

— Qu'est-ce qu'elle est partie foutre, bordel ? râla Toni.

— Un petit problème d'impédance à soumettre à son jules... » dis-je avec un clin d'œil rigolard.

Quand je revins à la grille, Mme Chupin était de retour elle aussi, seule, une clé à la main. Ainsi le portail était fermé à clé alors même que la GS n'était pas rentrée au garage ! Prudents comme des banquiers, les Chupin, et méfiants comme des vigiles... Nous pouvions nous féliciter de n'avoir pas lésiné sur la mise en scène.

« Eh bien, entrez, fit-elle comme à regret en ouvrant enfin la grille.

— Vous êtes bien aimable, madame », la remerciai-je.

Et j'ajoutai sans rire :

« En moins d'une minute, vous verrez, tout sera fini. »

Elle ne se donna même pas la peine de répondre et fila vers le perron. Je lui emboîtai le pas. M. Chupin ne s'était montré à aucune fenêtre, et aucun voisin ne paraissait intrigué par le camion. Il semblait bien qu'en dépit d'un très mauvais début l'affaire fût dans le sac. Je gravis prestement les quatre ou cinq marches du perron. Derrière moi, j'entendais crisser les gravillons de l'allée : J'En-Viens suivait...

Et le bal commença.

Mme Chupin, qui me précédait d'environ deux mètres, avait tourné à droite au fond du corridor de l'entrée, et s'était saisie du combiné d'un téléphone posé là sur un guéridon.

« Voyez, me dit-elle en l'agitant sous mon nez. Ça marche très bien. »

Je dégainai aussitôt mon .45 et l'agitai également sous son nez, le visage soudain fermé et la voix sèche.

« Ça aussi, ma petite dame, ça marche très bien, dis-je. Hold-up. À partir de maintenant, on fait comme je dis, sinon je me fâche. »

Arrêt sur image.

Mme Chupin est bouche bée, tandis qu'une espèce de sourire bizarre, à demi esquissé et un peu hagard, se plaque sur ses lèvres, et son regard se décroche, il n'y a pas d'autre mot — je veux dire qu'il n'accroche plus à rien spécialement, ni à moi ni à mon arme dont pourtant son cerveau a enregistré l'apparition inouïe puisqu'elle est la cause de sa stupeur. C'est comme si tout à coup la fonction représentative cesse d'irriguer pour elle le spectacle des choses, tombées soudain dans l'indifférenciation du chaos originel. Panne du Sens. Trou blanc. Atonie où son univers se défait. Disparition des repères. Durée floue, diluée, hors de son cours, transie ou suspendue comme un souffle qu'on retient. Anti-orgasme, c'est-à-dire hyper-contraction de la conscience réduite à un point, mais où ? à un temps, mais quand ?

Pour moi, au contraire, les images défilent à la vitesse grand V, mais juxtaposées dans une succession de flashes sans liaison entre eux, comme les mots d'un message télégraphique. Combiné. Main. Mouvement à gauche. J'En-Viens. Ôter combiné. Poser combiné. Bras levé Mme Chupin. Ahurie. Prendre bras. Demi-tour. Pousser devant. Dos Mme Chupin. Bruit là-bas. En avant. Pousser, pousser toujours. Une automate. Allons, allons. Bruit encore. Prudence. Aller voir. Mouvement derrière. Toni. Cagoule. Enfiler cagoule. Cuisine. Téléviseur allumé. Table mise. Fenêtre ouverte. Chaise renversée. Sous-directeur au sol. J'En-Viens cheval dessus. Colt sur nuque. Fff !... fff !... Ashh... ! Sous-directeur souffle, souffle, halète, halète. Fff !... fff !... ashh !... ASHH ! Boire ! Verre d'eau ! VERRE D'EAU !

C'est bon, on se calme. Tout va bien. La vie reprend son cours, les images leurs liaisons. Tout s'enchaîne derechef selon les règles, nouvelles, certes, mais cohérentes, de la syntaxe des envahisseurs.

« Du calme, monsieur Chupin, dis-je d'une voix posée, distante même. C'est un simple hold-up. Reprenez vos esprits, on ne vous fera pas de mal. »

De sa seule main gauche, J'En-Viens substitua prestement à sa casquette la cagoule de soie noire qu'il avait sortie de sa poche, et quitta sa monture. Le sous-directeur resta à plat ventre contre le carrelage de la cuisine ; il ne cherchait à rien voir, ne voulait rien savoir. Il soufflait seulement comme un damné, et râlait :

« À boire !... Un verre d'eau ! Ashh ! Ashh ! Je vous en supplie, un verre d'eau !... »

Ses épaules étaient secouées de spasmes. J'En-Viens rengaina son arme, ramassa un verre sur la table et alla le remplir au robinet de l'évier. Le bonhomme nous faisait-il une attaque ? Je poussai Mme Chupin à l'écart et je redressai la chaise qui s'était renversée lors de l'assaut de J'En-Viens.

« Relevez-vous, monsieur Chupin, dis-je. Asseyez-vous et buvez. Buvez tranquillement. »

Le sous-directeur se releva lentement, péniblement, soufflant toujours. Des bruits de porte retentirent dans la maison, puis des pas rapides dévalèrent l'escalier de l'étage. Surgit Toni sur le seuil de la cuisine, cagoulé, son .357 au poing.

« C'est OK, dit-il d'une voix étouffée. Personne d'autre. »

Puis il regarda la scène.

M. Chupin avait fini par s'asseoir et vidait son verre par à-coups. Il soufflait toujours et encore. Ashh ! Ashh ! Nous l'avions surpris juste avant de dîner, assis devant la télévision. Il était en short, chemisette déboutonnée et nu-pieds dans des espadrilles toutes simples (c'est-à-dire sans pompons jonquille). Ainsi assis, tassé sur lui-même, tête baissée comme un enfant pris en faute et son verre à la main, il avait l'air terriblement pathétique. Mais surtout, il soufflait, soufflait sans discontinuer. Inquiétant. Y avait-il eu lutte avec J'En-Viens ? Avait-il reçu un mauvais coup ? J'en doutai. Tout s'était passé trop vite et J'En-Viens n'était pas brutal.

« Redonne-lui à boire, Gunther », dis-je.

J'appelais ainsi mon « collègue » d'un nom chaque fois différent, à la fois par facétie et pour déstabiliser les Chupin. Toni alla fermer la fenêtre donnant sur le jardin : Dieu merci, le camion-atelier nous masquait à la vue des voisins d'en face. Ensuite il éteignit le gaz sur lequel chauffait un faitout et coupa la télévision. Maintenant il nous fallait nous hâter. Chaque seconde perdue jouait contre nous. Je laissai le sous-directeur finir son deuxième verre d'eau, puis je lançai d'une voix sèche, tranchante :

« Suite du programme, monsieur Chupin. Prêtez-moi bien toute votre attention car je ne répéterai pas deux fois la même chose. Donnez-nous toutes vos clés, celles de la banque, de votre voiture et de votre domicile. Je dis bien : toutes ! »

Le bonhomme frémit au son de ma voix, et il bredouilla :

« Les... les miennes, celles de la maison, sont là, sur le buffet, et... et celles de la banque sont dans la poche de mon veston avec les clés de ma voiture... là-bas, dans le couloir, sur... sur le portemanteau près du guéridon ! »

J'En-Viens rafla le trousseau de clés posé effectivement sur le buffet, et Toni sortit de la cuisine. Il était de retour presque aussitôt avec un autre trousseau et un jeu de clés de voiture.

« Vérifiez, dis-je à M. Chupin. Vérifiez qu'il y a bien celles de la banque parce qu'on va vous emmener avec nous. Et si vous nous dites alors que vous ne pouvez pas nous ouvrir... »

Je laissai ma phrase en suspens. Toni lui présenta les clés et le sous-directeur les examina rapidement.

« T-tout est bien là », chevrota-t-il.

Et il commença à expliquer :

« C-celle-là, c'est...

— C'est bon, le coupai-je. On verra ça plus tard. Maintenant levez-vous ! »

Il obtempéra, ne soufflant presque plus. J'En-Viens empocha les clés de la banque et de la GS, et Toni quitta rapidement la cuisine pour aller dire à Paul d'amener le camion-atelier devant l'entrée du garage, dans la rue latérale.

« Comment vous sentez-vous ? » demandai-je à M. Chupin.

Il eut un imperceptible haussement d'épaules.

« Ç-ça va, dit-il. Ça va beaucoup mieux... »

Puis d'un cri :

« Vous... vous allez nous emmener ! Ma femme aussi ?

— Votre femme aussi. C'est ça, le mariage : pour le meilleur et pour le pire. Comportez-vous correctement, et tout ira bien.

— Je me c-comporterai correctement. Correctement », répéta-t-il tête baissée.

Il commençait à m'agacer à regarder ses pieds, ce demi d'ouverture dont le ton pleurnichard et l'attitude soumise juraient avec ses gros mollets velus et ses cuisses musclées. Dire que J'En-Viens et moi avions appréhendé les réactions brutales de ce faux sportif au moment de l'assaut ! Je demandai à Mme Chupin :

« La porte du garage est-elle fermée à clé ?

— Oui. »

Décidément, c'était une manie chez ces gens-là.

« Montrez-nous la clé », dis-je.

J'En-Viens lui présenta le trousseau de la villa et elle désigna rapidement une clé du doigt.

« C'est celle-là », dit-elle.

Sa main, sa voix n'avaient pas tremblé. Le ton était neutre. Neutre également son attitude. Elle en avait pris son parti ou elle était au-delà, loin au-delà de toute émotion, je ne savais. J'En-Viens dégagea la clé du garage du trousseau, et nous quittâmes la cuisine avec nos otages pour nous mettre hors de portée de la fenêtre : le camion commençait en effet de s'ébranler.

Une fois dans le couloir, près du guéridon sur lequel reposait le téléphone qui marchait si bien, je lançai au sous-directeur, brutalement :

« Qui devait venir chez vous ce soir, monsieur Chupin ? Hein ? QUI ? »

Ce disant, je lui appliquai une légère bourrade dans le dos. Il sursauta, affolé.

« P-personne ! cria-t-il. A-absolument personne, monsieur, je vous le jure ! »

Sous l'effet de la panique, il avait redressé la tête.

Bien. Il nous fallait nous assurer que le couple n'attendait pas de visite. Je dis encore :

« Monsieur Chupin, votre fille vient de vous téléphoner. Que voulait-elle ? »

J'exploitais ainsi le renseignement que m'avait involontairement fourni Mme Chupin tout à l'heure en m'ouvrant la grille. Le sous-directeur bafouilla, ahuri :

« R-rien... rien de spécial. Elle nous appelle souvent le vendredi soir. C'était pour nous dire que... qu'ils ne viendraient pas dimanche. Le dimanche, e-elle et son mari...

— C'est bon ! le coupai-je. Direction le garage. Montrez-nous le chemin. »

Le bonhomme se tassa sur lui-même. J'En-Viens le prit par le bras, et je rengainai mon arme : ces gens-là étaient absolument inoffensifs ; ils n'auraient pas attaqué une banque pour un empire !

Nous n'eûmes pas à aller bien loin ; la porte du garage se trouvait en face du guéridon. Au passage, j'avisai le costume de M. Chupin accroché au portemanteau près du téléphone et je le pris avec moi pour le cas où son propriétaire eût oublié quelque chose d'utile dans ses poches. Toni réapparut au même moment. Il était sans arme et rajustait sa cagoule.

« Ça y est, me murmura-t-il à l'oreille. Le bahut est en place. Quand vous serez dedans, tapez trois coups. »

J'acquiesçai d'un hochement de tête. M. Chupin donna la lumière, et nous descendîmes. Le garage, d'assez vastes dimensions, servait également d'atelier de bricolage. M. Chupin aurait pu se dispenser d'allumer, car le jour pénétrait par une lucarne percée dans le mur de droite, au-dessus d'un petit établi. Rangée contre le mur de gauche, la R 5 de Mme Chupin était là, comme nous l'avait annoncé Max au talkie-walkie une heure plus tôt. On entendait tourner bruyamment à l'extérieur le moteur du camion-atelier.

Toni alla déverrouiller aussitôt la porte du garage et la fit coulisser légèrement sur son rail. Un rapide coup d'œil par l'interstice, et il nous adressa ensuite un signe de tête. J'En-Viens et moi plaquâmes alors une main sur les yeux de M. et de Mme Chupin pour lui permettre d'ôter sa cagoule et de sortir du garage. Le camion était là, bouchant l'issue, gyrophare toujours clignotant. Toni ouvrit le battant droit de la porte arrière du véhicule, afin que personne ne pût nous voir monter à l'intérieur, puis il disparut. Une portière à l'avant claqua. Le moteur rugit à vide deux ou trois fois : c'était le signal. J'En-Viens aida Mme Chupin à se hisser dans le camion et je me chargeai du sous-directeur. Quand celui-ci fut monté, j'éteignis la lumière, refermai à clé la porte derrière moi et grimpai à mon tour. J'En-Viens frappa trois coups à la cloison. Boum ! Boum ! Boum ! Et le camion s'ébranla. Ouf ! Je regardai ma montre : 20 h 43. L'opération avait duré onze minutes.

Je jetai sur l'établi le costume du sous-directeur, et J'En-Viens sortit de ses poches deux bonnets de coton bleu marine qu'il enfonça sur la tête de M. et de Mme Chupin, les aveuglant. La femme du sous-directeur était assise sur un des tabourets face à la cloison, au fond du couloir central, tournant le dos à son mari qui, lui, se tenait juste derrière elle sur le second tabouret.

Nous ôtâmes alors nos cagoules.

Tout allait bien.

Il y eut le coup d'avertisseur à l'embranchement de la nationale 84, Paul adressant à Max le signal convenu en marquant le stop. À présent nous devions rouler sur la départementale en direction de la clairière. Max ouvrait la route. Frédo, lui, était resté aux abords du village ; il y repasserait deux ou trois fois au cours de la demi-heure qui suivrait pour tâcher de voir si les voisins des Chupin s'étaient aperçus de quelque chose. Puis il nous rejoindrait.

Debout en face de moi, J'En-Viens avait posé affectueusement une grande main fraternelle gantée de cuir noir sur l'épaule de M. Chupin. Le sous-directeur n'avait pas pipé depuis notre départ. Il était toujours tassé sur lui-même, tête basse, le bonnet de coton enfoncé jusqu'aux yeux, dans son attitude habituelle de soumission apeurée. Ses deux mains étaient posées à plat sur ses deux gros genoux ronds et blancs. Sa femme, elle, était assise bien droite sur son tabouret. Ses cheveux auburn dépassaient un peu de dessous son bonnet sur sa nuque maigre, et son chemisier turquoise, sa jupe à fleurs jetaient une note gaie, criarde même, au milieu de tout ce fourbi d'outillage et de bidules. Je ne pouvais voir, hélas, les ravissants pompons jonquille de ses mules...

20 h 48. Il fallait compter un quart d'heure, à partir de l'embranchement, pour atteindre la clairière au milieu des champs de maïs où nous allions interroger le sous-directeur et garder sa femme en otage jusqu'au lendemain matin. Encore dix minutes, donc, et nous pourrions ouvrir enfin ce caisson sonore et brinquebalant à l'atmosphère irrespirable. Je me repassai mentalement le film de l'enlèvement, au cas où nous aurions commis quelque bévue risquant d'avoir des conséquences pour la suite de notre opération, mais je ne relevai rien de particulier. Seule la présence au-dehors de cette fichue GS était préoccupante. Aussi avions-nous décidé de retourner la chercher un peu plus tard dans la nuit, avant de partir pour la banque.

... J'imagine alors, j'essaie d'imaginer Mme Chupin au dos si droit, le regard aveuglé sous le bonnet de coton, se rappelant, tentant de se rappeler tous les incidents passés de sa vie qui lui semblent si dérisoires, si grotesques à présent qu'elle est là, secouée dans ce camion qui pue, qui pue ! avec ces types, des gangsters, DES GANGSTERS comme au cinéma ! — et mon mari qui m'en parlait souvent, des risques de son métier, tout ça, et de ce hold-up, tiens, qui a eu lieu il y a six mois, mais il n'avait rien vu, ça s'était passé très vite, Léonce était dans son bureau, c'est l'employée au comptoir, la petite brune pleine de chichis, Évelyne ou je ne sais quoi, c'est elle qui a eu peur, c'est comme ça NORMALEMENT un hold-up, ça va très vite, on a peur APRÈS, pas pendant, pendant on n'a pas le temps, alors que ça, ÇA, ça n'est pas un hold-up, c'est tout à fait autre chose, tout à fait, rendez-vous compte, je ne suis même pas habillée, ils ont surgi comme ça, EN CAMION, et l'autre, là, le grand escogriffe, l'ingénieur d'impédance, pff ! qui me sort son machin, ÉNORME, et qui me l'agite sous le nez en disant qu'il marche très bien, je vous jure, et en mules ! Oh ! ces mules ! De quoi ai-je l'air avec ces mules à pompons ? Quand ils vont les voir, ils vont se moquer de moi, SE MOQUER, ce sont des gens qui ne respectent rien, pensez, ce culot, CE CULOT ! Et Léonce... oh ! mon Léonce qui a failli mourir et je pense à mes mules, c'est bien le moment, il ne pouvait plus respirer, à boire ! DE L'EAU ! il criait, et les gangsters... Tiens ! si, ils lui ont donné de l'eau. Inouï. Tranquillement, ils ont donné à boire DEUX FOIS à mon Léonce. Deux fois ! Et ils ont pensé à couper la télévision, le gaz... Mon Dieu, le gaz ! Ont-ils arrêté le gaz ? Impossible de me rappeler. Sûrement pas ! Comment auraient-ils pu penser au gaz ? Et qu'est-ce qu'il y avait dans le faitout ? Ça alors ! Mais qu'est-ce qu'il y avait ? Je ne me rappelle plus. IMPOSSIBLE de me rappeler ce qu'il y avait dans ce faitout. Oh ! mon Dieu ! Et maintenant ? Maintenant ! Et ce camion, ce camion !...

Boum ! Boum !

Deux coups brefs contre la cloison. Je sursautai. Le camion ralentit, s'arrêta. À demi ahuri — où donc étais-je ? —, je regardai J'En-Viens qui ne semblait pas s'émouvoir. Une portière à l'avant s'ouvrit, et soudain je me rappelai : le faitout... non ! Le poteau. Toni devait marquer le poteau. Sur le bord de la départementale, juste avant l'entrée du chemin qui pénétrait dans les terres, se dressait un vieux poteau téléphonique en bois. Nous avions décidé de le marquer d'une croix à la craie à l'intention de Rouquemoute, pour que celui-ci sache en passant un peu plus tard que l'enlèvement avait réussi et que nous étions bien là, dans la clairière, avec nos otages.

La portière claqua et le camion s'ébranla, grinçant, gémissant et nous secouant en tous sens sur les nids-de-poule et les ornières du chemin dans lequel il venait de s'engager. Dans quelques minutes, nous allions prendre à gauche un autre chemin plus étroit de part et d'autre duquel s'étendaient les cultures de maïs. Je pensai soudain au rôle qui m'attendait : celui de Grand Inquisiteur ; et je regardai la silhouette tassée du sous-directeur... « Autrui est métaphysique. » En ce moment, oui, dévêtu de son rôle, rendu à sa nudité originelle, jeté dans l'inconnu et livré à d'autres hommes, et quels hommes ! oui, M. Chupin était splendidement métaphysique, et j'allais être, moi, le salaud intégral.

Autres cahots, plus durs, le camion peinait, avançait plus lentement. Encore deux minutes. Voilà, nous y étions. Le camion ralentit, vira, recula. Le moteur s'arrêta enfin. Silence. Silence pendant de longues secondes. Silence bienfaisant. Puis une portière s'ouvrit à l'avant. C'était Toni qui descendait ; il allait faire le tour de la petite clairière tandis que Max irait à pied scruter les environs avant de retourner en voiture dans le premier chemin où il se posterait en sentinelle, non loin de la départementale.

Trois, quatre minutes passèrent ainsi. Ni J'En-Viens ni moi ne proférâmes une parole. Puis deux coups brefs furent frappés à l'extérieur contre la paroi du camion. Enfin ! J'ouvris grande la porte.

Bouffée d'air tiède, parfumé, champêtre. Stridulation innombrable des grillons. Je sautai à terre. La lune brillait déjà, mais le ciel était encore clair. Et les maïs ! Ils étaient là, à quelques pas, feuillus, drus, denses, comme une mer tranquille à marée haute... Sans un mot ni un regard pour les otages, Toni s'éloigna et alla s'asseoir au pied d'un arbre, à l'entrée de la clairière, son talkie-walkie à la main. J'En-Viens resta à la porte du camion ; il huma aussi l'air tiède, regarda le ciel, les maïs, et sourit. C'était un rural, J'En-Viens. Ce rapt écologique devait être à son goût.

Descendu à son tour du camion, Paul ne regarda, lui, ni les maïs ni le ciel, et ne huma pas l'air non plus. Il me fit signe de venir le rejoindre à l'écart, et je m'enquis à mi-voix :

« Comment ça s'est passé pendant qu'on était dans la villa ? »

Les sons portaient loin dans ce calme agreste et vespéral, et Paul m'expliqua en chuchotant :

« Plutôt bien. Quelques curieux aux fenêtres, mais le logo des Télécom et le gyrophare les ont rassurés. Ils sont vite retournés à leur soupe et à leur télé. »

Puis il demanda à son tour :

« Et eux, là-dedans, comment ça va ?

— Ils sont fous de joie. Tu penses, c'est leur premier pique-nique aux frais des Télécom. »

Pas un sourire. Sérieux toujours, le Paul, qu'il s'agisse d'un colloque à l'université ou d'un enlèvement en milieu rural...

« Il y a eu bagarre dans la villa ? demanda-t-il encore.

— Je ne crois pas », dis-je.

Toni lui avait sans doute parlé du sous-directeur soufflant, ashh ! ashh ! et râlant : « À boire ! Un verre d'eau ! » et je lui relatai ce que j'avais vu de la scène. Paul appela aussitôt J'En-Viens.

« Qu'est-ce qui s'est passé avec le sous-directeur dans la villa ? » lui demanda-t-il quand celui-ci nous eut rejoints.

J'En-Viens leva les yeux au ciel.

« Il ne s'est rien passé du tout, expliqua-t-il. J'ai foncé dans la cuisine pendant que l'Abbé donnait des cours d'impédance à la vieille. Le sous-dic était là, assis comme une nouille devant la télé. Je n'ai pas eu le temps de dire quoi que ce soit. Dès qu'il m'a vu débarouler, il a plongé à plat ventre et s'est mis les mains sur la tête comme si le plafond allait lui tomber dessus. Jamais vu ça. On aurait dit qu'il avait répété ce truc-là toute sa vie. »

Cette fois, Paul se mit à rire.

« Et pourquoi soufflait-il et réclamait-il de l'eau ?

— Est-ce que je sais, moi ! Il a peut-être des problèmes de cœur ? »

Paul redevint sérieux et se tourna vers moi.

« Va lui demander s'il a des problèmes de cœur.

— S'il est amoureux du caissier principal, observai-je, il n'osera jamais me l'avouer en présence de sa femme. »

J'En-Viens pouffa. On était comme ça, nous deux. Mutins et tout. De grands enfants. Paul râla.

« Le jour où tu arrêteras de déconner, l'Abbé, je me présenterai au concours d'entrée de l'École nationale de la magistrature. »

Je ricanai : « Chiche ! » et je retournai au camion. Le couple était immobile, figé, silencieux. Je lançai d'une voix sèche :

« Monsieur Chupin ! »

Le bonhomme sursauta.

« O-oui, oui ?

— Souffrez-vous de problèmes cardiaques ?

— N-non. Pas du tout, pas du tout ! »

Il avait crié cela comme si la tachycardie ou l'athérosclérose étaient des maladies honteuses.

Revenu près de Paul et de J'En-Viens, j'annonçai :

« Cœur de jeune homme. »

Paul fit : « Bon », haussa les épaules, et nous allâmes rejoindre Toni, assis au pied de son arbre. Il n'y avait pas à craindre que nos otages ne tentent de s'enfuir...

« Alors ? demanda Paul.

— Rien, répondit Toni. J'attends qu'il rappelle. »

« Il », c'était Frédo, encore au village et trop loin pour pouvoir communiquer par talkie-walkie. Paul consulta sa montre. 21 h 11. Puis il m'adressa son sourire de batracien salace et me demanda :

« Prêt pour le debriefing ?

— Voui.

— Alors à toi de jouer. »

Et son sourire s'élargit en ajoutant :

« Je ne me fais pas de souci ; tu vas t'amuser comme un petit fou. »

J'En-Viens rigola. Paul dit encore :

« On va compter les étoiles pendant ce temps-là. »

Les premières étoiles commençaient à poindre, effectivement ; il ne ferait pas nuit noire. Dommage. Et la tête toute bourdonnante du grésillement lancinant des grillons, je me dirigeai vers le camion.

« Monsieur Chupin ! »

Sursaut du bonhomme. Ni lui ni sa femme n'avaient changé de position sur leurs tabourets auxquels ils paraissaient rivés. Incroyable.

« O-ui ? fit-il.

— Écoutez-moi bien, monsieur Chupin. Je vais vous poser des questions sur votre agence. Il y a des choses que nous savons et d'autres que nous ne savons pas. Je vous poserai des questions aussi bien sur ce que nous savons que sur ce que nous ne savons pas. Si je m'aperçois que vous mentez, même une seule fois, même sur un point de détail, je vous sépare de votre femme et le style de nos relations va changer radicalement. M'avez-vous bien compris ?

— Pa-parfaitement. Demandez-moi ce que vous voulez. N-nous n'avons rien à cacher ! cria-t-il d'une voix aiguë.

— Parfait. Voici ma première question, monsieur Chupin : qui vous a dit que j'étais sourd ?

— Hein ? J-je... je ne sais pas ! V-vous n'êtes pas sourd ! Je n'ai pas dit ça !

— Alors cessez de crier comme une orfraie et exprimez-vous normalement, je vous prie.

— B-bien. (Il avait baissé la voix d'un ton.)

— Vous y êtes ?

— J-j'y suis. (À présent il chuchotait presque.)

— Je ne vous ai pas entendu, monsieur Chupin.

— J'y suis. (Ton normal.)

— Question numéro deux : depuis quand êtes-vous directeur de l'agence de M... ?

— J-je ne suis pas directeur, je ne suis que sous-directeur. Le directeur a été muté à Oyonnax la semaine dernière. »

Je fronçai les sourcils, surpris. J'avais posé une question parfaitement symbolique dont je pensais connaître la réponse, et voilà que le bonhomme me déstabilisait à mon premier service. J'enchaînai néanmoins comme si de rien n'était de la même voix sèche et impersonnelle :

« Quand doit arriver le prochain directeur ?

— Dans une quinzaine de jours, lorsque l'appartement de fonction sera repeint.

— Où se trouve cet appartement ?

— Au-au-dessus de la banque.

— C'est une montgolfière ? (Ton agacé.)

— N-non ! Au premier étage... ! Tout le premier étage, c'est l'appartement de fonction.

— D'où vient ce nouveau directeur ?

— De Grenoble.

— Combien d'enfants a-t-il ?

— De... d'enfants ? Je ne sais p... deux ! Deux, je crois. Oui, c'est ça, deux !

— Et vous ?

— U-une fille, nous avons une fille, vous savez bien, mariée avec deux enfants. C'est elle qui a téléph...

— Répondez à mes questions et rien qu'à mes questions, monsieur Chupin, voulez-vous ?

— Oui.

— Qui d'autre que vous a les clés de la banque ?

— T-tous les employés. Ils ont tous une clé de la porte extérieure, la première porte du sas.

— Et vous avez *toutes* les autres, monsieur Chupin ? (Ton menaçant.)

— O-ui. Enfin, je veux dire, celles qui ouvrent, oui, je les ai toutes.

— Celles qui ferment ne sont pas les mêmes ?

— P-pas du tout ! Je dis que j'ai — que vous avez — les clés qui permettent d'entrer dans l'agence. Maintenant, pour ce qui est des clés intérieures, celles de la chambre forte, du distributeur et du...

— Taisez-vous.

— Hein ?

— Je dis : taisez-vous.

— B-bien.

— La prochaine fois que vous prétendrez répondre à des questions que je ne vous ai pas posées, je fais attacher votre femme à un arbre. C'est bien compris ?

— T-tout à fait. Je vous prie de m'excuser.

— Je n'ai aucune intention de vous excuser, monsieur Chupin. Comme responsable d'une entité bancaire, vous êtes tout simplement inexcusable à mes yeux. Limitez-vous à faire ce que je vous demande, un point, c'est tout. »

Sur quoi je laissai le silence s'installer, sans plus poser de questions. Les grillons stridulaient à qui mieux mieux dans la nuit qui grandissait. Ou plutôt, c'était cette nuit d'angoisse pour les Chupin qui s'atomisait ainsi en myriades de grésillements... Pourquoi étais-je comme cela ? Ah ! oui, le rôle ! J'avais oublié, c'était le Rôle ! Je me dégoûtai, tout à coup, et je trouvai ça bon d'être un salaud, si bon... Infinie exquisité du dégoût de soi-même. Puis je descendis du camion en claquant violemment le battant de la porte derrière moi. Vlan !

Dans l'ombre là-bas, Toni se dressa d'un bond, son Combat Magnum au poing.

« Qu'est-ce que... ?

— Tout va bien », lançai-je d'une voix apaisante.

Paul arriva à son tour.

« C'est quoi, ce raffut ?

— Ce n'est rien, dis-je. Juste un jingle de mise en condition. »

Toni râla.

« Tu charries, merde, l'Abbé ! Claquer les portes comme ça en pleine nuit dans les maïs !... »

Et, ayant remis son arme à la ceinture, il retourna s'asseoir près de son arbre, bougonnant et grognonnant.

Paul demanda :

« Alors ?

— Rien de spécial. Je lui parasite un peu les circuits en lui posant deux questions farfelues pour une d'utile. Les choses sérieuses vont commencer maintenant. Un scoop tout de même : il n'est pas directeur. »

Paul sursauta.

« Comment ça, il n'est pas directeur ?

— Le nouveau directeur va rappliquer dans quinze jours, quand l'appartement de fonction sera repeint.

— Chapeau, le tuyau de Rouquemoute !

— Pour nous cela ne change rien, puisque l'appartement est vide.

— Quand même ! Imagine que le nouveau directeur ait rappliqué au début du mois, on aurait eu l'air fin... »

Sifflement soudain, là-bas, du talkie-walkie de Toni (le mien était à la position off) qui répondit aussitôt. Nous nous approchâmes.

« Ici Gaston. J'écoute. À toi.

— ... reçu... va bien. Je répète : tout va... rive. À toi.

— Ici Gaston. Mal reçu. Répète : t'arrive ou pas ? À toi.

— ... pète : j'arrive. Je répète :... rive. À toi.

— OK. On t'attend. Je coupe. »

Puis, râleur :

« Fait chier, merde, son zinzin. »

Nerveux, tout à coup, le Toni. Les grillons, peut-être ? Je dis :

« Je retourne à mon pénitent. Vous pourrez vous fier à sa confession : il est à point.

— Et sa femme ? s'inquiéta Paul. Elle tient le coup ?

— Elle a l'air.

— Si tu la vois craquer, se mettre à chialer, sors-la aussitôt du camion. On la réconfortera dehors. Inutile que son mari s'aperçoive que nous sommes des tendres.

— C'est beau la pudeur », ricanai-je.

Il faisait sombre à présent à l'intérieur du compartiment atelier, malgré la porte ouverte. Je me dis que le sous-directeur aurait pu mettre à profit mon absence pour se saisir d'un tournevis ou d'un marteau, et me faire mon affaire, là, en douce, dans l'obscurité. Mais M. Chupin n'était pas James Bond. Je distinguai sa main posée devant lui sur la hanche de sa femme. Tels que je les connaissais, ni l'un ni l'autre n'avaient dû échanger une parole tandis qu'ils étaient seuls ; ils s'étaient sans doute bornés à communiquer ainsi, par gestes imperceptibles, par pressions discrètes, dans le secret de leur commune détresse. Peut-être leur couple s'enlisait-il lentement au fil des jours, union somnambulique réveillée chaque dimanche par les lallations et les gazouillis de leurs petits-enfants. Mais voilà qu'un événement — UN ÉVÉNEMENT ! — les avait rappelés à la vie. Leurs ombres soudain reprenaient chair après des lustres d'oiseuse déliquescence ponctués de vagues anniversaires, d'invitations chez les Smith et de quelques intenses moments de jubilation dus à l'éclosion dans leur jardin d'une rose « Catherine Deneuve » ou à l'apparition miraculeuse du sida chez les homosexuels héroïnomanes de race noire. La gélatine conjugale, qui foutait le camp en jus de chaussette, se recoagulait à leur insu. Émouvant. Émotionnant, même. Et la main de l'un retrouvait la main de l'autre, avec ses doigts, sa paume, ses lignes de vie, de cœur, de chance... non ! Pas de chance. Pas aujourd'hui. Juste le cœur et la vie. Ah ! la vie !... Bouleversant, vraiment. On pressentait des larmes dans les interstices subatomiques de ces deux existences en aggloméré vitrifié. Allais-je pleurer à mon tour ? Était-ce pour tempérer mon exquisissime dégoût de moi que je devenais ainsi sardonique, faisant l'injuste et scandaleux procès de ces braves gens, ces gens comme vous et moi... non ! Pas moi. Moi, je n'avais rien à voir avec qui que ce fût, pas même avec moi-même, d'ailleurs. Je gueulai :

« Monsieur Chupin !

— Oui. »

Tiens, il n'avait pas sursauté. Voix plate, neutre. Il n'avait pas bégayé non plus. Recouvrait-il ses esprits ? Je m'enquis d'un ton allègre :

« Que pensez-vous de la situation, monsieur Chupin ? »

Il retira sa main de la hanche de sa femme et eut une espèce de geste fataliste du bras.

« Je pense surtout à ma femme », dit-il.

Et il reposa sa main sur son gros genou blanc en soupirant.

« C'est avant qu'il fallait y penser, monsieur Chupin, grinçai-je. En allant travailler à l'usine comme tout le monde au lieu de jouer au col blanc au Crédit lyonnais. »

Et toc ! La rhétorique des prétoires, je connais. Ce sont les procureurs qui me l'ont apprise.

« Au fait, poursuivis-je, comment se fait-il que vous n'ayez pas été promu directeur ?

— C'est à cause de l'appartement.

— Je ne vois pas le rapport.

— Je n'ai pas voulu emménager au-dessus de l'agence. Nous habitons au village depuis des années et... et... vous comprenez ?

— Non, mais vous m'ouvrez là des horizons nouveaux. Continuez, je vous prie.

— Je... j'ai préféré rester dans ma maison plutôt que d'être directeur. Ça m'est complètement égal d'être directeur. Je... je ne vis pas pour être directeur.

— Tiens, tiens. Et vous vivez pour quoi, monsieur Chupin ? »

L'obscurité était tombée à présent, mais grâce au clair de lune je devinai l'imperceptible haussement d'épaules du sous-directeur. S'ensuivit un silence gêné que je laissai se prolonger un peu. Enfin je demandai d'une voix suave :

« Je vous écoute, monsieur Chupin.

— Je... je vis pour ma femme, ma fille, mes petits-enfants...

— Pas pour votre gendre ? »

M. Chupin eut un nouveau haussement d'épaules, pas du tout imperceptible cette fois.

« Mon gendre, c'est mon gendre.

— Très juste, monsieur Chupin. Et Racine, c'est Racine. À propos, et votre maîtresse ?

— Qu-que... quelle maîtresse ?

— Vous n'avez pas de maîtresse ?

— N-non !

— Vous savez que nous vous avons pris souvent en filature, monsieur Chupin ?

— O-ui... Non ! Je ne sais pas. Enfin, oui, j'imagine !

— Et vous n'avez pas de maîtresse ?

— Non !

— Ne criez pas !

— J-je ne crie pas. Je n'ai pas de maîtresse ! (Sa voix se brisa.)

— Quel jour sommes-nous demain, monsieur Chupin ?

— S-samedi.

— À quelle heure allez-vous prendre votre travail demain matin, si vous le prenez ?

— À 7 heures.

— Pourquoi si tôt ?

— C'est à cause du marché. Le samedi, je commence plus tôt pour que tout soit en ordre pour l'ouverture à 8 heures. Beaucoup de paperasserie.

— Nous allons passer la nuit ensemble à la banque, monsieur Chupin.

— ...

— Vous allez nous ouvrir la porte de la banque tout à l'heure, n'est-ce pas, monsieur Chupin ?

— Oui.

— L'appartement de fonction communique-t-il avec l'agence ?

— Oui ; mais les clés sont dans mon bureau.

— Ne m'avez-vous pas dit que cet appartement était en train d'être repeint, monsieur Chupin ?

— Si. Il y a deux ouvriers qui viennent chaque jour, depuis lundi.

— Viendront-ils demain matin ?

— Le samedi, ce n'est pas absolument certain. Mais c'est possible.

— À quelle heure, si c'est le cas ?

— C'est difficile à dire. Ils font un peu comme ils veulent... J'ai dit deux ouvriers, mais en fait c'est le patron lui-même et un apprenti. Le patron a la clé de la porte arrière, celle de l'appartement. Mettons à partir de 7 h 30, mais je pense un peu plus tard, à 8 heures.

— Quel est votre hobby, monsieur Chupin ?

— M-mon hobby ?

— Votre hobby.

— J-je m'occupe de mon jardin et je... j'écoute de la musique.

— Quel genre de musique ?

— La musique... n'importe quelle musique.

— La musique en général ?

— O-ui, c'est cela. La musique en général.

— Vous n'avez pas un faible pour un instrument en particulier. Je ne sais pas, moi... la cornemuse, par exemple ?

— Co... Non. La cornemuse, non. La trompette, oui, peut-être.

— La trompette ? Tiens, tiens... »

J'entendis soudain un bruit de moteur ; une voiture roulait sur le chemin à vitesse réduite et venait dans notre direction. C'était sûrement Frédo, sinon Max aurait déjà donné l'alerte. Je murmurai néanmoins au sous-directeur :

« Plus un mot, plus un bruit, monsieur Chupin. Sinon... »

Je dégainai mon Colt, armai le chien et m'avançai jusqu'à la porte du camion. L'air avait fraîchi un peu et des moustiques voltigeaient autour de moi. Là-haut, un croissant de lune brillait crûment. Dans la nuit claire, j'aperçus effectivement la BMW arrêtée sur le chemin à l'entrée et Toni qui discutait avec Frédo par la vitre baissée. Je rengainai aussitôt l'automatique après l'avoir désarmé et je sautai du camion. Paul avait rejoint Toni et parlait à son tour avec Frédo. J'En-Viens, lui, était invisible.

« Tout va bien, m'annonça Paul quelques secondes plus tard. Les voisins sont tranquilles, Frédo n'a rien remarqué d'anormal. Et toi, tu en es où ?

— J'allais juste commencer à lui poser les questions sérieuses.

— Si tu t'excitais un peu ? dit-il. Il est déjà plus de 9 heures et demie. Le temps qu'on analyse ses réponses... »

Frédo manœuvrait à présent pour pénétrer dans la clairière et je transmis à Paul les quelques renseignements que j'avais recueillis : la raison pour laquelle le sous-directeur n'était pas directeur, et la venue possible, demain matin, des peintres dans l'appartement de fonction.

Paul haussa les épaules.

« Ça n'est pas bien gênant, ces ouvriers, dit-il. À 6 heures au plus tard, on devrait avoir terminé.

— J'espère. Bon. Je retourne bavarder avec mon banquier. Son argent m'intéresse... »

« Monsieur Chupin !

— Oui.

— La trompette, hein, disiez-vous ?

— Oui.

— Citez-moi un trompettiste, là, au hasard, sauf Yvette Horner, par pitié.

— Mi... Miles Davis.
— Bien, monsieur Chupin. Miles Davis est trompettiste, en effet.
— J-j'aime beaucoup Miles Davis.
— Oui ?
— Oui.
— Et Elwood Buchanan ?
— J-je ne connais pas.
— C'était le professeur de Miles Davis.
— Ah.
— Et savez-vous quel conseil Elwood Buchanan donnait à son élève Miles Davis, monsieur Chupin ?
— N-non.
— Non ?
— Non.
— Eh bien, Elwood Buchanan disait à Miles Davis : “Joue droit, sans vibrato.”
— ...
— Vous m'avez entendu, monsieur Chupin ?
— Oui, je vous ai entendu.
— Et vous allez jouer droit, sans vibrato, n'est-ce pas, monsieur Chupin ?
— Je... je vais essayer. Droit, il n'y a pas de problème. L-les vibratos... Ce n'est pas évident, vous savez, ce qui nous arrive...
— Ça, c'est un vibrato.
— Bien.
— Le système de télévision en circuit fermé fonctionne-t-il de nuit dans la banque, monsieur Chupin ?
— Non. C'est moi qui le déclenche de mon bureau. Même de jour, il ne fonctionne que si je le déclenche.
— La clé du distributeur automatique est-elle au trousseau en notre possession ou dans votre bureau à la banque ?
— Ni l'un ni l'autre. C'est un employé qui l'a.
— Je croyais que vous aviez *toutes* les clés, monsieur Chupin ? (Ton menaçant.)
— J-je vous ai dit les clés qui ouvrent, les clés d'accès, mais pas celles de l'intérieur ! Mais quand...

— Ne criez pas.

— ... mais quand (voix étouffée) j'ai voulu vous l'expliquer, vous m'avez dit de me taire.

— Donc c'est un employé qui a les clés du distributeur ?

— Oui.

— Comment s'appelle-t-il ?

— M. Martel.

— Ce distributeur est-il sur alarme ?

— Oui. C'est une alarme reliée à la gendarmerie. Une alarme silencieuse.

— Toutes les alarmes de la banque sont-elles identiques, c'est-à-dire silencieuses ?

— Oui. Mais... mais elles ne sont pas connectées à la gendarmerie. Il n'y a que la billetterie qui le soit.

— Expliquez-vous.

— L'autre système d'alarme concerne exclusivement la chambre forte. Et lui, il est relié à une centrale de protection électronique à Grenoble.

— À Grenoble !

— Oui. Ce sont eux, là-bas, qui préviennent la gendarmerie s'ils constatent quelque chose d'anormal sur leurs consoles.

— Nous avons l'intention d'ouvrir la chambre forte et de forcer les coffres privés, monsieur Chupin. Parlez-moi donc de cette protection électronique.

— Vous ne pourrez pas faire ce que vous dites.

— Nous allons vous emmener à la banque, vous et votre femme, monsieur Chupin, et s'il nous arrive des ennuis je vous expédierai personnellement une balle dans la nuque.

— Mais vous ne pourrez pas !

— Ne criez pas !

— Vous ne pourrez pas ! (Il larmoya, répétant :) Vous ne pourrez pas, ne pourrez pas !

— Pourquoi ?

— Parce que la porte de la chambre forte est connectée à une minuterie. On ne peut l'ouvrir le matin que quelques minutes avant 8 heures. C'est ma caissière principale qui programme l'heure d'ouverture le soir avant de partir. C'est aussi elle, d'ailleurs, qui a les clés du boîtier.

— Quel boîtier ?

— Il y a un boîtier blindé scellé à un pilier, derrière le comptoir. On y range midi et soir toutes les clés intérieures de la banque, sauf celle du distributeur. Et c'est ma caissière qui a la clé de ce boîtier.

— Et alors ?

— Alors, eh bien, si vous essayez d'ouvrir la porte de la chambre forte avant l'heure programmée ou encore de dérégler la minuterie elle-même, l'alarme sonne là-bas, à Grenoble. »

La tuile.

La tuile affreuse. Je maudis intérieurement Rouquemoute. Et moi aussi, par la même occasion. Nous avions manqué totalement de professionnalisme. Nous nous étions laissé obnubiler par le problème de l'enlèvement, certes délicat à résoudre dans un village où tout le monde devait se connaître, et abuser par l'idée a priori qu'une agence de petite ville de province ne pouvait disposer d'une protection électronique sophistiquée. J'en avais bien évoqué l'éventualité à Rouquemoute, mais au lieu de chercher à s'en assurer, il avait éludé la question. Acte manqué ?... Ce n'était pas une Banque de France, avait-il assuré. Mais il avait tout de même pris en compte ce cas de figure, car il avait alors décidé de ne pas participer à l'enlèvement. Sous prétexte en effet qu'il habitait chez Françoise-Ernestine dans la région, il avait estimé soudain nécessaire de se forger un alibi en béton pour la durée de l'enlèvement... Comment avions-nous pu nous comporter ainsi ? Et comment Paul lui-même, si précis, si méticuleux, si prévoyant, ne s'était-il pas préoccupé d'en savoir davantage sur cette chambre forte ? Je ne voyais qu'une explication : Paul, comme Rouquemoute mais pour des raisons différentes, n'était « monté » sur cette affaire qu'à contrecœur ; et quant à moi... Moi, j'étais le dilettante — le traître de la troupe. Les autres, Frédo, Max, Toni, J'En-Viens lui-même, nous avaient tout bonnement fait confiance. Leur responsabilité n'avait jamais été engagée dans la préparation du casse, et son ratage n'était imputable qu'à nous seuls. En vérité, nous étions à maudire.

Par acquit de conscience, je poursuivis néanmoins mon interrogatoire — mais le bref et éloquent temps de silence que j'avais marqué avait dû combler d'aise le sous-directeur...

« Supposé que nous pénétrions malgré tout dans la salle des coffres, monsieur Chupin, existe-t-il encore un empêchement à ce que nous forcions les coffres privés ?

— Absolument. (Sa voix était nette, assurée, précise. Il avait repris de l'assurance, le bougre, avait compris qu'il nous tenait...) La salle est protégée par une alarme sismique. Au moindre choc un peu sérieux, la centrale Grenoble est alertée, de nuit comme de jour. »

La guigne à l'état pur. Le fiasco dans sa splendeur. Et nous avions enlevé deux personnes en prenant des risques insensés pour en arriver là. J'émis un rire léger.

« C'est un plaisir de bavarder avec vous, monsieur Chupin. Je vais transmettre ces bonnes nouvelles à mes associés qui vont être enchantés. À tout de suite, monsieur le sous-directeur. Et rassurez-vous : la nuit n'est pas finie... »

Sur quoi je sautai du camion et refermai doucement les deux battants derrière moi.

Paul et Frédo étaient assis tous deux dans la BMW dont les portières étaient grandes ouvertes. À mon approche, Paul sortit de la voiture.

« Alors ? fit-il.

— La tuile. La chambre forte est hyper-protégée. Minuterie. Alarme sismique... »

J'eus un geste désabusé du bras. Frédo était venu se joindre à nous, et je résumai la situation. Moment de stupeur après mon exposé.

« Elle est plutôt raide, celle-là ! grinça enfin Frédo. Tu es certain que cette empeigne ne t'a pas mené en bateau ?

— Certain. »

C'était la première fois de la journée que je voyais Frédo. Ni lui ni Max ne s'étaient préparés à *La Gourmandine* et, au point relais, Frédo était resté à l'intérieur de la BMW. C'était un petit gars sec et nerveux au visage en lame de couteau et aux orbites caves qui ne souriait presque jamais. Ce n'était pas ce que je venais de lui apprendre qui risquait d'adoucir sa physionomie... Il nous regarda l'un et l'autre, Paul et moi. Je pouvais deviner les reproches qui se bousculaient sous son occiput ; mais il parut se décider à les garder pour lui. Par respect pour Paul, sûrement. Il lâcha seulement d'une voix brève :

« Il faut prévenir Max.

— Ouais, soupira Paul. D'ailleurs, il est 9 h 45. Rouquemoute ne va plus tarder. »

Il fit signe à Toni de venir nous rejoindre et émit un sifflement bref à l'intention de J'En-Viens dissimulé en sentinelle à l'autre bout de la clairière. Toni arriva en râlant.

« Enfoirés de moustiques ! Je suis bouffé ! »

J'eus une pensée pas du tout émue pour le sous-directeur et sa femme, lui en short, elle en corsage... Les trois douzaines de moustiques que j'avais dû laisser enfermés avec eux dans le camion allaient être à la fête.

« Qu'est-ce qui se passe ? demanda Toni.

— La poisse, répondit Paul. Dis à Max qu'il rapplique quand Rouquemoute arrivera. »

Là-bas, J'En-Viens était sorti des fourrés et venait dans notre direction.

« La poisse ? fit Toni.

— Appelle Max. Et quand J'En-Viens est là, je t'explique. »

Toni s'exécuta. On entendit la voix claironnante de Max retentir dans le talkie-walkie. L'échange entre les deux hommes fut bref. Le mot « bouffi » ne fut pas prononcé une seule fois.

« Alors ? fit Toni lorsque J'En-Viens nous eut rejoints.

— La chambre forte est inviolable, dit Paul. Minuterie et alarme sismique connectée à une centrale de protection électronique à Grenoble.

— Putain de merde ! explosa Toni.

— À Grenoble ! s'exclama J'En-Viens.

— À Grenoble ou à Landerneau, qu'est-ce qu'on en a à branler ? s'énerva Toni. Y a une alarme sismique et on n'est pas électroniciens.

— Ça dépend, ironisa J'En-Viens. Si c'est une question d'impédance, l'Abbé touche drôlement sa bille...

— Ça va, coupa Paul d'une voix calme. Ce n'est vraiment pas le moment de déconner.

— Tu es sûr que trelau[1] ne t'a pas pris pour un nave ? me lança Toni.

— Tout à fait sûr. »

Paul renchérit :

« Si Christian le dit, c'est qu'il est sûr. La question est : qu'allons-nous faire maintenant ?

— Comment ça, qu'allons-nous faire ? On remballe nos billes et on se casse, voilà tout. »

Devant notre soudain silence, à Paul, à J'En-Viens et à moi, Toni écarquilla les yeux.

« Vous ne voulez pas dire... ? »

Paul haussa les épaules, huma l'air nocturne qui fraîchissait de plus en plus, et demanda d'un ton détaché :

« Qu'en penses-tu, Christian ?

— Bof. Maintenant qu'on a ces deux-là sur les bras, dis-je, autant rentabiliser la balade. »

Frédo, qui gardait depuis cinq minutes un silence éloquent et glacé, ricana :

« Rentabiliser la balade, hein ? »

Je le regardai dans les yeux.

« C'est ce que j'ai dit. »

Frédo me considéra froidement. Pas plus qu'avec Max, son ami, je n'avais sympathisé avec lui. Nos rapports, corrects mais distants, s'étaient limités jusque-là à échanger nos points de vue sur l'affaire à l'occasion des repérages que nous avions effectués ensemble. Il dit sèchement, son regard également rivé dans le mien :

« Eh bien, ce sera sans moi, garçon. »

Il me sembla bien percevoir une nuance de subtil mépris dans ce « garçon » de la terminologie des malfrats. Mais déjà il enchaînait, s'adressant à Paul :

---

1. « L'autre », en verlan.

« Tu m'excuseras, Paul, mais si vous avez l'intention de terminer l'affaire en braco d'ouverture, je vous largue. Les improvisations pour trois thunes espagnoles, très peu pour moi.

— C'est ton droit », fit Paul, placide.

Frédo hocha la tête.

« Sérieusement, t'as vraiment l'intention de continuer ce boulot foireux ? demanda-t-il.

— Ça dépend. Si trois autres sont d'accord pour me suivre, je continue. Financièrement, je n'ai pas le choix ; je suis à la rue. Et comme dit Christian, au point où nous en sommes...

— Je regrette, dit Frédo.

— Je te l'ai dit : c'est parfaitement ton droit de te retirer. »

Il se tourna vers Toni.

« Et toi, Toni ? Que penses-tu de tout ça ? »

Toni garda la tête baissée et shoota dans une motte de terre.

« Laissez-moi réfléchir un peu, répondit-il enfin. J'aimerais d'abord voir ce que vont décider Max et Rouquemoute.

— Pour Rouquemoute, c'est tout vu, dis-je. Il va faire demi-tour immédiatement.

— Exact, fit Paul.

— Et Max aussi, ricana Frédo. D'ailleurs, vous allez entendre la gueulante qu'il va pousser quand il va apprendre la nouvelle...

— Il n'y a aucune gueulante à pousser, dit Paul de sa voix toujours parfaitement calme. Celui qui veut continuer continue ; et celui qui ne veut pas s'en va. Point. L'enlèvement du couple, c'est nous quatre qui nous le sommes farci. »

Frédo fut pour répliquer, mais il marmonna seulement : « OK, OK. » Toni dit :

« Laisse-moi quand même réfléchir cinq minutes, Paul. »

Puis, s'adressant à J'En-Viens :

« Et toi, l'artiste, qu'est-ce que tu décides ?

— Bof.

— Quoi, bof ? Tu continues ou pas ?

— Je continue. Je me suis bien habitué à l'Abbé. Il est rigolo sur le boulot.

— Sans blague ? »

Soudain, Toni éclata de rire.

« Et ça te suffit comme raison ?

— T'en vois une meilleure ?

— Non, malheureusement, rigola encore Toni. En somme, si j'accepte, on devra fader entre quatre... mettons cinquante bâtons à tout casser ?

— C'est ce que je compte, dit Paul.

— Ma mère ! fit Toni. Un enlèvement et tout un cirque demain matin pour douze plaques chacun !... »

Il croisa les bras, regarda le ciel constellé d'étoiles, fit quelques pas, puis, s'adressant à moi :

« C'est vrai au moins, l'Abbé, que tu es rigolo sur le boulot ? »

Un sifflement dans les talkies-walkies de Toni et de Frédo me dispensa de répondre. Max appelait.

« J'appelle Gaston. J'appelle Gaston. Bellino II arrive. Je répète : Bellino II arrive. À vous.

— Bien reçu, répondit Frédo. Lâche pas le sulky, on t'attend. Je coupe. »

Bellino II, c'était le nom de code de Rouquemoute le Turfiste. Je regardai ma montre : il était 22 heures. Mais à présent, plus rien ne pressait... Je dis :

« Je vais aller demander à M. le sous-directeur à combien il estime le contenu du coffre de service et du distributeur. Qui sait ? Il y a peut-être plus qu'on ne croit.

— Ouais », fit Toni, sceptique.

Quand je ressortis du camion, quelques instants plus tard, Rouquemoute et Max étaient déjà là. Rouquemoute était venu en 4L. Il était vêtu d'une combinaison bleue de mécanicien dont la fermeture Éclair lui arrivait au menton, et il était ganté, chaussé de Nike montantes et coiffé d'un passe-montagne gris roulé à hauteur de ses oreilles. Sous le passe-montagne, on pouvait apercevoir les mèches brunes d'une perruque. À son expression comme à celle de Max, je devinai que les deux hommes étaient déjà au courant...

« Alors ? me lança Rouquemoute.

— Alors, la poisse, dis-je. Je viens de le réinterviewer : on récoltera entre quarante et cinquante plaques. Une chance encore que le distributeur ait été approvisionné en prévision du jour de marché et du week-end...

— T'as raison, ricana Max. Quel coup de pot ! »

Sous son galure immaculé que le clair de lune faisait paraître presque phosphorescent, le clownesque truand était blanc de rage.

« Tu devrais parler plus bas, lui dis-je. Nos invités peuvent nous entendre. »

Max jeta un regard furibond en direction du camion dont j'avais laissé cette fois la porte ouverte. On entendit soudain retentir un bruit de claque.

« Qu'est-ce qu'ils foutent ? » sursauta Paul.

Je me mis à rire.

« Ce n'est rien, le rassurai-je. C'est le sous-dic qui joue à colin-maillard avec les moustiques sur ses belles grosses cuisses potelées. »

J'En-Viens gloussa à son tour.

« Eh bien moi, les mecs, dit Max en baissant à peine la voix, je vais peut-être vous surprendre, mais ça ne me fait pas rire du tout. »

Je hochai la tête. Ce grand machin déguisé en touriste yankee en partance pour les îles Sous-le-Vent commençait à m'énerver. Je dis d'un ton badin :

« C'est parce que tu n'es pas encore vraiment dans le bain, Max. Mais tu verras. Au moment du braco, demain matin, après une bonne nuit réparatrice dans l'appartement de fonction de la banque, tu te sentiras en pleine forme. »

Max se figea, et dans son regard étincela une mauvaise petite lueur. Rouquemoute, qui avait du flair, intervint mine de rien.

« Bon, les mecs, dit-il. Ce n'est pas la peine de discuter davantage. Pour moi, l'affaire est terminée. Je vous tire ma révérence. Et toi, Paul ?

— Si Toni reste, je continue. Il faut qu'on soit au moins quatre pour terminer le travail en douceur.

— C'est bon, fit Toni. Je te suis. Je ne sais vraiment pas pourquoi, mais je te suis.

— Et moi, je m'arrache, dit Frédo. Ne m'en veux pas, Paul, mais un rodéo aux aurores, ça n'était pas prévu.

— Ne t'excuse pas, Frédo. Max ?

— Je me tire aussi, c'te blague !

— Dans ce cas, laissez-nous la CX ; on va en avoir besoin.

— Pas de problème, répondit Max. Je partirai avec Frédo dans la BMW.

— Laissez-nous également la BMW au point relais, mais pas sur le parking. Juste à l'entrée de la rue. On ne sait jamais, si on avait les flics au cul...

— On fera comme tu dis, Paul, promit Frédo. Te bile pas. Les clés seront dans une boule de papier coincée entre la roue avant et le trottoir.

— Merci.

— Bien, fit Rouquemoute soudain pressé de partir. Je me casse à la baraque oublier ce cauchemar. »

Paul et moi échangeâmes un bref regard. Un peu cavalier tout de même, cette façon de prendre congé venant de qui avait programmé presque toute l'affaire... Je devinai que Rouquemoute avait dû se constituer un solide alibi pour la durée de l'enlèvement, et qu'il allait s'employer maintenant à lui trouver une rallonge pour le restant de la nuit jusqu'au lendemain matin... Le champagne allait couler à flots, sûr, dans quelque boîte des quais de Saône, en compagnie de joyeux drilles et de Françoise-Ernestine pour faire bonne mesure ! Mais comment le lui reprocher ? La perspective de chasser le petit à Saint-Paul ou de se réveiller aux cris des goélands à Raide-Tinmarsin n'avait rien de très réjouissant... surtout quand on était innocent.

Je dis :

« Si tout va bien, je te passerai un coup de turlu dans une semaine, du bord de la mer.

— C'est tout le mal que je te souhaite, l'Abbé. À vous aussi, les mecs, je vous dis merde. »

Sur quoi il tapota l'épaule de Paul, adressa un salut à la ronde de la main et murmura à J'En-Viens :

« Passe chez Totor dans la soirée de dimanche, si tu te la sens. J'y serai à partir de 7 heures. Tu me raconteras.

— Promis, rigola J'En-Viens. J'aurai sûrement de quoi payer la tournée comptant... »

À leur tour, Max et Frédo nous saluèrent après nous avoir rendu les talkies-walkies, nous souhaitant le « merde » traditionnel — et les trois hommes montèrent, l'un dans la 4L, les deux autres dans la BMW.

Les voitures s'éloignent, tous feux éteints. Immobiles à l'entrée de la clairière, nous écoutons décroître le bruit des moteurs. Puis la stridulation des grillons emplit de nouveau la nuit, comme si elle s'était interrompue à l'arrivée de Rouquemoute et de Max... Il y a des mondes, là-haut, qui tournent au-dessus de nos têtes... Rien n'a d'importance, me dis-je. Je devine Paul à mes côtés, tendu, amer, et fatigué... Tournent, tournent les mondes, là-haut, nimbés d'indifférence et de scintillante éternité !...

Une claque retentit de nouveau à l'intérieur du camion.

Nous nous regardons tous les quatre et nous nous mettons à rire. Allons ! La vie continue, cette chienne de vie...

« Il faudrait peut-être aller leur demander s'ils ont envie de pisser, me suggère Paul.

— Surtout que M. le sous-directeur a bu deux grands verres d'eau avant de partir, poursuit J'En-Viens d'un ton grondeur.

— C'est bon, les mecs, soupiré-je. J'y vais. »

Et je m'éloigne sous les gloussements des trois hommes en direction du camion-atelier des Télécom, *alias* Gaston.

16

Quelle nuit !... Elle n'en finissait pas. Elle était finie pourtant... 8 h 40. Nous venions de quitter le périphérique à la hauteur de Bron pour rejoindre Genas par la départementale 29. La R 25 dans laquelle se trouvaient Paul et Toni n'était pas visible. Elle nous avait distancés bien avant l'entrée du périphérique, sur l'autoroute A42. Notre Ford Transit au volant duquel se tenait J'En-Viens roulait évidemment moins vite.

Oui, c'était donc fini, et tout s'était déroulé sans anicroche. Seule cette nuit passée en compagnie des Chupin dans cet appartement de fonction vide, aux fenêtres sans rideaux par où entrait l'irréelle lumière des réverbères de la rue, nous avait paru interminable et même un peu hallucinante. Le reste, c'est-à-dire le hold-up à l'ouverture de 8 heures, avait été rondement mené. Malgré les risques, Paul et Toni étaient retournés au milieu de la nuit à la villa des Chupin pour y chercher, outre la GS, chemise, cravate et chaussures du sous-directeur : il avait bien fallu rendre celui-ci présentable pour l'ouverture de la banque. Ensuite, cris, ordres, menaces au fur et à mesure de l'arrivée du personnel ; puis vidage des coffres et de la billetterie automatique, la fuite enfin : de la routine...

À S..., au point relais, changement des véhicules et transbordement des sacs et de l'outillage eurent lieu sans témoins. Comme Frédo l'avait promis, la BMW 3.20 se trouvait garée à l'entrée de la rue, mais elle ne nous avait été d'aucune utilité. Contrairement à la règle de ne jamais mettre tous ses œufs dans le même panier, les trois sacs d'argent étaient dans la voiture de tête. Nous les y avions mis machinalement, sans doute parce que la R 25 arriverait la première à *La Gourmandine*.

J'En-Viens et moi n'avions échangé que de rares paroles pendant le trajet. Nous étions à la fois très fatigués et encore sous tension. À toutes fins utiles, j'avais calé mon Colt sous ma cuisse droite. Nous avions eu une alerte sur l'autoroute cinq minutes après avoir quitté S... : une R 5 GTI noire que J'En-Viens voyait grossir dans le rétroviseur. Elle nous avait doublés comme une flèche. Mais le conducteur, seul à bord, ne nous avait pas accordé un regard...

Au carrefour dit les Sept-Chemins que nous traversâmes en trombe, nous ne vîmes aucun « képi » embusqué — mais Toni nous l'aurait signalé par talkie-walkie. Maintenant Genas n'était plus qu'à cinq kilomètres, droit devant nous, et J'En-Viens lâcha avec un soulagement sincère :

« Ouf ! L'affaire est dans le sac ! »

Et il me gratifia d'une grande claque sur la cuisse. Je rengainai mon Colt.

« Quelle nuit, hein ! fit-il encore.

— Ne te plains pas, dis-je. Tu vas pouvoir aller dormir tout de suite sur un beau matelas bourré de Pascals. Moi, j'ai encore une douzaine d'heures de train à me farcir... »

Nous arrivions au virage en épingle à cheveux qui masquait *La Gourmandine* ; encore une quinzaine de mètres, et le parking à droite, le restaurant à gauche apparaîtraient. J'En-Viens ralentit, rétrograda et...

Qu'est-ce que c'était que ÇA ? Mais qu'est-ce que...

Nouveau défilé d'images à la vitesse grand V, juxtaposées dans une succession de flashes sans liaison entre eux, comme les mots d'un message télégraphique. À l'heure où j'écrirai ces lignes, si je les écris jamais, et où, et quand, et surtout pourquoi, elles défileront alors telles quelles, intactes sous mon regard, mon regard comment ? écarquillé ? Non. Froid, plutôt. Distant. Lointain pour tout dire. Atemporel déjà. Regard brisé, étoilé comme un pare-brise sous les impacts. Je n'ai jamais cru à la vie. Et la mort... Comment croirais-je à la mort maintenant, après toutes ces fausses morts, la plage de l'Éventail, la Feller SA, les hectolitres de Ballantines et autres Glenfiddich... L'Inéluctable est là, pourtant, qui crache le feu, exact au rendez-vous : groupement d'hommes devant le portail. Voitures. Voitures devant. Voiture à droite. Voiture à gauche. Souricière. Souricière ! ! ! Type au milieu de la rue, jambes écartées. Riot-gun. En joue ! Nous met en joue ! Boum ! Boum ! Comme à l'exercice. Boum ! Il tire, tire, vise les roues, le moteur. Muller ! crie J'En-Viens. L'enculé de Muller ! J'En-Viens pile. S'arc-boute. Boum ! Passe en marche arrière. Dingue, J'En-Viens. Recule. Pan ! Pan ! Des revolvers. Boum ! Combien de cartouches, bon Dieu, cet enfoiré de riot-gun ? Crépitement des chevrotines et des balles de .357 sur la tôle. Boum ! Patatras ! J'En-Viens défonce voiture à droite. Recule. Patatras ! Pan ! Pan ! Défonce voiture de gauche. Muller-l'Enculé recharge. La main. Sortir main. Vite ! Impossible tirer. Agiter main nue comme drapeau blanc. Muller tire, tire. Boum ! Fourgon roule, tangue, saute, tressaute. Quatre roues crevées sûrement. Sûrement ! Pan ! Pan ! Ça ne finira donc jamais, jamais ! Ça y est ! J'En-Viens a réussi ! Fourgon en sens inverse. Pan ! Pan ! Lever jambes. Réflexe. Genoux sur ma poitrine. Pan ! Est-ce que ça va faire mal ? *Est-ce que ça va faire mal de mourir pour de vrai ?* Fourgon repart. Hourra ! Boum ! Pan ! J'ai reçu ! J'ai reçu ! Fou, J'En-Viens. Il passe les vitesses, fonce, fonce droit devant. Où ? Où t'as reçu ? Ça y est. Moteur qui rugit, troisième, quatrième. Fourgon qui brinquebale, instable. Clac-clac-clac-clac des pneus en charpie sur le macadam...

C'est bon, on se calme. Tout va bien, c'est-à-dire très mal. La vie reprend son cours, les images leurs liaisons. Tout s'enchaîne derechef selon les règles, nouvelles, certes, mais cohérentes, de la syntaxe des voyous en cavale...

« Où t'as reçu ? »

Mais je voyais le sang qui avait traversé déjà la combinaison dc J'En-Viens, à l'épaule droite.

« L'épaule, bordel, grimaça J'En-Viens. Vacherie de vacherie ! Et la cuisse aussi. »

Je baissai les yeux. Du sang tachait en effet son pantalon, sur le dessus de la cuisse droite. Cette balle-là était venue de mon côté. Le fait d'avoir ramené, je n'aurais su dire pourquoi, mes genoux sur ma poitrine, m'avait épargné d'être touché. Quant à celle que J'En-Viens avait reçue à l'épaule, elle était venue de devant, après avoir traversé sans doute le tableau de bord car le pare-brise était intact. Muller — qui était donc ce Muller ? — n'avait pas cherché à nous tuer ; avec son riot-gun, il lui aurait été facile de pulvériser le poste de pilotage. Il s'était acharné surtout sur les roues qu'il avait superbement crevées, et sans doute aussi sur le moteur, dont il n'avait pu venir à bout.

« Tu penses pouvoir tenir un peu ? demandai-je.

— Pourquoi ? ricana J'En-Viens. Tu veux conduire ? »

OK. Changeons de conversation. Clac-clac-clac-clac... Le fourgon vibrait de toutes ses membrures et de tous ses longerons. Heureusement que la route était toute droite.

« Ils ne nous prennent pas en chasse ? » m'étonnai-je.

À cause des vitres du fourgon passées au blanc de Meudon, je ne pouvais rien voir. Mais J'En-Viens conduisait l'œil fixé sur le rétroviseur.

« Non, dit-il. J'ai défoncé les voitures qui fermaient la souricière. Et devant, ils doivent être occupés avec Paul et Toni...

— Misère..., soupirai-je. Et ce Muller, qui c'est ?

— La gâchette de l'antigang. Un enculé de première.

— Il aurait pu nous fumer, s'il l'avait voulu, avec son riot-gun.

— Il comptait sur les autres, qu'est-ce que tu crois ? Il en a marre qu'on lui fasse porter le chapeau chaque fois. Ce qu'il y a, c'est qu'on les a surpris. On n'arrivait pas, et ils s'étaient un peu relâchés quand on a rappliqué... »

Nous étions presque arrivés sur la place où J'En-Viens avait — bénie soit son inspiration ! — laissé son Opel la veille. Clac-clac-

clac-clac... Le Ford devait être joli à voir avec ses pneus en charpie et la carrosserie trouée comme une passoire. Comment avais-je pu passer entre les balles ? Mystère. Ou alors j'avais déjà changé d'univers, et ça continuait, ça continuait...

« Qu'est-ce qu'on fait ? demandai-je.

— On file dans ma caisse. Tu vas m'ouvrir la portière et m'aider à passer les vitesses. J'ai mon bras qui s'ankylose ; il pèse une tonne. »

Il avait stoppé le Ford brutalement près de l'Opel en double file, et je sautai du fourgon. J'En-Viens descendit à son tour, boitillant légèrement. Peut-être sa blessure à la cuisse n'était-elle que superficielle ?

Il y avait peu de monde dehors en ce samedi matin ; mais cinq ou six personnes étaient groupées devant le café PMU. Cette fois l'humanité n'avait pas les mains occupées ni la tête ailleurs... Leurs regards se portèrent avec un bel ensemble sur le Ford dont je pus apprécier d'un coup d'œil comme il était criblé d'impacts de balles, puis sur nous... Au diable les témoins ! Nous n'avions plus rien à cacher... J'ouvris la portière, montai dans la voiture et mis le contact. La main droite de J'En-Viens restait posée, inerte, sur sa cuisse blessée...

« Première ! » ordonna brièvement J'En-Viens.

Coup d'œil sur le schéma des vitesses. J'enclenchai la première. J'En-Viens déboîta, lança l'engin.

« Seconde ! »

Puis troisième, etc. Je ne commis aucune erreur. Fini le dilettantisme. Je jouais pour de vrai, c'est-à-dire pour survivre.

Nous filâmes en direction de Saint-Priest puis gagnâmes le parc de Parilly. Là, J'En-Viens s'arrêta, et nous fîmes le point. C'était simple. L'antigang nous avait mis sous surveillance depuis Dieu savait quand, mais en tout cas depuis longtemps. Il avait identifié peu à peu les membres de notre équipe, localisé notre base et, pour finir, découvert notre cible. Et il avait décidé d'intervenir à notre retour à *La Gourmandine* afin de cueillir aux moindres risques l'équipe au complet avec armes et butin. Le « flag » dans toute sa splendeur. Dire que les flics avaient assisté, peut-être, à l'enlèvement des Chupin, et qu'ils nous avaient vus, en tout cas, pénétrer dans la banque au milieu de la nuit !

Une rage froide s'empara de moi. Je m'étais fait avoir dans les grandes largeurs. J'avais vu et je n'avais pas vu. Oui, je me rappelais. Je me rappelais ce flic grisonnant aperçu aux abords de *La Gourmandine* avec sa 2 CV, et qui s'était évanoui ensuite — sans doute après s'être rendu compte qu'il avait éveillé mes soupçons. Je me rappelais les quelques vagues alertes qui nous avaient amenés, plutôt par routine, hélas, à procéder à de non moins vagues « balayages » et contre-filatures. Je revoyais également ces deux ouvriers passant au minium une armature métallique, hier après-midi, dans la cour de l'entreprise de déménagements mitoyenne de celle de *La Gourmandine*, puis cette R 5 GTI noire nous doublant en flèche ce matin sur l'autoroute... Ils avaient dû poser aussi des témoins électroniques sous les voitures personnelles des membres de notre équipe pour rendre leurs filatures indécelables, et mis sur écoutes, entre autres lignes, la cabine téléphonique du village où vivait Françoise-Ernestine... Bref, ils avaient fait leur travail, et bien — tandis que nous... J'En-Viens comprit que dans l'immédiat il ne pourrait demander de l'aide à aucun de ses proches amis. Les flics devaient connaître tous les points de chute possibles et la plupart des relations du gang. Restait moi, bien sûr, « qui n'étais pas lyonnais », comme avait dit Rouquemoute... Mais où pouvais-je aller, et qui donc connaissais-je ?... Mon domicile était grillé. Adieu Jean-Claude-Vivant ! Et chez Françoise-Ernestine... Comme s'il eût suivi le cours de mes pensées, J'En-Viens me dit :

« Ils auront sauté tout le monde à la première heure ce matin : Rouquemoute, Max et Frédo.

— Ils n'ont rien fait, soupirai-je.

— Et l'association de malfaiteurs ? Rien qu'avec ça, ils risquent dix piges. Et de toute façon, ils auront été filmés sur les repérages. Il y a début d'exécution, pour le moins... »

J'En-Viens eut soudain une grimace de souffrance. Son épaule avait l'air de le torturer. Sa blessure à la cuisse, en revanche, était superficielle : une blessure en séton.

« Bon, fit-il. Il faut que je me soigne, et vite. Tu ne vois vraiment pas chez qui on pourrait aller se poser, quelqu'un avec qui les decs ne t'auraient presque jamais vu ces derniers mois, et qui accepterait de nous héberger le temps que je lance mes SOS ?

— Tu as un contact pour te soigner ?

— Oui. »

Je me mis à réfléchir. Chez qui, moi le solitaire, pouvais-je bien frapper, qui fût susceptible d'ouvrir sa porte à deux malfrats, dont un blessé par balle pour faire bonne mesure ?... Tout à coup, j'avais soif. Une soif d'enfer. Un grand verre de Glenfiddich 12 years old, tiens, voilà qui m'eût éclairci les idées. Sur l'allée au bord de laquelle l'Opel était arrêtée, des sportifs des deux sexes en survêtement ou en short s'adonnaient à leur jogging de fin de semaine. Le ciel était bleu, limpide. Une bonne odeur de feuillage pénétrait dans la voiture par la vitre baissée de ma portière. On entendait piailler les oiseaux ; et toute une rumeur paisible et diffuse bourdonnait dans l'air, ponctuée de cris lointains d'enfants, de rires. Et nous étions là, J'En-Viens et moi, bêtes prises au piège au cœur de cet univers tranquille, ordonné, rassurant... Je songeai à mes valises restées dans la cave de *La Gourmandine* avec mon argent, mes vêtements, mes papiers, mon aller simple pour Madrid... Je songeai à Antonin Buchat que les flics allaient immanquablement embarquer, à son restaurant dont un arrêté de police préfectoral ordonnerait la fermeture... Catastrophe, désastre, séisme et conflagration... Je revins au présent, à son urgence. Il fallait sortir J'En-Viens de là coûte que coûte. Mais comment ?

« Si encore je pouvais m'activer les neurones avec un petit remontant », soupirai-je.

J'En-Viens grimaça un sourire.

« Dans la boîte à gants, dit-il. Moi-même d'ailleurs, maintenant que tu m'y fais penser... »

J'ouvris aussitôt la boîte à gants. À l'intérieur reposait une luxueuse flasque d'étain habillée de cuir. Merveille de l'étain et du cuir ! Je débouchai en tremblant le précieux objet et l'offris à J'En-Viens. Pourvu qu'il ne l'écrasât point dans sa grande main virile !

Mais non. Il s'en saisit délicatement de sa gauche valide, but une rapide gorgée et me rendit le flacon.

« Vas-y, dit-il. Si ça peut te donner des idées... Moi, ça suffit. »

Je bus longuement, longuement. D'ailleurs, je bus tout. Et je fis claquer ma langue quand j'eus fini. C'était du whisky, et du bon. Une chaleur bienfaisante se propageait en moi. Ma fatigue, ma rage même déjà s'évanouissaient. J'eus la sensation également d'un frisélis me parcourant les synapses. Et un sourire illumina ma physionomie ravagée de technicien des Télécom ayant passé la nuit à régler l'impédance des sémaphores de la Creuse. Hé, hé ! Mais c'est bon sang bien sûr !...

« Cap sur les États-Unis[1] », dis-je.

C'était tout près.

« Tu connais quelqu'un là-bas ?

— Un certain Boum-Boum. Ça te dit quelque chose ?

— Bon Dieu ! » fit J'En-Viens.

1. Quartier de Lyon.

17

Abbaye de V..., avril 1988. C'est curieux comme ici l'air est limpide, doux. Et comme le temps paraît ne pas peser : il est suspendu. Pas arrêté, figé ; mais suspendu. Mon esprit s'abandonne. Je regarde, et je vois autour de moi des choses naturelles, des êtres simples ; et c'est de leur vibration légère, si légère, que provient cette sensation d'un temps restitué à sa transparence, à sa candeur originelles... Ce n'est pas, cependant, que la paix se soit installée en moi. C'est le contraire : je suis dans la paix, la paix des choses et la paix des hommes. Mais je ne pourrais pas vivre ici longtemps ; ma présence durable en ces lieux serait à proprement parler contre nature. Je comprends seulement ce temps préservé de la folie du monde, à la douceur singulière duquel mon être, ou plutôt quelque chose en moi de ténu et d'aussi miraculeusement préservé, participe provisoirement. Oui, je le comprends intimement.

Je croyais haïr le son des cloches. Il me rappelle trop les interminables dimanches de mon enfance. Ces jours-là, ma grand-mère m'emmenait avec elle rendre visite à Mlle B..., à Rocabey, une commune aujourd'hui rattachée à Saint-Malo. Mlle B... était une vieille demoiselle au long nez chaussé de lunettes à double foyer, qui avait été institutrice avant la guerre. C'était hier, en ce temps-là, la guerre... Sa maisonnette, dont un lilas touffu, un lilas blanc, masquait à demi la façade, se dressait juste en face de l'église paroissiale. Nous nous installions dans la salle à manger, une pièce où la lumière du jour venait mourir, comme à bout de souffle. En cet endroit, oui, vraiment, le temps était arrêté, figé. On entendait le tic-tac d'une pendule, le marmottage de Mlle B... dévidant les cancans du voisinage ou le chapelet de ses souvenirs ; et mon regard, mon regard s'exténuait au spectacle des choses mortes qui stagnaient là, de vieux meubles luisants d'encaustique, des photographies anciennes, des pots en cuivre, des napperons brodés, trois fleurs séchées dans un vase — et quelque lame du parquet brillant, ciré, gémissait parfois sous les pas immatériels de la vieille demoiselle. Dieu, que je m'ennuyais là, moi, le petit garçon ! Et je croyais que la vie, c'était cela : ce tic-tac du temps qui passe en radotant l'éternité, ces chuchotis dans la pénombre parfumée à l'encaustique, ces plaintes du parquet, et l'interminable désespoir de ces gens dans leurs cadres, dont je sentais qu'à les contempler trop longtemps ils allaient m'aspirer dans le no man's land sépia où ils n'en finissaient pas de se souvenir de nous pour mieux se faire mourir...

Puis, vers 4 heures et demie, Mlle B..., ayant préparé le thé, ouvrait la boîte de gâteaux secs : petits-beurre, sablés, boudoirs ; et je me mettais à revivre un peu.

« Tu peux en reprendre un autre, tu sais... », me disait-elle quand j'en avais mangé trois ou quatre.

C'était le moment qu'elle attendait, chaque fois, pour m'induire en cette exorbitentation. Elle le faisait de son ton chuchotant où perlait une espèce de gloussement léger qui voulait dire : Les petits garçons, c'est bien connu, sont des gloutons, et ce n'est pas encore aujourd'hui qu'ils changeront... Je m'exécutais sur-le-champ afin de finir en beauté cette orgie dominicale. Un boudoir, c'était le mieux. Sitôt trempé dans le thé, il fallait le retirer vite vite pour en gober la partie imbibée, sinon il se désagrégeait dans l'infusion, et le plaisir de même... C'est là sans doute, chez Mlle B..., que j'ai dû prendre conscience de la poreuse inconsistance du plaisir. Là également que j'ai commencé à haïr le son des cloches. Car à 5 heures, au moment où Mlle B... refermait la grande boîte de gâteaux secs, retentissait, que dis-je, éclatait au clocher de l'église le carillon appelant aux vêpres. Tonitruant couronnement de l'ennui, sonore acmé de l'exaspération de l'ennui des dimanches après-midi de mon enfance ! J'eusse été une tasse de thé, je me fusse fêlé de douleur. Mais je n'étais qu'un petit garçon, et j'endurais stoïquement mon désespoir. La fêlure était ailleurs, quelque part dans ma représentation du monde — du monde comme représentation en forme de cette salle à manger oppressante envahie par l'odeur d'encaustique, peuplée de pots de cuivre, de napperons brodés, de fleurs séchées, et de photographies de ces chers disparus aux traits figés, au regard fixe, hommes à la moustache en crocs et habillés en militaires — la guerre ! la guerre ! —, et femmes en costume et coiffe bretons — l'Armor ! l'Armor !

Qu'était donc, grand Dieu, cet univers-là ? Et qu'y faisais-je, moi, le petit natif d'Alpha du Centaure, un pays plat et blanc sans papas ni mamans à l'infini ?

Or ici, l'appel de la cloche aux heures canoniales — prime, tierce, none, angélus —, je le supporte, à l'exception toutefois du carillonnement des vêpres et de celui de la messe du dimanche, aussi exaltés et vacarmesques tous deux qu'autrefois à Rocabey. Lorsque je vais me promener dans la campagne environnante et grimpe à quelque colline, j'entends la cloche de l'abbaye tinter au loin dans l'air transparent vibrant de douceur — et je m'arrête pour l'écouter, laissant le paysage me pénétrer par tous les sens, l'ouïe, l'odorat, la vue, et le toucher aussi car je sens comme des caresses passer sur moi. Et au son léger, clair de cette cloche se mêle alors mystérieusement le souvenir de mon enfance.

Ma cellule est située dans la partie de l'abbaye réservée aux hôtes, au premier étage de l'aile gauche. Elle est meublée comme il sied en un tel lieu, c'est-à-dire sommairement d'un lit, d'une table, d'une chaise, et d'une armoire près de laquelle se trouve un lavabo ; un crucifix est accroché au mur à la tête du lit. Rien donc qui flatte le regard ni qui évoque le confort. Et cependant elle n'a pas l'air d'une cellule, mais d'une chambrette. Cela est dû, sans doute, à la claire lumière qui entre par la fenêtre et à la vue sur la campagne. En me penchant un peu, je puis entrapercevoir à gauche, derrière une haie de peupliers, une petite section de la route départementale sur laquelle débouche à moins d'un kilomètre le chemin de l'abbaye. De ma cellule, seule cette route au loin rappelle la « civilisation ».

Sur la table, il y a un exemplaire du Nouveau Testament ainsi qu'une brochure d'une dizaine de pages où se trouve décrite et illustrée par des photographies la vie de l'abbaye. Je ne dirai pas ici de quel ordre monastique il s'agit. Ces gens m'ont accueilli, que Dieu les bénisse. Dans quelques jours je vais les quitter. Leur hospitalité discrète et silencieuse m'aura dispensé, un mois durant, la paix dont j'avais tant besoin. Et un peu plus que la paix, que j'ai peine à définir... Une sorte de grâce m'ayant fait redécouvrir, tout en deçà de moi-même, l'essentielle fragilité de mon être qu'était parvenue à m'occulter complètement l'œuvre d'autodestruction systématique à laquelle j'ai voué, d'abord inconsciemment, puis délibérément, toute mon existence. C'est à tuer sa faiblesse, toujours et encore, que l'on puise ainsi cette force à vivre si farouchement étrangère à sa vérité...

Oui, ces moines m'auront dispensé cette grâce singulière par le seul spectacle de leur en-retrait silencieux du monde, de leur naturel dépouillement, et de tout ce rituel strict, glacial et pourtant si doux qu'on ne devine cette douceur qu'avec le temps, où se dévoile la différence entre le sérieux du jeu de la vie et la gravité simple d'être homme. Être homme, et rien de plus — rien de trop —, tel est ici l'enjeu unique et suffisant. C'est cela, le cloître : le théâtre vrai où se renonce à jouer le jeu du je, à revêtir l'habit du Rôle, non pas dans le sens négatif où j'ai pratiqué, moi, ce renoncement — et combien vainement ! et m'entraînant en quelle dégradation ! —, mais dans celui, humble et droit, d'une sagesse qui ne dit mot. Le Silence. Ici, le langage est inversé. Le Silence, toutefois, n'y est pas l'expression de l'Indicible. Il ne manque pas de mots, ne tait pas non plus les mots comme orgueilleux de son secret. Il parle autrement. Ou plutôt : le Silence est la dimension même où le langage accède au sacré.

Je me tais donc, à mon tour, et me souviens. Assis sur ma chaise, face à la fenêtre, j'*écoute* la nuit descendre sur la campagne et les étoiles s'allumer dans le ciel. Tout à l'heure tintera la cloche appelant aux complies, et tel un moine je me rendrai à l'église par l'un des couloirs du monastère.

Monastère.

Ce nom me plaît, je ne saurais dire pourquoi. Comme il me plaît d'être ici, entre deux folies, celle d'hier et celle de demain, la même en fait où ce séjour — monastère ! monastère ! — a ouvert comme une brèche...

Je me souviens qu'hier, dans une autre cellule, en prison, méditant sur mon angoisse, je croyais que la cagoule du braqueur était l'antimasque et que le rôle du braqueur était l'antirôle... Quelle dérision ! On n'échappe pas à la loi du Rôle sur la scène mondaine où prendre la parole est déjà jouer, c'est-à-dire mêler sa voix au chœur. Un chœur qui ne chante en grégorien, lui, ni matines ni complies, mais entonne dans la cacophonie des langues de Babel l'hymne universel de la Mimesis...

Non, l'habit qui fait le moine ne travestit pas l'homme. Il vêt seulement sa nudité. Ce n'est pas un antimasque, comme être moine n'est pas un antirôle. Le chemin qui mène à l'Être ne remonte pas les courants du je. Il passe ailleurs, s'ouvrant une voie à travers l'opacité du monde et engendrant la transparence autour de lui.

Taisons-nous donc, oui, ne fût-ce qu'un instant. Nous savons bien que sans la foi le silence est intenable — et nous n'avons pas la foi. Mais taisons-nous quand même. *Taisons-nous.*

Je suis arrivé un après-midi vers 4 heures. Descendu deux heures plus tôt à la gare de F... avec pour tout bagage mon sac de voyage, j'ai pris le car jusqu'à une localité proche, puis un taxi jusqu'au village. De là, comme il faisait beau, j'ai poursuivi ma route à pied — deux kilomètres et demi environ —, après m'être rafraîchi d'une bière à la terrasse de l'unique café qui se tient sur la place. Ma présence dans ce petit coin perdu n'a étonné personne. Pour les gens d'ici, l'étranger qui passe est quelqu'un venu faire retraite parmi les moines.

La gendarmerie se trouve à une centaine de mètres après la sortie du village, sur la route départementale. Obligé de passer devant, j'ai craint, avec mon sac, d'être pris pour un autostoppeur ou un vagabond... Puis j'ai aperçu au loin l'abbaye, son clocher, l'alignement des fenêtres en arc brisé des cellules sur les deux étages de l'aile tournée vers moi, et cette vision m'a soulagé.

On m'avait dit que le nécessaire avait été fait, que j'étais attendu. Le frère portier est allé chercher le frère hospitalier, un moine de mon âge mince et avenant qui m'a fait entrer dans l'un des parloirs. Là, je lui ai communiqué le nom du frère avec qui on s'était mis en rapport à mon sujet, et mon interlocuteur a montré alors un grand embarras : le religieux en question, tombé malade quelques jours plus tôt, avait dû être hospitalisé ; il n'avait averti personne de ma venue.

Mon expression soudain fermée a achevé de le mettre mal à l'aise.

« Le problème, voyez-vous, s'est-il excusé, c'est que nous entrons dans la période de Pâques, et toutes nos places sont réservées. »

Je ne l'écoutais déjà plus...

Avoir fait toute cette route pour rien ! Et où aller maintenant ? Mon passage en Espagne n'était prévu que pour la mi-avril. J'étais las, nerveusement harassé, devenu paranoïaque aussi. Et l'alcool, sans plus même m'enivrer, m'avait rendu dangereusement irascible. Trois semaines m'attendraient donc à traîner ma misère et ma peur de ville en ville, de rue en rue, de bar en cinéma...

J'ai regardé le moine qui m'observait silencieusement. Et soudain je n'ai plus voulu partir. Je voulais à tout prix faire halte en cette abbaye, comme si les hommes — ces hommes-là, vêtus de noir, austères et droits, eux, *eux* ! — m'avaient dû cet asile, cette trêve en leurs murs. Le soulagement que j'avais éprouvé tout à l'heure sur la route à la vue de l'abbaye, mystérieusement, ne m'avait pas quitté. Il a emporté toute ma prudence.

« Je suis recherché par la police, ai-je dit au moine tout à trac. Pour un hold-up. Il n'y a pas de sang. Le frère P... était au courant. Il avait assuré à mes amis que je pourrais trouver refuge chez vous pendant quelques semaines, le temps que soit organisé mon passage à l'étranger. Voilà, mon père, très exactement la situation. »

J'ai dit « mon père », comme à un confesseur. Le frère hospitalier a gardé le silence, ses yeux toujours posés sur moi. Son visage n'exprimait ni crainte, ni gêne, ni émotion. Il me regardait, et je suppose qu'il réfléchissait aussi. Enfin, il a demandé d'une voix douce :

« Êtes-vous armé ?

— Oui », ai-je répondu.

Et j'ai écarté les pans de mon blouson, un blouson de toile bleu marine, ample et pourvu de poches nombreuses comme une veste de chasse. La crosse en bois de l'Enfield dépassait de ma ceinture. Le Colt, lui, ne pouvait se voir ; comme d'habitude, il était à ma hanche droite.

« Mais vous n'avez rien à craindre de moi, ai-je ajouté aussitôt. Si la police venait ici, je ne tirerais pas. »

C'est vrai ; je n'aurais pas tiré. Je me serais rendu. Le frère hospitalier a hoché la tête. Il savait bien sûr que je m'étais livré à lui. Il pouvait m'accorder l'asile cette nuit, puis me trahir. Me trahir demain quand je m'en irais. Oui, demain, ce serait moins gênant pour lui. Les gendarmes m'attendraient au village, et nous mourrions là, Lhorme et moi, sur la petite place où je venais de boire une bière, car je ne permettrais pas que des gendarmes me prennent vivant par un matin clair, dans un village paisible, après que m'auraient trahi des moines, des hommes de Dieu, les derniers peut-être, les derniers...

Alors le frère hospitalier s'est levé, et il m'a dit simplement :

« Venez. »

Nous sommes montés au premier étage. Sa cellule fait face à l'escalier. Il est allé y prendre une clé, et je l'ai suivi dans le couloir où s'alignent les cellules. Il a ouvert la dernière du côté gauche, qui porte le numéro 14.

« Entrez », m'a-t-il invité en s'effaçant.

Je suis entré. Par la fenêtre ouverte, on voyait le ciel bleu, la campagne, un hêtre proche dont une brise légère agitait mollement le feuillage.

« Vous êtes chez vous, m'a-t-il dit. Cette partie de l'abbaye est réservée aux hôtes, mais soyez sans inquiétude ; ici, chacun respecte le besoin de solitude des autres. Il y a une brochure sur la table ; vous y trouverez l'horaire des offices et des repas. Il est facultatif, bien sûr, d'assister aux offices. Mais les repas — et disant cela, il a eu un sourire —, c'est autre chose... »

Il a ajouté encore, voyant que je gardais le silence :

« Je passerai vous voir dans la soirée, et nous parlerons un peu, si vous le souhaitez. Soyez en paix. »

Et il a disparu, après m'avoir remis la clé de ma cellule.

Je me suis assis sur le bord du lit ; j'ai regardé les murs blancs de la cellule, le ciel bleu au-dehors, de nouveau la cellule. Il y avait deux serviettes de toilette suspendues à un bras métallique à côté du lavabo ; j'ai regardé aussi le crucifix fixé au mur à la tête du lit. Et ma solitude, tout à coup, m'est apparue d'une douceur effroyable. Je suis demeuré ainsi, transi de détresse, je ne sais combien de temps. J'étais hors du monde.

Les jours à l'abbaye passent sans heurts et sans ennui. Le matin à 8 heures, je descends prendre mon petit déjeuner au réfectoire avec les autres hôtes. Les moines, eux, prennent le leur bien avant nous. Puis je me rends dans la partie interdite du monastère, mon cas faisant exception. Tout au fond d'un couloir se trouvent le magasin et le bureau des éditions de l'abbaye. Je m'étais proposé d'aider à quelque chose, et le frère hospitalier m'a trouvé là un petit travail qui m'occupe la matinée jusqu'à 11 heures et demie. Cela consiste à préparer des cartes de correspondance ; je plie les bristols en deux, je colle sur une face l'image pieuse — une reproduction d'un tableau religieux : Adoration, Nativité, Crucifixion, Sainte Vierge, etc. —, et voilà tout. Deux frères se trouvent avec moi, l'un âgé, l'autre plus jeune, ayant à charge la petite entreprise. Ils vaquent à mes côtés silencieusement, ne parlant que pour les nécessités du travail. De temps à autre, ils m'adressent un sourire ou me félicitent naïvement pour ma rapidité à exécuter ma modeste tâche. Celle-ci terminée, je me lève, et ils me saluent d'un « À demain, monsieur Jacques »...

Comme les hôtels, l'abbaye tient un registre des visiteurs. J'y suis inscrit sous le nom de Jacques Lebihan, qui correspond à l'une des six fausses identités dont je me suis pourvu pour quitter la France. Deux personnes seulement connaissent ma situation : le frère hospitalier et le père abbé. Sans l'accord de ce dernier, il ne m'aurait pas été possible de demeurer à l'abbaye. Mais il ne m'a jamais été donné de lui parler. Je ne le vois qu'au réfectoire. Il se distingue des autres frères par une simple croix de bois pectorale, et c'est lui qui récite le bénédicité avant les repas.

Ces repas sont une cérémonie impressionnante. Le réfectoire est une vaste salle au plafond en ogive. À une extrémité, la Cène est peinte en noir et blanc à même le mur de pierre. À l'autre, un pupitre et une chaise sont installés sur une estrade. Pendant le repas de midi, qui se déroule en silence, un moine est assis là, différent chaque semaine, et fait la lecture à haute voix de quelque texte édifiant — en l'occurrence, depuis huit jours, le témoignage d'une religieuse se consacrant à la rééducation des jeunes délinquants du Caire... Le soir, il n'y a pas de lecture ; le repas a lieu dans un silence absolu.

Ce qui impressionne est précisément cette présence silencieuse de tous ces moines en noir autour de notre table d'hôtes, une de ces grandes tables en chêne massif où l'on peut tenir à douze de chaque côté, qui trône au beau milieu du réfectoire. Les tables des moines, elles, un peu moins grandes, s'alignent perpendiculairement aux murs latéraux de la salle comme les travées d'une église. Cette situation d'être ainsi exposé, *honoré* dans sa différence, que soulignent encore le silence ambiant et le fait d'être vêtu d'habits civils, fait de ces repas quelque chose qui dépasse de beaucoup pour un hôte l'acte biologique de se nourrir ou l'acte convivial de manger en commun. À ces moments-là, en effet, l'on prend conscience qu'ici il n'est pas ordinaire d'être un homme.

Après le lavage de la vaisselle auquel chacun, hôte ou moine, participe, je me donne quartier libre. Je prends la direction du village où j'achète *Le Monde* — il n'y en a qu'un exemplaire à cette heure-là chez la libraire, mais peut-être n'en reçoit-elle pas plus —, et je vais le lire à la terrasse du bistrot de la place en prenant un café. Mon café bu, je commande un premier whisky, puis un second, et pars ensuite me promener à travers la campagne. Étrange hôte de l'abbaye, doit se dire le cafetier, qui siffle ainsi des scotches entre deux Pater et trois Ave...

J'ai déniché certains lieux de promenade où je ne risque guère de rencontrer grand monde, et de gendarmes moins encore. Je redécouvre la nature, et la paix ne me quitte pas. Paix trompeuse, bien sûr, volée à l'Inéluctable, et dont chaque jour qui passe voit le terme approcher ; mais paix à laquelle je m'abandonne pleinement. Je vais armé, toutefois, faire ces promenades. Le Colt et l'Enfield ne me quittent jamais, que ce soit au réfectoire, le matin au magasin des éditions, ou encore le soir à l'office des complies. J'ai peur en effet de les laisser dans ma cellule. Peur d'être nu. Peur encore et toujours, malgré la paix...

Et je marche dans des chemins, traverse des champs, parcours des bois, grimpe à une colline avoisinante. L'air embaume. Quelques nuages épars et blancs flottent dans le ciel. Tout me semble irréel d'être si naturel et si simple. Et d'une si intensément torturante fragilité ! Je suis heureux à fleur de peau... Des souvenirs comme ces nuages flottent en moi, blancs et légers. La cloche tinte. Je rentre enfin à l'abbaye, purifié, vulnérable, rajeuni de mille ans. Et jusque tard dans la nuit, malgré la vie, malgré l'avenir, ces souvenirs de mon enfance vibrent comme des tournesols dans ma tête.

Ecce benedicite Dominum
omnes servi Domini

qui statis in domo Domini per noctes.
Extollite manus vestras...

Complies.

Les moines en noir sur trois rangs de part et d'autre du chœur éclairé. Le reste de l'église dans la pénombre. Quelques hôtes deci de-là ; une ou deux femmes du village aussi, un foulard sur la tête.

Je suis au fond de l'église. Je regarde.

J'écoute.

Te lucis ante terminum
Rerum Creator, poscimus,
Ut pro tua clementia
Sis præsul et custodia.

J'écoute et je regarde.

Comme je me sens étranger. Comme je suis étranger. L'étranger absolu : l'exclu, du profane comme du sacré. Mais du sacré plus encore. Oui, même le sacré me rejette. Je n'assiste à cet office du soir d'une simplicité splendide et mystérieuse que pour me désaltérer — me désespérer — au spectacle de la déchirante paix des autres, de la torturante foi des autres...

Et ces moines là-bas si lointains, mon Dieu, si lointains ! métaphysiques absolument, funèbres joyeusement dans le chœur lumineux, chantant en grégorien cette paix et cette foi dont je ne connais, moi l'Abbé, ni les notes ni les mots, ombres dans la lumière, chantant, chantant l'espérance et la charité — rumeur bouleversante de leurs voix graves et douces...

Salve, Regina, mater misericordiæ ;
vita, dulcedo et spes nostra, salve.
Ad te clamamus, exsules filii Evæ.
Ad te suspiramus, gementes et flentes
in hac lacrimarum valle.

... qui vient mourir à mes pieds, comme un ressac.

18

Boum-Boum en personne nous ouvrit. Sa femme au regard bigle, mal peignée, se tenait en retrait derrière lui dans l'étroit vestibule. Lui était en slip et peignoir ouvert sur sa poitrine velue, frais rasé, l'œil vif et son éternel sourire plaqué sur ses lèvres minces. Il avait ses deux mains enfoncées dans les poches de son peignoir, et ce n'était pas pour dissimuler ses affreux petits boudins de doigts, mais plutôt son Chief's Special deux pouces ou son Derringer... Avant de se décider à nous ouvrir, il nous avait bien examinés une minute à travers le judas. Notre maquillage, forcément, l'avait quelque peu dérouté...

« L'Abbé, avais-je soufflé à travers la porte. Urgent. SOS. »

J'En-Viens entra le premier. Ma veste des Télécom était pliée négligemment sur son épaule droite. Par prudence, nous avions garé l'Opel sur le parking d'un immeuble voisin ; mais pour venir à pied jusqu'ici, il avait bien fallu dissimuler la tache de sang qui s'étendait sur sa combinaison. En voyant le visage livide et crispé de J'En-Viens, Boum-Boum comprit aussitôt. Il verrouilla rapidement la porte derrière nous et nous fit passer dans la cuisine. J'En-Viens se laissa tomber sur la première chaise à sa portée.

« Grave ? » s'enquit Boum-Boum.

Pas de « Alors-alors ? » pour une fois qu'il avait devant lui quelqu'un de vraiment mal en point, ni de fine allusion du genre : « Et cette astasie ? Elle n'aurait pas pour cause quelque lointain trauma d'enfance ? »

« L'épaule, dis-je. Et une blessure en séton à la cuisse. »

La femme de Boum-Boum, muette, le regard écarquillé — ce qui aggravait encore le strabisme divergent dont elle était affligée —, se triturait les mains silencieusement sur le seuil de la cuisine. Elle s'appelait Mariette. Nous nous étions entraperçus lors de ma visite chez eux l'année précédente. Elle était vêtue d'un ensemble jean dans lequel elle flottait littéralement tellement elle était maigre. Syndrome de Kwaschiorkor, avait dû diagnostiquer Boum-Boum avec jubilation en l'abordant pour la première fois... C'était une jeune fossile d'une trentaine d'années, les cheveux bruns frisottés tire-bouchonnant sur ses épaules asymétriques, du pervenche autour de ses yeux caves, du capucine sur ses pommettes saillantes et du pastèque sur ses grosses lèvres boursouflées. Une vraie réclame pour l'absinthe Terminus dessinée par Egon Schiele et coloriée par Toulouse-Lautrec.

« J'ai... j'ai des compresses antibiotiques dans la pharmacie de la salle de bains, bredouilla-t-elle.

— Va les chercher », ordonna Boum-Boum.

Quand elle eut disparu, j'expliquai d'une traite :

« On rentre d'un boulot. Guet-apens, fusillade et tout le toutim. Des amis serrés... Il n'y a plus que chez toi qu'on pouvait venir... Il y a si longtemps qu'on ne se voit plus. À propos, ne te pointe pas chez Totor, les decs vont planquer dans le secteur pour essayer de nous coincer : ils savent sûrement que J'En-Viens s'y rendait de temps à autre. »

Boum-Boum hocha la tête, goguenard, et J'En-Viens, grimaçant un douloureux rictus, articula entre ses dents :

« Salut, Boum-Boum. C'est toujours aussi sympa, chez toi... »

Et il indiqua du menton le réfrigérateur sur lequel trônait, au milieu d'une corbeille de fruits, une grenade quadrillée. Boum-Boum se fendit d'un sourire.

« Ouais. C'est même pour ça que les amis reviennent, ricana-t-il.

— Et tu pourrais nous garder quelques heures chez toi, le temps qu'on reprenne nos esprits ? fis-je, ignorant la remarque.

— Quelques heures ou quelques semaines, pas de problème.

— Et ton gosse ? »

Boum-Boum et Mariette avaient fabriqué ensemble une petite merveille d'arracheur d'ailes de mouches qui ne devait qu'à ses dix ans d'être encore à peu près inoffensif.

« Il est à l'école, dit Boum-Boum. Mariette ira le chercher à 11 heures et demie. Il connaît déjà un peu J'En-Viens qu'il appelle tonton Gaspard ; on lui dira que toi, c'est tonton Marcel. Vous dormirez dans le living, J'En-Viens sur le canapé, toi sur un matelas, comme à la guerre. »

Et il se mit à glousser. Tout cela l'amusait manifestement beaucoup, et il le vivait bien sûr au premier degré. Ce n'est pas lui qui aurait risqué d'introduire de la distanciation dans un thriller.

Mariette était de retour avec les compresses. Boum-Boum et moi débarrassâmes J'En-Viens de sa combinaison et de sa chemise. Sur la cuisse, le sang avait séché ; la blessure était superficielle. En revanche, à l'épaule... Le visage de Mariette se fit cendre sous le capucine du maquillage.

« Il... il faudrait que je nettoie d'abord la plaie », chevrota-t-elle, son œil droit fixé sur J'En-Viens et le gauche sur son mari.

Et elle retourna à la salle de bains chercher de l'éther.

Le nettoyage de la blessure à l'épaule prit un bon quart d'heure. La balle, entrée par-devant, semblait s'être fichée dans la clavicule. Du .357, sûrement... Mariette y allait par petites touches délicates et craintives. En fait, elle nettoya juste le pourtour de la plaie, car la blessure elle-même, elle ne se risqua pas seulement à l'effleurer. Elle fit bien. Ces simples attouchements périphériques faisaient déjà souffrir le martyre à J'En-Viens. Quant à moi, je dus m'asseoir : l'odeur de l'éther me met mal à l'aise.

L'opération terminée, Mariette lâcha, au bord de la syncope elle aussi :

« Vous n'allez pas pouvoir rester dans cet état ! Il va falloir absolument ôter cette balle !

— Ne vous en faites pas, la rassura J'En-Viens. Tonton Marcel ira passer quelques coups de fil tout à l'heure pour régler ça. L'essentiel est que je sois pansé et planqué en attendant. »

Heureusement, la blessure ne saignait plus ; il n'y avait pas à craindre d'hémorragie à cet endroit. Mariette appliqua deux compresses antibiotiques pour faire bonne mesure et banda l'épaule de J'En-Viens le plus délicatement qu'elle put. Une autre compresse et un pansement maintenu simplement avec du sparadrap firent l'affaire pour la blessure à la cuisse. Elle lui noua enfin une longueur de bande autour du cou pour qu'il pût y reposer son bras replié.

« Et maintenant, direction le living », ordonna Boum-Boum.

Et, s'adressant à moi :

« Pour toi, l'Abbé, ce sera la salle de bains. T'as vu ta tronche ?

— Non, fis-je. Mais j'ai toujours su qu'une tête d'ingénieur des Télécom était quelque chose d'angoissant à regarder... »

Trois quarts d'heure plus tard, démaquillé, débarbouillé, rasé de frais et vêtu d'un blouson de cuir de Boum-Boum à la fois trop large et trop court, je sortis pour appeler aux deux numéros que m'avait donnés J'En-Viens. Il y avait une cabine publique à moins de cent mètres de l'immeuble, et je n'avais pas voulu que Boum-Boum m'accompagne. Je composai d'abord le numéro des « urgences » qui était celui d'un bar, et transmis le message. À l'autre bout du fil, le patron bougonna un vague « J'lui dirai si je l'vois pour l'apéro », destiné sans doute à donner le change à d'éventuelles écoutes, et raccrocha. Il était 10 heures et demie. Je devrais rappeler ensuite toutes les heures et demie, c'est-à-dire une première fois à midi sonnant, jusqu'à ce que la personne concernée se présente au bout du fil. L'autre numéro était celui d'une ex-amie de feu le père de J'En-Viens. Elle décrocha à la deuxième sonnerie, et je lui expliquai brièvement que J'En-Viens avait des problèmes graves et qu'il aurait besoin le plus rapidement possible d'un appartement meublé avec deux lits. Après m'avoir écouté sans broncher, ma correspondante me pria d'embrasser J'En-Viens de sa part et me dit de la rappeler lundi en fin de journée. Jusque-là, tout allait comme sur des roulettes. Dieu merci, J'En-Viens n'était pas un anachorète contemplateur de linoléum...

Ragaillardi, je me mis en quête d'un bar. Mais pour une fois, mes pas n'étaient pas guidés par la seule perspective de siffler un verre d'alcool. Depuis la veille les événements s'étaient enchaînés avec une rapidité telle, malgré la longue nuit blanche passée dans l'appartement de fonction de la banque, que j'éprouvais soudain le besoin impérieux de faire le point. J'avais l'impression désagréable d'avoir été dépossédé de mon libre arbitre pendant ces dernières dix-huit heures, et par ailleurs c'était la première fois que mon avenir ressemblait à un aussi gros point d'interrogation. La cavale est une autre dimension. Chaque jour est à inventer ; chaque jour est un jour de peur. Je m'en avisai dès mon entrée dans le bar où j'allai instinctivement m'asseoir à une table au fond de la salle, dos au mur, mon regard voltigeant malgré moi de la porte aux consommateurs et des consommateurs à la porte... Le syndrome de Boum-Boum ! Allais-je aussi me ronger les ongles ?

À mon retour, je trouvai J'En-Viens dans le living, démaquillé et rasé de frais lui aussi, étendu sur le canapé convertible déplié pour la circonstance. Mariette se préparait à sortir. Elle emportait nos tenues des Télécom et nos perruques pour les faire disparaître dans la nature. Elle irait ensuite acheter des vêtements à J'En-Viens, passerait à la pharmacie lui prendre un sédatif avec une de ses ordonnances et ramènerait son gosse de l'école.

« T'as eu quelqu'un au téléphone ? » s'enquit J'En-Viens.

Je lui fis mon compte rendu. Venu de sa chambre, Boum-Boum apparut en jean, bottines noires et polo orange. La crosse de nacre du .45 à carcasse chromée et chien doré dépassait du ceinturon à sa hanche droite.

« On ira ensemble en bagnole passer ton coup de fil de midi, dit-il après m'avoir écouté. Et on changera de cabine. »

J'En-Viens m'adressa un clin d'œil.

« Je me sens rassuré, tu sais, me dit-il. À part un RPG 7, je ne vois pas ce qui manque dans la maison. »

Je hochai la tête. Je connaissais les bibelots dont Boum-Boum agrémentait son appartement... Outre la grenade posée sur le poste de télévision, jumelle de celle qui mûrissait dans la corbeille à fruits sur le réfrigérateur, il y avait, si les souvenirs de ma visite de l'an passé étaient bons, une mitraillette Sterling derrière le rideau de la fenêtre du living, un Colt Python quatre pouces sous le coussin d'un des deux fauteuils et un automatique Heckler & Koch P 9 S sous celui du second. Par ailleurs, en dépliant le canapé convertible pour y installer J'En-Viens, Boum-Boum avait dû faire apparaître l'arme qui s'y trouvait au chaud, la fameuse *lupara* aux deux canons sciés et à poignée pistolet, chargée en permanence de deux cartouches de chevrotine. Seul l'atelier où Boum-Boum fabriquait les munitions, installé à la cave, n'était pas visible. C'était vraiment dommage. Car le matériel de rechargement RCBS dernier cri composé d'une balance à stabilisateur magnétique, de doseurs à poudre, d'outils à chanfreiner, à ébarber, à amorcer, à désamorcer, d'accessoires de lubrification des douilles et d'un coupe-étuis rotatif — sans parler de la presse Reloader Special Combo, fleuron de la panoplie —, aurait donné un cachet postmoderne à l'appartement...

« Ç'aurait quand même été mieux si Boum-Boum avait été chirurgien plutôt qu'armurier, dis-je.

— C'est la faute à mon père, répliqua l'affreux. S'il s'était enrôlé dans la Camorra au lieu d'émigrer dans votre pays de beaufs, il aurait pu me payer des études... En plus, c'est vrai, tiens ; j'aurais bien aimé être chirurgien.

— À Auschwitz, alors », ricanai-je.

Boum-Boum rigola.

« Bon, fit-il. Je vais aller planquer l'Opel de J'En-Viens dans mon garage. J'en ai pour une demi-heure. Si ça sonne, au téléphone ou à la porte, faites les morts évidemment. »

Nous le regardâmes enfiler sa veste de treillis militaire, ramasser la grenade qui se trouvait sur le téléviseur et aller chercher l'autre à la cuisine, puis sortir en refermant sans bruit la porte derrière lui.

Après son départ, J'En-Viens garda le silence quelques instants. Il avait la fièvre ; ses yeux brillaient et son front était moite. Mais malgré la souffrance qui crispait ses traits, l'expression de son visage me parut un rien goguenarde.

« Riche idée que tu as eue de venir ici, l'Abbé, lâcha-t-il enfin.

— Tu trouves aussi ? »

J'En-Viens réussit à rire.

« Et attends, dit-il. Tu ne connais pas vraiment le môme...

— Je connais les chieurs, je peux imaginer l'étron. Et toutes ces pétoires chargées et ces grenades, il ne fait pas joujou avec en ânonnant sa table de multiplication ?

— Non. Boum-Boum l'a déjà fait tirer au .357 Magnum. Il est très bien élevé...

— Et à l'école ? Il ne raconte pas à sa maîtresse que son papa planque des soufflants sous les coussins et des maries-louises derrière les rideaux ?

— Penses-tu. C'est comme si mes gosses allaient se vanter qu'il y a des chaises à la maison... »

Un peu plus tard, J'En-Viens me demanda combien d'argent j'avais sur moi.

« Trois cents balles », soupirai-je.

Depuis la fusillade, j'avais eu le temps de maudire au moins cent fois notre inconséquence, qui nous avait fait mettre dans la R 25 la totalité de notre butin. Le seul contenu du distributeur automatique eût tout de même rendu cette cavale plus confortable... Et mon argent qui était dans mes valises à *La Gourmandine* !

J'En-Viens m'indiqua d'un mouvement du menton son portefeuille posé sur le buffet du living.

« Je viens de filer quinze cents balles à Mariette pour les courses, dit-il. Laisse-moi juste un bifton de cinq cents et prends le reste. Tu ne peux pas rester raide dans ta situation.

— Et toi ?

— Les potes du service des urgences me fileront de la thune dans la soirée. De toute façon, déglingué comme je suis, je n'en ai pas besoin pour le moment.

— Tu as mal ?

— Penses-tu. Juste une légère démangeaison, comme si on me déracinait l'épaule avec un extracteur Facom. »

J'allai vers le buffet en émettant un gros soupir de compassion. Il y avait encore trois mille francs dans le portefeuille en crocodile de J'En-Viens. J'y laissai une photografiduciaire de mon ami Pascal, bienfaiteur des pauvres, et empochai le reste.

« T'en avais des sous, dis donc, pour quelqu'un qui allait faire un emprunt au Crédit lyonnais !

— C'est comme ça, tonton Marcel, ricana J'En-Viens. L'argent appelle l'argent, tu sais bien... »

Mariette n'était pas de retour encore à midi moins le quart quand Boum-Boum et moi sortîmes pour aller téléphoner. Nous laissâmes J'En-Viens seul en proie à la fièvre ; il avait 38°5... Nous montâmes dans le break 305 à la place duquel Boum-Boum avait rangé l'Opel de J'En-Viens. Son box se trouvait une rue plus loin. Dans un autre box à Vénissieux, il gardait encore un véhicule volé qui, me confia-t-il d'un ton jubilatoire, conviendrait tout à fait à nos futurs déplacements.

« Parce que superstitieux ou pas, l'Abbé, il va bien falloir que tu te retrousses un peu la soutane, non ? »

Apparemment, l'affreux n'avait pas oublié notre conversation chez Totor. En sonnant chez lui, évidemment, je lui avais servi sur un plateau l'occasion inespérée de prendre sa revanche...

« Ça n'était pas de la superstition, bougonnai-je. C'était de la pudeur... »

Boum-Boum s'arrêta à proximité d'une cabine téléphonique, et il lâcha encore en gloussant :

« Au fait, tu ne m'as pas dit comment tu as trouvé la petite séance de tir au pigeon, ce matin ?

— Hilarante, répondis-je en descendant du véhicule. On voudrait que ça ne s'arrête jamais tellement c'est rigolo. »

Quand je repris ma place à ses côtés, quelques secondes plus tard, Boum-Boum se marrait encore.

« Et attends, dis-je, ne sèche pas tes larmes, c'est pas fini. Le type n'était pas là. Il faut que je rappelle à une heure et demie. Tu te rends compte ce pot qu'on a ? »

Là, tout de même, Boum-Boum consentit à prendre une mine de circonstance. Mais je le connaissais : si le service des urgences de J'En-Viens continuait à jouer les abonnés absents, il n'allait pas rester à se ronger ses petits boudins moignonneux. Il irait chercher un toubib en lui mettant purement et simplement le canon de son joli .45 chromé dans le creux des reins...

À notre retour, nous trouvâmes Mariette affairée dans la cuisine. En tee-shirt et tablier blanc de soubrette qui, vu son tour de taille, avait presque l'air sur elle d'une robe à volants, elle tricotait ma foi avec habileté des humérus et des cubitus pour remuer la salade. Je ne cherchai pas à savoir si le cliquetis que j'entendais était celui de ses os ou des ustensiles en plastique qui les prolongeaient... Suivi de Boum-Boum, je passai dans le living avec les bouteilles de pastis et de whisky achetées en route sur une mienne initiative.

Le môme était là, à califourchon sur le bras d'un fauteuil, et il observait avec un intérêt à la fois intense et circonspect J'En-Viens étendu en face de lui sur le canapé, lequel, attentif et immobile, regardait également le gamin comme s'il se fût agi d'un serpent minute sur le point d'attaquer.

« Tu ne vas pas emmerder tonton Gaspard, hein, Boris ! » claironna Boum-Boum en enregistrant la scène d'un coup d'œil.

La voix geignarde de Mariette se fit entendre dans la cuisine.

« Il le sait, Renato. Je le lui ai déjà dit et redit en le ramenant de l'école. »

Cela n'eut pas l'air d'impressionner Boum-Boum, *alias* Renato, qui claironna de nouveau :

« Que tu aies dû le lui redire prouve que tu pissais dans un violon. Donc, maintenant, je le lui dis, moi. Tu fous la paix à tonton Gaspard, hein, Boris ! Tonton Gaspard s'est cassé la gueule à moto en venant nous voir avec tonton Marcel. Tu te rappelles de tonton Marcel ? »

Le gosse me regarda. Il ressemblait à son père pour la pigmentation, peau mate, cheveux bruns, yeux noirs, ainsi que pour la mobilité : on l'aurait dit parcouru d'un courant à haute tension. Le physique en revanche était celui de la mère : un corps malingre affligé d'une espèce de scoliose grimpante en forme de caducée et, avais-je pu constater le jour où je l'avais vu en culottes courtes, d'un *genu valgum* audacieux. Mais mon bagage en traumatologie infantile était plutôt mince ; et ces singularités morphologiques, au fond, n'étaient peut-être que l'expression inconsciente d'un sadisme encore tâtonnant. Tout s'arrangerait sans doute à son premier homicide. À cet égard, le visage laissait bien augurer de l'avenir : asymétrique comme les épaules de sa mère, le nez tordu, le front cabossé, la bouche dessinée au crayon barbelé ou au ciseau à bois — mais deux grands yeux noirs dont le regard, lui, ne louchait pas, allant droit à vous avec insolence, brillant, intense, attisant d'un feu sombre l'ensemble de cette malingre et souffreteuse petite chose.

« Salut, Boris ! dis-je.

— Salut. Tu t'appelles pas tonton Marcel. La fois où t'es venu, tu t'appelais monsieur l'abbé, et papa voulait te fourguer un .357 Peacekeeper à poignée anatomique Pachemair. »

Boum-Boum éclata d'un rire de crécelle.

« Hein ! Cette mémoire, quand même ! » fit-il en nous prenant à témoin, J'En-Viens et moi.

« Tu sais, Boris, dis-je sans me laisser démonter, on peut être abbé et tonton à la fois.

— Ça, je sais pas. Mais des abbés à qui on peut causer de Peacekeeper, c'est quand même rare.

— C'est vrai. N'empêche, je ne l'ai pas acheté, le vilain revolver à ton papa.

— Non. T'as dit que ton .45 déformait bien assez comme ça ton pantalon. Je me rappelle très très bien. »

Cette fois, même J'En-Viens éclata de rire. Ravi, le gosse me demanda :

« Tu l'as sur toi, ton .45, tonton l'abbé Marcel ?

— Non. Je l'ai vendu pour m'acheter un goupillon télescopique à double action. Tu comprends, les chrétiens se font rares. S'agit pas de les louper. »

Le gosse me considéra une seconde sans rien dire, puis il lâcha d'un ton à la fois définitif et dégoûté :

« Je te crois pas. »

Et, se tournant vers J'En-Viens, il ajouta :

« Et toi, tonton Gaspard, tu t'es pas cassé la gueule à moto. »

Il eut alors un sourire. Un vrai sourire juvénile et chaleureux qui déchira ses lèvres cicatrices. Le regard bleu clair de J'En-Viens s'était rivé dans le sien. Ces deux-là étaient des potes.

Le repas fut expédié dans la cuisine en une demi-heure. J'En-Viens était resté dans le living où il somnolait sur le canapé, abruti par les sédatifs que Mariette lui avait fait ingurgiter. C'était une brave fille, Mariette, et sa cage thoracique, bien qu'étroite, abritait un cœur gros comme ça. Elle se faisait un sang d'encre pour J'En-Viens.

« Il faut qu'il soit soigné tout de suite, ne cessait-elle de répéter.

— Il va l'être ! affirma Boum-Boum en engouffrant une énorme portion de gorgonzola. Je te promets qu'il va l'être, quitte à ramener un toubib d'Édouard-Herriot[1] saucissonné dans ma bagnole.

— Ouah ! Et j'irai avec toi, papa ! » renchérit Boris, emballé par cette perspective.

Là, Mariette tapa sur la table avec sa fourchette et fusilla son fils du regard, ce qui ne pouvait troubler que le chauffe-eau, en haut à gauche, et la huche à pain, en bas à droite.

« Boris ! piailla-t-elle. Papa plaisante, ne te mêle pas de ça ! »

Papa gloussa.

« Laisse tomber, fiston, dit-il. C'est tonton l'abbé qui viendra avec moi ; c'est un saucissonneur de première. Pas vrai, Marcel ?

— Mon Dieu, répondis-je avec bonhomie, si tu fais allusion au modeste pique-nique d'hier soir dans les maïs... »

À une heure et demie, j'eus enfin au bout du fil le préposé aux urgences. Il me demanda le numéro de la cabine publique d'où je lui téléphonais, et il me rappela dix minutes plus tard. L'échange entre nous fut bref et précis.

« C'est grave ?

1. Hôpital de Lyon.

— Non, l'épaule.
— Faudra opérer ?
— Sûrement.
— Vous êtes à Lyon ?
— Oui.
— À 3 heures moins le quart à Villeurbanne devant le TNP, ça ira ?
— Ça ira.
— Je serai assis sur les marches en train de lire un *Play-Boy*. OK ?
— OK.
— Salut.
— Salut. »

Et il raccrocha.

Nous avions une heure devant nous ; c'était plus que suffisant pour être exact au rendez-vous. Mariette accueillit la nouvelle avec plus de soulagement encore que J'En-Viens qui, à demi groggy par le sédatif, se borna à marmonner d'une voix pâteuse :

« Super, les mecs. Dès demain, je pourrai me remettre à l'haltérophilie. »

Nous l'aidâmes à s'habiller, tandis que Mariette se préparait également pour sortir ; elle devait emmener Boris chez le dentiste. Dans le vestibule, au moment de prendre congé, J'En-Viens tapota la nuque du gamin et lui adressa un clin d'œil appuyé.

« Salut, Boris, lui dit-il. On se reverra demain.
— Ouais, je veux, tonton Gaspard. Et n'oublie pas de me la ramener. »

J'En-Viens fronça les sourcils.

« Qu'est-ce que je dois te ramener, garnement ? demanda-t-il.
— La balle que t'as dans l'épaule, c'te blague ! »

J'En-Viens hocha la tête, vaincu.

« OK, soupira-t-il. Et toi, tu me rapportes ta dent. On fera l'échange. »

À notre passage en voiture à 14 h 40 devant le TNP, nous vîmes le type assis sur les marches du théâtre, feuilletant un *Play-Boy* comme il avait dit. J'En-Viens le reconnut immédiatement. Nous allâmes toutefois nous garer quelques rues plus loin, et je m'en fus seul au rendez-vous, laissant tonton Gaspard sous la protection de Boum-Boum dont le regard s'était remis à voltiger avec entrain. Son .45, bien sûr, était glissé sous sa cuisse, prêt à l'emploi.

À mon approche, le type leva le nez de son magazine. C'était un brun costaud d'une quarantaine d'années, vêtu d'un jean et d'un blouson luxueux en quelque chose qui me parut de l'antilope et chaussé de mocassins de prix. Nous échangeâmes une rapide poignée de main.

« On est garés un peu plus loin, dis-je. Comment on fait ? »

Il m'indiqua une Range Rover sable stationnée juste en face.

« Tu montes avec moi et on va à votre bagnole, dit-il. Ton gars n'aura qu'à changer de véhicule, et toi, tu restes ou tu descends, tu fais comme tu veux.

— OK, dis-je. Mon gars, c'est J'En-Viens. »

Le type eut un haut-le-corps.

« J'En-Viens ! Putain ! Dans quel merdier il s'est encore fourré ?

— Ma foi, il te le racontera lui-même », dis-je, évasif.

Quelques instants plus tard, J'En-Viens, son bras en écharpe sous l'ample chemise neuve que Mariette lui avait achetée, passait rapidement d'une voiture à l'autre. Je ne doutais pas qu'il fût en de bonnes mains. En montant dans la Range Rover tandis que j'en descendais, il avait salué son ambulancier d'un « Salut, fripouille ! » qui en disait assez sur la nature de leurs relations. Son ami le ramènerait le lendemain au domicile de Boum-Boum, vraisemblablement avant midi s'il n'y avait pas de complications postopératoires.

Cette nuit-là, malgré ma fatigue, je mis longtemps à trouver le sommeil. En l'absence de J'En-Viens, j'avais pris place dans le canapé convertible dont les ressorts me labouraient les côtes, mais ce n'étaient pas eux qui m'empêchaient de dormir. Une angoisse sourde, malsaine, montait en moi, ne me lâchait pas. La pièce tout entière était plongée dans l'obscurité, mais une pâle lueur verte brillait faiblement dans l'angle près de la fenêtre : l'interrupteur phosphorescent d'une lampe à pied. Je ne voyais que cette lueur que je regardais fixement, et il me sembla bientôt qu'elle brillait loin, très loin, comme au bout d'une route infinie s'enfonçant dans la nuit ou d'un tunnel. Je ne pouvais plus me retenir à quoi que ce soit. Je glissais, je glissais. Et cette angoisse au creux de l'estomac, cette angoisse... nouvelle, différente absolument de ce que j'avais éprouvé jusqu'alors... *La peur !*

J'avais peur !

Je finis malgré tout par m'endormir. Mais mon sommeil fut agité, peuplé de cauchemars, et lorsque je me réveillai, tôt le lendemain matin, la peur était toujours là.

J'En-Viens revint à 13 heures.

À son coup de sonnette, Boum-Boum était allé silencieusement mettre son œil au judas, non sans avoir préalablement extrait de sa bottine droite le revolvericule qui lui servait apparemment de chausse-pied de secours. Et il avait dit : « C'est tonton Gaspard. »

Boris s'était éjecté aussitôt de la table où nous déjeunions d'un rôti de porc boulangère concocté par Mariette, et avait foncé dans le vestibule en lâchant un « Ouah ! » d'enthousiasme.

J'En-Viens me parut en pleine forme. Il portait gaillardement son bras en écharpe sous une élégante veste de demi-saison gris chiné jetée négligemment sur ses épaules. Il était bien un peu pâle, mais son sourire n'avait plus rien de crispé. En entrant dans la cuisine, il alla directement embrasser Mariette.

« Alors ? fit-elle en défripant d'un large sourire sa bouche pastèque. Ça y est ? Vous êtes guéri ?

— Ça y est », fit J'En-Viens d'un ton léger.

Boum-Boum le débarrassa du sac de voyage — des affaires que son ami lui avait sans doute procurées —, et Mariette s'empressa de rajouter une assiette et un couvert sur la table.

« Y avait un os de touché ? » s'enquit Boum-Boum, toujours pratique, et même praticien (refoulé).

J'En-Viens porta son regard vers Boris qui, adossé à la cuisinière, le dévorait des yeux, et son sourire se fit goguenard.

« Penses-tu ! répondit-il. Une simple luxation due au guidon de la moto. »

Boris fronça les sourcils, s'avança le poing levé, et dit :

« Alors, je peux te filer une droite dans l'épaule, tonton Gaspard ? Tu sentiras rien ?

— Hé là ! Hé là ! » fit J'En-Viens en faisant mine de se protéger de son bras valide.

Puis il sortit de la poche de son jean un objet qu'il exhiba entre le pouce et l'index. Le projectile était à peine déformé, bien qu'il eût perforé la carrosserie du Ford avant de se ficher dans son épaule.

« La voilà, garçon, fit-il à Boris. Du .357, comme au cinoche.

— Ouah ! Super ! s'extasia le gamin. Tu me la donnes, alors ? »

Et il tendit une main avide. J'En-Viens referma aussitôt la sienne sur l'objet.

« Polope ! fit-il. Et ta dent ? »

Boris se rembrunit et râla.

« Il m'a pas arraché de dent, ce con. C'était qu'une carie. Il m'a juste passé la roulette. »

J'En-Viens éclata de rire.

« Eh bien, le voilà ton plombage, garnement, dit-il en lui donnant la balle. Avec ça dans le trou de ta dent, tu vas faire craquer les nanas, c'est moi qui te le dis ! »

Nous nous mîmes tous à rire, tandis que Boris, fier comme Artaban, tournait et retournait dans sa main ce souvenir avunculaire...

En fait, comme il nous l'expliqua pendant le repas, J'En-Viens avait eu un os légèrement touché : la tête de l'humérus. Boum-Boum avait hoché la sienne en connaisseur et avait dit :

« Si la balle avait bousillé l'acromion ou éclaté le trochiter, ç'aurait été nettement plus emmerdant.

— C'est exactement ce que j'ai pensé, avait rétorqué J'En-Viens d'un ton égal. Mais dans le Ford Transit, heureusement, ces deux pièces-là sont bien protégées par le carter.

— Une chance ! » avait lâché Mariette avec chaleur.

Notre hurlement de rire avait salué aussitôt ce cri du cœur. Pauvre Mariette...

Le dimanche s'acheva devant la télévision, et, la nuit venue, J'En-Viens et moi tombâmes rapidement dans un sommeil de brute, sommeil de convalescent pour lui et premier sommeil réparateur depuis deux jours pour moi.

Le lendemain, Mariette rapporta les journaux avec les baguettes de pain et les croissants du petit déjeuner. Nous nous ruâmes aussitôt sur les premiers pour y lire le compte rendu de l' « affaire ». Mais nous eûmes beau les parcourir et les reparcourir les uns après les autres, nous n'y trouvâmes pas le moindre article sur le sujet.

« Ils espèrent encore vous serrer avant de lâcher la bonne nouvelle aux canards », conclut Boum-Boum.

Il avait sûrement raison. Car le mardi matin, à notre stupeur, ni *Le Progrès* ni *Lyon-Matin* n'évoquaient encore l'affaire. Le black-out. Voilà qui commençait à me laisser perplexe. Avais-je donc rêvé tout cela ? Pour un peu, tiens, j'aurais filé une droite, comme disait Boris, dans l'épaule de J'En-Viens, afin de m'assurer que tout cela était réel... Ce même mardi, le petit déjeuner expédié, Boum-Boum nous conduisit à l'appartement que l'ex-amie du père de J'En-Viens nous avait trouvé, et où elle nous avait donné rendez-vous la veille au téléphone. Quand Boum-Boum avait su l'adresse — en plein centre-ville, à deux pas de la place des Jacobins —, il s'était écrié en se vrillant l'index (heureusement dépourvu d'ongle) sur la tempe :

« Mais vous déménagez ou quoi, les mecs ?

— C'est exactement ça », avais-je répliqué sans m'émouvoir.

Je dissimulais à peine mon désir de déguerpir au plus vite de chez notre hôte. Le couple bizarre que formaient Mariette la Désossée et Renato le Napolitain, flanqué de ce gamin tordu au physique comme au psychique, ne me disait absolument rien qui vaille ; ces trois-là paraissaient sortis d'un cauchemar de Hadley Chase filmé par Hitchcock...

Bien nous eût pris, pourtant, d'écouter Boum-Boum : l'après-midi même, J'En-Viens fut arrêté.

Cette fois, les journaux relatèrent notre affaire le lendemain matin avec un bel ensemble, à la une comme en pages intérieures, récit illustré des photos de M. et de Mme Chupin, de Gaston-ya-l'téléfon-qui-son, et de tous les membres du commando des Télécom.

De tous, sauf un.

Il n'y eut pas la plus infime allusion, en effet, à l'existence de Christian Lhorme, *alias* l'Abbé...

Cela eut lieu bêtement et fut entièrement la faute de J'En-Viens.

Après que son amie, ce matin-là, nous eut remis les clés de l'appartement et s'en fut allée, je quittai J'En-Viens à mon tour. Boum-Boum attendait dans une rue voisine au volant de la R 5 de sa femme, qui lui avait paru mieux convenir à notre transport en zone ennemie.

« Alors ? fit-il.

— C'est OK, dis-je. Un F4 grand standing aux plafonds assez hauts pour y pratiquer le trampoline sans casque. Disponible trois semaines.

— Meublé ?

— Louis-Philippe, avec literie, vaisselle et frigo. Et pas de télé, ce qui est le comble du goût. Seul ennui, le téléphone n'est pas branché.

— Concierge ?

— Néant. Tu seras obligé de sortir la poubelle chaque matin en venant nous apporter le journal et les croissants chauds.

— Comptez là-dessus », fit Boum-Boum en démarrant.

Nous retournâmes chez lui. Je devais y prendre nos affaires ; nous avions voulu nous assurer d'abord que l'appartement nous convenait. En me revoyant, Mariette réitéra son invitation à déjeuner que J'En-Viens et moi avions déjà déclinée au moment de partir. Elle voulait à tout prix nous faire goûter sa spécialité : une recette espagnole d'escargots à la sauce piquante. Pour faire bonne mesure, Boum-Boum se joignit à elle.

« Putain, l'Abbé, brama-t-il, on dirait qu'on pue ! Dites-le, si on vous débecte ! »

Avec patience et diplomatie, je lui expliquai une fois de plus que J'En-Viens devait prendre contact rapidement avec plusieurs personnes, et que du centre-ville toutes ces démarches seraient plus simples.

« Ouais ! lança-t-il. Plus simple pour les decs de vous serrer, surtout !

— C'est moi qui sortirai, le rassurai-je, et seulement pour faire les menues courses et passer les coups de fil.

— Menues courses, tu parles ! Il te faut déjà un hectolitre de scotch par jour.

— Justement. Tu vas m'emmener à Auchan tout à l'heure faire le gros des commissions.

— Et mes escargots ? insista Mariette en roulant ses grands beaux yeux asynchrones. Vous pouvez quand même bien venir ce midi les manger, mes escargots ! »

C'était une idée fixe. Vaincu, je levai une main apaisante.

« D'accord, Mariette, d'accord. Nous viendrons, et si tonton Gaspard ne se sent pas bien, je viendrai seul, c'est promis. »

Et nous retournâmes à l'appartement *via* l'Auchan de Saint-Priest où je fis des provisions de conserves et d'alcool pour quinze jours. L'argent ne manquait pas : J'En-Viens avait partagé avec moi les vingt mille francs que son ami des urgences lui avait remis dimanche. J'achetai également une radio afin de n'être pas totalement coupés du monde...

Au centre-ville, Boum-Boum ne trouva pas à se garer près de l'immeuble, et il resta stationné en double file tandis que j'allai sonner à l'Interphone. Personne ne répondit. Je sonnai de nouveau. Personne encore.

« Un problème ? lança Boum-Boum par la vitre baissée.

— Ça ne répond pas.

— Eh bien, resonne ! »

Ce que je fis, sans plus de succès. L'appartement était au quatrième étage, et deux des pièces, dont le salon, donnaient sur la rue. Je passai sur le trottoir d'en face pour voir si J'En-Viens prenait l'air à une fenêtre. Mais J'En-Viens demeurait invisible. Je retraversai et sonnai nerveusement à cinq ou six reprises, n'obtenant pas davantage de réponse.

« Ou il a eu un malaise, dis-je en remontant dans la R 5, ou il est sorti. »

Boum-Boum hocha la tête.

« Il est sorti, ce con », dit-il.

Je pressentis qu'il avait raison, et l'inquiétude se mit à me tenailler. Sorti pour quoi, bon Dieu ?

« Dans ce cas, dis-je, on va l'attendre. Il ne peut pas être allé bien loin, il savait que nous devions revenir. »

Il y avait un café à quelque cinquante mètres dans la rue même, avec trois tables en terrasse. Au mépris de toute prudence, après que Boum-Boum eut garé la voiture trois rues plus loin, nous allâmes nous installer à l'une d'elles, moi devant un whisky, Boum-Boum devant un Perrier.

À midi et demi, nous en étions au même point. J'En-Viens n'avait toujours pas reparu, et l'Interphone restait muet. Quelques personnes étaient entrées dans l'immeuble, d'autres en étaient sorties. Au mépris des risques, Boum-Boum avait profité de l'ouverture momentanée de la porte pour entrer à son tour et frapper à l'appartement. Sans résultat.

De guerre lasse et n'ayant plus d'ongles à ronger, Boum-Boum se leva.

« C'est bon, dit-il. On rentre à la maison bouffer nos escargots. Je repasserai dans l'après-midi.

— Putain ! » lâchai-je, écœuré.

Boum-Boum secoua la tête.

« Ouais, fit-il. Il est arrivé quelque chose à J'En-Viens. »

Je pressentis, hélas, qu'il avait encore raison.

Il retourna à l'immeuble au cours de l'après-midi, puis en fin de soirée vers 22 heures. Vainement chaque fois. J'En-Viens ne répondit pas à l'Interphone, et aucune lumière n'était visible dans l'appartement. Entre-temps, j'avais téléphoné à notre logeuse. Elle ne savait rien non plus. Je l'avisai qu'il y avait de fortes chances pour qu'il fût arrivé un malheur à notre ami et que c'était lui qui était en possession des clés de l'appartement.

Cette nuit-là, je ne parvins pas à m'endormir même en fixant mon regard pendant des heures sur la lueur verte de l'interrupteur...

Et le lendemain matin, nous apprîmes par les journaux ce qui s'était passé.

Le récit qui parut dans la presse ce mercredi-là correspondait — le sensationnalisme en plus — aux conclusions auxquelles J'En-Viens et moi étions parvenus lors de notre halte dans le parc de Parilly après la fusillade. *Lyon-Matin* titrait l'affaire : « Film noir pour une nuit blanche », et *Le Progrès* : « Les faux employés des Télécom étaient de vrais braqueurs ». Mais ces nuances dans la formulation de la bande-annonce de notre thriller mises à part, les deux quotidiens s'accordaient sur l'essentiel : l'antigang nous avait à l'œil depuis longtemps. À l'hôtel de police de la rue Marius-Berliet où juste après la capture de J'En-Viens il avait convoqué la presse, le patron de la BRB avait fait état d'une surveillance de quatre mois ayant mobilisé un effectif d'une soixantaine de policiers... Voilà donc où passait l'argent du contribuable !

La presse évoquait aussi la fusillade au cours de laquelle François Lanier, dit J'En-Viens, et un « passager non identifié » avaient pu prendre la fuite samedi dernier. Il aurait fallu écrire « malgré laquelle » et non « au cours de laquelle » ; mais alors ç'aurait été révéler qui avait tiré sur qui, et dans quelles conditions...

N'étaient pas précisées non plus les circonstances dans lesquelles MM. René Chevron, dit Rouquemoute, Frédéric Lemoine (tiens, un confrère ! et je n'avais jamais su son nom, à celui-là !) et Maxime Gendrot avaient été arrêtés, ni le rôle exact qu'ils avaient joué dans l'affaire. Mais leurs portraits anthropométriques illustrant les articles avec ceux de Paul, de Toni et de J'En-Viens plaidaient coupables pour eux avec une indéniable éloquence. C'est bien simple, on aurait dit des gangsters...

L'épisode de l'arrestation de J'En-Viens, enfin, ne détonnait pas dans ce feuilleton catastrophe. Elle était, disait la presse, le fruit d'un pur hasard : J'En-Viens avait été repéré alors qu'il téléphonait d'une cabine publique de la place des Jacobins !

Quelle mouche avait donc piqué J'En-Viens d'aller téléphoner lui-même au lieu d'attendre mon retour à l'appartement ? S'était-il rappelé un appel urgent qu'il ne pouvait donner qu'à cette heure-là... ? Avait-il voulu rassurer sa femme sur son sort ?

Boum-Boum observa non sans raison :

« N'empêche, les gonzes qui l'ont serré sont de fameux branleurs. »

Certes. Si les policiers qui avaient reconnu J'En-Viens avaient eu en effet l'idée de le suivre au lieu de lui tomber dessus comme la misère sur le pauvre monde, ils auraient localisé l'immeuble où nous avions trouvé refuge et auraient pu m'arrêter aussi. Étais-je donc chanceux ? J'en doutais pourtant. Me retrouver désormais seul, otage de Boum-Boum, ne m'inclinait guère à l'optimisme...

Je reposai les journaux en soupirant. La lecture de ces articles de presse me laissait un goût prononcé d'amertume dans la bouche : Paul y était présenté comme le chef du gang... Paul l'intellectuel, le Voyou Diplômé, l'un des fondateurs de *L'Écrou*, animateur de radio... Bref, le Judas à la réinsertion qui avait vendu pour trente deniers la chance rare de refaire sa vie qu'il s'était vu offrir par la société. Fallait-il qu'il fût vicieux, quand même !

Devais-je en rire ?

Pour une fois, j'étais d'humeur vraiment sombre. Quelle hécatombe cette affaire n'avait-elle pas provoquée ! « Dommages collatéraux », disent les militaires... Comme il était prévisible, en effet, Antonin Buchat avait été arrêté ; mais aussi une certaine Françoise Vallon... Françoise-Ernestine ! Qu'avait-elle donc fait, la malheureuse, à part héberger deux malfrats sous son toit ?

Et moi, dans tout cela ? On ne m'arrêtait pas, on ne me flinguait pas, ne citait pas mon nom ni ne me montrait même en photo... Je n'existais donc pas ? Le « passager non identifié » qu'ils m'appelaient, ces incultes !

« Pince-moi », dis-je à Boum-Boum.

Puis, m'étant ravisé :

« Non. Sers-moi plutôt à boire. »

Nous avions compris tous les deux, bien sûr, que la police espérait me pousser à la faute en endormant ma méfiance : pratique de simple routine à laquelle elle-même, sans doute, ne croyait pas beaucoup.

« Tu n'as plus qu'à te planquer à la maison, l'Abbé, rigola Boum-Boum qu'un rien amusait toujours. Tu y seras très bien, tu verras. »

Et il prit sa femme à témoin, laquelle lisait à son tour les journaux en roulant des yeux effarés.

« Hein, Mariette, que M. l'Abbé sera très bien chez nous ? »

Mariette, ayant levé la tête, regarda son époux, puis me regarda moi, à moins qu'elle n'eût fait les deux choses en même temps, et bafouilla sans répondre à la question de Boum-Boum :

« C'est une histoire terrible ! TERRIBLE ! »

In petto, je me dis que si la pauvrette avait vu son Renato bien-aimé en action, notre affaire lui eût paru, du moins quant au style, une aimable plaisanterie. Mais dans son cas, l'amour était aveugle et bigleux à la fois. Sa lecture finie, elle me tendit les journaux.

« Vous voulez les garder ? » me demanda-t-elle.

Je me mis à rire.

« Merci, dis-je. Je connais l'histoire par cœur.

— Alors je les jette au vide-ordures. Ce n'est pas la peine que Boris tombe dessus. »

C'était inutile en effet. On était mercredi, jour sans école. Boris dormait encore, mais il allait apparaître bientôt et me harceler de nouveau de questions au sujet de tonton Gaspard, et m'appeler à tout bout de champ tonton l'abbé Marcel, ou l'abbé tonton, ou Marcel tonton l'abbé avec l'air de se foutre de moi... L'enfer.

Un rien désabusé, je promenai le regard autour de moi. Voilà donc où j'allais vivre provisoirement... Les dernières amarres étaient rompues ; c'était l'effritement du décor, l'indifférence hostile des choses. Oh ! sans doute, j'étais encore en demeure plus ou moins familière. Mais j'étais déconnecté des circuits ordinaires du Sens. Je n'étais plus chez moi, mais chez les autres, ailleurs, un pied déjà dans les provinces arides du provisoire, du désormais toujours provisoire, jusqu'à la fin. C'était le début de la fin. Je le savais. Les signes ne trompaient pas : ils ne me parlaient tout simplement plus, ne s'adressaient pas à moi. Je m'éprouvais en à-plat sur le monde comme le décalque de moi-même. J'étais l'ombre de moi-même, lâché dans la nature, animal aux abois... Plus de distance ni de distanciation à l'égard du réel. La peur au ventre, je traverserais bientôt sans les voir ces miroirs qu'hier encore les dieux lares m'offraient chaque jour pour que je puisse y lire une histoire sur mon visage. Et j'errerais alors de cet autre côté que les idoles occultent, dans le royaume de l'Envers où aucune langue ne se parle, pas même le...

« Jourbon, béla Celmar ! »

Je sursautai. Boris ! Boris était levé... En pyjama, la veste ouverte sur son torse chétif et creux, sa tignasse brune ébouriffée, et son regard insolent, vif, noir, intense, fixé sur moi.

« Lusa, Risbo ! fis-je en grimaçant un sourire. Comment vas-tu ? »

Le gosse se mit aussitôt à hurler :

« Je l'ai eu ! Je l'ai eu ! Il parle verlan. C'est pas un abbé, c'est un gangster ! »

Boum-Boum éclata de rire. De la cuisine, Mariette piailla :

« Boris, viens déjeuner ! Ton chocolat est prêt. Et arrête d'embêter tonton Marcel. Ce n'est pas le moment ! »

Le gosse embrassa rapidement son père et fila vers la cuisine en criant :

« Je te crois, que c'est pas le moment ! Les flics vont rappliquer, ha ! ha ! et béla Celmar va se prendre les pieds dans sa soutane en sautant par la fenêtre, tralala, et tout le monde verra que son goupillon télescopique, c'était un colt, tralalère, je l'ai eu ! Je l'ai eu ! Je... »

Clac !

Gifle de Mariette.

« Tralalè-reu, j'm'en fous-eu ! Je l'ai eu-eu !

— Boriiiiis !

— Ouais, ouais, ça va, m'man ! J'arrê-teu, j'vais me tai-reu ! »

Boum-Boum en face de moi hurlait silencieusement de rire en se tapant sur les cuisses, et des larmes lui coulaient sur les joues.

Où en étais-je ?

Ah ! oui, les amarres... J'avais rompu les amar-reus. Tralalè-reu.

19

La fièvre me prit une semaine environ après mon arrivée. Je n'en eus pas conscience tout de suite, mettant mon malaise sur le compte de la chaleur, et sur celui de l'ennui, voire d'une légère dépression, l'espèce de torpeur comateuse dans laquelle je me sentais glisser. Puis je fus parcouru de frissons tantôt glacés, tantôt brûlants. Mes idées s'évacuèrent en des flots de diarrhée. Je m'évanouis une fois ou deux, vomis souvent. Et des bribes de mon histoire — mon thriller ! —, déformées et sans liaison entre elles, vinrent crever comme des bulles à la surface de ma conscience. Ma vie. Ces séquences bizarres et oppressantes qu'une incessante fermentation faisait ainsi remonter à la surface, c'était ma vie. Et ces jambes faibles, si faibles, qui devaient supporter ce cauchemar dans ma tête !...

À quoi bon aller voir le médecin ? Les médecins guérissent-ils de l'existence, cette catastrophe naturelle ? Non, bien sûr. Ils ne pensent qu'à nous faire durer et endurer, ces sadiques, bouchant avec des Rustines nos fuites d'éternité. Au secours, je veux mourir ! Quel médecin ayant lu Levinas répondrait à cet appel ? Et que comprendrait-il d'ailleurs à ces symptômes ? Ces fleurs putrides et disloquées, réminiscences de plafonds de chambres d'hôtel balayés par le vent d'ouest, de suicides adolescents perpétrés à genoux sur les marches des palais de justice ou dans des catacombes, les prisons ! les prisons ! d'assises tenues au milieu des goémons par des cours de goélands perchés sur des brise-lames, d'yeux de Caïn crevés posés sur Lhorme, Lhorme, Lhorme, comme des taies de méduses, duses, duses, d'errances sur des chemins de rails rectilignes, de nuits, de jours, blanches les unes et noirs les autres, de Silence aussi, oui, réminiscences du Cri-Étouffé sous des oreillers de fortune, tais-toi, tais-toi, d'extases sèches entre des cuisses d'os, le sexe, docteur, n'oublions pas le sexe ! et ce sera tout pour aujourd'hui. Mais si j'avais le temps — car à présent, Dieu merci, le temps m'est compté, et vos Rustines n'y pourront rien — et si j'étais écrivain, je vous résumerais tout cela en une phrase simple et claire : il s'acheminait vers le mot FIN dans les crachotements de sa vie décou chotements de sa vie décou chotements de sa vie décousue tournant stupidement sur le plateau d'un vieux Teppaz.

Puis la fièvre passa. Le plus terrible alors, quand elle eut passé, furent les réveils après la sieste. Je ne sais de quoi était fait ce sommeil, ni en quelles nécropoles j'y déambulais, mais j'en émergeais chaque fois avec un goût de pourriture dans la bouche et un sentiment de vide à l'âme proprement indicibles. L'alcalamécose. Maladie rare et dévastatrice. Quand je me réveillais ainsi, vers 4 heures, et que je voyais par la fenêtre de ma cellule flamber silencieusement le béton du patio, je savais ce que le mot « lucidité » voulait dire. La lucidité vous rend le monde d'une aveuglante impénétrabilité, bloc d'en-soi lisse et net sur lequel votre regard ricoche comme si vos yeux étaient des billes de verre. Et combien lucide étais-je en ces réveils d'après-midi à Alcalá-Meco ! Tétanisé, vitrifié de lucidité. Ce béton qui m'encerclait était comme la transparence à moi-même portée à son comble. Bloc d'en-soi à mon tour, j'*étais* ma mort.

Il fallait continuer cependant. Continuer, c'est vivre... Et je me levais, allais me rafraîchir au robinet du lavabo, sortais du seau de plastique une boîte de Coca-Cola que je buvais avec répulsion, pouah ! Le gaz carbonique me faisait roter, heurrghh ! Mais tout cela, ces jeux de mots, ces maux de je et autres rots d'auteur n'étaient que tics éculés destinés à divertir les murs de béton qui ne se gondolaient même pas. Les murs espagnols n'ont pas d'humour ; tous les étrangers détenus à Alcalá-Meco, les *guiris*, comme on nous appelle, vous le diront...

Puis j'enfilais mon tee-shirt Miami, ou un autre, et allais m'asseoir sur le tabouret blanc devant la fenêtre en attendant l'heure de la promenade. Les deux détenus de corvée du patio ne tardaient pas à apparaître. Je les regardais rassembler en petits tas les boîtes vides de Coca-Cola, les gobelets de carton dans lesquels avait été servi le café, les emballages froissés de cigarettes Fortuna et Ducados et autres détritus jetés le matin au cours de la promenade ou durant la journée par les fenêtres des cellules, puis revenir bourrer tout cela dans la grande poubelle en caoutchouc qu'ils traînaient derrière eux. Si c'étaient des Français qui étaient de corvée — sauf Georges dont l'état de ses jambes l'en faisait dispenser —, nous échangions par ma fenêtre quelque salut rituel en espagnol, singeant les détenus du cru :

« *¡ Hola, campeón ! ¿ Cómo lo llevas ?*

— *Aguantando el tirón, ¡ tronco*[1] *!* »

Et nous nous mettions à rire.

Les *golfos* (voyous) espagnols, avec leurs tatouages, leurs conflits permanents pour des vétilles, leur amour-propre imbécile, leurs tics comportementaux de toutes sortes et leur toxicomanie, étaient pour nous un inépuisable sujet de plaisanteries. Il ne fallait pas les prendre à la légère, toutefois. Ceux d'ici, du *módulo de aislamiento*, pouvaient être vraiment dangereux. Ils ne nous aimaient guère, nous les guiris européens, pour d'impénétrables raisons, mais ils ne nous cherchaient pas d'histoires : à leurs yeux les malfaiteurs français étaient des mafiosi. Ce que, grâce à mon psychiatre, je savais depuis longtemps !...

Je sympathisais surtout avec Georges et Gérard. Ce dernier, impliqué dans l'enlèvement d'un homme d'affaires libanais, était un Parisien volubile dont l'optimisme forcené était à la mesure de la gravité de la situation. Arrêté au tout début de l'année, il était

1. « Salut, champion ! Comment tu le supportes ? — En encaissant la secousse, mec ! »

encore victime de l'illusion dans laquelle tombent presque tous les étrangers européens arrêtés en Espagne, qui consiste à croire que la justice de ce pays est vénale, incompétente, brouillonne et paresseuse. C'est le syndrome de l'exotisme. Le ciel est bleu, l'air odoriférant ; les inspecteurs qui vous ont arrêté sont hirsutes et dépenaillés ; dans les greffes des palais de justice, des monceaux de dossiers s'entassent sur des tréteaux de fortune ; par la fenêtre du bureau du juge d'instruction, on voit se balancer doucement sous la brise le feuillage d'un palmier... Et l'on se prend à croire qu'ici tout va s'arranger, que tous ces fonctionnaires sont des sinécuristes analphabètes et sous-payés et donc des pourris : le syndrome de l'exotisme aggravé du complexe de supériorité d'Astérix chez les Ibères. Tragique méprise. Ainsi Gérard projetait-il de soudoyer quelque greffière pour qu'elle escamotât son dossier. Rien de moins ! J'eus beau lui représenter que dans une affaire comme la sienne, qui avait mobilisé l'attention des médias pendant plusieurs mois, la disparition de son dossier d'une armoire n'entraînerait pas pour autant la sienne du placard, rien n'y fit. Il répétait inlassablement :

« On est en Espagne, Christian, pas dans un pays normal. En Espagne ! »

Cela faisait bien rire Georges. Lui connaissait l'Espagne où il avait vécu dix ans avant qu'on l'arrêtât. Il savait, lui, que les actuels petits juges socialistes, auxquels on donnait toujours du « *Su Señoría* », étaient infiniment moins vénaux que les phalangistes corrompus qui les avaient précédés. Et que la justice espagnole fonctionnait hélas très bien sous ses airs exotiques...

« Gérard se berlure, marmonnait-il en haussant les épaules. Il ferait mieux d'investir ses francs dans une cavale plutôt que dans une greffière, c'est moi qui te le dis. »

Cavale, l'obsession de Georges... Son extradition était signée depuis deux ans déjà. Mon tour viendrait bientôt. Depuis que la France traquait les terroristes *etarras* tactiquement repliés sur son sol, puis les extradait sans rechigner, l'ascenseur était régulièrement renvoyé par les Espagnols : il était vain de spéculer sur quelque mansuétude des magistrats de l'Audiencia Nacional...

Charles, le Marseillais, et son associé corse, Alexandre, tous deux sous le coup d'un mandat d'arrêt international, avaient été arrêtés à Cordoue où ils séjournaient sous de faux papiers d'identité. C'était le seul délit que l'Espagne avait à leur reprocher. Ils seraient donc rapidement extradés vers la France. Eux aussi pensaient à la cavale. Mais ils ne se faisaient aucune illusion : le temps leur manquerait pour la préparer. Alcalá-Meco est une forteresse de béton édifiée au milieu des champs à trente kilomètres de Madrid. Et jusqu'à l'utilisation d'un hélicoptère pose un problème : l'espace aérien est en effet sous le contrôle de la toute proche base US de Torrejón de Ardoz... Et viva la OTAN !

Tout entier en proie à la fièvre, à peine avais-je prêté attention à cette obsession de Georges qui me paraissait une forme de délire assez voisine de la mienne. Mais ma fièvre passa, et l'obsession de Georges, elle, durait toujours... Comment diable espérait-il quitter cette galère sans moyens ni complicités d'aucune sorte ? Sans doute, au terme des cent jours, allions-nous être expédiés dans un *módulo* dit de *vida normal*, comme le stipule le règlement. Mais qu'est-ce que cela changerait ? Les módulos de vida normal ne se différenciaient du quartier d'isolement que par de longues et interminables heures de promenade que nous auraient enviées les prisonniers de France, mais qui me paraissaient à moi, qui ne jouais ni aux dominos ni au *parchís*[1] et avais le sport en abomination, fastidieuses au-delà du dicible. Pour le reste, ces módulos étaient des bunkers pareils au nôtre, et la discipline y était aussi tatillonne qu'ici — nos tatoués nous l'avaient dit.

C'est alors qu'un beau jour, en lisant dans la presse l'arrestation à Palma de Mallorca de Dennis Lowing-Böse, *alias* Narco Polo, Georges avait annoncé rêveusement :

« Tiens, c'est un mec comme lui qu'il nous faudrait. »

Le lendemain, il était revenu à la charge :

« Ce serait bien si cet Howing Machin-Chose était transféré à Alcalá, avait-il dit. Normalement, c'est ici, dans ce módulo, qu'il devrait atterrir. »

1. Équivalent espagnol du jeu des petits chevaux qui se joue avec des jetons.

Et lorsque quelques jours plus tard je vis apparaître l'Anglais dans le patio, avec son immaculé corps tricot, son immense kaki short, ses rouges socquettes et ses translucides plastique sandales, je m'étais dit que Georges avait décidément du flair. À ce moment-là, mon esprit s'arrêta tout de même un peu — très peu — à ce projet d'évasion : et si Georges avait vu juste ? Si ce Narco Polo allait nous aider à filer à l'anglaise ?

Un peu avant d'être terrassé par la fièvre, j'avais eu la velléité d'écrire. Mon arrestation avait dû être annoncée dans *Le Progrès*, car Catherine, la femme de Paul, m'avait aussitôt adressé une lettre à la prison provinciale de Séville où je n'étais déjà plus quand sa lettre arriva. Entre-temps en effet, la direction de la prison, impressionnée sans doute par l'article retentissant que m'avait consacré *El Correo de Andalucía*, m'avait fait transférer à Madrid au centre pénitentiaire de Carabanchel, où j'avais transité huit jours avant d'être expédié à celui d'Alcalá-Meco, dit de *máxima seguridad*... Le courrier avait suivi néanmoins, avec le retard qu'on imagine. Dans cette première lettre, Catherine m'apprenait que Paul venait d'achever la rédaction de *Retour à la case prison*, un livre pour lequel elle cherchait à présent un éditeur. Elle concluait sa lettre en m'exhortant à lutter : « Écris, Christian ; fais comme Paul. Bats-toi ! Explique-toi ! »

Me battre... M'expliquer... Vaste programme. J'avais regardé le mur du módulo d'en face, de l'autre côté du patio inondé de soleil, puis les boîtes de Coca-Cola et les gobelets de carton, drelin drelon ! cling clong ! poussés par le tourbillonnant vent chaud de la plaine madrilène piégé lui aussi dans ce patio cerné de béton gris. Et j'avais écrit sur la première page d'un cahier : « Je regarde la page blanche. »

Écœuré, j'avais froissé ensuite la feuille en boule et l'avais jetée par la fenêtre. Poussée à son tour par le vent, elle avait roulé à travers le patio avant de disparaître à ma vue dans un angle du préau. Depuis, je n'avais rien écrit — sauf quelques lettres à Catherine. La fièvre s'était chargée de romancer ma vie pour moi, la désarticulant en flash-back, zooms, travellings et contre-plongées aussi délirants les uns que les autres. Crise. Craquèlements. Secoué soudain, le récipient d'absurdité que j'étais avait manqué d'exploser sous la pression des gaz. Mais la fièvre avait passé. Le corps avait résisté. Et, étendu sur le bat-flanc de ma cellule, poisseux de sueur mais l'esprit clair, vidé, récuré, j'avais « regardé » les détritus de ma vie jonchant ma mémoire. Ce n'étaient pas des souvenirs. Seulement des « traces-de-quoi », de la quiddité pure de chose. Pas de l'en-soi, mais de l'en-trop. Et dire que j'avais vécu cela ! Que je m'étais appelé Christian Lhorme ! Il ne restait plus que ce nom, d'ailleurs, à conserver encore un sens, du moins pour les autres. Il était écrit à la craie blanche sur la porte vert bouteille de ma cellule — vous savez, cher lecteur, LEC-teur, lec-TEUR, cette porte qui s'ouvre en coulissant sur un rail courant sur toute la longueur du couloir, à droite ? Et quand on la referme, hé, hé, une espèce de loquet en forme de bec tombe de lui-même dans un logement, clac ! comme le chien d'un revolver...

Mon nom, donc, subsistait. Ce n'était pas mon nom, à vrai dire, mais un nom. À la quiddité pure de chose qu'était l'en-trop de mes souvenirs « amnésiés » gisant dans ma mémoire, correspondait ainsi cette sonore et creuse ipséité d'un étant anonyme : je n'étais que de l'étant. De la conscience d'en-trop. Mon nom ne valait que pour les autres. C'était le nom de ma responsabilité ; mon nom d'auteur de cette histoire que je n'aurai jamais écrite — croix de bois, croix de fer ! —, mais vécue, hélas, que trop vécue ! Christian Lhorme, levez-vous ! Oui, monsieur le président ; c'est sûrement lui, car je ne le reconnais pas. Il était écrit blanc craie sur vert bouteille. Christian Lhorme, auteur apocryphe de ses jours parmi vous, les Autres, homme de l'être-ou-ne-pas-être, mais responsable ô combien du service après moi le déluge. Responsabilité. Clac ! Une espèce de loquet en forme de bec qui tombe de lui-même à l'extérieur dans un logement. Clac ! Christian Lhorme ! Clac ! Clac ! Lhorme ! Lhorme ! Lhorme ! Comme le chien d'un revolver, oui. Clac ! Clac ! Clac ! Clac ! Clac ! Clac ! Clac !...

Et je n'ai même pas la force de me repentir, Seigneur, pardonne-moi.

Ils m'ont vidé.

Qui se repentirait de quoi, dans ce désert ? Je chercherais vos mains et celles de Kant si je n'avais pas perdu le nord, le sud et tout le bataclan, si j'avais le temps, si je n'avais pas ce sable dans la bouche, dans les yeux, les oreilles, si tout ce sable qui fuit de moi ne m'étouffait... Zones grises : ces trous d'ozone de votre conscience polluée par les aérosols multimédiatiques dont la « noise » communicationnelle vous distrait comme jamais de l'essentiel. J'existe dans les zones grises de votre conscience. Irrécupérable, j'erre dans les no man's land crépusculaires de vos caboches à quartz. Irrécupérable, cela veut dire : n'avoir pas place dans votre egosystème binaire où les moi de synthèse de vos je vidéo s'affichent sur l'écran plat d'Interactive Convivial Indifference Ltd...

Le moment approchait donc où il n'y aurait plus rien à dire ni rien à faire. Fin de l'histoire, ou glissement onirique dans le sommeil paradoxal d'un cosmos qui nous rêve en se dilatant...

En attendant, continuons, puisque c'est vivre, et adhérons : regardons encore un peu flamber silencieusement le béton du patio. Les deux Espagnols de corvée avaient disparu avec leur poubelle en caoutchouc, la promenade était pour bientôt. Sans Dennis Lowing-Böse. Lui aussi avait disparu, mais pour de bon, quinze jours après son arrivée. Ce matin-là, Georges faisait grise mine en pénétrant dans la cour.

« Ils le changent de módulo, ces fumiers ! avait-il lâché rageusement. Il vient de me l'annoncer à travers la porte.

— La tuile », avais-je feint de déplorer.

Mais pour moi, c'était dans l'ordre des choses. Derrière les vitres teintées du « feignantoir », les funcionarios n'avaient pas pu ne pas remarquer que Georges et moi alternions de compagnie avec l'Anglais sous le prétexte de jouer aux échecs, nous qui n'y jouions jamais... Mais comment procéder autrement dans ce módulo de haute surveillance où l'on ne pouvait se voir et se parler qu'au patio ? Durant ces quinze jours, j'avais donc pris langue avec l'Anglais par-dessus l'échiquier. Gentleman intelligent et concret, Mr. Lowing-Böse s'était montré d'accord sur le principe d'une évasion, mais m'avait prévenu qu'il chercherait d'abord à épuiser tous les recours légaux pouvant faire obstacle à son extradition. C'était un skipper avisé, que ce Narco Polo, prêt à virer de bord dès que le vent changerait d'amure. Aussi avisée que lui, hélas, l'Administration neutralisa sa capacité manœuvrière en le transférant dans un autre módulo d'isolement, loin des Français... Nous perdîmes ainsi tout contact avec la seule personne qui eût pu nous aider sérieusement.

Je n'en fus même pas déçu. Ma lucidité — ou ma lassitude — avait irrémédiablement pris le dessus. Certes, j'allais m'évader. Je n'avais d'ailleurs pas attendu Georges et Polo-Machin-Böse pour y penser, et ni la 401st Tactical Fighter Wing de Torrejón de Ardoz ni su puta madre ne pourraient l'empêcher. Mais ce serait une évasion par les tunnels labyrinthiques de l'espace-temps. Impossible bien sûr d'expliquer cela à Georges. Il le comprendrait à son heure, dans cette vie ou dans une autre. Tôt ou tard, je le suppose, chacun de nous atteint à cette lucidité, comme on s'écrase sur le trottoir après être tombé du trente-septième étage...

Je ne sus ce que devinrent Georges, l'Anglais, Gérard, Alexandre et Charles. Ces deux derniers furent extradés alors qu'ils se trouvaient encore avec nous au módulo d'isolement. *Interviú* consacra un nouvel article à Narco Polo à la suite du reportage qu'était venue faire sur ses aventures une équipe de la BBC. Puis ce fut tout. Réussit-il à éviter l'extradition ? Je ne lisais pas la presse espagnole avec assez d'assiduité pour le savoir et, au fond, je m'en moquais. À chacun son destin, et *¡ suerte, amigo !* comme disent ici les détenus en guise d'adieu.

À quinze jours d'intervalle, notre période d'isolement terminée, Georges et moi nous étions retrouvés dans le même módulo de vida normal, le n° 2. Mais nous nous fréquentions moins qu'avant. Georges n'espérait plus rien entreprendre à Alcalá-Meco. Son moral avait baissé, ses jambes le faisaient souffrir. Et il passait les longues heures de patio assis à une table de *capi*— une variante du jeu de dominos où l'on mise de l'argent — ou de *parchís*. Bref, il tuait le temps en attendant son jugement à Alicante pour le casse d'une joaillerie de Benidorm dont il s'était accusé. Lui aussi était victime du syndrome de l'exotisme. Qu'est-ce donc qui lui faisait croire encore, après tous ces espoirs sans cesse déçus, qu'il était plus facile de s'évader des prisons espagnoles que des prisons françaises ?

Le jour de son départ, je l'aidai à descendre son paquetage de sa cellule et nous nous embrassâmes. Georges n'était pas un sentimental. Il ne me dit pas qu'il m'écrirait pour me donner de ses nouvelles : les amitiés qu'il nouait en prison étaient systématiquement intéressées, cavale oblige... Il se limita à me souhaiter bonne chance.

Après son départ, désabusé, je regardai ce patio de vida normal où je restais le seul Français. Nous étions là une quarantaine de détenus d'une douzaine de nationalités différentes : Nigérians, Chiliens, Colombiens, Cubains, Albanais, Allemands, Iraniens, Syriens, Égyptiens, Portugais et Espagnols évidemment. Il fallait parler espagnol ou anglais pour se faire comprendre ici. Les délits étaient sans mystère et liés pour la plupart à la nationalité : cocaïne pour les *Sudacas* (Sud-Américains) ; héroïne pour les Africains ou les Moyen-Orientaux ; haschisch pour les Européens — à l'exception de ces abominables mafiosi de Français impliqués dans d'atroces affaires de banditisme, et de ces *buscavidas* d'Espagnols, délinquants pluridisciplinaires, séropositifs et grands consommateurs de toute substance susceptible de leur donner du réel une vision déformée, évanescente, voire une absence totale de vision, le must. Suerte, donc ! comme m'avait dit Georges. C'était ici d'abord, puis bientôt à Séville, que j'entrais en agonie. Dans un décor de vida normal. Imprégnons-nous et adhérons. Rue Jean-Claude-Vivant ou carretera de Alcalá-Meco, kilomètre 5, quelle différence, sinon le bruit et la couleur locale ? Les dominos claquaient sur les tables ; les Espagnols bousculaient les Noirs devant la *ventanilla*, la fenêtre garnie de barreaux de l'*economato* ; les Iraniens prenaient le thé à l'ombre, assis en tailleur dans un coin du patio ; quatre Sudacas jouaient au parchís ; Klaus, un Allemand, et Haki, un Albanais, s'affrontaient aux échecs sous le préau ; deux Espagnols fumaient un joint près des W-C en compagnie de Jimmy l'Égyptien ; d'autres détenus marchaient seuls, écouteurs de Walkman aux oreilles ; la télé gueulait dans la salle commune aux fenêtres grandes ouvertes...

Vida normal, vida normal. Le ciel était bleu, la chaleur suffocante et le béton gris. Tout se ressemblait impitoyablement. Ce qui est en haut est comme ce qui est en bas, et ce qui est en bas est comme ce qui est en haut... J'aurais sans doute pu voir cela, ce spectacle de vida normal, sur le linoléum de mon studio rue Jean-Claude-Vivant, si j'avais pu en scruter alors au microscope électronique, dans la lumière de cet été-là si pareil à celui-ci, ses taches, ses cloques, ses griffures, et les méandres jaunes, marron et vert pâle de son dessin...

Elle se froisserait bientôt toute seule, donc, la jolie page que je regardais sans plus même écrire que je la regardais. Toute seule ou presque. Il suffirait d'un geste imperceptible, je ne savais encore lequel, ou d'un hoquet, voire d'un rot, oui, c'est cela, d'un dernier rot d'auteur velléitaire, ou même, mieux que tout, d'un pet. « Il lâcha son dernier pet dans la chaleur et la poussière du *ruedo* — écrira un chroniqueur inspiré ayant lu Montherlant ou Hemingway. Dans les *tendidos*, le peuple, scandalisé par la médiocrité de cette faena existentielle, accueillit sa mort dans un silence méprisant. Une veuve hiératique, coiffée d'une mantille noire, se dressa dans la tribune d'honneur et réclama sa queue pour la jeter aux chiens. Électrisée, la foule reprit alors à l'unisson :

« *¡ La polla ! ¡ La polla ! ¡ Que le corten la polla, al coño ese*[1] *!* »

Et ainsi fut-il fait, a las seis de la tarde, dans cette obscure plaza de toros de Pozoblanco, celle-là même où Paquirri fut blessé à mort, encorné par le Miura *Avispado.*

Amen. Arriba España. Viva la muerte et le syndrome de l'exotisme. J'ai droit à la vida normal comme tout le monde, merdalors, fût-ce à titre posthume.

Ce fut le banc du parc de La Línea qui m'attira jusqu'ici. *Ananke.* C'est lui au fond, ce banc dans ce parc Doña Sofía abandonné des jardiniers et des enfants, qui m'a choisi. Et c'est pour lui que j'étais revenu : pour m'y asseoir devant ce bassin toujours à sec où

1. « La bite ! La bite ! Qu'on lui coupe la bite, à ce con ! »

gisaient les mêmes immuables détritus, boîtes vides de Coca-Cola — présence prémonitoire ! —, vieux journaux, choses en plastique, en bois, en verre, en tissu, emballages non pas de Ducados ou de Fortunas, mais de cigarettes américaines — contrebande avec le Peñon oblige —, et aussi des seringues. Ça, les seringues, c'était nouveau. La drogue. La drogue était arrivée jusqu'aux rivages du pays flamenco. Je trouvai le parc aussi abandonné et sa végétation aussi desséchée et poussiéreuse qu'autrefois. La ville, pourtant, agrandie, modernisée, était méconnaissable. Les relations avec Gibraltar s'étaient normalisées. La *verja* était rouverte. Le commerce florissait entre *llanitos*[1] et *linenses*[2]. Et l'on pouvait voir quotidiennement la longue file des voitures des touristes s'étirer du front de mer jusqu'à la douane. Bref, La Línea vivait. Seul son parc, étrangement, était demeuré à l'abandon, continuant de se fossiliser silencieusement sous une poussière intemporelle. *Ananke*. Je compris qu'il devait être, le soir venu, le lieu de rendez-vous des toxicomanes et des dealers. À sa désolation naturelle s'ajoutait donc maintenant la déchéance de servir de dépotoir à une jeunesse anesthésiée, euthanasiée, n'en pouvant mais de ce ciel vide et bleu, si vide et si bleu à perte de vue jusqu'au « big crunch ». *Ananke*. Ce banc où j'allai m'asseoir, quelque neuf ans après ma dernière venue en Espagne, était l'ultime avatar de l'Inéluctable. Alors, je ne le compris pas. Heureux que l'endroit se fût gardé intact, je m'étais abîmé là dans une mélancolie paisible, une heure, deux heures durant. Un vent dru, en cette fin d'avril, soufflait sur le détroit. Aveugle et sourd aux signes, j'avais écouté le cliquetis du feuillage et les drelin-drelon des boîtes de Coca-Cola dans le bassin à sec... Le patio d'Alcalá-Meco était pourtant en filigrane de ce bassin empli de détritus, et je me desséchais déjà de ma fièvre future dans les tourbillons de poussière que le vent faisait lever autour de moi... Mais cela, je ne le sais qu'aujourd'hui. Il y aura eu ainsi deux lieux fétiches dans mon existence : ce créneau des remparts de Saint-Malo, près de l'échauguette surplombant la plage du Môle, et ce

1. Nom local des habitants de Gibraltar.
2. Habitants de La Línea.

banc du parc de La Línea. Entre les deux, l'écart vertigineux d'une chute. *Ananke*.

J'étais resté chez Boum-Boum jusqu'à ce jour où il fut abattu sous mes yeux, devant la porte de son box de Vénissieux... Cela eut lieu le 12 janvier de l'année suivante. Entre-temps, mon séjour chez lui avait été entrecoupé de week-ends passés dans des hôtels de Lyon, de quelques escapades à Paris, de « vacances » de Noël, la Noël de cette année-là, à Gruissan, dans une marina-les-pieds-dans-l'eau que Serge, l'ex-chef correcteur de la prison de Melun, m'avait procurée à ma demande. Il s'était définitivement rangé des voitures, le grand Serge... J'avais pu reprendre contact avec lui quelques mois après mon emménagement rue Jean-Claude-Vivant, et depuis nous nous étions téléphoné de temps à autre. Bien qu'il m'eût invité chez lui à Narbonne à plusieurs reprises, nous ne nous étions jamais revus. Après l'arrestation de ses amis dans l'affaire des cassettes vidéo pirates, il s'était mis au vert comme je l'avais pensé, et n'avait refait surface qu'une fois assuré de n'être pas inquiété. Durablement échaudé, il avait alors filé dans le Midi pour y rejoindre son amazone des messageries, l'avait épousée et s'était déniché un job convenable dans une agence immobilière. Bel exemple de réinsertion réussie, concoctée loin des « pistes », sans tambour ni trompette et en catiminitel...

Peu avant ce Noël où j'avais donc revu Serge pour la première fois depuis deux ans et demi, Antonin Buchat était sorti en liberté provisoire. Françoise, elle, avait été libérée un mois plus tôt. J'avais appris tout cela par un contact de J'En-Viens. Ce dernier m'avait fait parvenir également des nouvelles de Toni et de Rouquemoute, ainsi que du déroulement de l'instruction qui se présentait évidemment très mal. Par décision du juge, les membres de la bande avaient été dispersés dans différents établissements pénitentiaires de la région. J'En-Viens et Rouquemoute se trouvaient à Saint-Paul, Toni était à Saint-Joseph (la prison d'en face), Paul à Varces (Grenoble), et Frédo et Max tous deux à Bourg-en-Bresse.

Je n'avais, bien sûr, cherché à revoir ni Antonin Buchat ni Françoise-Ernestine. La police devait les avoir constamment à l'œil ; c'était même peut-être elle qui avait soufflé au juge d'instruction l'idée de relâcher le plus rapidement possible le patron de *La Gourmandine* dans l'espoir de me faire tomber dans le piège... Mais cette affaire, pour moi, appartenait déjà au passé. Il n'en subsistait plus qu'une séquelle, ce que les militaires appellent « le vent du boulet ». Le souvenir de cette fusillade, au cours de laquelle je n'avais pourtant guère eu le temps d'avoir peur, m'assaillait souvent en effet. Le matin surtout, dans les premières heures qui suivaient mon réveil. Par flashes oppressants, je revoyais Muller nous tirant dessus comme au stand avec son riot-gun, et je réentendais les détonations et le crépitement des balles sur la carrosserie du Ford, les vociférations de rage de J'En-Viens se bagarrant avec son volant, puis le clac-clac-clac des pneus en charpie sur le macadam... Et la peur s'était mise à m'habiter, une crispation terrible qui me nouait l'estomac et dont je ne parvenais à me débarrasser qu'en buvant, buvant toute la matinée force verres de pastis presque pur qui ne m'enivraient même pas. Vers midi enfin, anesthésiée par l'alcool, la peur s'évanouissait, et je n'éprouvais plus le besoin de boire de la journée. Il en alla ainsi jusqu'à mon départ définitif de Lyon ; je ne connus de répit véritable qu'occasionnellement, lors de mes escapades à Paris et de ce séjour de deux semaines à Gruissan.

Ma présence quasi forcée chez Boum-Boum avait exacerbé encore cette angoisse. Plus elle s'éternisait et moins ma planque me semblait sûre. J'en étais arrivé à trouver anormal que la police ne l'eût pas encore localisée. En outre, reconnaissance et nécessité obligent, il m'avait fallu flécher avec mon hôte dont la psychopathie s'était encore aggravée du plaisir pervers d'avoir sous la main 24 heures sur 24 un comparse aux abois. Le connaissant trop bien cependant, je m'étais limité durant cet infernal séjour à ne perpétrer avec lui que de minables braquages exécutés au pas de charge. Si Boum-Boum s'était imaginé que la cavale ferait de moi un mutant, hybride de son ami Gadget et de son héros Scarface (version Brian De Palma), il en fut pour ses frais...

Pour autant, hélas, je ne pus me sortir en douceur de ce mauvais pas comme je l'avais espéré. Boum-Boum avait en effet remis sur le tapis cette affaire dont il avait voulu me parler déjà chez Victor au début de l'année. La suite dans les idées était apparemment devenue le sixième de ses tics... Cette fois, il ne m'avait pas été possible d'éluder sa proposition : une opération de racket, rien de moins, que l'affreux m'avait présentée comme un service à lui rendre... La cible à long terme, à travers divers associés installés dans la région, en était Balard. Balard, patron de cette casse lyonnaise où Rouquemoute avait si souvent fricoté ; Balard, partenaire au tennis d'un archer de l'antigang ; Balard enfin, dont Boum-Boum avait acquis la certitude que c'était lui qui avait balancé son cher ami Gadget... J'avais eu beau lui représenter que nous n'étions que deux et qu'il ne fallait pas sous-estimer l'ami des Manouches de Décines et des flics pour faire bonne mesure, rien n'y avait fait. Nous avions donc monté l'opération, perçu quelques enveloppes, jusqu'à ce 12 janvier...

Ce mardi-là, vers 4 heures de l'après-midi, nous allions rentrer le véhicule « du jour » ayant servi à l'une de nos expéditions, une Visa GTI, dans le box de Vénissieux. Ce garage faisait partie d'un groupe d'une trentaine de boxes construits à l'écart d'un ensemble de HLM perpendiculairement à une petite rue, et répartis sur deux rangées séparées par une allée juste assez large pour y manœuvrer un véhicule. Un muret fermait cette allée, derrière lequel un terrain vague s'étendait jusqu'au boulevard Pinel proche.

Boum-Boum arrêta la Visa devant son box situé dans la rangée de gauche, et nous descendîmes du véhicule. L'endroit était désert ; les HLM se dressaient à une cinquantaine de mètres, leurs balcons vides à cause du froid. Boum-Boum se baissa pour déverrouiller la porte basculante de son box, lorsqu'une R 21 gris métallisé surgit soudain dans un couinement de pneus, freinant pile devant l'entrée de l'allée. Deux types en descendirent à la voltige, cagoulés. L'un tenait un PM, l'autre un fusil à pompe. Boum-Boum avait déjà dégainé en hurlant :

« Enfoirés ! »

Tac-tac-tac-tac-tac ! Pan ! Pan !

« Enf... »

J'eus le temps de tomber à genoux et de m'abriter derrière la roue avant droite de la Visa. Moi aussi, j'avais sorti mon Colt, armé le chien. Mais malgré le bruit des détonations, je perçus le gémissement de Boum-Boum. Il n'avait pas crié : « J'ai reçu ! J'ai reçu ! » comme avait fait J'En-Viens en septembre dernier. C'est donc qu'il avait vraiment reçu... Si ces types avançaient, j'étais fait. Sans sortir la tête au-dessus du capot, je me mis à tirer au jugé comme un dément, droit devant moi. Mais les deux types étaient déjà remontés dans leur véhicule. J'achevai néanmoins de vider mon chargeur sur la R 21 qui disparut aussi rapidement qu'elle avait surgi dans un nouveau couinement des pneus.

Fini. C'était fini.

Regard voltigeur, dos au mur dans les bars, grenades, Chief's Special et Colt à chien doré ne t'auront donc servi de rien, Renato... Je te revois recroquevillé entre la porte du box et le pare-chocs de la Visa, ton .45 à la main... Avais-tu seulement eu le temps de tirer une seule balle ? J'en doute. Pathétique. Tu n'étais qu'un enfant que le monde avait rendu fou. Tu n'étais pas mauvais, je le sais. Seulement fou. Et je t'ai regardé. Ton sang coulait, de ta tête, de ta poitrine, tachait ta veste de treillis. Je me suis approché : tu étais mort.

Vingt minutes plus tard (j'avais eu quelque peine à dénicher un taxi), j'étais chez les Manzo, patronyme de Boum-Boum. Mariette et Boris étaient là, revenus de l'école.

« Je dois plier bagage, dis-je.

— Et Renato ? fit Mariette.

— Il m'attend en ville. »

J'allai chercher mes affaires de toilette dans la salle de bains et bourrai rapidement mon sac de voyage. Mariette et Boris me regardaient faire, cois tous deux, ce qui était plus qu'exceptionnel de la part de Boris.

« Mon Dieu ! Ce que vous êtes pressé ! finit par lâcher Mariette. Vous avez des ennuis ? »

Des ennuis, c'était un euphémisme. Mais je risquais d'en avoir bien plus encore si je moisissais dans cet appartement. Je ne m'étais pas attardé à vider les poches de Boum-Boum pour lui prendre ses papiers, et la police serait bientôt là. Ce n'était peut-être qu'une question de minutes. Grillée, calcinée, ma planque ! Et ce regard de Mariette posé sur moi avec insistance, me donnant l'impression que j'étais deux... Mais que pouvais-je lui dire ?

Mon sac bouclé, je me tournai vers Boris. Pathétique également, le fils de Boum-Boum, avec sa scoliose, sa petite poitrine étroite et creuse, ses épaules frêles, et toute cette vie qui bouillonnait au-dedans de lui... Lui aussi me regardait. Yeux noirs immenses, yeux gouffres de voyant qui ne me voyaient, eux, ni simple ni double, mais semblaient deviner, tout au-delà de moi, dans une espèce de brume lugubre, la présence d'un corps sanglant recroquevillé entre la porte d'un box et le pare-chocs d'une automobile.

Et soudain, l'enfant hurla :

« Il est arrivé quelque chose à papa ! »

Je me fendis aussitôt d'un sourire réflexe. Heureusement que j'avais été animateur de théâtre dans une vie antérieure !

« Allons, Boris, dis-je d'un ton léger. Ton papa est indestructible, tu le sais bien ! »

Mais le gosse se jeta sur moi, hurlant de plus belle et me bourrant de coups de poing :

« Il est arrivé quelque chose à papa ! Il est arrivé quelque chose à papa ! »

Mariette se précipita sur lui pour le maîtriser. Et tout en serrant son fils contre elle, elle riva dans le mien son regard écarquillé qui me parut soudain ne plus loucher, et l'aspira, l'aspira... Je m'avisai alors pour la première fois de la couleur de ses yeux — yeux gris-vert d'où s'échappait un long, interminable hurlement silencieux.

Et je m'en fus, visage de pierre, sans un mot d'adieu.

C'est à Paris où j'étais allé me terrer que, deux mois plus tard, le désir me vint, lancinant comme une rage de dents, de revoir Algésiras, l'Andalousie, le soleil, la mer (et le parc Doña Sofía...), et de déguster de nouveau le *fino* et l'*oloroso*. Ce fut Serge qui m'aida à franchir la frontière. J'avais eu besoin de lui car, même muni de six jeux de faux papiers comme c'était mon cas, passer avec armes et bagages en Espagne par la route ou par le train était devenu terriblement risqué : les contrôles de police s'étaient considérablement accrus en raison du problème basque et de l'immigration clandestine.

Cependant, j'avais trouvé la solution. L'idée avait paru excellente à Serge qui avait eu besoin toutefois d'un bon mois pour mettre l'affaire sur pied. Comme j'étais las d'errer dans Paris et las de tout d'ailleurs, stressé de surcroît jusqu'à la fibre, je lui avais demandé de me trouver une petite planque à Gruissan comme à Noël dernier pour y attendre au calme que tout fût prêt. Quelques jours plus tard, il me claironnait au téléphone, d'un ton suffisamment sarcastique et jubilatoire pour me laisser présager quelque espièglerie de son cru :

« Dis donc, ma louloute ; Gruissan, ça n'est pas possible pour le moment. Mais j'ai un truc pour toi qui t'irait comme un cilice.

— Je t'écoute, mon ange.

— Un petit mois de retraite dans une abbaye en pleine nature, dans le doux bruissement des patenôtres, ça t'irait-il ?

— C'est sérieux ? »

Je n'aurais su dire pourquoi, mais cette proposition complètement incongrue ayant tout l'air d'un canular me fit cependant dresser l'oreille. Une abbaye ! Je vis en un éclair une cellule, fenêtre ouverte sur la campagne le jour, sur le ciel étoilé la nuit... J'entendis le tintement de la cloche appelant aux offices... La paix ! Pouvoir enfin souffler ! Ce besoin que j'eus soudain de faire halte en une abbaye !...

« Tout ce qu'il y a de plus sérieux, ma brebis égarée... »

C'est ainsi qu'une semaine plus tard je me présentai à l'abbaye de V... où je faillis bien ne pas rester, même une heure. Le religieux qui devait m'y accueillir était tombé malade, et il avait omis d'annoncer ma venue. Par chance, le frère hospitalier était un saint homme... Grâce à lui, je pus passer parmi les moines un mois de miraculeuse paix arrachée au destin...

Ensuite, tout s'enchaîna très vite. Il y eut ce rendez-vous à la gare de Perpignan où m'attendaient Serge et un ami skipper accompagnés de deux jeunes femmes. Le voilier se trouvait au Canet. Nous y embarquâmes le soir même pour y passer la nuit à bord et nous appareillâmes le lendemain au lever du jour. Il n'y eut qu'une très faible brise en mer ce samedi-là, et nous dûmes faire une partie de la traversée au moteur auxiliaire. Je tins la barre une heure ou deux, respirant à pleins poumons l'air du large, soulagé au-delà du dicible... La côte se profilait à tribord. À un moment, le skipper montra Cerbère à quelques encablures, puis la pointe Falcó : nous entrions dans les eaux espagnoles... *Libertad !* J'avais quitté la France ! À 4 heures de l'après-midi, doublé le cap Creus, nous nous amarrions à une bouée dans la petite anse de Cadaqués pour y rejoindre peu après la terre ferme dans l'annexe du voilier. Aucun policier municipal, ni *guardia civil*, ni gabelou ne rôdait sur la grève. J'avais réussi mon passage...

Au moment des adieux, Serge, pour une fois, n'eut pas le cœur à plaisanter.

« Fais gaffe, Christian, me dit-il. L'Espagne est de plus en plus fliquée à cause de la came. Ne baisse pas ta garde, tu n'es pas encore en vacances... »

Comme il avait raison !

« Ne t'inquiète pas », le rassurai-je distraitement, tout à ma joie de me trouver enfin hors de portée de la maréchaussée française.

Et nous nous fîmes la bise...

Je vécus les trois semaines suivantes avec l'insouciance d'un touriste. Je me rendis d'abord à Barcelone où je demeurai quelques jours. Quand je fus rassasié de *tapas* et lassé de déambuler sous les platanes des Ramblas ou par les ruelles du Barrio Chino, je mis le cap sur Valence, puis sur Madrid, et enfin sur Algésiras. Barcelone, que je n'avais pas revue depuis plus de huit ans, m'avait déçu. Ces quartiers populaires où j'aimais tant autrefois me promener la nuit étaient à présent infestés de junkies espagnols, de dealers nigérians et, par voie de conséquence, de policiers municipaux. La Plaza Real n'était qu'un nid à rats et ses brasseries sous les arcades puaient le graillon. Les prostituées des rues alentour, les calles Robador, Fernando, del Carmen et autres, attendaient le client comme des jambons morts entre deux shoots... La peste était sur l'Espagne. Sous le vernis du progrès galopant qui emportait le pays, la pourriture fermentait. Cela se sentait dans l'air même qu'on respirait. L'Espagne, fleur artificielle et nouvelle métastase de l'Europe, n'était qu'un précipité de la folie mimétique qui ravageait l'Occident.

En neuf ans, Algésiras aussi avait changé, bien que sa partie basse, avec ses ruelles, ses petits hôtels, ses restaurants, la plupart de ses bars et son marché couvert, fût demeurée intacte. Je descendis dans le même *hostal* que lors de ma venue en 1979 après le hold-up de l'agent de change lyonnais. C'est au port surtout, considérablement agrandi, que le changement me frappa. Signe des temps : sous les arcades abritant les terrasses des brasseries en face du port, rôdaient à présent les gitans dealers de hasch...

J'attendis plusieurs jours avant d'aller retrouver mon banc du parc de La Línea. Non que j'eusse quelque chose de particulier à faire : au contraire, l'ennui m'accabla très vite, d'autant plus pesant qu'Algésiras, sa couleur locale diluée dans la modernité ambiante, me paraissait maintenant une ville comme une autre, ordinaire et industrieuse, surpeuplée et vulgaire, sans plus le moindre rapport avec la photographie du manuel de géographie de mon collège... Le vent plutôt vif qui soufflait sur le détroit m'empêcha par ailleurs de lézarder à la plage. Je demeurai donc dans cet état d'expectative, je crois surtout pour retarder la déception de découvrir quelque ZUP à la place du parc Doña Sofía, ou de constater que celui-ci était devenu, en raison de l'ouverture de la *verja*, la proie des jardiniers et des paysagistes...

La veille du jour où je me décidai enfin à retourner à La Línea, je terminai la soirée jusque tard dans la nuit par une rêverie de promeneur solitaire le long du paseo Marítimo, écoutant le ressac de la mer battre contre la digue. La nuit était fraîche, et le vent agitait violemment les palmiers de la promenade. Invisible mais illuminé, le Peñon semblait au loin une nef immense à l'ancre dans la baie. Je m'arrêtai un moment pour contempler ses lumières, et je me souvins alors de cette première fois où j'étais venu à Algésiras. Comme le temps passait ! Et comme rien n'avait changé, ni moi ni le monde, sinon des formes, des apparences, des situations... À cet instant, ma vie — ou la vie — me parut une fois de plus un collage abstrait d'impressions, de sensations, d'événements, totalement dépourvu d'unité intérieure. Je n'avais rien construit, n'avais fait qu'accumuler des années, et mon identité même (quelle identité ?) m'avait filé entre les doigts : je m'appelais Lebihan, Destouches, Gilbert, Letellier, Fresche et Paillardon, autant dire n'importe quoi, n'importe qui. J'étais passé du créneau des remparts de Saint-Malo à ce paseo Marítimo, hier contemplant Dinard et Saint-Lunaire, aujourd'hui ce Rocher, sans que mon visage — mon visage intérieur en tout cas — eût pris une ride. Avais-je réellement vécu ? Avais-je réellement souffert ? Je me sentais lisse et dur comme un galet. Si, pourtant, il y avait une espèce d'unité intérieure à ce collage abstrait : cette immutabilité de ma présence au monde, présence à présent presque pétrifiée, bientôt quiddité pure de chose à son tour — mais conscience encore, conscience d'en-trop. Cela, oui, conférait quelque structure à l'illusion...

Elle m'aborda au moment où j'étais en train de me dissoudre dans cette mélancolie atemporelle, contemplant sans plus les voir déjà les lumières du Peñon.

« *¿ Quieres hacer el amor conmigo ?* »

C'était une pauvre fille aux cheveux filasse, hâve et osseuse. Elle devait avoir entre vingt-cinq et trente ans. Le regard de ses yeux bleu pâle exprimait un pénible mélange de lassitude et d'avidité. Elle était vêtue d'un jean et d'une veste de laine noire ou bleu marine ouverte sur un tee-shirt blanc qui me parut plutôt crasseux. Pas de poitrine. Cou maigre. Visage pathétique qui avait dû être joli. Qui était encore joli, tout compte fait. Je notai quelques taches de rousseur sur le nez, les joues. Les yeux étaient cernés de mauve comme si la peau à cet endroit, fragile et transparente, eût commencé à se décomposer... Yeux d'angoisse. Elle frissonnait.

« *¿ Quieres ?* » répéta-t-elle.

Sa voix n'était qu'un murmure rauque ; un sourire humble errait sur son visage. Je fis non de la tête. Mon refus ne la découragea pas, ni mon visage inexpressif, et non plus mon regard invisible derrière les verres teintés de mes lunettes.

« *¿ Inglés ?* fit-elle.

— *Francés.*

— Français ! s'exclama-t-elle. Je suis belge ! »

Elle parut s'animer un peu ; sa main menue aux ongles sales s'était posée sur mon bras.

« Je prends pas cher, tu sais. »

Ce disant, un frisson plus violent la secoua. La drogue.

Je fis de nouveau non de la tête.

« T'as peur du sida, c'est ça ? » demanda-t-elle.

Le sida ? Je m'en foutais bien, du sida ! J'eus un haussement d'épaules.

« Non, dis-je. Je ne suis pas sûr d'en avoir vraiment envie, c'est tout. »

La pression de sa main s'accentua.

« Viens quand même », supplia-t-elle.

L'hôtel se trouvait juste derrière les brasseries des arcades, dans une rue parallèle au paseo Marítimo. Les murs de la chambre étaient crépis de blanc, le sol était de carrelage noir et beige ; il y avait une penderie et des étagères aménagées dans le renfoncement d'un mur et un lavabo scellé à côté ; mais pas de bidet. Un lit de fer à deux places, une table de chevet et une chaise complétaient l'ameublement. Il n'avait pas été nécessaire d'allumer la lumière ; l'éclairage falot de la rue dispensait un jour suffisant dans la pièce.

« Comment tu t'appelles ? » demanda-t-elle en venant coller son corps maigre et frissonnant contre le mien.

C'était une épave comme moi, flouée jusqu'à l'os, sans espoir de retour vers les vertes vallées de l'enfance... Je passai lentement la main sur ses cheveux filasse ; sa tête m'arrivait à la poitrine.

« Enlève juste le haut », lui murmurai-je sans répondre à sa question.

Puis j'allai poser ma pochette de cuir contenant l'Enfield et les faux papiers sur la table de chevet, et je commençai de me déshabiller. D'abord mes lunettes. Puis le blouson de toile légère que j'étais obligé de porter pour dissimuler mon arme. Puis le Colt qui fit un bruit sourd en rencontrant le bois de la table de chevet. Ensuite la chemise, les chaussures, les socquettes, le pantalon. Enfin le slip. Nu. J'étais nu. C'était bon. Je sentais la fraîcheur du carrelage sous mes pieds. La jeune femme me faisait face. Torse maigre ; peau blanche et maladive ; presque pas de seins. Elle m'observait, tendue et frissonnante. Son regard se dirigea vers la table de chevet, revint vers moi.

« T'es un flic ? » demanda-t-elle de sa voix rauque.

Je secouai négativement la tête et pris doucement la jeune femme par le bras pour l'approcher de moi.

« Caresse-moi, dis-je. Suce-moi. Tranquillement. On a tout le temps. »

Elle eut un pâle sourire et fut parcourue d'un nouveau frisson. Sans me quitter du regard, ses mains posées sur ma poitrine, elle s'agenouilla lentement. Ses mains descendaient ; elles effleurèrent bientôt mon sexe, s'en saisirent. La jeune femme me regardait toujours. Yeux bleu pâle, affamés.

« Tout le temps, non, fit-elle. Je suis en manque. Le *mono*, comme ils disent ici.

— Suce-moi », dis-je.

Et je fourrai brutalement mon sexe dans la bouche de cette sœur de misère.

20

« *¡ No te muevas ! No te muevas o te mato !* »

Séville.

Le ciel qui me tombe sur la tête, ou la terre qui s'entrouvre sous mes pieds, je ne sais... Qu'importe à présent ? De l'anecdote. Rien d'autre que de l'anecdote. N'empêche. Quand ce flic a surgi silencieusement dans mon dos et a fait soudain volte-face devant moi, son .38 deux pouces dans une main et son insigne de police dans l'autre, mon sang s'est figé. Ainsi la belle histoire s'arrêtait là. En Espagne ! À Séville !

Sevilla es una torre
llena de arqueros finos.
Sevilla para herir,
¡ Siempre Sevilla para herir !

Séville où j'avais mis les pieds pour la première fois de ma vie quarante-huit heures auparavant, et d'où j'étais reparti précipitamment après l'« incident » du revolver... Pourquoi donc étais-je revenu ? Qu'est-ce qui m'avait pris ? Étais-je donc devenu fou ?

¡ Ay Guadalquivir !

J'ai regardé le type. La quarantaine. Trapu, solide, mauvais. Les yeux écarquillés. Prêt à faire feu, je n'en doutais pas. Son revolver (un Chief's comme celui de Boum-Boum...) était braqué à cinquante centimètres de ma tête. Sa main gauche largement écartée du corps agitait l'insigne de police comme une muleta pour distraire mon attention. Un pro. Il était vêtu d'un pull bleu ciel et chaussé de Pataugas à semelles de crêpe. On aurait dit un paysan ou un ouvrier... D'où sortait-il ? Je l'avais croisé quelques minutes plus tôt. Le regard qu'il m'avait alors lancé m'avait bien paru un peu appuyé. Mais dans cette rue quasi déserte, n'avais-je pas l'air d'un touriste égaré avec à la main ma pochette contenant mes faux papiers (adieu l'Enfield !...), le plan de Séville — *mapa guía, guide map, Aufsflugskarte* — dont la couverture en carton glacé rouge vif s'ornait d'une photographie de la Giralda illuminée sur fond de ciel bleu nuit ?

Je m'étais retourné machinalement (par instinct ?) : le type s'était arrêté ; il regardait le trottoir d'en face... où il n'y avait strictement rien à voir, ni passant, ni magasin. Rien. Mais cela n'éveilla pas ma méfiance outre mesure. La rue tournait à droite. Calle Jiménez-Aranda, avais-je noté en levant le nez. Quelle rue ! Morne, grisâtre : un insupportable alignement d'immeubles. J'aurais pu me croire à Saint-Étienne, Moulins ou Alençon... Qu'est-ce qui m'avait pris de venir par là ? J'étais loin du centre, de la Maestranza, de la calle Sierpes, de la Torre del Oro, des barrios Triana, Santa Cruz, loin du Guadalquivir, loin de tout ! *Ananke*. Je me souviens, il était 6 heures, las seis de la tarde. Dans les plazas de la péninsule, à cette heure-là, les trois premiers toros avaient déjà rendu l'âme... Un petit café faisait l'angle, avec deux entrées contiguës donnant chacune sur une rue. Machinalement toujours (par instinct ?), j'y entrai et commandai au bar un demi-pression que je réglai immédiatement. Puis mon verre à la main, j'allai à la porte jeter un coup d'œil au-dehors. Le type revenait sur ses pas. Il passa devant moi sans m'accorder un regard, l'air absent. Profil bovin. Le genre à battre sa femme les soirs de beuverie consolatoire quand l'équipe du Bétis se faisait mettre une raclée par le FC de Barcelone. Il tourna à droite, passa devant l'autre entrée du café et poursuivit son chemin.

Je comptai jusqu'à dix et, mon verre vidé d'un trait, je m'en fus dans la direction d'où j'étais venu. Par instinct, oui, tout de même. Maudissant toutefois ma paranoïa... Et je tournai le dos au danger. *Ananke*. Je n'avais pas fait dix pas...

¡ Ay Guadalquivir !

J'étais allé à Séville, que je ne connaissais pas, par lassitude. Quinze jours après mon arrivée à Algésiras, je ne savais déjà plus quoi faire de tous ces Lebihan, Gilbert, Destouches, Letellier, Fresche et Paillardon qui multipliaient par six l'ombre de Christian Lhorme collée à mes basques. Certes, je m'étais toujours caniculairement ennuyé en Espagne. Mais cette fois, j'étais condamné à déambuler indéfiniment dans des ruelles fleurant l'huile d'olive ou le long d'interminables paseos marítimos, à hanter jusqu'à l'écœurement des décors de carte postale...

J'avais alors songé à passer au Portugal. C'était, je le savais, la fuite en avant. Car après le Portugal, où canicule et ennui seraient également au rendez-vous, où donc irais-je ? Néanmoins j'avais déplié avec entrain ma carte Michelin. La ville frontière la plus proche était Ayamonte, quelque soixante kilomètres après Huelva sur l'embouchure du *río* Guadiana. Le fait que je fusse obligé de remonter jusqu'à Séville — il n'y a pas de route côtière partant de Cadix dans cette direction — emporta ma décision : j'allais connaître enfin la capitale andalouse.

Après avoir déjeuné à Cadix où je m'étais rendu en autocar, je poursuivis mon voyage en train jusqu'à Séville. Un taxi me conduisit ensuite à l'hôtel N..., un trois étoiles situé rue des Rois-Catholiques, dans le prolongement du pont Triana. Trois quarts d'heure plus tard, douché, changé, et lesté toujours de mes armes et de mes munitions que depuis trois semaines je portais sur moi faute de pouvoir les laisser dans la chambre d'hôtel, je faisais connaissance avec la ville. C'étaient les premiers jours de mai. La Semaine sainte était passée, la feria venait de s'achever. Le ciel était encore gris des pluies d'avril — *en abril, aguas mil*, dit le proverbe — qui se déversent rituellement sur la province à cette époque de l'année. Mais les touristes ne manquaient pas. On les croisait à tous les coins de rue, nez en l'air comme si la Macarena ou le Cristo del Gran Poder allaient apparaître à un balcon fleuri et leur faire signe de monter...

Curieusement, du peu que j'en pus voir à cette heure tardive, Séville ne me plut pas. J'arpentai mécaniquement le labyrinthe des ruelles résonnantes d'animation et de rires, indifférent au pittoresque et sans goût pour le manzanilla. Pis même, je me sentais oppressé, habité par un malaise indéfinissable. Je ne respire que dans les cités maritimes ; ici, l'air et l'espace me manquaient...

J'allai toutefois jeter un coup d'œil à la Giralda dont le minaret illuminé domine la ville. Elle ressemblait comme une sœur à la photographie de la couverture de mon guide. C'était sans doute cela, la vraie merveille : que la réalité fût ainsi conforme à la fiction des cartes postales, des atlas, des encyclopédies... Attiré ensuite par l'écho d'un jazz endiablé, je débouchai sur la plaza San Francisco, devant l'hôtel de ville. Des musiciens en tenue — pantalon blanc, blazer bordeaux, nœud papillon — s'y produisaient sur une estrade. Séduit par le solo virtuose d'un saxophoniste noir, je me joignis pendant quelques minutes à la foule nombreuse des spectateurs. Puis le morceau terminé, et tandis que crépitaient les applaudissements autour de moi, je repris ma route en direction de l'hôtel.

C'est alors qu'un type s'approcha de moi.

Un Allemand d'une trentaine d'années, une espèce de *buscavidas* faisant son possible pour ne pas ressembler à un déserteur fou de la Légion étrangère. Blond comme il se doit ; cheveux coupés court. Et le regard azuréen rougi par un haschisch double zéro dont il avait bien dû fumer un demi-kilo. Il était sobrement vêtu d'approximatives imitations de chaussures, de pantalon et de chemise d'une malpropreté de bon aloi, c'est-à-dire dont l'odeur dans un espace aussi aéré que la plaza San Francisco ne pouvait incommoder qu'un fabricant de lavande un peu snob. Dieu merci, ce n'était pas mon cas.

« Franzais ? » me demanda-t-il avec assurance.

Il m'avait bien sûr repéré pendant le solo de saxo, et mon genre lui avait plu... Je jaugeai l'animal d'un bref coup d'œil. Gueule brutale et veule. Mains puissantes. Forte constitution, comme aurait dit Pinochet de son régime.

« Exact », fis-je en me fendant du sourire ravi du beauf rencontrant enfin un Blanc pur porc sachant conjuguer le verbe issir à l'imparfait du subjonctif.

Et je m'enquis avec affabilité :

« Puis-je vous être utile à quelque chose ? »

Dans le regard embué du gaillard apparut une émouvante lueur de satisfaction. Le zozo dans sa splendeur, devait penser de moi l'affreux. Avec son plan de Séville ! Et cette pochette de cuir probablement bourrée de jolis traveller's, sans parler du passeport !... *Ach !* ces touristes !...

« C'est un chanze de fous avoir tombé dessus, commença-t-il avec franchise dans un français châtié et presque dénué d'accent. Il fient de m'arriver un zale histoire... »

Je lui prêtai aussitôt ma sourde oreille avec bonhomie, hochant la tête au fil des péripéties du zale histoire en question. Le lascar devait connaître son boniment dans toutes les langues — Séville oblige —, à l'exception peut-être du pachto ou du tadjik... Il était question d'un accident de la route, d'un rendez-vous urgent à Marbella, d'une amie blessée à l'hôpital, de consulat et de banque fermés à cette heure-là. Bref, d'une odyssée. Cela pouvait toutefois s'arranger. Notamment si je lui prêtais dix mille pesetas : entre étrangers, faut bien s'aider, non ?

Je lui tapotai fraternellement l'épaule. Tandis qu'il tramait son arnaque, une idée m'était venue. J'en avais assez des chambres d'hôtel qu'il fallait libérer le matin pour le ménage et où je ne pouvais laisser mes armes. Peut-être ce filou connaissait-il une chambre meublée qu'il fût possible de louer sans avoir à montrer ses papiers ? Je pourrais enfin souffler, cesser d'errer sans but à travers la ville, celle-ci ou une autre, toutes les mêmes, toutes les mêmes ! et surtout — car l'argent filait — préparer tranquillement un juteux petit hold-up... À Séville, les occasions ne devaient pas manquer. Le Portugal, ma foi, pouvait attendre !

Nous étions arrivés à l'angle d'une ruelle où, chemin faisant et mine de rien, l'Allemand m'avait amené. Des gens passaient, indifférents. Je pressentis que le lascar allait tenter sa chance dès que nous serions un peu seuls et je lui tendis rapidement un billet de cinq mille pesetas. Autant lui éviter d'avoir à faire connaissance trop tôt avec mon Colt.

« Prends toujours ça », dis-je en le tutoyant.

Il s'en empara prestement, presque brutalement, avec un sourire canaille. Je sortis alors une poignée de billets de la poche intérieure de mon blouson de toile et la lui agitai sous le nez.

« Je suis à l'hôtel N..., dis-je. Tu sais où c'est ? »

L'autre avait les yeux fixés sur la liasse. Allait-il tenter de me l'arracher des mains ?

« Oui, lâcha-t-il en hésitant. Calle de los Reyes Católicos. »

Le *buscavidas* chasseur de touristes connaissait son Séville par cœur...

« On se donne rendez-vous pour demain, enchaînai-je sans lui laisser le temps de réfléchir. Demain matin près de l'hôtel. Et pas un rendez-vous à l'espagnole, hein ! »

Il hésitait toujours.

« 9 heures, ça va ? proposa-t-il enfin.

— Tu n'auras pas déjà fumé un kilo de shit, à cette heure-là ? »

L'affreux se mit à rire.

« *Ach !* Ch'ai pas de quoi le payer, le kilo !... »

Je rempochai la liasse de billets.

« J'ai du fric, dis-je. Tu comprends, fric ?

— *Ja ! Ja !* Fric, *pasta*, *money*, *Deutsche Mark*... Qu'est-ce que fous voulez ? Drogue ? »

Son regard me jaugeait, essayait de me situer. Je n'avais évidemment pas le look d'un junkie...

« Juste une chambre. Discrète et meublée. Tu comprends ?

— Meublée, *Ja !* Lit, armoire, table, chaise... Discrète ?

— Pas de papiers, pas voir le propriétaire. Rien, personne, néant. Pour un mois ou deux. Tu réfléchis à ça cette nuit. OK ?

— *Ach ! Ja ! Ja !* Néant ! OK, OK... »

Et il éclata d'un grand rire sonore. Nous étions seuls. Riant toujours, il se balançait d'un pied sur l'autre, hésitant manifestement à m'envoyer son poing dans la figure avant de m'arracher ma pochette de cuir et de s'enfuir avec. Puis il hocha la tête. Il avait fait son choix. Le bon choix, assurément, car je n'aurais pas pu lui permettre de disparaître avec mes faux papiers et mon Enfield...

« OK, OK, marmonna-t-il d'un ton soudain las. Demain 9 heures. OK.

— Où ? »

Il réfléchit quelques secondes, ayant visiblement du mal à rassembler ses idées.

« Au coin du paseo Cristóbal Colón et du pont Triana, dit-il enfin. Il y a une petite jardine. C'est près de fotre hôtel. »

Et il me tourna brusquement le dos en haussant les épaules.

Se rappellerait-il notre rendez-vous à son réveil ? Se réveillerait-il même ? Une chance sur deux, estimai-je.

Il s'en souvint, et ce ne fut pas une chance...

À 9 heures précises le lendemain — ponctualité teutonne, *ach !* —, je le vis pénétrer dans le petit square situé à l'angle du pont Triana et du paseo Cristóbal Colón, sur le bord du Guadalquivir. Pour le cas où cet hirsute eût été dans le collimateur de la police, j'étais venu en avance au rendez-vous afin d'assister à son arrivée. Il faisait beau. La nuit avait chassé les nuages du ciel et un soleil cru faisait miroiter l'eau grise du fleuve. Du milieu du pont où je me tenais en observation, j'entendais vibrer dans l'air doux des notes de guitare en provenance de quelque appartement...

Empieza el llanto
de la guitarra...
Es inútil
callarla.
Es imposible
callarla.
Llora monótona
como llora el agua[1]...

1. Federico García Lorca, « La Guitarra ».

Ay, l'exotisme, García Lorca et le *cante jondo* ! Ay, les oliviers, le soleil et la mort ! Pourquoi donc aimais-je alors tant l'Espagne, santa María madre de Dios ?

L'Allemand n'était pas suivi. En allant tranquillement le rejoindre, je jetai un coup d'œil à la Torre del Oro qui se dressait sur la même berge du fleuve que le square, juste avant le pont suivant. Après, si j'en croyais mon plan, commençait le paseo fameux de las Delicias aboutissant au parc María-Luisa. Dans cette direction, la ville baignait dans un sfumato romantique. Les ors, les ocres, les blancs, les verts, les gris, et les rouges des tuiles tremblaient sous l'azur encore pâle. De bonne humeur soudain, je me promis d'entamer mon parcours touristique de la journée par le paseo de las Delicias, dès que j'en aurais fini avec mon courtier en galetas fumeur de haschisch : j'avais recouvré ma candeur de touriste...

Quand je pénétrai dans le square, l'Allemand avait déjà fait demi-tour et il me vit venir. Nous nous serrâmes la main.

« Bravo ! le complimentai-je. 9 heures juste.

— *Ach !* Moi toujours à l'heure.

— Et la petite chambre ? m'enquis-je sans plus attendre. Tu y as réfléchi cette nuit ? »

Il se mit à rire.

« Cette nuit, non. Ch'étais un peu fatigué. Mais pas de problème. Je fous y emmène maintenant. »

Il me regarda et m'avertit :

« Ça sera pas très propre, hein ! Pas du trois étoiles comme fotre hôtel.

— Aucune importance. Un Espagnol futé a inventé la *fregona*[1], j'apprendrai à m'en servir. »

Il rit de nouveau.

« *La fregona*, ha ! ha ! La fregona, la corrida, la Giralda et su puta madre... Ha ! ha ! »

Puis, redevenant sérieux :

1. Balai spécial remplaçant la serpillière et qu'on essore dans un seau.

« Je me déplaze pas pour rien, monsieur le touriste. Je feux cinq mille tout de suite. Parce que si fous prenez pas la chambre, ch'en ai pas d'autre à fous offrir. »

Je hochai la tête.

« Combien, la chambre ?

— *Nada*. Dix mille par mois. Ce qui va fous coûter, si fous la prenez, c'est ma commission. Cinquante.

— Je vais te donner dix maintenant, et vingt après. *Punto.*

— Rien à faire.

— Ttt ! ttt ! Dix plus vingt. Et tu me dis où je peux te trouver en ville. J'aurai sûrement encore besoin de toi. *¿ Vale ?* »

Son regard azuréen se riva dans le mien. L'œil était clair. Les brouillards du haschisch s'étaient dissipés au cours de la nuit en même temps que les nuages dans le ciel de Séville.

« Qu'est-ce que fous michotez, hein ? ricana-t-il. Fous avez plutôt l'air d'un monsieur bien tranquille.

— C'est pour ça que ta commission sera de dix plus vingt. Il n'y a qu'un vilain gangster qui t'aurait donné cinquante... »

Il haussa les épaules.

« OK, OK. Dix maintenant, et vingt après. »

Je sortis une coupure de dix mille, et nous quittâmes le square.

Un quart d'heure plus tard, le taxi que nous avions pris nous déposa je ne sais où, loin du centre en tout cas, dans un quartier qui n'avait vraiment rien de pittoresque : rues normales, enfilades de maisons banales sans même de fleurs aux balcons, de rares commerces. La chambre discrète et meublée ne donnerait apparemment ni sur l'Alcázar ni sur les murailles des Almohades... Cela faisait bien cinq minutes que nous marchions côte à côte en silence, et je commençais à me demander quel coup fourré le gaillard était en train de me préparer, lorsque d'une voiture de police à l'arrêt que nous n'avions remarquée ni l'un ni l'autre descendirent deux *nacionales* dans leur uniforme marron. Le véhicule était garé le long du trottoir à l'ombre d'un de ces kiosques à bonbons, et les policiers nous avaient sans doute vus venir de loin dans leur rétroviseur.

Le plus âgé des deux flics, celui qui occupait le siège du passager, contourna le véhicule par l'arrière et s'avança vers nous.

« *Buenos días, caballeros* », nous salua-t-il en portant la main à sa casquette.

Et il ajouta, arborant un sourire affable d'une hurlante fausseté :

« *Documentación, por favor.* »

Son collègue, le chauffeur, un jeune gars décontracté, l'avait rejoint. Il se tenait un peu en retrait, attentif, mais sans agressivité ni tension particulières.

Pourtant mon sang s'était figé. Mon instinct me disait que l'affaire risquait d'être très chaude. Qu'est-ce que c'était, bon Dieu, que cette nouvelle Espagne grouillante de flics qui n'hésitaient pas à interpeller d'honnêtes touristes dans les rues à 9 heures du matin ? L'Allemand manifesta rondement sa mauvaise humeur.

« *¡ Joder !* lâcha-t-il en sortant ses papiers, *¿ No se puede andar en paz aquí ahora ?* »

L'abruti ! Il allait m'exciter ces deux flics qui devaient s'ennuyer ferme dans leur voiture de service, et les pousser à l'excès de zèle.

« *Tranquilo*, susurra le flic en prenant le passeport de l'Allemand. *No es más que una verificación amistosa. No pasa nada.* »

Et il tendit la main vers moi.

« *Señor* », m'invita-t-il.

Je sortis à mon tour ma carte d'identité « du jour », celle sous laquelle j'étais enregistré à l'hôtel. Le document indiquait : Charles Destouches, né le 8 mars 1942 à Voiron (Isère), domicilié 17, rue Barbès, Le Mans (Sarthe). Je savais par cœur qui j'étais. C'était réconfortant. Mais ça ne suffirait peut-être pas...

Nos papiers à la main, le flic retourna au véhicule de patrouille, une Seat 131 à deux portes, nous laissant à la garde de son collègue. Par la portière restée ouverte, je l'entendis ensuite communiquer à la radio de bord nos coordonnées, d'abord celles de l'Allemand, puis les miennes. Cela fait, il revint vers nous, toujours avec nos papiers dont il se tapotait maintenant la paume de la main avec une espèce de provocation perverse. C'était un type d'une quarantaine d'années au teint olivâtre, aussi grand que moi et solidement bâti. Une très britannique petite moustache poivre et sel ornait sa lèvre supérieure, lui donnant l'air du produit du croisement d'un adjudant de l'armée des Indes et d'une cantinière portugaise.

« *¿ Habla usted el castellano, señor ?* s'enquit-il en s'adressant à moi.

— *Sí*, répondis-je.

— Et vous vous appelez... Destouches, *¿ verdad ?* »

Il avait prononcé « Dèsstouchèsse », savourant le mot comme si ç'avait été du chocolat fourré à la liqueur.

« En effet, dis-je en souriant. Charles Destouches. Touriste français.

— *Turista, ¿ verdad ?* »

Il rivait sur moi deux petits yeux froids curieusement rapprochés. Cherchait-il juste pour le plaisir à faire naître une lueur de panique dans mon regard ? À me faire douter de mon identité ? Ou bien était-ce purement et simplement un crétin standard, xénophobe et un rien taquin ?

« *Bueno, jefe*, s'impatienta l'Allemand. *Ya está, esa verificación amistosa, o qué* ?

— *Tranquilo, tranquilo*, le calma de nouveau le flic en se tournant vers lui. On attend la réponse. Tu devrais pourtant bien le savoir, non, comment ça se passe ? »

Mon cœur fit un bond dans ma poitrine. La tuile ! Ainsi l'Allemand était un habitué des contrôles de police. Et c'était à cause de lui, bien sûr, que ces flics avaient décidé de procéder à cette amicale vérification... Être venu de si loin pour tomber dans un piège aussi grossier ! Déambuler aux côtés de ce vagabond interlope en étant en cavale ! J'entendais le flic penser : Qu'est-ce que ce *turista francés* bon chic bon genre peut bien fiche en compagnie de cette crapule teutonne fumeuse de joints ? Et il trouva évidemment la réponse la plus simple...

« Vous êtes un peu amateur de "*chocolate*", *¿ verdad, señor ?*

— *¿ Chocolate ?*

— *Hachís.* »

J'éclatai d'un rire franc et sincère.

« *¡ Qué va, señor !* Je ne fume même pas de tabac. »

Le flic hocha la tête. Je sentais la tension s'installer. Il y avait dans la situation un quelque chose d'indéfinissable que ce flic un rien sadique ne pouvait manquer de percevoir. Seul cet abruti d'Allemand ne se rendait compte de rien.

Et soudain, le flic indiqua d'un mouvement du menton ma pochette de cuir.

« Voudriez-vous me montrer ce qu'il y a là-dedans, *señor* ? » m'intima-t-il.

Ça y était.

J'étais fait.

Ou je sortais le .38 de la pochette de Pandore et je braquais — et abattais ? — ces deux types, ou... ou quoi ? Mais QUOI, bon Dieu ?

Sans savoir encore quel parti j'allais prendre — mais vide et froid intérieurement, *¡ ay Guadalquivir !* — je fis glisser d'un geste naturel la fermeture Éclair de la pochette de cuir et...

Guadalquivir abierto.

J'ai tout le temps, dans ce sous-sol de l'hôtel de police dont je saurai plus tard que les golfos de Séville l'appellent la « gobi », de repasser le film des événements qui m'ont conduit là. Mais je ne me livre pas à cet exercice pour tenter de défaire en le refaisant ce qui a été si bien fait. Non. Je repasse ce film pour me distraire. Je suis bien. Je suis très bien. Je n'ai ni faim ni soif ni peur ni chaud ni froid. C'est divertissant, vraiment, de revivre ces événements dans ce bloc de béton cru, illuminé au néon, si étrangement ressemblant — mais est-ce si étrange ? — à celui où j'avais mariné à Lyon après ce suicide si réussi qui m'avait fait basculer, déjà, déjà, dans un autre univers à peine différent de celui où m'a sans doute expédié à mon insu, encore, encore, ce flic rue Jiménez-Aranda, no te muevas, no te muevas o te mato. Non, décidément rien ne change, change. C'est toujours la même histoire. La même mort. Et si divertissante, vraiment. C'est beau, le béton. C'est nu, c'est impénétrable. Ça ne laisse passer ni Dieu ni les saintes huiles. Toujours la même histoire, oui. Je suis heureux, si vous saviez. Si heureux d'avoir retrouvé mon frère. Béton, béton mon amour, si bandant quoique impénétrable. Je t'embrasserai tout à l'heure, et à pleine bouche encore. Mais après le film, si tu veux bien...

Où en étais-je ? Voyons voir. Quelle drôle de vie ! Hé, hé. Coucou, c'est lui. Me revoilà. Christian Lhorme. L'Abbé, en chaire et en noces avec son beau béton. Adieu Letellier, Gilbert, Fresche, Lebihan, Paillardon. Ciao, Dèsstouchèsse, turista francés de mes fesses... Ah ! il me la copiera, celui-là ! Pourquoi qu'il les a pas tués, dis, ces deux *nacionales* dans leur bel uniforme marron ? Ils ne demandaient pas mieux, pourtant, ces deux-là, que mourir en héros lâchement assassinés par un mafioso malouin du Mans né à Voiron (Isère). Hein ? Pourquoi tu les as pas tués ? Mais quel con, ce Destouches ! Mais quel nave !

Stop.

On se calme. Je ne les ai pas tués. Tu ne les as pas tués. Il ne les a pas tués. Nous ne les avons pas tués.

Qu'ils crèvent, donc, puisqu'ils vivent ! La Macarena a bien assez de chagrin comme ça. Et repassons cette séquence, elle est si drôlement chouette :

« ... Sans savoir encore quel parti il allait prendre — mais vide et froid intérieurement, *¡ ay Guadalquivir !* — Dèsstouchèsse, *alias* Christian Lhorme, fit glisser d'un geste naturel la fermeture Éclair de la pochette de cuir et...

Merde ! On vient me chercher. Pas le temps de refermer les guillemets. Un autre *nacional*, petit, chafouin, sec et méchant comme un coup de trique. Il déverrouille la grille de ma cellule.

« *Venga usted. ¡ Vamos ! ¡ Vamos !* »

On y va, mec, on y va. Je sors du *calabozo*. Ce sous-sol est immense. Des rangées et des rangées de cellules. Le vrai chemin de croix de Séville est ici, sous terre, et c'est la Semaine sainte toute l'année, nuit et jour. Mais moderne. Du béton, du néon. Et des types derrière les grilles qui gémissent, appellent, crient des invectives : le *mono*...

¡ Arriba España !

Justement, on monte. Le *nacional* m'accompagne dans l'ascenseur jusqu'au troisième étage. Me laisse dans le bureau de l'OPP chargé de mon interrogatoire, un intellectuel castillan d'environ trente-cinq ans parlant couramment espagnol…

« *¿ Qué tal estás ?* » me demande-t-il avec un large sourire de bienvenue.

Je clignote des yeux. Il doit bien y avoir quarante-huit heures que je marine dans cette cellule du sous-sol d'où l'on ne m'a extrait que deux fois jusqu'à présent. En Espagne, les gardes à vue sont de soixante-douze heures. Ces deux jours passés en tête à tête avec le béton ont suffi à me faire perdre la notion du temps. Je croyais qu'il faisait nuit. Par la fenêtre du bureau ensoleillé de l'inspecteur, j'aperçois un coin de ciel bleu, pur, resplendissant...

« *Regular* », le renseigné-je en prenant place sur la chaise en face de lui.

Il a un hochement de tête.

« *¿ Quieres beber algo ? ¿ Café ? ¿ Cerveza ?*

— *Oloroso.* »

L'inspecteur se met à rire.

« *Oloroso, no.* Mais bière, pas de problème. »

Il décroche le téléphone, demande qu'on lui monte deux demis.

Très aimables avec moi, ils sont. Si contents d'avoir arrêté — « coup de chance et d'audace », précisera *El Correo de Andalucía* — un mafioso francés. N'ont rien d'autre à me reprocher qu'une *tenencia ilicita de armas* et un *uso de documentos de identidad falsos*. De la gnognote. Le reste, ce qui s'est passé en France, ne les concerne pas. Le télex d'Interpol (n° 6 170) notifiant le mandat d'arrêt international lancé contre moi par le juge d'instruction de Lyon et en explicitant les motifs aux fins d'extradition est tombé bien sûr quelques heures après mon arrestation. Tenencia de armas ou pas, la justice espagnole est tenue de me garder au frais. Une gageure à Séville...

Voici qu'entre maintenant l'avocat requis d'office, un petit gros luisant de sueur et à la poignée de main évanescente. Il est chargé d'assister à la rédaction du procès-verbal ainsi que l'exige la loi. Sans plus attendre, l'inspecteur introduit dans la machine trois exemplaires du formulaire réglementaire sur lequel seront dactylographiées ses questions et mes réponses, lorsque arrive le serveur apportant les chopes de bière, accompagné d'un nacional, une espèce de géant roux. Tandis que le serveur dépose les demis sur le bureau de l'inspecteur, le nacional se tourne vers moi, va pour dire quelque chose, hésite un instant, puis lâche enfin :

« *Gracias, señor.* »

Je lève la tête vers lui, ahuri.

« Vous auriez pu tuer mes collègues, explique-t-il, un peu gêné. D'autres que vous ne s'en seraient pas privés. *Gracias.* »

Et il quitte le bureau, suivi du serveur. *Vete a la mierda*, pensé-je. C'est moi qui vais devoir mettre ce putain de mot FIN à cette putain d'histoire. Une image... J'aurais besoin d'une image, là, tout de suite. Je bois à grandes gorgées, je bois, je vide la chope de bière. Quelle image, bon Dieu ? Où trouver une image ? L'OPP me regarde. Je l'intrigue peut-être, ou je lui fais pitié, je ne sais. Pitié, plutôt. Je suis hors jeu. Je n'ai pas respecté les règles : tuer, m'enfuir, être traqué, puis me faire abattre comme un chien dans quelque chambre d'hôtel sordide d'Estrémadure... J'ai joué autrement. J'ai triché. Je suis un amateur. Un déclassé. Un ni-ci ni-ça. Et maintenant toute cette tragédie de pacotille va s'achever dans le crépitement ânonnant de la machine à écrire d'un flic espagnol, au lieu des nobles détonations des tirs de pistolet. Remboursez ! Remboursez !

... Ça y est, je la tiens, mon image. Mais je la dirai pas. Je la dirai à personne. C'est une image à moi. Elle est terrible et belle. Terrible de beauté : c'est la Vie. Tout le contraire de moi. La Vie qui m'échappe, qui m'a toujours échappé. La Vie si fière qui me tourne le dos et va, va son chemin de lumière. Une musique blonde et bleue, à peine audible, vibre autour d'elle comme une aura... Comme elle est jeune, la Vie ! Avec quelque chose d'androgyne, de sublime, de bouleversant dans la démarche. Je l'ai dit : quelque chose de terrible.

L'« entretien » n'a pas duré une demi-heure. Le procès-verbal dactylographié, l'inspecteur me l'a fait signer, l'a fait signer à l'avocat, puis l'a signé lui-même. L'avocat a alors exprimé poliment sa crainte qu'il m'arrivât quelque chose à la prison.

« Cet endroit est plutôt dangereux, non ? a-t-il dit à l'inspecteur. Et ce monsieur est étranger. »

L'inspecteur s'est mis à rire.

« *No se preocupe, señor letrado*, l'a-t-il rassuré. Ce monsieur est un pro. »

Quand l'avocat fut parti, l'inspecteur m'a regardé en souriant.

« *Ya está*, m'a-t-il dit. C'est fini. Tu vas passer tout à l'heure devant le juge d'instruction — simple formalité —, et après tu iras te reposer dans cette prison si dangereuse. Tu verras, là-bas, ce sont de vrais phénomènes... »

Il a regardé ses ongles pensivement, puis a soupiré comme pour lui-même :

« C'est la vie. »

La vie, oui. Il a dit « la vie », ce con. Il a regardé ensuite sa chope de bière qu'il n'avait pas touchée et il m'a proposé :

« Bois-la donc, tiens, si ça te tente. »

Ça m'a tenté.

Puis on m'a redescendu au calabozo où il ne m'a pas été fait grâce d'une minute des soixante-douze heures de garde à vue. Le « tout à l'heure » où je devais voir le juge était un tout à l'heure espagnol, un *mañana*... J'ai eu ainsi tout le loisir de repasser au ralenti, sur l'écran de béton gris, la séquence si chouette et si réaliste où un certain Dèsstouchèsse dit avec un drôle d'accent espagnol, ouvrez les guillemets :

« ... je fis glisser d'un geste naturel la fermeture Éclair de la pochette de cuir et...

Guadalquivir abierto.

... et la radio de bord du véhicule de patrouille se mit alors à crachoter bruyamment. »

Fermez les guillemets.

Sauvé ! J'étais sauvé !

Le flic retourna à la voiture, remettant à plus tard — à *mañana* ? — l'examen du contenu de ma pochette. Son collègue ne s'y intéressa pas. Ou il s'en fichait, ou il n'était pas réglementaire de s'approcher seul de deux individus suspects pour les fouiller. Peu importait. C'était le moment ou jamais. J'avais eu cent fois le temps de prendre la mesure exacte de la situation. Je pouvais — je DEVAIS — les abattre là, tous les deux. Ce jeune nacional, debout comme un imbécile, l'esprit ailleurs, pensant peut-être à sa *novia*... Noces de sang. Et l'autre, son chef de patrouille, assis là-bas dans la Seat, me tournant le dos, la jambe droite dépassant à l'extérieur, écoutant ce que lui communiquait la radio de bord. Dieu, que c'était facile. Fais-le, Dèsstouchèsse. Mais fais-le donc ! Une fois au moins dans ta putain de vie, canetoi deux flics !... Si facile, vraiment... Quartier si tranquille... Rares passants jetant sur la scène un coup d'œil craintif... Ensuite revenir sur cet abruti d'Allemand figé, blanc comme un linge, et l'abattre également, *ach !* Pas de témoin ! Pas de témoin ! Et filer, filer par les rues, les ruelles de Séville, puis m'arrêter, reprendre haleine, marcher tranquillement, regagner l'hôtel, ramasser mes affaires en vitesse et filer, filer encore, filer toujours, loin, loin, par les villes, d'autres villes, des villes encore, la nuit, le jour, loin, loin...

Ça n'avait pas de sens.

Mais qu'est-ce qui avait du sens ? Hein ?

Au sens de quoi, mais de QUOI, me raccrochais-je ainsi désespérément ? Qu'est-ce que c'était que ce sens qui risquait de me conduire absurdement en prison, et auquel je m'agrippais comme un damné — ou comme un lâche ? Le flic revenait, la mine joviale. Sa britannique petite moustache poivre et sel surlignait toutefois son sourire d'un trait sarcastique qui me parut inquiétant. Et il se tapotait toujours la paume de la main avec nos papiers...

« Tu es en règle et tu ne l'es pas, dit-il à l'Allemand.

— Comment ça, je le suis et je le suis pas ? s'énerva l'autre. *Lo estoy, ¡ joder !*

— Quel est ton domicile actuel ? » lui demanda le flic sans s'émouvoir.

L'autre le lui dit.

« Ttt ! ttt ! fit le policier. Ça, c'est l'adresse d'une demoiselle — et il prononça le mot *señorita* avec une ironie appuyée — chez qui tu n'habites plus. »

S'ensuivit une discussion animée entre les deux hommes qui montrait de reste comme le maudit Allemand était notoirement connu des services de police de Séville. Le nacional y mit un terme d'un ton sec.

« C'est bon, coupa-t-il. *Basta de bobadas y de cuentos*. Maintenant, monte dans la voiture. »

Et il fit signe à son collègue de s'occuper de lui. Puis, s'adressant à moi :

« Vous, monsieur, vous êtes en règle », m'annonça-t-il presque avec respect.

Il me sembla soudain qu'un litre de Chivas Regal venait de m'être injecté dans les veines, et j'eus le plus grand mal à ne pas trahir l'euphorie qui m'irradiait. Dire que j'avais été à deux doigts d'abattre cet homme exquis et son charmant collègue !

« Voilà une bonne nouvelle », dis-je en affichant un sourire cordial.

Le flic me considéra une seconde en silence ; il se tapotait toujours, toujours la paume de la main avec nos papiers...

« Mais je vais quand même vous demander de nous accompagner au central, assena-t-il suavement. Il y a là-bas un inspecteur qui aimerait que vous lui expliquiez pourquoi un monsieur distingué et en règle comme vous se trouvait en compagnie de ce... »

Il eut un regard vers la voiture de patrouille dans laquelle l'Allemand était maintenant monté et acheva sa phrase d'un ton dégoûté :

« ... *del tío ése*[1]. »

---

1. « De ce type-là. »

Le sang s'était de nouveau figé dans mes veines. L'ordure ! L'immonde ordure ! Mais j'allais le tuer, cet enculé ! Le saigner à blanc ! Le...

« *Usted manda, señor*[1] », lâchai-je en soupirant.

Et je montai à mon tour dans la voiture. Une consolation tout de même : le nacional ne se préoccupait plus de ma pochette...

La suite m'ennuie, elle est trop bête. Pourquoi donc n'est-ce pas du cinéma, même une série B, ou du roman, même du Guy des Cars ? Un vrai personnage de roman jouissant de toutes les facultés d'un auteur sain d'esprit et soucieux de ses lecteurs, LEC-teurs, lec-TEURS, aurait déjà sorti son Colt au lieu de monter dans cette foutue voiture de patrouille et ouvert le feu sur ces abrutis de flics. Pan ! Pan ! Pan !

Moi... Ah ! moi...

La Seat 131 de patrouille était une berline deux portes. Une fois installé à l'arrière du véhicule, le passager (malgré lui) se trouvait séparé des flics par un grillage fixé au dossier des sièges avant. Ce grillage n'arrivait toutefois qu'à hauteur des yeux : il était donc possible encore, après avoir collé une balle dans la nuque des deux nationaux et au prix d'acrobaties forcenées, de s'extraire de ce piège à rats. Mais cette seule image : passer par-dessus le grillage en me contorsionnant, dégringoler de l'autre côté sur les corps inertes de mes victimes, puis sortir bras et tête en avant de la Seat policière, me fit rire *in petto*. Un thriller métaphysique dont le personnage principal, Christian Lhorme, confie à son scénariste du jour, un certain Dèsstouchèsse, la recherche de l'essence de son *Dasein* (opération *To be or not to be*), obéit en effet à certaines règles esthétiques dont il n'est pas possible de s'écarter sous peine de se faire exclure de la Société des Amis de Schopenhauer (SAS).

Je me bornai donc, tandis que nous roulions vers le « central », à sortir le plus discrètement que je pus l'Enfield de ma pochette de

1. « À vos ordres, monsieur. »

cuir et à le dissimuler à ma droite, entre la banquette et la tôle du véhicule. Je transférai également tous mes autres faux papiers dans une des poches intérieures de mon blouson, ne laissant dans la pochette que mon argent et des objets sans importance. Ainsi la partie serait peut-être jouable : si cet inspecteur du central voulait examiner le contenu de ma pochette, il en serait pour ses frais. Et peut-être alors parviendrais-je à lui faire avaler que je n'étais qu'un touriste inoffensif ayant demandé à cet Allemand de rencontre parlant si merveilleusement le français de lui trouver une chambre meublée bon marché...

« *¿ Conforme ?* m'a demandé le juge sans même me regarder.

— *Conforme.* »

D'accord, j'étais d'accord sur tout. Il m'a tendu l'ordre de mise en détention préventive *sin fianza*[1], et je l'ai signé. Le nacional qui m'accompagnait m'a remis les menottes dans le dos, et nous sommes sortis. Le fourgon attendait sous un porche. On m'a fait monter dedans, la porte arrière s'est refermée sur moi dans un claquement sonore. C'était encore un de ces caissons étanches dépourvus de fenêtres. Je n'ai donc pu voir une dernière fois les rues, les avenues et les paseos de Séville... Je n'ai pu voir non plus le fleuve — *¡ ay Guadalquivir !* —, la Giralda ni su puta madre. Et nous sommes arrivés à la prison.

J'étais las. J'étais heureux. J'étais vidé. Ç'avait été un bien beau film, avec plein de rebondissements, mais si fatigant à vivre, si fatigant !... Je me suis souvenu de choses... le ciel était bleu... oui, peut-être... je ne sais plus. Tout cela est sans importance. C'est vrai, pourtant, l'inspecteur avait avalé mon histoire. D'ailleurs, il n'avait même pas fouillé ma pochette. Et après m'être fait gronder pour mes mauvaises fréquentations, j'étais sorti libre — LIBRE ! — de l'hôtel de police, laissant derrière moi l'Allemand avec qui l'inspecteur entendait bavarder plus longuement. Le jour de mon arrestation, la vraie, cette fois, la bonne, l'OPP me raconta la suite en

1. Sans caution.

rigolant : l'Enfield avait été découvert quelques minutes après mon départ. L'Allemand avait alors piqué une crise d'hystérie, jurant ses grands dieux que l'arme n'était pas à lui, qu'il m'avait rencontré par hasard, etc. Mais il avait eu tort de s'inquiéter. Les petits futés du central avaient bien vite compris que le turista-francés-distingué-et-en-règle les avait roulés dans la farine... Au reste, moi seul avais pu dissimuler l'Enfield à cet endroit du véhicule à l'insu des deux flics.

Je n'étais pas retourné à mon hôtel, bien sûr... Sans demander mon reste, j'avais filé en autocar à Jerez de la Frontera où j'avais arrosé cette miraculeuse, cette inouïe liberté au whisky, à l'*oloroso* — et au Sol y Sombra, un détonant mélange de brandy et de Marie Brizard dont j'avais vu se soûler avec entrain un couple de junkies.

Pourquoi, mais pourquoi deux jours plus tard étais-je retourné à Séville, au mépris de toute prudence ? Qu'est-ce qui m'avait pris ?

« *¡ No te muevas ! ¡ No te muevas o te mato !* »

D'où sortait-il ? Mais d'où sortait-il ?

¡ Ay Guadalquivir !

21

Prison provinciale de Séville. Août 1989. 16 h 30. Quel jour ? N'importe quel jour. Un jour. C'est l'éternité. Le patio brûle, une chaleur d'enfer. Chaque mot à vivre est l'enfer. Chaque jour à écrire est l'éternité. J'arde, tu ardes, nous ardons, Lhorme et moi. 16 h 30. Je sais, nous l'avons déjà dit. Mais qu'importe ? Je suis sorti le premier de cellule. Fin de la sieste. Je m'arrête un instant en plein soleil au milieu du patio. Du feu pur. De l'autre côté du mur d'enceinte, là, tout près, fusent déjà les sifflements stridents des lanceurs de *bolas* appelant les détenus à la réception. Dans cinq minutes : la ruée, les cris, les insultes, les couteaux aussi, peut-être — et les deux funcionarios, dans la fraîcheur du feignantoir où ronronne un ventilateur, vont regarder la scène de loin, en spectateurs. Comme moi. Je suis un spectateur... Et cette bombe au-dessus de ma tête qui explose sans trêve depuis quatre milliards et demi d'années... Je ferme les yeux. Du blanc. Je vois du blanc. En finir, me dis-je, les yeux clos. Mourir poignardé au bas de la page blanche, si blanche. Le mot FIN doit être ce brutal et mortel éblouissement... le mot FIN...

Je ne pense plus. Je pense quand même.

Comment faire pour abolir le temps ? J'ai soif. Et pleurer pour étancher ma soif d'un autre monde, d'un autre temps... Mais comment pleurer ? Quand ai-je pleuré pour la dernière fois, à l'ombre de quels souvenirs ? M'asseoir devant la mer une dernière fois... Je mourrai de n'avoir pu m'asseoir devant la mer. Cette rumeur le soir du ressac sur la grève, elle existe pourtant... Mais toute cette blancheur d'ossuaire me rend sourd. Rien.

Rien.

Oued à sec, Lhorme, cœur crevé, va s'asseoir, il

Je me suis assis sur l'un des bancs de pierre — c'était quand ?

La prison de Séville est un décor de carton-pâte où l'on peut mourir par inadvertance, une prison pour gangster raté et alcoolique. Le sens commun, ici, abdique ses droits dans la chaleur et les cris — *¡ quillo ! ¡ quillo !* —, dans la fureur et les rires, dans le sang aussi, parfois, sang gratuit, ludique et contaminé que saignent les *yonkis*[1] gitans chanteurs de rumbas...

Su nombre es heroína,
otros la llaman caballo.
Pero yo la llamaría
la maldición del diablo[2]...

La chanson des Chichos. Presque un hymne national. On l'entend souvent chanter ici quand la *bola* — une boule contenant moins d'un demi-gramme d'héroïne, une dizaine de pastilles de Rohypnol et dix ou vingt grammes de *chocolate* — est arrivée. *¡ Hemos triunfao !* clament-ils alors.

La drogue. Ici, c'est surtout le *caballo*, l'héroïne, qui chaque jour triomphe. Les pastilles, c'est pour le *vacilón*, le délire, et le has-

---

1. Junkies, en espagnol.
2. « Son nom est héroïne/d'autres l'appellent cheval. /Mais moi, je l'appellerais/ la malédiction du diable. »

chisch, c'est pour la fête : rire, chanter au son des guitares, et taper, taper dans ses mains :

Su nombre es heroína,
otros la llaman caballo...

Lestées d'une pierre et portant sur le papier qui les enveloppe la *contraseña*, le mot de passe de leur destinataire : Macarena, Coca-Cola, Carmen, Polígono SP 5... noms de Vierge, de marque, de femme, de quartier, ces bolas sont lancées quotidiennement, d'assez loin en raison du no man's land qui défend à cet endroit l'approche du mur d'enceinte, à partir de 16 h 30. Quelques-unes arrivent le matin, d'autres encore plus tard dans la soirée. Mais le gros de l'approvisionnement tombe ponctuellement du ciel après la sieste, ainsi que, les samedis, les boîtes de jus de fruits remplies de *jota-be*, le J & B[1]. Plus lourdes évidemment que les boules de drogue, ces boîtes, malgré l'habileté des lanceurs, heurtent parfois le grillage qui rehausse le mur du patio et atterrissent alors dans le chemin de ronde... Prix de la boîte de *jota-be* : trois mille pesetas. Moi, j'ai la mienne gratis chaque samedi : ne suis-je pas un mafioso ? Ce jour-là, El Poli, un yonki costaud et sympathique, m'apporte discrètement le whisky que je vais lamper aux W-C. Il vaut mieux en effet que les funcionarios ne me voient pas m'approcher des *bolas* ou des *latas*. Qui sait ce que pourrait se faire envoyer du dehors, d'infiniment plus dangereux que du J & B ou du haschisch, ce singulier et trop poli malfaiteur français ? On m'a à l'œil, ici. Des trois bâtiments de détention que comporte la prison, un seul, le numéro 2, est réservé aux gens tranquilles et aux étrangers. On m'a mis au numéro 1. Je suis là, l'unique *guiri* au milieu des quelque cent quatre-vingts Andallucinés de ce bâtiment — les « phénomènes », comme disait l'OPP. Le phénomène, en fait, c'est moi. C'est la rançon de la gloire. Le jour de mon incarcération, *El Correo de Andalucía* titrait : « Arrestation à Séville d'un dangereux mafioso français : *el gángster filósofo...* »

1. *Jota-be* est la prononciation espagnole des lettres J et B de cette marque de whisky.

Textuel.

Je suis un gangster philosophe. Cela peut vouloir signifier, au choix, que je pratique le gangstérisme avec bonhomie, ou la philosophie avec agressivité...

Ils arrivent. Et les pigeons s'envolent. Quand donc était-ce ?

Un bon jour, en tout cas : pas de comité d'accueil, comme il advient trois ou quatre fois par mois, pour disputer les bolas aux junkies. Seuls deux funcionarios de service, dont l'un est encore à l'étage pour ouvrir et refermer les cellules, assurent cet après-midi la surveillance du patio. C'est don Juan qui se trouve dans le feignantoir, affalé près du ventilateur. Oui, don Juan. Ici, les détenus appellent les surveillants par leur prénom précédé du « don » de courtoisie. Les « don », en Espagne, ne sont pas des parrains, mais des matons... Don Juan, donc. Celui-là se fiche de tout. Il va regarder les boules tomber, les détenus se ruer pour les ramasser en se bousculant et en s'insultant, puis emporter leur prise au *tigre* (les W-C) où leur précieux contenu sera partagé dans le bruit et la fureur. S'il voit un nombre anormal de détenus se grouper soudain au fond du patio ou entrer au *tigre*, il aura compris qu'une rixe se prépare. Alors il sortira nonchalamment du feignantoir. *¡ Agua ! ¡ Agua !* crieront les premiers qui l'auront vu. Et tout le monde s'égaillera, comme ces pigeons quand les junkies arrivent. La rixe reprendra plus tard... ou se poursuivra comme si de rien n'était si l'affaire est vraiment grave. De toute façon, rien ne sert de courir, don Juan le sait. Le patio est une longue grande cour. Pour s'emparer d'une bola ou d'un couteau, il faut qu'intervienne presque toute la *plantilla* de service — un commando d'une dizaine de fonctionnaires —, et encore ! Passes rapides de main en main, coups de pied en avant comme au rugby, et boules et couteaux se volatilisent. On dressera un rapport de plus à tous ceux dont les mains ou les pieds auront touché l'objet du délit, et voilà tout...

Les voici.

El Guana en premier. C'est un pur apache d'environ vingt-cinq ans à la carrure athlétique, aux longs cheveux noirs et lisses et le front ceint d'un bandeau rouge ou blanc selon les jours. Aujourd'hui, c'est rouge. Torse nu, la grande médaille triangulaire argentée de la Blanca Paloma — la Vierge du Rocío — en sautoir sur la poitrine, tatouages sur les bras : « *Amor de madre* », « *Kie 13* », tatouages sur les jambes : poignard, Colt, tatouages encore — un seul, un grand — dans le dos : une tête de christ à la couronne d'épines, en short enfin et chaussé de baskets comme tous ici, même au plus chaud de l'été — comment se battre en savates ou en tongs ? —, El Guana, si l'on excepte sa grande taille, est l'archétype du yonki andalou...

Après avoir virilement craché par-dessus son épaule, il file droit vers le milieu du patio. Démarche souple. Jambes puissantes. On ne se douterait jamais que ce gaillard-là se shoote au *caballo*. Il est vrai qu'en prison, au fil du temps qui passe, les shoots se font plus maigres que les consommateurs : l'argent manque. Qu'est-ce que vingt boules, soit moins de dix grammes quotidiens d'héroïne, pour un patio de plus de cent cinquante toxicomanes ?

El Guana lâche entre ses lèvres un sifflement strident en direction de l'extérieur. Déjà une dizaine d'autres détenus sont venus se mettre en position à ses côtés, sifflant à leur tour : même look, carrure mise à part, même médaille de la Blanca Paloma retenue par un cordon bleu, vert ou blanc, mêmes tatouages : dans le dos, si ce n'est pas un christ, c'est une Vierge, et si ce n'est pas une Vierge, c'est un christ... Tous crachent également. Il n'est pas possible de faire trois pas dehors ou dedans sans tomber sur un crachat frais. Du banc de pierre où je suis assis, à une extrémité du patio, juste derrière la cage des buts de football servant surtout de séchoir à linge, je me prépare à assister au spectacle du jour, le même chaque jour, dimanches exceptés, mais dont je ne me lasse pas, notamment quand la plantilla est au rendez-vous...

Il y a là, aux côtés d'El Guana, les plus terribles, des petits, des maigres, des tordus, des hirsutes, des crânes rasés, des qui-louchent et des qui-boitent, des vindicatifs, des demi-fous et des fous dangereux. La plupart d'entre eux me sont maintenant familiers : El

Loco évidemment, le Fou, qui respire la bouche ouverte comme un gros benêt, incroyablement éveillé sous ses airs d'endormi, et dont la cellule donne sur son immeuble du barrio de Los Pajaritos, le quartier de la prison ; El Enano, le Nain, une teigne blonde à tête d'enfant de chœur, haut comme trois pommes pourries et au couteau toujours prêt ; Carlos, un costaud abruti et indigent qui récupère les boules pour le compte des pusillanimes (il y en a, et on les comprend !) en prélevant bien sûr au passage une très confortable commission en nature ; El Quini et El Kiki, deux frères, l'un brun marchant (si l'on peut dire) au *chocolate* dont il consomme du matin au soir d'invraisemblables quantités, l'autre blond ne fonctionnant, lui, qu'au *caballo* — ces deux-là, dealers exclusifs du Polígono San Pablo, ne manquent pas d'argent et sont régulièrement approvisionnés du dehors ; et Bimbo et El Petete, ramasseurs officiels des boules d'El Abuelo et d'El Polí, job cool s'il en est, car qui oserait toucher à la bola marquée « Nati », diminutif de Natividad, prénom de la femme d'El Abuelo, ou à celle marquée « Che », dont El Polí porte tatoué à l'épaule gauche le portrait célèbre ? Avec El Guana et un gitan terrible, El Chato — le Camus — qui vient justement d'entrer à son tour dans le patio, El Abuelo et El Polí sont les *kies* du patio. Ce mot « *kie* » (« *Kie 13* ») que j'avais vu pour la première fois tatoué sur les épidermes des balayeurs d'Alcalá-Meco, et dont l'origine, m'a-t-on dit, remonterait à la Légion espagnole, signifie « caïd » dans la tradition carcérale. Nombre de ces apaches arborent ce titre au bras ou à l'épaule ; mais s'en montrer digne et le défendre, c'est autre chose...

Et puis voici encore El Cortina, l'un des rares à ne pas porter en sautoir la médaille de la Blanca Paloma. Environ vingt-sept ans, un mètre soixante, peau presque noire. Corps chétif mais nerveux. Jambes arquées, poitrine creuse, et les habituelles cicatrices (tribales... ?) sur le ventre et les bras : presque tous en effet se coupent les veines ou se tailladent l'abdomen, à la *gobi* d'abord, lors des gardes à vue, pour mettre un terme aux interrogatoires musclés de la police, puis en prison pour un oui ou pour un non, pour obtenir un somnifère à une heure du matin, pour surseoir à un transfèrement à Sevilla-II, la nouvelle prison baptisée par eux Alcatraz, ou tout simplement pour emmerder les *boqueras*, les matons... El Cortina est un fou. *¡ Al loro, tíos ! No os equivoquéis conmigo. Estoy loco.* Gaffe, les mecs ! Ne vous trompez pas avec moi, je suis fou, prévient-il lui-même. Le regard de ses petits yeux de braise, cruel, méfiant, voltige comme voltigeait celui de Boum-Boum. Boum-Boum ! Tu n'étais qu'un rond-de-cuir et je ne le savais pas !... El Cortina, donc, l'increvable petit gitan fou accusé d'avoir assassiné une pauvre vieille à coups de gourdin pour lui voler... lui voler quoi, au fait, à la malheureuse ? a reçu voici trois mois un terrible coup de couteau dans les reins... Une violente altercation à propos d'une bola entre lui et deux autres gitans. L'un des protagonistes s'était éloigné. Du banc de pierre où je viens toujours m'asseoir pendant l'arrivage des boules pour éviter d'en recevoir une sur le crâne, je l'avais vu se diriger vers le fond du patio, à l'angle que fait le mur avec le bâtiment de détention. C'est là que les détenus grimpent pour crier, presque nez à nez avec le *picoleto*[1] de garde dans sa guérite du mur d'enceinte, des messages aux lanceurs du dehors, ou pour leur annoncer l'envoi d'une chaussette lestée de pièces de monnaie et remplie d'or et de billets : il faut bien sortir la *pasta*, en effet, si l'on veut être réapprovisionné en *caballo*... C'est là aussi que s'amoncellent toutes sortes de détritus sous lesquels souvent sont dissimulés des couteaux. El Cortina, pour une fois, ne s'est pas méfié. Les bolas pleuvaient, claquant et ricochant sur les pavés. Les ramasseurs se ruaient à la récupération, criant les mots de passe : Coca-Cola ! Torreblanca 15 ! Bingo !... J'ai entraperçu là-bas le gitan fouillant dans les ordures et revenir ensuite par le promenoir sous les arcades qui sert de préau entre le patio et le réfectoire. Il courait presque, son bras droit serré le long du corps, puis il a obliqué brusquement dans le dos des ramasseurs. El Cortina ne s'est rendu compte de rien. Nez en l'air, il attendait une boule. Le couteau lui est entré juste au-dessus du rein droit. Le gitan l'a ressorti aussitôt et s'en est débarrassé en le jetant par-dessus le toit du bâtiment. El Cortina alors s'est retourné lentement, comme au ralenti, et son regard, son regard de braise s'est voilé, le sang s'est retiré

1. Surnom argotique donné en Espagne au *guardia civil.*

de son visage et ses genoux ont fléchi, fléchi... Puis il s'est écroulé. Deux yonkis l'ont relevé aussitôt, le prenant chacun sous un bras, et l'ont amené au feignantoir... C'était il y a trois mois à peine. Et El Cortina s'en est sorti. De retour de l'hôpital, le voici de nouveau parmi nous. Toujours aussi fou. Son *bardeo* — sa « saccagne » — doit être sur lui, ou là tout près, sous quelque carton traînant à terre près du préau. Il est revenu vivant mourir pour une bola, aujourd'hui peut-être, ou demain, un jour, d'un autre coup de couteau, d'une overdose ou du sida... Qu'importe ? La mort ici est à peine un battement de cil. C'est une ombre imperceptible qui traverse le patio sous le ciel en feu.

Mais quand ? Quand donc était-ce ? Et où ?

Et le spectacle commence, il recommence... Tombent d'abord, en réponse aux sifflements des détenus, les premières pierres accompagnées de pommes de terre, d'oranges ou de citrons, aussitôt retournés à l'envoyeur : c'est le signal que le patio est « clair », qu'il n'y a pas de comité d'accueil matonesque. Les pierres, anonymes, annoncent l'envoi de bolas destinées à un détenu quelconque. Tubercules et agrumes, en revanche, proviennent des lanceurs attitrés des kies. La patate signifie : bola pour El Abuelo ; l'orange : bola pour El Guana... Parfois le lanceur, qui connaît le *talego* (la prison) pour y être allé lui-même une bonne demi-douzaine de fois, veut s'assurer que le destinataire a bien reçu la marchandise. Ce dernier grimpe alors sur le mur du patio, au fond là-bas près des ordures.

« *¿ Has pillao ?* lui crie le lanceur par-delà le no man's land.

— *¡ De abute, campeón*[1] *!* »

Clac ! Ping ! Pang ! Et les voici maintenant qui tombent, les bolas jolies, Coca-Cola ! Macarena ! qui ricochent et qui roulent. Nati ! Carmen ! Pili ! les jolies boules aux yeux de velours fous de caballo blanco. Elles roulent depuis Torreblanca, las Tres Mil Viviendas, depuis les polígonos Norte, Sur et San Pablo, ces ZUP

1. « Tu as reçu ? — C'est OK, champion ! »

ignorées des clients de l'Alfonso XIII[1], de ces touristes adorateurs de la Semana Santa, de la Giralda et su puta madre. Ce sont eux, pourtant, qui les auront payées, parfois, ces boules. Le reflex 24 × 36 subtilisé dans la voiture dont la vitre arrière aura été pulvérisée par un éclat de porcelaine de bougie à un feu rouge, le sac à main ou le collier arrachés brutalement par un *tironero*[2] à pied ou à moto, ou le portefeuille remis la nuit, couteau sous la gorge, au détour d'une de ces ruelles si pittoresques, auront permis de payer l'héroïne dont quelques miettes atterriront dans l'un des trois patios du talego de Sevilla para herir, siempre Sevilla para herir !

Assis sur mon banc de pierre, je regarde. Je regarde et j'adhère. Me souviendrai-je de tout, demain, dans l'univers d'à côté, pour mieux en rire ?

Le patio est maintenant en pleine effervescence. Tous les détenus ont quitté l'étage. Une quinzaine d'entre eux sont massés devant la fenêtre de l'economato, martelant à coups de poing le volet de protection et criant à l'adresse du préposé (un Sudaca évidemment, car quel emploi sérieux l'administration pourrait-elle confier à un yonki, fût-il un kie ?...) les délicatesses habituelles : *¡ Abre ya, cabrón !* Ouvre donc, cocu ! Et les autres, presque tous les autres, sauf ceux qui courent après les boules ou qui sont déjà en train de se shooter dans le *tigre*, assistent au spectacle sous les arcades du préau, prêts à crier *¡ Agua ! ¡ Agua !* au cas fort improbable où don Juan quitterait la fraîcheur de son feignantoir. Leurs regards identiques, avides, durs — las aussi — suivent les boules qui ricochent et qui roulent, repèrent les propriétaires... Pourront-ils marchander tout à l'heure un shoot, ou pis, mendier une bouffée d'héroïne au *canuto* ou la moitié d'une pastille de Rohypnol ? À El Guana, sûrement pas. *¡ Búscate la vida, tío !* sera la réponse du grand yonki. Un sauvage, celui-là. Un qui n'a pitié de personne. Dont Sus Señorías n'ont pas eu pitié non plus, d'ailleurs, qui lui ont infligé

1. Palace de Séville.
2. Adepte du *tirón*, le vol à l'arrachage.

douze ans de prison pour une kyrielle de *tirones*... Douze ans pour des sacs à main ! Et viva la muerte !

Clac ! Ping ! Pang ! Plus d'une dizaine de boules déjà sont tombées dans un concert de cris et d'insultes : chacun exige de voir la contraseña. C'est qu'elles ne vont pas toujours dans la poche de leur destinataire, les bolas jolies... Aujourd'hui toutefois, jour calme, les couteaux n'ont pas été sortis. Tout se passe dans les hurlements ordinaires de la vida normal qui se poursuivent au *tigre* où le contenu de la boule, après que le propriétaire s'est servi, est aussitôt vendu. Prix du *paquetillo*, une dose : deux mille cinq cents pesetas ; prix d'une pastille de Rohypnol, la pastille du courage comme ils l'appellent, celle avec laquelle ils se dopent dehors pour commettre d'ahurissants braquages de banque au couteau : cinq cents pesetas ; n'est bon marché ici que le *porro* (le joint) généralement bien servi : deux cents pesetas. Il est inutile de chercher un yonki lambda porteur d'un Walkman ou d'une montre... Le moindre objet d'un peu de valeur a été vendu dès le premier jour d'incarcération pour s'acheter de quoi tromper le *mono*. Seuls les kies possèdent des Walkman et arborent au cou des chaînes d'or auxquelles sont enfilées, tels des trophées, les alliances et les chevalières perçues en paiement du caballo...

Voilà, c'est fini.

L'opération « bolas » n'a pas duré une demi-heure. Les picoletos dans leurs guérites de fer couleur caca d'oie, don Juan dans son feignantoir ont assisté qui au spectacle offert par les lanceurs, qui à celui donné par les réceptionnaires... Je lâche un soupir, et, juste comme je lève la tête, passe dans le ciel une formation triangulaire de vanneaux se dirigeant vers le Coto Doñana, la réserve naturelle située entre Jerez et Huelva. Paix, luxe, calme et volupté. Je suis heureux. Ce *talego* gît en pleine ville — et quelle ville ! — au cœur même de l'absurde : barrio de Los Pajaritos. Quartier des Petits-Oiseaux. Des petits oiseaux en haut, des petits oiseaux en bas, des petits oiseaux partout, des qui volent, volent, et des qui ricochent et qui roulent, roulent. En pleine ville. Près du stade de football où l'autre soir Placido Domingo est venu chanter avec l'ineffable Julio

Iglesias : *Soñadores de España*, Rêveurs d'Espagne... Si heureux, vraiment. Quel bonheur de voir enfin l'absurde de ses yeux, de l'entendre de ses oreilles : Nati ! Coca-Cola ! Bingo ! et de pouvoir le toucher de ses mains nues... Je caresse le banc de pierre. Je suis là. Le banc aussi. L'absurde est vrai. Et je me lève. Il n'y a plus de risque de prendre une boule sur le crâne, marchons un peu dans le patio en compagnie de Lhorme. Ah ! Lhorme, mon pauvre ami !... Je longe le mur de gauche qui sépare notre patio de celui de l'infirmerie et du bâtiment des mineurs, et tout en marchant j'y passe les doigts. Une prison. C'est une vraie prison complètement irréelle, absurde absolument comme seul Cervantes, né à Alcalá de Henares, tiens ! et emprisonné lui aussi quelque temps à Séville, paraît-il, aurait pu en rêver à condition d'avoir lu Kafka. *Soñadores de España*. Et du monde entier, d'ailleurs. Le monde entier rêve. De morale, notamment. Me voici parvenu au fond du patio, près des ordures. Les deux frères Porra (matraque), El Porra Grande et El Porra Chico, sont assis là, parmi les cartons, les boîtes de Coca-Cola et divers autres détritus plus ou moins innommables, en train de chercher leurs veines. Ça y est, Porra Chico en a trouvé une : près de la cheville. Il y plante la divine aiguille. Ouf. Que c'est bon. El Porra Grande m'adresse un clin d'œil. *¿ Qué tal, guiri ?* me lance-t-il, rigolard. Une belle tête franche de gargouille médiévale avec une âme à l'intérieur. Sus Señorías sont des esthètes. Ils n'ont vu que la gargouille. J'aime bien les frères Porra. Ils sont laids, ils sont sales, ils sont séropositifs et camés jusqu'aux yeux. Et tout cela gaiement, joyeusement, suicidairement. Il faut reconnaître aussi que c'est foutrement drôle d'avoir une âme dans ce monde d'esthètes où l'on vous assène des années de prison pour que vous n'emmerdiez plus les touristes...

« *Aquí estamos, chaval* », lâché-je en clignant de l'œil à mon tour. On est là, fiston, on est là... Mais El Porra Grande m'a déjà oublié, trop occupé qu'il est à chercher cette putain de veine. Je fais demi-tour, reviens par le préau sous lequel je m'arrête un instant. De là, j'aperçois les cuves de la brasserie Cruz Campo dont les émanations maltées, le samedi, envahissent le barrio. Un peu plus loin, se dresse un grand immeuble aux balcons duquel, le soir, des femmes viennent s'accouder, saluées par les cris et les sifflements des détenus. Sur la terrasse, là-haut, du linge sèche, immobile : pas un souffle d'air ne trouble cette fournaise étale.

Fournaise étale...

Mon regard revient au patio. Adhérons. Des groupes se sont maintenant formés un peu partout, assis par terre au pied des murs et à l'ombre du préau. Tous roulent des joints, ou bien versent dans le Coca-Cola des sachets de Nescafé soluble : alchimie yonki. C'est le cocktail ordinaire accompagnant l'ingestion des pastilles de Rohypnol. Il paraît que la caféine (ou l'alcool, les jours de jota-be) convertit le somnifère en une espèce d'excitant. Je veux bien le croire, à voir les yonkis déambuler ensuite dans le patio, zombies titubant au regard halluciné sous des paupières de plomb, cherchant querelle à tout propos dans un état voisin de l'hypnose, vociférant des invectives du genre : « *¡ Me cago en los muertos de todos los chivatos que hay aquí* [1] *!* » et armés de manches à balai, de chaises, de tout ce qui leur tombe sous la main... À ces moments-là, mieux vaut les éviter. Ils sont comme fous. Ne reconnaissent plus personne. Et ne se souviendront de rien le lendemain. La nuit, hélas ! il faut les supporter : ils ronflent comme des damnés.

Où suis-je, grand Dieu ? Mais où ? Et quand ?

Je ne pense plus, je pense quand même. Poursuis ma promenade sous le préau, la tête en feu. Arrive devant le *tigre* d'où sort soudain El Madrile — le Madrilène — qui me heurte violemment. C'est un blond à la peau blême et aux yeux verts en amande dont j'ai partagé la cellule quelque temps. Il me regarde hébété, un sourire extatique aux lèvres. Ça va, il a sa dose. C'est le plus junkie de tous les junkies d'ici, capable d'encaisser dans la même foulée un shoot d'héroïne, une ou deux pastilles de Rohypnol, un pétard, le tout arrosé d'une lata de jota-be. La classe à l'état pur. Je l'ai vu pleurer

1. « Je chie sur les morts de toutes les balances qu'il y a ici. »

de bonheur après un shoot. C'est qu'il n'a pas d'argent, le pauvre. Lui aussi doit récupérer les boules pour les autres — et accumuler à leur place les rapports. Son dernier exploit : avoir arraché une lata des mains d'un fonctionnaire qui avait réussi — miracle ô combien éphémère ! — à en attraper une, puis l'avoir vidée cul sec en tournant autour d'un des piliers du préau tandis que le gardien essayait de la lui reprendre... Ce spectacle, salué de olé ! hystériques, avait mis en joie tout le patio. Après quoi, El Madrile avait été copieusement passé à tabac au mitard — *¡ Sevilla para herir, siempre Sevilla para herir !* Mais caballo, Rohypnol et jota-be avaient heureusement amorti les coups de matraque dans sa conscience en allée...

La mienne aussi, tiens... Pourquoi pensé-je tout à coup à la tante Angélique ? Ah ! oui : *¡ Quillo ! ¡ Quillo !* Petits ! Petits ! Petits !... Los Pajaritos. Les pigeons dans le patio. Des petits oiseaux partout, en haut, en bas. À présent que les yonkis ne courent plus après les bolas, ils réoccupent le terrain, les pigeons voraces. Il y a de quoi picorer ici, ce ne sont pas les saloperies qui manquent... Petits ! Petits ! Ils logent sous le toit du bâtiment numéro 3, le seul où les yonkis ne peuvent grimper. Donc la tante Angélique vivait là, à Guenroc, Côtes-du-Nord, chez qui j'allais passer parfois mes grandes vacances d'été, cances d'été. Ay, la Rance ! En ce temps-là, je ne savais pas encore ni où ni comment j'allais mourir. C'était la Rance qui passait là, pas le Guadalquivir. Comment c'est fait quand même, hein, une vie, si on peut appeler ça comme ça. Et sa maison se tenait en face du lavoir que le père Ivergneau récurait chaque dimanche matin pendant la messe, pour emmerder le curé, der le curé. Elle avait aussi des chats, des lapins, et des poules, des poules, petits ! petits ! petits ! qui couraient et caquetaient par toute la maison. Mon Dieu ! J'ai donc eu une enfance ? Moi ? Impossible, impossible ! Et une histoire ? Justement, j'ai un mal fou à la terminer, cette histoire. *¡ Quillo ! ¡ Quillo !*

Cela résonne dans ma tête. La chaleur peut-être... *¡ Quillo ! ¡ Quillo !* Les yonkis s'appellent, s'interpellent : *¡ Quillo ! ¡ Quillo !* — raccourci de *chiquillo*, lui-même diminutif de *chico*, petit... Petits ! Petits ! Petits ! *¡ Quillo ! ¡ Quillo ! ¡ Quillo ! ¡ Quillo !*

Je perds la tête.

Heureusement, le temps a passé. Quand ils m'ont amené là, ils m'avaient mis au bâtiment numéro 3, celui des pigeons. J'étais resté là une quinzaine de jours, le temps de faire connaissance avec l'univers carcéral andalou... Puis j'avais été transféré à Alcalá-Meco, *via* Carabanchel, où j'avais retrouvé l'univers normal de béton et de silence de la prison en noir et blanc sans palmiers ni bolas ni pajaritos.

... Il y a trois palmiers dans le jardin central du talego de Séville, et un autre, un grand, dans le patio de l'infirmerie

je les vois bien
Sous le ciel atrocement bleu je les

et la nuit, Vénus et la lune brillent entre leurs palmes...

Puis retour à Séville, un an plus tard, pour mon jugement. Tiens, je l'avais oublié, celui-là !... Huit ans, ils m'ont collé, Sus Señorías, pour ne pas avoir abattu froidement deux nationaux par un matin clair du joli mois de mai à Sevilla pas toujours para herir, pas toujours : la preuve...
Mais pour mourir, ça oui, pour mourir !

Un mal fou, donc, à finir cette histoire qui s'écrit dans ma tête, malgré moi, croix de bois, croix de fer, pour la dernière fois peut-être, Dieu merci. Profitons-en et adhérons. Je jette un coup d'œil machinal à l'intérieur du *tigre*. Tous les W-C sont occupés. Difficile de chier au pays des yonkis. Puis je passe devant les douches, juste à côté. Toutes les cabines sont occupées. Difficile de se laver au pays des yonkis. Ils sont accroupis là-dedans à la recherche de leurs veines, *¡ me cago en Dios !*, ont du mal à les trouver, s'aident mutuellement... Dans chaque W-C, dans chaque cabine, se trouve en permanence le matériel de base : la boîte vide de Coca-Cola posée à l'envers, ainsi que le litre de vinaigre. Le cul de la boîte de Coca-Cola est concave ; on y dissout le caballo dans une goutte de vinaigre, et l'on introduit la dissolution dans la *flauta*, la flûte, c'est-à-dire la seringue, appelée encore bicyclette ou *bimba*. Mais on peut aussi fumer l'héroïne : cela s'appelle un *chino*. En ce cas, le caballo est déposé sur la *plata*, la feuille d'aluminium d'emballage des cigarettes blondes dont on a préalablement brûlé la pellicule de papier collée sur la face intérieure, et l'on passe dessous la flamme d'un briquet. Le caballo forme alors une goutte caramélisée d'où s'échappe une fumée qu'on aspire à la pipette, le *canuto*. Il faut pencher la plata pour que la goutte fumante roule doucement et ne se carbonise pas... Ce papier d'emballage des cigarettes blondes sert d'ailleurs à tout : pour les joints, c'est l'opération inverse. On voit ainsi des yonkis passer des heures à décoller patiemment de la feuille d'aluminium le papier qui servira ensuite à rouler le porro : rien ne se perd, rien ne se crée, tout se transforme...

Quoi d'autre encore, voyons voir. Ah ! là, devant la porte du « salon de coiffure » où officient deux travestis du bâtiment 2, un arrivant couché par terre et frissonnant : le *mono*... Il n'y en a qu'un aujourd'hui. D'ordinaire, ils sont trois ou quatre. Ils s'enveloppent dans une couverture, s'étendent sur le sol ou sur un banc de pierre et attendent que ça passe. Ils viennent déjà de mariner soixante-douze heures en garde à vue à la *gobi*, mais ça n'a pas passé encore, ça n'est pas tout à fait fini, mais ça va venir, ça va venir... En attendant, ils ont froid, mal partout. Sont sales et déguenillés. Ne veulent pas se laver car ils ne supportent pas l'eau froide, pourtant tiédasse par cette chaleur. Sont maigres à faire peur... La prison, c'est vrai, leur fera grand bien, les requinquera, les engraissera, les bronzera, les revitalisera, leur redonnera de l'élan pour sauter plus avant dans l'abîme, demain...

Est-ce ainsi dans les autres galaxies ? Y a-t-il un monde meilleur ? Sûrement pas. Celui-là est vraiment trop beau.

Ces arrivants sont le clou du séjour. J'en ai eu jusqu'à deux d'un coup dans ma cellule. Vomissements, diarrhées, gémissements. Une belle longue nuit d'insomnie surréaliste assurée chaque fois. Où ? En Europe. Parfaitement. Pas la nouvelle encore, mais la vieille Europe, avec sa culture, son histoire, ses droits de l'homme et ses poils blancs au trou du cul. Tout transpirant de chaleur sur mon matelas mousse tandis qu'eux frissonnaient, je les écoutais dégueuler, heurrgh, chier, prroûût, et geindre, âââh, au bord de l'extase moi-même car la vie n'a pas de prix qui peut tant donner matière à réflexion à un gangster philosophe.

Y aurait-il une de ces cellules adornée de merde, de dégueulis et de taches brunes de punaises écrasées, avec deux yonkis empaillés tordus sur leur matelas, la Blanca Paloma au cou et une tête de christ tatouée dans le dos, présentée au pavillon d'Espagne de l'Expo 92 ? C'était douteux, hélas ! Les édiles de la Sevilla post-moderne para herir avaient pris soin déjà de faire construire au milieu des champs, à dix kilomètres de là, la nouvelle prison vitrine avec piscine : Sevilla-II, *alias* Alcatraz. Les plus terribles des yonkis d'ici y étaient peu à peu expédiés. Ils se coupaient les veines une fois de plus, se tailladaient le ventre, grimpaient sur les toits le jour du transfèrement pour ne pas y aller. El Guana, El Loco, El Petete, Carlos, El Madrile, El Cortina, les frères Porra y seront envoyés par force quelque jour. Alcatraz-sur-Guadalquivir, pénitencier de la mort... car on ne peut y recevoir de bolas !

Mais que m'importe tout cela ? On jurerait que je règle des comptes. Ce n'est pas vrai. Juste la chaleur qui m'échauffe un peu la cervelle. Qu'est-ce que je fais là, aussi, à mon âge, en plein soleil, parmi ces yonkis, ces kies, ces gitans, ces don Juan et ces pigeons, tous sortis de l'imagination de quelque auteur de BD schizophrène ? Ah ouiche ! L'Inéluctable m'a déniché le bon endroit pour en finir. Ce talego de Séville, vraiment, il fallait le trouver...

Ananke.

Et voilà qu'El Polí, assis là-bas en compagnie de deux apaches, El Colorao (le Rouquin) et Huevo (Œuf), me fait signe : il m'invite à fumer un joint. Je passe à l'economato commander trois Coca-Cola pour eux, et pour moi un *opio*, un opium comme on nomme ici le café bien serré. Sur le sachet de sucre en poudre qui l'accompagne, un de ces sachets destinés aux bars de la ville, on peut lire : « *Gracias por su visita* »... Tant de courtoisie, vraiment, par 40° à l'ombre, cela vous réchauffe le cœur.

Quand j'ai rejoint les trois yonkis, El Polí me tend le porro qu'il vient de rouler.

« *Dale la vida, francés* », me dit-il.

J'allume le joint — lui « donne la vie » — en dissimulant ma nausée : j'ai horreur du tabac, même fourré au *chocolate*... Mais l'écœurement passé, tout à l'heure, je sais que mes nerfs vont se dénouer, là, au plexus, et que la réalité, l'insensée réalité, peu à peu va se mettre à chatoyer. Comme pour me donner raison, des accords de guitare s'élèvent soudain là-bas, sur lesquels vient se greffer, ample et puissante, la voix d'El Cateto (le Péquenaud) : c'est un fandango.

Galopa
fuerte mi jaca.
¡ No me falle en la carrera !
Galopa
fuerte mi jaca...

Que ella es la que me espera
para hablarme de amor
muy pegaita a mi vela...

Un groupe s'est formé autour du *cantaor* et du guitariste, tapant dans ses mains et encourageant le duo de la voix : le *jaleo*. Les porros circulent.

J'ai perdu la notion du temps. Un sourire béat erre sur mes lèvres...

« *Toma, francés, mátalo.* »

C'est la troisième fois que le porro me revient ; l'animal est chargé, et j'ai déjà mon compte. « Le tuer » est trop pour moi, d'autant que les dernières bouffées sont les plus âpres. Par politesse, j'en aspire cependant une calaita symbolique, puis je le passe a mon voisin.

« *Mátalo, tú, Colorao* », dis-je.

Le rouquin yonki ne se le fait pas dire deux fois, et je me lève, remerciant El Polí d'une tape amicale sur l'épaule. J'ai les jambes en coton ; mais je me sens bien, léger, léger, je vais m'envoler. Devant moi, le palmier de l'infirmerie dresse son fût rectiligne, et son feuillage penné me rappelle alors quelque chose... *Mañana !* me dis-je soudain. Et j'éprouve comme un éblouissement terrible, délicieux. Je suis léger, de plus en plus léger... Mais quel mañana ? Un mañana cualquiera, n'importe lequel ?

Galopa
fuerte mi jaca

que ella es la que me espera...

Non : demain, de préférence. Oui, c'est cela : DEMAIN.

L'idée m'est venue l'autre jour chez le juge. Peu importe quand. L'autre jour. Mme le juge de Lyon chargée de l'instruction du hold-up de M... s'était déplacée en personne à Séville pour m'interroger. Elle était accompagnée pour la circonstance de deux inspecteurs de la BRB de Lyon ainsi que d'un interprète officiel de l'Audiencia Nacional de Madrid. L'interrogatoire ne pouvait avoir lieu en effet qu'en présence d'un magistrat espagnol auquel questions et réponses devaient être traduites.

Un beau matin, donc, deux flics du groupe *anti-atraco*, l'anti-gang du cru, celui-là même auquel appartenait l'espèce de dangereux péquenaud, no te muevas, no te muevas o te mato, qui m'avait arrêté calle Jiménez-Aranda, vinrent me chercher en voiture à la prison et m'emmenèrent dûment menotté au palais de justice.

L'« entretien » fut vite bâclé. Je connaissais mes droits, à savoir qu'en territoire étranger il m'était loisible de refuser de répondre aux questions d'un juge français.

Ce que j'avais bien l'intention de mettre à profit.

Ce fut pendant les préludes à cet interrogatoire qui n'eut donc pas lieu, tandis que papotaient par interprète interposé Mme le juge et Su Señoría, que l'idée me vint. J'étais affalé là sur ma chaise, menottes dans le dos, en jean, baskets et tee-shirt, pas même rasé car je ne savais pas qu'on m'emmènerait au palais de justice ce matin-là, et sous la surveillance de deux nationaux et des deux sbires du grupo anti-atraco venus me chercher à la prison. Indifférent à la situation, je m'étais mis à considérer le décor. Debout à droite derrière le fauteuil de Sa Seigneurie, était posé le drapeau espagnol. La fenêtre était grande ouverte, par laquelle j'apercevais le feuillage d'un palmier frémissant imperceptiblement sous la brise. Mon regard s'y attarda un instant, puis revint à la pièce. Elle était plutôt sombre avec ses murs garnis de boiseries. Dans l'angle opposé à gauche derrière la petite table où se tenait le greffier, des rangées de livres reliés plein cuir, rouge et brun foncé avec leurs titres en lettres dorées, s'alignaient sur des étagères. Un cabinet plutôt luxueux, au demeurant, par comparaison avec ce qu'il m'avait été donné de voir jusqu'à présent.

Mon regard se porta ensuite sur le bureau de Sa Seigneurie, là, devant moi. Aucune trace de désordre. Un bureau feignantoir d'une netteté exemplaire. Il y avait une lampe de cuivre à l'abat-jour vert pâle, des stylos dans un plumier d'ivoire, un encrier en verre, un téléphone, une chemise cartonnée de couleur bleue, fermée. Et un cadre. Mon regard découvrit soudain le cadre avec stupeur. Il était tourné, non pas vers le juge comme c'eût été le cas s'il s'était agi d'une photographie de famille, mais vers les visiteurs — c'est-à-dire, en fait, vers l'inculpé potentiel censé être assis là quotidiennement, comme moi aujourd'hui, devant le bureau. C'était un cadre de bois doré ; le fond était tapissé de velours rouge. Et sur ce velours était cloué, sans croix, un christ d'argent.

Pendant une longue, longue minute, je ne pus détacher mon regard de ce christ. Qu'est-ce que cela foutait là, grands dieux ?

Puis je levai les yeux sur Sa Seigneurie — un petit gros à tête de Groucho Marx, lunettes et moustaches incluses — qui pérorait toujours avec Mme le juge, et mon regard décrocha, se porta sur le drapeau espagnol debout derrière lui, revint au cadre. J'étais outré. Scandalisé. Je finis tout de même par recouvrer peu à peu mon sang-froid. Et après la déchirure, ce fut le rire. Un rire inextinguible et froid, tout intérieur, qui me secouait silencieusement. Un rire intense, fou. Un rire de mort. Je regardai de nouveau le feuillage du palmier. Il ne bougeait plus. Je regardai le ciel, bleu et vide à l'infini. Je revis dans ma mémoire ces deux *nacionales*, serviteurs zélés du Christ et de l'État, que je n'avais pas tués.

Et alors je sus comment, moi, l'Abbé, j'allais mourir.

22

Mañana. Demain. C'est-à-dire aujourd'hui, pour une fois.

La même chaleur d'enfer, et l'éternité, toujours, miroitant sous le soleil. Les sifflements des lanceurs fusent déjà, et dans le feignantoir, aveugle et sourd à ce naufrage du temps dans l'air incandescent, don Juan est affalé près du ventilateur, les pieds sur le bureau et le regard abrité derrière des lunettes de soleil.

Il n'y a pas de comité d'accueil.

J'ai l'esprit clair, tendu. Je n'ai pas dormi pendant la sieste. Durant presque trois heures, étendu sur mon lit, j'ai contemplé le plafond au-dessus de ma tête, un plafond au crépi blanc sale et parfois jauni, maculé de taches brunes de punaises écrasées faisant ici et là de longues traînées de sang séché. Joli plafond en vérité. Tout à fait digne de ma collection de plafonds contemplés au cours de ma longue carrière de client d'hôtels et de locataire de chambres et de studios meublés. Mon dernier plafond, ai-je pensé. Mon chant du cygne de contemplateur de plafonds.

Comme d'habitude, je suis descendu le premier. Mais cette fois je ne traverse pas le patio ; je vais me poster sous les arcades du préau, entre deux piliers, à peu près à hauteur de la ligne moyenne de chute des bolas. Je n'ai plus qu'à attendre. Il est 16 h 30. Les sifflements des lanceurs se multiplient, se font plus pressants. Sur la terrasse de l'immeuble près de la brasserie Cruz Campo, du linge sèche toujours, immobile, et les stores aux balcons sont baissés.

Les voici.

El Guana d'abord, comme hier, comme toujours, macho jusqu'à la fibre et crachant loin devant lui. Aujourd'hui, le bandeau qui lui ceint le front est blanc. Sa chevelure d'Apache, noire et lisse, flotte sur ses épaules. Il porte un short rouge et des Nike montantes. Au bas de sa jambe droite, le paquet de cigarettes glissé dans sa chaussette fait une bosse, et à celle de gauche, le porte-monnaie et le briquet en font une autre : rien dans les mains, rien dans les poches ; paré pour le combat. De sa démarche souple, le grand yonki vient se placer au milieu du patio sans un regard vers moi : El Guana m'a toujours superbement ignoré. Après avoir craché une nouvelle fois, il module entre ses lèvres un long sifflement strident, et les premières pierres tombent aussitôt. Clac ! Ping ! Pang ! El Chato, El Loco, Carlos, Bimbo, El Enano... tous arrivent maintenant au fur et à mesure de l'ouverture des cellules et viennent se mettre en position aux côtés d'El Guana, renvoyant les pierres à leur tour. Voici encore les frères Porra... El Kiki... puis El Abuelo, un costaud placide d'une trentaine d'années dont la grosse moustache tombante lui fait effectivement une tête de grand-père. El Abuelo me rejoint sous le préau d'où il va surveiller les opérations : Bimbo se charge de sa boule. Justement, une pomme de terre tombe à l'instant même. Bimbo ramasse le tubercule et le retourne à l'envoyeur. Aucune orange encore. El Guana attend, le regard rivé au-dessus du grillage qui rehausse le mur, la mine hargneuse. Son lanceur aurait-il été pris d'une sciatique ? Ping ! Pang ! La première boule. Carlos a bondi. Elle roule, roule, la bola jolie, roule et ricoche. *¡ Camarón !* crie Carlos en lisant la contraseña. *¡ Aqui ! ¡ Aqui !* crie El Cortina qui vient de faire son entrée dans le patio... D'El Cortina, le choix du mot de passe ne m'étonne guère : Camarón de la Isla, l'idole des gitans, un cantaor new wave à la voix criarde, crispante, *¡ Soy gitano ! ¡ Soy gitano !,* qui me donne des élancements dans la tête et me fait monter l'écume à la bouche... Carlos lui envoie sa boule — il le savait, bien sûr, que c'était celle du Cortina, sinon il aurait déjà tenté de l'empocher en donnant un faux mot de passe —, et se remet en position. Je ne quitte pas des yeux El Guana ni El Enano, deux des plus dangereux du patio, deux pour qui je ne suis qu'un *guiri*, mafioso ou pas. Orange pour l'un, citron pour l'autre. Qu'ils tombent ! Vite ! Qu'ils tombent ! Mot de passe des bolas : Pantoja (la chanteuse de Séville) pour El Guana, et Rocío pour El Enano. Qu'elles tombent, elles ensuite, vite ! Qu'elles tombent, l'une ou l'autre, ou les deux, l'aubaine ! Je jette un coup d'œil inquiet là-bas, au bout du préau, entre l'economato et le feignantoir où aboutit l'escalier de l'étage. Pourvu qu'El Polí n'arrive pas ! Heureusement, il n'est jamais pressé, et parfois même reste à fumer un joint dans la salle de télévision de l'étage : El Petete veille à son négoce. Car si El Polí se trouve là... El Polí est intelligent. Il va comprendre, sûr qu'il va comprendre. Et tout faire rater. Même El Guana, oui, même lui, passera la main si El Polí s'interpose.

Presque tout le monde maintenant est dans le patio. Groupe là-bas, devant l'economato, martelant le volet de protection : *¡ Abre ya, cabrón !* et yonkis sous le préau, à mes côtés, regardant le spectacle et interpellant les acteurs : *¡ Quillo ! ¡ Quillo !* El Abuelo, sa boule Nati récupérée, a disparu déjà en compagnie de Bimbo et d'El Catalán, le responsable du nettoyage. Ce dernier possède la clé du réfectoire où tous les trois s'enferment pour ouvrir la boule et fumer tranquillement un chino, hors d'atteinte des *buitres*, les vautours, comme El Abuelo appelle les quémandeurs et les indigents... Toujours pas d'agrumes. Que se passe-t-il donc, bon sang ? J'ai dit mañana. Mañana, c'est aujourd'hui. Je ne veux plus attendre. JE NE PEUX PLUS ATTENDRE. Trop longtemps que ça dure : quarante-six ans. Quarante-six ans ! Et El Polí qui va forcément arriver... Et les bolas qui tombent, Pili ! Bingo ! San Pablo 7 ! Bousculades, cris, invectives. Le patio est en effervescence. Sans même courir, menaçant, roulant les épaules — hélas ! je ne connais pas sa contraseña — El Chato récupère sa boule, puis El Kiki, puis les frères Porra... El Guana et El Enano, eux, en sont toujours à attendre la maudite orange et le maudit citron... Ping ! Pang ! En face de moi, un peu à gauche, le palmier de l'infirmerie attire mon regard. C'est le plus grand, le plus beau. Joli palmier, palmier joli, porte-moi chance. Chance, comprends-tu ? *¡ Suerte ! ¡ Suerte !* Ça y est ! Il m'a entendu, m'a exaucé ! Un citron ! El Polí n'est toujours pas là. Vite ! Je quitte l'abri du préau et me mêle aux réceptionnaires. El Enano, le petit yonki blond à tête d'enfant de chœur et au couteau toujours prêt, a déjà renvoyé le citron de l'autre côté des murs. Serai-je plus rapi... L'orange ! L'orange tombe à son tour ! Trop mûre, elle se ratatine à demi sur les pavés du patio. El Guana la ramasse quand même et la relance ; je la vois qui éclate dans le ciel bleu, elle éclate, la belle orange des orangeraies de Carmona. Soudain El Guana fronce les sourcils : il m'a vu. Qu'est-ce qu'il fout là, le *franchute* ? se demande-t-il. Il attend une boule ? Lui ? Ou autre chose, peut-être ? Comme il y a deux ans, ces Italiens qui s'étaient fait envoyer un parabellum en pièces détachées — trois bolas, m'a-t-on raconté, dont une, hélas, celle plus lourde contenant la carcasse, avait heurté le grillage et était retombée dans le chemin de ronde... Mais laissons cela. Deux boules, donc, vont tomber maintenant... Deux ! Les voilà ! Serai-je plus... Clac ! Ping ! Ping ! Heureusement El Guana, sûr de lui comme El Chato, ne se donne pas la peine de courir. Je fonce sur la plus proche qui roule, roule, suivie de la seconde, *¡ Suerte ! ¡ Suerte !* Mais c'est El Enano qui est le plus rapide : il croise mon chemin, me dépasse, se baisse... Des deux mains, je le propulse alors violemment en avant, et il va culbuter tête la première contre le mur du patio de l'infirmerie. Silence. Il me semble que je n'entends plus un bruit, plus un cri dans le patio. J'ai ramassé la bola — je lis Rocío — et déjà je fonce après l'autre qui, par bonheur, *¡ Suerte ! ¡ Suerte !* s'est arrêtée là, au pied du mur, sans ricocher plus loin : Pantoja ! C'est la Pantoja, la belle chanteuse veuve de Paquirri mort à Pozoblanco encorné par un Miura... Mais qu'est-ce que je raconte ?... Qu'est-ce que j'ai fait ?... Mais qu'est-ce que j'ai fait ? Et cette chaleur, cette chaleur !... Du blanc, je vois du blanc et je cours, cours, ça y est, je suis au pied du mur, l'autre là-bas, celui du fond, près des ordures où Porra Grande et Porra Chico viennent chercher leurs veines ensemble. Et je me retourne. Ça y est. Deux boules ! J'ai réussi. Silence. Le temps qui s'arrête soudain. Mon Dieu, ce silence ! C'est fou. Sûrement, don Juan va sortir du feignantoir. Le bruit, les cris, les insultes, il s'en fout. Mais le silence... Et comme par hasard, les boules ne tombent plus et, au-dehors, les lanceurs ne sifflent plus. Immobiles et muets, les yonkis là-bas me regardent. Ceux sous le préau et ceux au milieu du patio, tous me regardent. El Enano se relève lentement, à demi sonné. Il a le front en sang. Et El Guana. El Guana, sidéré, me regarde aussi, puis il s'avance, s'avance lentement, lentement. Il n'est pas pressé, El Guana. Je le vois ôter sa médaille de la Blanca Paloma et la lancer aux yonkis du préau. Et El Enano s'avance à ses côtés, les yeux écarquillés. Indignation, rage et incompréhension se mêlent dans son regard bleu porcelaine. Et le couteau brille dans sa main. Déjà, oui, le couteau. Dans sa main...

Mon Dieu, qu'il fait chaud. La sueur me brûle les yeux, m'inonde le dos... Chaleur d'enfer. Et mon cœur qui bat, bat... Va, mon cœur, va ! C'était quand, déjà, tout ça ? Et où ? Où ?

Et voici les yonkis qui s'avancent à leur tour derrière El Guana et El Enano. Inouï. Il s'est passé quelque chose d'inouï au talego de Séville : un guiri fou a piqué les bolas d'El Guana — El Guana ! — et d'El Enano — El Enano ! Complètement fou, c'est sûr, *el tío ése...*

Alors je lève une main, une boule dans cette main, et je lance d'une voix plate à El Enano :

« *Rocío. ¿ La tuya, muchacho ?*

— *La mía, cabrón.* »

El Enano s'est arrêté à six pas. Son couteau pend à sa main gauche — il est gaucher, le muchacho —, et il tend sa main droite, paume ouverte, dans ma direction.

« *Dámela* », dit-il d'une voix brève, étouffée par la rage.

J'ai un large sourire sans joie.

« *Lo siento, muchacho*[1]. »

Et d'un mouvement rapide, j'expédie Rocío, la bola jolie d'El Enano, par-dessus le mur, par-dessus le grillage du mur, et je la vois à travers le grillage qui retombe, retombe, le mur soudain la cache, retombe dans le chemin de ronde. Amen.

1. « Je le regrette, mon garçon. »

El Enano est livide, comme statufié. La main qu'il tendait vers moi retombe elle aussi. Puis il regarde El Guana. Celui-ci explose — il pense d'abord à sa boule, sauver sa boule, après on verra...

« *Pero ¿ qué pasa, tío ? Te has vuelto loco, o qué*[1] ? crie-t-il. On t'a fait quelque chose, El Enano et moi ? »

J'ai le même large sourire, un peu triste toujours car, par cette chaleur, non vraiment, je n'ai pas le cœur à rire... Je pense à tous ces univers parallèles, à toutes ces fausses morts plus vraies que les vraies — mais qu'est-ce que c'est, les vraies ? — qui n'en finissent pas de nous faire renaître chaque fois dans des affres terribles, terribles, à l'endroit à l'envers dans le meilleur des mondes possible, et il y en a beaucoup, vraiment beaucoup, trop même...

Mon Dieu...

et ces Blancas Palomas brillant au cou de tous ces yonkis, ces kies, et les pigeons là-haut sur le toit, petits ! petits ! petits !

Guenroc, Séville, que sais-je encore, et Saint-Malo... ce foutoir, ma mère !

Et je lève mon autre main, une boule dans cette main, et lance à El Guana de la même voix plate :

« *Pantoja. ¿ La tuya, muchacho ?* »

El Guana me regarde. Livide lui aussi. Ses yeux noirs sont comme deux fentes assassines.

« Si tu fais ça, franchute, je te plante. Punto. Réfléchis bien. Tu le fais, et c'est fini pour toi. »

Mon sourire s'élargit — fini, il a dit « fini » !... Et la main toujours en l'air, faisant tourner insolemment entre mes doigts la Pantoja aux yeux de velours fous de caballo blanco, je dis :

« Tu ne m'as pas répondu, muchacho. *¿ Es tuya, la Pantoja ésa, o no ?* »

Pour toute réponse, le grand yonki crache vers moi. Un long crachat qui vient atterrir à mes pieds. Puis il lance par-dessus son épaule :

1. « Mais qu'est-ce qui se passe, mec ? T'es devenu dingue ou quoi ? »

« Cortina ! »

Et El Cortina s'avance. Il était là, bien sûr, l'increvable petit gitan fou, parmi les yonkis groupés derrière El Guana et El Enano.

« *Dame tu bardeo*[1] », lui ordonne El Guana.

El Cortina ne se le fait pas dire deux fois. De son jean moulant, il extrait le long couteau glissé là le long de sa hanche et le tend à El Guana. Ses petits yeux de braise, méchants, cruels, sont rivés sur moi. Et il sourit, El Cortina, d'un sourire mince et froid comme la lame du bardeo qu'El Guana tient à présent dans sa main.

« *¿ Y ahora qué, guiri de mierda ?* » me lance El Guana avec mépris.

Il n'a pas encore bougé, cependant ; se tient toujours à six pas, jambes écartées : la boule, il espère encore sauver sa boule...

Et du groupe des yonkis, une voix, deux voix, puis trois, puis tout un chœur s'élève : « Ne fais pas ça, *francés* ! Tu es fou ! Rends-lui sa boule, *joder* ! Ça va s'arranger, on va discuter... » Puis un cri, soudain, venu du préau : *¡ Agua ! ¡ Agua !* Et don Juan fait une entrée nonchalante dans l'arène du patio écrasée de soleil. Il ne m'a pas vu encore, don Juan, sinon il se mettrait à courir, courir, pour empêcher cela : un étranger ! un Français ! poignardé à la prison provinciale de Sevilla para herir, siempre para... El Polí ! El Polí apparaît à son tour et il fonce, fonce, ne sait pas de quoi il retourne mais il fonce... Vite ! Vite !

D'un geste rapide, hop ! je balance la Pantoja jolie d'El Guana par-dessus le mur, vite !... El Polí va être là bien avant don Juan, et je crie à El Guana, le grand yonki aux jambes puissantes, son bandeau blanc qui lui ceint le front, ses cheveux noirs et lisses, et le couteau qui brille, brille dans sa...

« *Me cago en tu puta madre, ¡ maricón !* »

Alors El Guana a un hurlement de rage : *¡ Hijoputa !* et il charge en même temps qu'El Enano qui, lui, file sur ma droite... Je vois encore don Juan se mettre à courir comme un fou derrière El Polí

1. « Donne-moi ton couteau ! »

mais c'est trop tard, bien trop... Âââââh ! Un coup terrible, là... comme le soc d'une charrue...

No.
No me lo claves.
No.

... et un autre, comme un rayon de soleil...

No.
No me lo claves.
No[1].

... là, au bas de la page blanche, si blanche, ce terrible et mortel éblouissement : le mot...

FIN

1989-1992
Prisons d'Espagne

---

1. Federico García Lorca, « Puñal », ainsi que les métaphores « soc d'une charrue » et « rayon de soleil ».

DE LA FICTION
À L'AUTOBIOGRAPHIE
Quelques réflexions

La visite que m'a faite, honneur insigne, M. Malaurie n'a pas laissé de me préoccuper. Après avoir retracé pour mon édification l'histoire de Terre Humaine (d'où je ne pouvais manquer de conclure qu'y être accueilli impliquait des devoirs), le fondateur éclairé de cette prestigieuse collection m'a sommé en effet en ces termes : « Il faut sortir de votre tranchée ! »

Quelques jours plus tard, je lis sa préface au *Livre Terre Humaine*[1] dans laquelle il cite Michel Tournier : « Terre Humaine, qu'est-ce que c'est ? » demande l'auteur des *Météores*. Et de formuler ces deux critères : « D'abord l'authenticité [...] Ensuite, une certaine façon par laquelle les auteurs acceptent de se compromettre dans un livre... »

Me compromettre ! Témoigner ! Me défaire de Christian Lhorme, ce personnage qui m'a permis de me raconter sous l'alibi de la fiction ! Voilà qui est me demander beaucoup, presque trop... Je suis saturé de moi et saturé d'enfermement, sujets qu'après avoir écrit *Suerte* je répugne à aborder de nouveau, cette fois à visage découvert. Avant de m'exécuter, toutefois, puisque j'ai contracté une dette envers mon hôte à Terre Humaine, je veux exposer rapidement en guise d'introduction à cette postface les raisons qui m'ont fait choisir, avec ce livre, la forme romanesque plutôt que celle de l'autobiographie.

---

1. Plon, 1993.

La plus évidente, d'abord, à laquelle je donnerai la tournure d'une boutade : s'agissant de l'histoire d'un malfaiteur, il eût été contre-productif, peut-être, d'en signer les méfaits...

La deuxième, non moins sérieuse, tient au fait que je vais comparaître en cour d'assises. Or un procès d'assises donne obligatoirement lieu au déballage public de la vie de l'accusé. Devais-je donc ajouter mon propre déballage à cette éprouvante exhibition judiciaire ? Celle-ci, prétend-on, a pour objet d'éclairer la cour afin de lui permettre de prononcer son verdict en connaissance de cause. Mon expérience en la matière m'incline hélas à penser qu'un procès est surtout un spectacle, et le souci que la justice montre des causes l'une des figures de sa dramaturgie.

La troisième raison, enfin, est que l'écriture est le moyen pour un prisonnier au long cours d'éviter de sombrer dans l'univers carcéral. Écrire, c'est résister et refuser qu'on vous nie. Mieux donc qu'un compte rendu autobiographique où l'imaginaire est condamné au silence, la forme romanesque permet à l'auteur détenu de s'évader. Écrire en prison un roman (ou faire un roman de sa vie), c'est se réaliser là même où l'on vous nie avec entrain. Non, certes, que je sois masochiste ou croie si peu que ce soit aux vertus de l'enfermement : la prison, à mes yeux, c'est tout bonnement l'inadéquation de la justice au règne des fins (donc le comble de l'absurde) ; mais parce que écrire sans souci des conséquences est encore la meilleure façon de nier la prison qui vous nie — juste retour des choses. Écrire, ou le combat contre l'absurde, donc, ici comme ailleurs, mais plus vital ici qu'ailleurs.

Et maintenant, venons-en au matricule XXX, sa vie, ses prisons et ce qu'il en pense...

Une dizaine de jours après qu'on m'eut invité à écrire cette postface (et pendant lesquels je ne m'étais toujours pas mis à l'ouvrage en raison de la répugnance ci-dessus évoquée), je reçus quelques photographies du temps passé. Elles sont là sous mes yeux : un portrait en médaillon de ma mère à vingt ans ; ma mère encore, assise au balcon ensoleillé d'une villa, un livre ouvert sur ses genoux et regardant l'objectif — photo prise en 1943 à La Baule où elle s'était réfugiée pour me mettre au monde loin de Saint-Malo et de la rumeur du scandale ; et le *Café du Bassin* avant la guerre, le café-restaurant de ma grand-mère : photo sépia et si lointaine, photo d'avant que je sois né, photo testament... On y voit, posant debout devant l'entrée principale du café, ma grand-mère et ses deux filles : ma mère à gauche, grande, brune, en robe longue, les bras croisés derrière le dos ; ma tante à droite, fillette d'une douzaine d'années, de blanc vêtue et les bras nus. Derrière elles, ma grand-mère, les cheveux noirs, le visage sombre et dur, tête de Bretonne farouche, tête de malheur... Le café est une construction de plain-pied, tout en longueur. Sur les carreaux d'une des fenêtres on peut lire le mot « Cidre » et, tout à côté, sur des panneaux de fer-blanc fixés au mur, les réclames Clacquesin et Byrrh.

Quel oppressant instantané, en vérité, de ce temps où les jeux n'étaient pas encore faits, mais où la tragédie déjà couvait !... Un long moment, je m'abîme dans la contemplation de ces trois êtres irréels en qui je me reconnais aujourd'hui comme s'ils composaient la figure même de mon inconscient... Je pourrais dire en effet en présentant cette photo à qui voudrait savoir qui je suis : Voilà, c'est moi ; et ce café aussi (bien que je n'aie pas connu ce café-là, détruit pendant la guerre sous les bombardements alliés), c'est encore moi avec ces réclames Byrrh et Clacquesin et ce mot « Cidre », tropismes de mon caractère... Oui, comme je la trouve oppressante, cette photo, et comme les regards de ces trois femmes me semblent vainement dirigés vers moi, l'inrejoignable adulte passé de l'autre côté du temps par posthume anticipation ! En fait, c'est moi, lointain, disparu, qui, sur cette photo, ai l'air de mon propre souvenir.

Le portrait de ma mère, je ne l'ai jamais tant contemplé, scruté que ces derniers jours. Dans mon enfance, je ne faisais pas d'incursions si fréquentes dans l'album de famille. Je me souviens d'un dimanche où ma grand-mère sortit l'album en ma présence. Elle tournait les pages et commentait les photos : l'oncle Théo... la tante Angélique à Guenroc... ton grand-père au sanatorium d'Assy... tante Hélène et l'oncle Louis devant la mer de Glace — et ta mère. Nous arrivions à Jane, ma mère. Et ce dimanche-là, de photo en photo, ma grand-mère d'un coup s'effondra. Sa douleur et son désespoir furent tels que j'eus l'impression que le sang se retirait de moi. Je ne savais pas encore. Mais je pouvais imaginer le pire pour que ma grand-mère, cette dure à cuire, s'effondre ainsi, brisée, sous mes yeux. Et je l'entends encore, entre les sanglots de son chagrin terrible, me dire : « Ah ! ton père, mon pauvre Claude, ton maudit père !... »

Je n'ai jamais posé de questions.

Celle, donc, indéniablement belle en ses vingt ans sur cette photographie en médaillon, et dont je n'ai connu que l'absence : ma mère. Ses cheveux noirs séparés par le milieu et ramenés en arrière sur la nuque lui recouvrent à demi les oreilles ; ses yeux sont noirs, ses pommettes plutôt hautes, son nez droit, sa bouche petite et bien dessinée, son menton arrondi ; le visage clair aux traits réguliers respire la sensibilité, l'intelligence ; le front est large. Elle ne sourit pas. Elle pose sur l'objectif un regard pensif ou réfléchi, parfaitement dénué de coquetterie, une sorte de regard intérieur ; et c'est pourquoi, sans doute, elle me semble ainsi plus lointaine que proche, plus énigmatique que familière. Elle représente la part de mon propre mystère.

Je viens de parler de mystère. Ces trois photographies que je viens de décrire m'interrogent, en effet. Quel rapport y a-t-il aujourd'hui entre moi et ce passé ? Qui était ma mère ? Qu'ai-je actualisé d'elle, de ses rêves, de ses désirs, de son appréhension du monde ? En somme, en quoi l'ai-je accomplie ? Mon passé m'est une gangue de brume d'où j'ai le souvenir d'avoir eu le plus grand mal à m'extraire. J'imagine que chez les autres il doit exister une continuité naturelle, une parenté entre leur passé et ce qu'ils sont devenus. Chez moi je ne vois rien de tel. Au contraire, à travers ces photos de famille, je me perçois comme celui en qui s'est produite une radicale mutation génétique. Tout cela, sans doute, n'est que pure subjectivité...

Je suis né le 30 octobre 1943. Comme je l'ai dit, ma mère était allée accoucher à La Baule par crainte du scandale. Car à cette époque et en cette Bretagne, être ce qu'on n'appelait pas encore une mère célibataire, mais une fille mère, c'était l'opprobre.

Mon père, dont je n'ai jamais vu le moindre portrait, était marié et père de famille. J'ai donc des demi-frères ou des demi-sœurs, ou les deux, dont je ne sais rien et que j'ai peut-être croisés ou vus jouer sur la plage à Saint-Malo dans ma jeunesse. Peut-être même les garçons ont-ils été élèves de mon collège...

Bien que mon père ne m'ait pas reconnu, il fut présent à ma naissance, car sa signature figure en marge de l'acte d'état civil. J'étais donc un enfant de l'amour au vrai sens du terme : mon père n'avait pas abandonné ma mère ; il fut près d'elle ce jour-là comme les autres jours, jusqu'au dernier.

Revenue à Saint-Malo après l'accouchement, ma mère me confia aux soins d'une nourrice et reprit son travail de secrétaire à la banque où travaillait également mon père. C'était là, semble-t-il, qu'ils s'étaient connus. Que se passa-t-il ensuite ? Je l'ignore. Le terrible accès de chagrin de ma grand-mère, dont j'avais été témoin ce dimanche où elle feuilletait avec moi l'album de famille, m'avait découragé à jamais de remuer le passé. C'est par bribes seulement que j'ai pu reconstituer par la suite une infime partie de l'histoire de mes parents. Et quant à la fin de cette histoire, ce fut mon confesseur (le professeur de latin-français de ma classe de quatrième) qui me la raconta.

Pourquoi ma tante chargea-t-elle ainsi un de mes professeurs du collège de m'apprendre que mes parents s'étaient suicidés au gaz dans l'appartement de ma mère ? L'horreur de cette mort ne lui parut-elle exprimable que par la bouche d'un prêtre ? Étrangement, je ne me souviens pas d'avoir été « choqué » par cette révélation. J'avais toujours su, me semble-t-il, que j'étais l'enfant de la tragédie plus que celui de l'amour, ou cru, plus simplement, que l'amour n'était qu'une tragédie. L'atmosphère de crise qui régnait habituellement à la maison, certain leitmotiv de ma grand-mère lorsqu'elle en avait après moi (« Tu ne seras qu'un gandin et un fainéant comme ton père ! ») et, surtout, la solitude intérieure à laquelle me vouait mon état d'orphelin vécu comme une monstruosité du sort, tout cela m'avait préparé au pire, indéniablement.

Je puis me tromper, bien sûr ; je puis avoir refoulé le choc que me causa cette révélation. Cependant je ne le crois pas. J'enregistrai l'information comme une touche supplémentaire de noir ajoutée à un tableau déjà bien sombre, et ce fut tout. Je ne me rappelle pas non plus en avoir parlé ensuite avec ma tante ; il est probable que, l'un de ces après-midi dominicaux où nous allions nous promener, elle voulut savoir si l'abbé G... m'avait parlé ; et ainsi fut clos ce livre du passé bref comme un faire-part.

De mon enfance jusqu'à mon adolescence, il y a peu à dire. J'ai été un petit garçon sage, élevé entre ma tante (la sœur de ma mère), qui se fit ma tutrice légale à la mort de mes parents (j'avais dix-huit mois), et ma grand-mère chez qui nous vivions. Comme je l'ai dit précédemment, je n'ai jamais connu l'ancien *Café du Bassin*. Le temps que le nouveau fût reconstruit, nous habitâmes d'abord à Saint-Servan, municipalité rattachée aujourd'hui à celle de Saint-Malo. Ma grand-mère faisait des ménages chez des particuliers, et ma tante était employée de bureau à l'EDF. De cette époque, je garde peu de souvenirs. Guère plus de celle où nous emménageâmes ensuite à Dinan. De moi, je me rappelle un vague enfant noyé dans une espèce de flou intérieur, et chez qui la conscience me paraît avoir affleuré avec difficulté. C'est pourtant ce gosse-là qui, un jeudi, jour alors sans école, fugua de la maison. J'étais dans ma septième année. La veille, j'avais vainement tenté de rallier un camarade (dont à ma surprise je me souviens encore du nom : Leconte) à mon projet : partir pour l'Amérique... À quelque cinq ou six kilomètres de la ville se trouvait en effet un petit aérodrome destiné aux baptêmes de l'air, et dont j'avais connu l'existence au cours d'une promenade avec ma grand-mère. À mon regard d'enfant, cet aérodrome était sans doute apparu comme un aéroport international, et ses coucous comme des Constellation... Toujours est-il que j'avais décidé de me faufiler dans un avion et de voler ainsi jusqu'en Amérique, destination évidente selon moi de tout aéronef qui se respectait. Et ce jeudi matin, donc, resté seul à la maison après le départ de ma grand-mère et de ma tante pour leur travail, j'allai ouvrir l'armoire où dans une boîte ma grand-mère gardait ses économies, m'emparai d'une liasse de billets de banque (le voyage serait certes gratuit, mais pas mon séjour à New York !), mis mes habits du dimanche (pantalon golf et manteau bleu marine, je m'en souviens aussi), et je m'en fus. C'est une boulangère des abords de l'aérodrome qui, s'étonnant de voir un si petit garçon exhiber tant de si beaux billets pour acheter un modeste pain au chocolat, me fit avouer sans trop de peine mon escapade et ramener ensuite à la maison par son mari.

La raison que je donnai de cette fugue fut que ma grand-mère me battait. C'est vrai que c'était une rude femme que ma grand-mère, et qu'à la maison les gifles volaient facilement. Pour autant, je n'étais pas un enfant martyr. J'étais juste un petit garçon qui étouffait, se sentait mal aimé et avait besoin d'air...

Après cette aventure, je ne devais plus manifester d'esprit de révolte avant longtemps. Sage j'avais été jusque-là, sage j'allais demeurer par la suite. Le nouveau *Café du Bassin* reconstruit, nous retournâmes à Saint-Malo au début des années cinquante. Je fus alors scolarisé chez les frères des Écoles chrétiennes jusqu'à ma septième, puis entrai en secondaire à l'Institution de Saint-Malo, collège tenu par des prêtres dont le sérieux et la discipline étaient renommés dans tout le département. C'était un établissement plutôt cher réservé aux fils de bourgeois ou de commerçants aisés et où par conséquent, vu mes origines, je n'avais guère ma place. Mais ma tante se refusait à m'envoyer à l'école laïque. Une bourse pallia donc la modestie de ses ressources, dont l'octroi dépendait chaque année de mes résultats scolaires. Je fus toujours un bon élève, appliqué dans ses études. Je me souviens que lorsque éclata ma crise d'adolescence, au cours de mon année de troisième, ce fut quelque chose de véritablement énorme pour moi que de négliger soudain mon travail scolaire. À cette époque-là, je volais déjà depuis quelque temps, mais le vol était à mes yeux une transgression infiniment moindre que de ne pas faire un devoir ou de ne pas apprendre une leçon. La vraie révolte, pour moi, c'eût été de sécher mes cours, ce que j'étais encore loin d'avoir osé faire...

Je n'ai pas le désir d'analyser ici les causes de cette crise d'adolescence ; aussi bien passons-nous tous par là. Chez quelques-uns d'entre nous, toutefois, au lieu de marquer le passage à l'âge adulte, cette crise provoque une rupture avec le passé, véritable mutation existentielle. Ce fut mon cas. Et bien sûr, la famille, la société (entendons ce terme au sens d'esprit du temps) y eurent incontestablement leur part, comme elles l'eurent, j'imagine, dans le suicide de mes parents. Car du point de vue de mon caractère, je crois que rien, vraiment, ne me prédisposait à devenir un malfaiteur. Cependant je ne rejette sur personne la responsabilité de ce que je suis devenu. L'enfer, ce n'est pas les autres, comme prétendait Sartre, c'est la causalité. Nous sommes pris dans les rets de la causalité universelle, et ce que nous appelons notre liberté, c'est être nous-mêmes la cause d'effets dont la portée le plus souvent nous échappe. Le drame de la crise de l'adolescence, en tout cas, quand drame il y a, c'est précisément d'orienter cette fragile et ténue liberté vers l'abîme du fatum.

En raison de mon indiscipline qui avait pris un caractère ostentatoire et violent — je m'étais colleté notamment avec notre pion de l'étude du soir, et, juché avec ce jeune prêtre sur un pupitre comme sur un ring, j'avais offert là à mes condisciples hurlant et applaudissant un spectacle proprement inouï à l'Institution de Saint-Malo —, je fus renvoyé à la fin de ma troisième. Je précise « à la fin », car, par égard pour ma tante dont le principal connaissait les difficultés financières, on me laissa terminer cette année scolaire que le BEPC sanctionnait. Contre toute attente, je fus reçu à l'examen, et c'est sur ce succès que je quittai un collège que quarante ans après je n'ai toujours pas oublié. Mes souvenirs de jeunesse les plus authentiques, c'est-à-dire ceux qui plus tard confèrent à ce moment de la vie son aura de poésie et de mystère, je les lui dois. Collège austère, certes, et période difficile où je ne fus guère heureux, mais où mon intériorité prit forme : c'est là, en d'autres termes, qu'il me semble être né à la conscience.

Ensuite, changement brutal de décor. Ma tante m'envoie en internat au collège laïque de Vitré. Mais ma crise d'adolescence dure et va battre son plein. Je ne me fais pas à mes nouvelles conditions de vie, à ces nouveaux camarades d'une culture qui m'est étrangère. Ce collège est une caserne creuse et ces collégiens ont une âme de bidasse. Après Saint-Malo, en vérité, c'est le chaos. Au collège, je vole mes camarades ; en ville, j'arrache des sacs à main. Puis je fugue à Paris. Repris, on m'expédie au lycée de Rennes et je loge dans un foyer de jeunes travailleurs : autre caserne, autres bidasses... Je fugue encore. A Tourcoing, une patrouille de douaniers m'arrête de nuit dans un champ à quelques pas de la frontière belge. Et c'est alors que le fatum se cristallise. Le juge pour enfants devant qui je suis présenté a une idée de juge, c'est-à-dire une idée de facteur causal aveugle, antinoétique par excellence, quelque chose de mécanique que seul un zélote du rôle (un fonctionnaire, donc) peut croire être une idée : il me colle en prison. J'ai quinze ans. Me voici à la maison d'arrêt de Loos, découvrant le monde de l'Envers : l'envers du décor, l'Envers comme anti-monde. Ce n'est pas la frontière franco-belge que j'ai franchie en fuguant de Rennes, mais celle qui sépare la cité des hommes de la cité des déchets. Me voici passé dans l'univers des immondices. La décharge municipale est grise, toute résonnante de bruits de clés et de verrous, et elle pue le Crésyl. Isolé dans une cellule du quartier des mineurs, le cœur battant à vide, je vais demeurer là quinze jours sans voir personne à l'exception des matons-éboueurs, ni assistante sociale ni éducateur, et ne parlant qu'à mi-voix par la fenêtre avec mon voisin de cellule, un jeune ch'timi déjà aguerri...

La prison la première fois est une épreuve étrange, en vérité : c'est l'épreuve même de l'étrangeté. Je lisais récemment l'interview d'un notable à sa sortie de prison, il ne disait pas autre chose, ajoutant même avoir été tenté par le suicide. L'homme était entouré de sa famille, d'amis et d'avocats ; le régime carcéral actuel n'est plus celui d'antan ; enfin il avait bénéficié à la maison d'arrêt d'un régime « personnalisé » agrémenté encore par la courtoisie déférente des surveillants. Mais cela ne semblait avoir adouci en rien son épreuve. L'emprisonnement est une aventure aride et solitaire qui fait brutalement découvrir qu'on n'est rien, c'est-à-dire, étant un être humain de qui est niée l'humanité, moins que rien, fondamentalement. La monstruosité de la prison ne tient pas, sauf cas extrêmes dans les pays de dictature ou du tiers-monde, à ses conditions matérielles, fussent-elles scandaleuses comme elles l'étaient en France avant les révoltes de 1974 ; elle tient au fait qu'elle met le prisonnier en face de son propre néant. Le supporter sans broncher requiert une certaine habitude. Le subir à quinze ans laisse des traces.

Au terme de ces quinze jours, deux assistantes sociales me ramenèrent à Rennes où le facteur causal aveugle de service numéro 2 fut un psychiatre. Celui-ci recommanda mon placement dans un centre de rééducation (on ne disait plus maison de correction) : amélioration notable par rapport à la prison, puisqu'il était question là, comme le suggère cette moderne dénomination, du recyclage des déchets...

Cependant, passé les pénibles premiers jours d'acclimatation, la vie dans ce centre installé dans un décor champêtre de la banlieue de Rennes et formé d'un ensemble de bungalows ne me parut pas insupportable, loin de là. On s'y amusait plus qu'on y travaillait ; ma juvénile inclination à la délinquance y trouva à s'affirmer ; et quant aux cours qu'un instituteur nous dispensait, ils ne s'adressaient pas à moi : avec mon BEPC et ma connaissance excentrique du latin, j'étais l'intellectuel du centre... Aussi ne pus-je jouir bien longtemps de ce milieu choisi et protégé où vols, fugues et bagarres constituaient les travaux pratiques ordinaires. Six mois après mon arrivée, le psy me demanda quel métier je voulais faire. Sans doute par lassitude de la purée d'épinards qu'on nous servait trop souvent, je répondis que je voulais être maître d'hôtel. Cela dut impressionner fortement l'homme de l'art, car on m'expédia à Grenoble où se trouvait une école hôtelière, sous réserve que je termine d'abord mes études, la première partie du baccalauréat d'alors étant la condition d'admission à cette école. C'est ainsi que pour la troisième reprise, après mes fugues de Vitré et de Rennes, j'entrai en seconde, cette fois au lycée Champollion de Grenoble.

On se doutera qu'après tant d'aventures — la prison, la rééducation —, mon retour parmi des lycéens policés et studieux ait pu me paraître franchement surréaliste. Pour comble, le foyer de jeunes travailleurs où je logeais s'avéra surtout un repaire de voyous. La plupart des pensionnaires venaient d'un centre de rééducation autrement plus mal famé que le mien, celui de Voreppe, près de Grenoble ; j'étais l'unique lycéen ; et faire mes devoirs dans l'ambiance de chahut qui régnait le soir dans l'établissement requérait un héroïsme qui n'était pas, alors, mon trait de caractère le plus marquant. (Je précise « alors », car pour avoir, depuis, mené à bien la rédaction de *Suerte* dans l'hystérie des prisons espagnoles, je pense m'être grandement amélioré.) À quoi il faut ajouter le dépaysement, pour la troisième fois en l'espace d'une année, et la solitude dont je me souviens d'avoir souffert d'une façon aiguë. Il en résulta ce qui était prévisible : je décrochai dans mes études, et m'étant découvert plus d'affinités finalement avec certains pensionnaires du foyer qu'avec les « branleurs » du lycée, j'en vins à commettre avec eux mes premiers cambriolages.

Ce que je raconte là de façon sommaire — comment se fabrique un délinquant à partir d'un adolescent en difficulté — est d'une banalité extrême et ne m'inspire aujourd'hui ni amertume ni révolte. Pareille équanimité, il est vrai, doit plus à la philosophie que je me suis forgée de bonne heure pour me maintenir debout (ce dont *Suerte* est l'illustration), qu'à une inclination naturelle à la bonhomie. Ce monde est sans pitié, par bêtise, ignorance, préjugé, cuistrerie et manque d'imagination, voilà mon verdict. Mais plutôt que de m'en indigner et de dénoncer des responsabilités particulières, j'ai préféré subsumer les causes du scandale dans la catégorie métaphysique de l'absurde. Et quelle autre représentation des choses l'orphelin que j'étais, confronté à un monde indéchiffrable pour cette raison même, aurait-il pu se faire ? Avoir père et mère n'est déjà pas en soi un antidote à l'absurdité de l'existence ; n'ayant ni l'un ni l'autre, trouver du sens au monde relevait de la gageure.

Mais il suffit. Aujourd'hui, l'orphelin que je fus est oublié, renvoyé à ses limbes. Je conclurai cette évocation de ma jeunesse par ce qui en marqua le terme brutal, inaugurant du même coup mon entrée véritable dans l'univers des malfaiteurs. Au cours de cette première année grenobloise où je séchai enfin les cours du lycée sans remords de conscience, je fis la connaissance d'une tenancière d'un bar de prostituées chez qui j'écoulai bientôt le produit de mes vols. Trois ans plus tard — j'avais dix-neuf ans — j'exécutai un proxénète familier de ce bar. En raison de mon jeune âge et de la personnalité de ma victime, je fus condamné à cinq ans de prison avec sursis. Un an après, j'étais de nouveau arrêté, cette fois à Marseille, pour vols et port d'arme. On me condamna à deux ans de prison, et mon sursis, bien entendu, fut révoqué. Mon parcours carcéral commençait. J'allais connaître la vraie prison, ce dont je vais parler maintenant.

En 1965, après dix-huit mois passés à la maison d'arrêt des Baumettes, je fus transféré à la maison centrale d'Ensisheim où j'allais rester jusqu'à l'extinction de ma peine, en août 1970. Sinistre prison que celle d'Ensisheim en ce temps-là ! Et preuve, soit dit en passant, que ce genre de leçon, si dur soit-il, ne sert de rien...

À l'arrivée, nous passions au vestiaire pour y revêtir la tenue pénale : l'infect droguet taillé dans l'étoffe marron des couvertures des prisons, le béret assorti dont le port était obligatoire hors de la cellule, et les galoches... Le paléolithique supérieur de la Pénitentiaire, Cayenne, fermé vingt ans plus tôt, correspondant à l'inférieur...

La première année à Ensisheim était une année de complet isolement, en cellule comme en promenade. Celle-ci avait lieu dans les cours des mitards, sortes de stalles recouvertes d'un grillage où nous nous rendions un par un et d'où nous revenions de même. Arpentant la passerelle au-dessus de nos têtes, un maton veillait à ce que nous ne parlions pas d'une cour à l'autre.

Dès le lendemain de notre arrivée, du travail nous était apporté en cellule, consistant à fabriquer des éponges métalliques ou des chapeaux en papier et autres cotillons destinés aux fêtes foraines. Après nous avoir montré comment procéder, un surveillant contremaître nous fixait une tâche journalière obligatoire ; et chaque lundi la cellule était bourrée de sacs ou de cartons de matériel qui en occupaient ainsi presque toute la place. De quoi écœurer à jamais du boulot des gens éprouvant déjà quelque peine à y trouver de l'attrait...

Après une année de ce régime mi-spartiate, mi-cistercien, on était admis... à la chaîne de fabrication de bleus de travail. Réjouissante reconversion ! Et pour changer, tâche journalière obligatoire, bien sûr, et silence de rigueur à nos machines à coudre. Autre amélioration insigne : on avait droit chaque matin soit à une heure de sport, soit à une heure de promenade collective. Inénarrable promenade où nous devions obligatoirement tourner en rond par trois et dans l'ordre de notre arrivée dans la cour... Nombre de détenus préféraient néanmoins entrer dans cette ronde galocheuse d'aliénés plutôt que d'aller au sport : le maton moniteur, matonnant plus que monitorant, eût découragé en effet un légionnaire de faire des pompes.

Hors le sport et la séance de cinéma dominicale (où la qualité des films était à l'aune de celle du moniteur honni), aucune autre activité de détente n'existait dans cette centrale. Si j'ajoute qu'à cette époque les radios personnelles (sans parler de la télévision !) n'étaient pas autorisées dans les prisons françaises, on aura une idée de l'ambiance régnant dans ce phalanstère expiatoire. Le soir toutefois, de 17 heures à 21 heures, heure d'extinction des lumières, un haut-parleur fixé au-dessus de la porte de la cellule diffusait des émissions de radio sélectionnées par l'éducateur de service, à l'exclusion des informations, interdites également. En effet, étaient soumis alors à la censure jusqu'aux magazines vendus à la cantine, c'est-à-dire que les pages traitant des faits divers et de certains événements d'actualité étaient purement et simplement arrachées. On imagine l'épaisseur du *Paris-Match* qui nous était remis en mai 68...

J'ai parlé d'éducateurs. Il y en avait déjà quelques spécimens à Ensisheim, ex-bricards de la Pénitentiaire tout pénétrés de l'idée que vagabonder dans les coursives en vêtements civils correspondait à une qualification professionnelle. Le message subliminal qu'on n'aurait certes pu lire dans le regard opaque de ces scandaleux imbéciles, mais qu'était censée véhiculer leur présence parmi nous, était celui-ci : On n'en a pas l'air, mais votre avenir nous préoccupe... (J'appelle scandaleux imbécile celui dont l'imbécillité constitue son gagne-pain.)

Quant aux surveillants, ils étaient sans surprise en ce temps-là : grossiers et ignares. Ceux d'Ensisheim affichaient en outre leur particularisme régional en gueulant éhontément en alsacien dans les coursives, si bien qu'on avait l'impression — l'Alsace me pardonne ! — de se trouver dans quelque annexe concentrationnaire nazie. Cerise sur le kouglof : le sous-directeur n'allait en détention qu'accompagné de son berger allemand ! Jusqu'au jour où un condamné à perpétuité fracassa l'animal à coups de galoche. Mais pourquoi diable, se demandera-t-on fort à propos, cet animal-là plutôt que l'autre ?

Telle était la centrale d'Ensisheim. Sinistre, glaciale : un cimetière. Pis qu'un cimetière, où du moins les morts sont honorés : un mouroir. La plupart des détenus se trouvant là (j'étais une exception) purgeaient de très longues peines. Longue peine, à l'époque, devait s'entendre dans sa littérale acception : les remises de peine étaient inexistantes. Je suis entré à Ensisheim à vingt-deux ans, j'en suis sorti à vingt-sept, ayant accompli ma condamnation jusqu'à son terme. Je ne me souviens pas d'un surveillant dont la vue m'ait paru tolérable. Je ne me souviens pas d'un éducateur dont la vue m'ait reposé de celle d'un surveillant. Qu'avais-je appris au cours de ces sept ans d'enfermement (dont cinq passés à Ensisheim) ? Certes pas l'amour du travail : en quatre ans de couture à la machine — je fais cadeau des cotillons —, à raison de sept heures par jour, j'avais juste gagné de quoi améliorer modestement l'ordinaire par mes achats en cantine (les mandats étaient limités mensuellement à la somme dérisoire de vingt-cinq francs pour nous forcer à travailler), et me constituer un « pécule sortie » qui s'élevait le jour de ma libération à environ six cents francs, soit l'équivalent d'un mois du SMIC de l'époque, si je ne me trompe. Après sept ans de privation sociosensorielle je sortais donc, petit jeune homme ahuri, muni de ce pitoyable viatique et lâché comme si de rien n'était dans un monde bouleversé de fond en comble, mai 68 étant passé par là deux ans plus tôt...

Oui, qu'avais-je donc appris ? À résister, d'abord, envers et contre tout ; ensuite, le mépris : un mépris viscéral, définitif du Système et de ses séides, les fonctionnaires. Si bien qu'aujourd'hui encore où, Dieu merci, j'ai relativisé cette expérience, je dois fournir un véritable effort intellectuel pour distinguer l'être humain sous l'uniforme du surveillant. Au reste, une relation normale, naturelle avec celui-ci m'est toujours impossible. Je puis certes me montrer affable, le surveillant standard l'étant lui-même également de nos jours. Mais sa fonction, telle du moins qu'elle se trouve définie dans la pratique par la Pénitentiaire, demeure à mes yeux peu compatible avec la notion d'humanité.

En 1980, soit dix ans plus tard, j'étais de nouveau incarcéré. Les temps avaient changé. Les révoltes de 1974 (le mai 68 des prisons) avaient eu raison sinon de la Bête, du moins de son excès de bêtise. En visite à la maison d'arrêt de Lyon, Giscard d'Estaing avait ostentatoirement serré la main à un détenu ; il avait dit aussi : « La prison doit être la privation de liberté et rien d'autre. » Forte phrase qu'on aimerait voir méditer plus souvent les technocrates de la Pénitentiaire, car ce quelque chose d' « autre » superfétatoire fait précisément toute la réalité carcérale : l'arbitraire, l'inepte, le normatif aveugle et tout ce qui, pris isolément, peut sembler anodin ou supportable à un observateur extérieur, mais qui, infligé à longueur de jours et d'années, use et désespère le détenu.

Par comparaison avec mon précédent séjour derrière les barreaux, je trouvai donc le régime carcéral revu et corrigé sous Giscard notablement amélioré : extinction des lumières à minuit au lieu de 21 heures ; radios et journaux autorisés ; choix élargi de produits de cantine ; montant des mandats illimité ; magazines non censurés ; promenade bihebdomadaire ; et enfin, surveillants au comportement moins sadique et moins méprisant. Bref, tout ce qui visait trop ouvertement à humilier le détenu et à accroître inutilement sa souffrance avait été gommé.

Puis, en 1981, les socialistes arrivèrent au pouvoir. Outre que la peine de mort fut alors supprimée, deux nouvelles améliorations furent décidées : l'établissement des parloirs rapprochés, c'est-à-dire sans vitre de séparation entre le détenu et ses visiteurs, et la suppression de la tenue pénale obligatoire pour les condamnés (le fameux droguet dont j'ai parlé plus haut). Par ailleurs, la pratique de l'extinction des lumières fut abandonnée : on put éteindre et allumer à son gré la lumière dans la cellule. Ce fut sans doute l'une des très rares fois dans l'histoire des prisons que des dispositions favorables aux détenus furent ainsi décidées sans qu'il eût été besoin de recourir à des mutineries pour les obtenir. Il est vrai qu'alors la population pénale espérait beaucoup des socialistes, et qu'il aurait peut-être été risqué de décevoir son attente.

La télévision, quant à elle, existant déjà dans les centres de détention et les centrales, mais en salle commune, fit son entrée générale dans les cellules en 1985 ou 1986. (Je précise que les téléviseurs ne sont pas à la charge du contribuable, mais à celle du détenu.)

Ainsi donc, aux joies du zapping près, découvris-je de 1980 à 1985 de nouvelles conditions de vie. Comme on l'aura noté, les améliorations introduites sont d'ordre matériel et ne concernent que la détention proprement dite. Elles marquent un progrès indéniable, si faire preuve d'un minimum de bon sens doit être considéré comme un progrès. Mais il y eut le revers de la médaille.

Sous Giscard, une autre amélioration, non pas d'ordre matériel mais touchant cette fois au vécu du condamné et à la symbolique de sa peine, avait été décidée : je veux parler des remises de peine. Après les révoltes de 1974 en effet, leur octroi, sous réserve évidemment de bonne conduite, s'établissait comme suit : trois mois par an de remise de peine ordinaire ; trois mois par an de remise de peine supplémentaire (RPS) à partir de la troisième année de détention ; trois mois par an de remise de peine exceptionnelle en cas de réussite à un examen scolaire, professionnel ou universitaire. Si l'on considère que les libérations conditionnelles étaient, comme aujourd'hui, accordées au compte-gouttes, ces remises de peine, concernant surtout les détenus condamnés à une peine d'emprisonnement supérieure à trois ans[1], n'étaient pas scandaleuses. Elles introduisaient une dimension d'espérance légitime dans la condamnation, et elles étaient un facteur de stimulation positive pour le

1. D'autant que dans les maisons d'arrêt, les prévenus en attente de leur jugement sont souvent peu intéressés par les cours scolaires, sinon comme prétexte à sortir de la cellule.

détenu. S'il se prenait en charge, celui-ci avait enfin prise sur le temps carcéral, et la passivité devant son destin cessait d'être forcée. Avant 1974, comme je l'ai montré, le temps carcéral était exclusivement du temps de peine et d'expiation, temps pénal castrateur de projet (quand exister, précisément, c'est se projeter dans l'avenir) et ne laissant d'autre issue que la rêverie morbide et la rumination de ses échecs et de ses rancœurs. L'incitation soudaine à l'action que constituait la possibilité pour le détenu de réduire de neuf mois chaque année (à partir de la troisième) sa condamnation apparaissait donc, pour une fois, comme une vraie mesure humaniste et responsable de personnalisation des peines.

Ce n'était pas du laxisme, comme on l'a dit, tant s'en faut. Car il n'était pas facile ni même toujours possible de passer chaque année un examen scolaire, professionnel ou universitaire. Celui qui, entré sans instruction en prison, passait le certificat d'études primaires, puis le brevet des collèges, et enfin un CAP, pouvait rarement viser plus haut. Cependant je n'ai jamais vu autant de bacheliers ou titulaires de l'ESEU, d'étudiants de premier et de deuxième cycle en sciences humaines (les seules études envisageables en raison de la prétendue impossibilité matérielle d'organiser en prison les travaux pratiques obligatoires dans les autres sciences)[1] que lors de ce deuxième séjour en prison. J'ai même vu un détenu du centre de détention du Melun aller soutenir une thèse de doctorat en sociologie du travail pendant une permission ! J'évoque dans *Suerte*, mais dans le ton souvent sarcastique du roman, l'apparition de cette classe nouvelle de « Voyous Intellos » provoquée par l'existence des remises de peine. Ce qu'en revanche je n'ai pas dit, omission qu'il est juste de réparer ici, c'est que ce moyen en vue d'une fin (réduire sa peine) que représentaient les études pour la majorité des détenus devenait bien souvent une fin en soi. Parvenu à un certain niveau, il n'est guère possible en effet de poursuivre des études en prison, où même les distractions se font routine insipide, sans finir par prendre un réel intérêt à un travail valorisé déjà par la réussite

1. Une unité informatique préparant au DUT existait toutefois à la maison centrale de Poissy au début des années quatre-vingt.

aux examens. Non seulement le détenu échappait ainsi au temps pénal (au propre comme au figuré), mais encore il accédait à ce que j'appellerais la dimension intellectuelle du réel. Certes, cela n'était pas forcément un gage de réinsertion (mon cas le prouve). Mais du moins était-ce l'amorce d'un changement en profondeur qui tôt ou tard porte ses fruits : auteur de deux livres[1], l'un de mes ex-coïnculpés, licencié en psychologie au moment des faits, occupe aujourd'hui un emploi chez son éditeur...

Si je viens de longuement insister sur cette question des études en prison et des remises de peine qui incitaient à les entreprendre, c'est que cela n'a pas duré. En effet, peu de temps après mon élargissement du CD de Melun en 1985 (condamné à huit ans, j'avais été libéré au bout de cinq ans grâce en partie à mes études), ces remises de peine furent révisées à la baisse. Au ministère, on avait sans doute trouvé scandaleux que les condamnés s'en sortent si bien... Les neuf mois tombèrent ainsi à cinq : trois mois par an de remise ordinaire, et deux mois par an de remise supplémentaire à partir de la deuxième année de prison[2]. D'incitation à passer des examens, il ne fut plus question. Étudierait dorénavant qui voudrait, mais pour la seule beauté du geste.

Or, si étrange que cela paraisse de la part d'une population pénale toujours prompte à grimper sur les toits au moindre prétexte, personne ne protesta.

Je vois deux raisons à cela. D'une part, comme je l'ai expliqué, la majorité des détenus n'était pas en mesure ou en situation d'entreprendre de longues études[3]. Mais surtout, il fut offert en contrepartie de cette réduction des remises de peine une compensation majeure, de portée cette fois non plus pédagogique mais démagogique : je veux parler de l'introduction de la télévision dans les cellules...

---

1. Louis Perego, *Retour à la case prison* et *Le Coup de grâce*, Ed. de l'Atelier.
2. Ces deux mois de RPS sont rarement accordés intégralement.
3. J'ai connu cependant un détenu vietnamien qui, ayant passé son certificat d'études et le brevet des collèges, mais ayant échoué ensuite à l'ESEU, avait tourné la difficulté en passant... quatre CAP !

J'ai le souvenir encore d'un vieux voyou, compagnon de travail à l'imprimerie administrative du CD de Melun où j'étais correcteur, me disant en ricanant : « Tu verras, quand ils mettront la télé dans nos cagnas, plus personne ne mouftera. Les mecs se feront vingt piges les doigts dans le nez, et ils oublieront même de réclamer leur conditionnelle... »

Il exagérait un peu. N'empêche que depuis la mise en place de cette mesure, la durée des peines s'est rallongée, la libération conditionnelle est toujours l'Arlésienne des centrales, et la prison, « humanisée », adoucie, s'est banalisée dans les esprits : sénateurs, ministres, maires, P-DG, tous peuvent y aller sans crainte, l'endroit est bien un peu austère, mais si décent !

Paradoxalement, on est ainsi revenu au temps pénal d'autrefois, mais sous une forme indolore. La prison aujourd'hui est « vivable » et le détenu y a des loisirs ; mais ce temps qu'il y passe est toujours du temps qu'il y perd. Camisole hypnotique, la télévision fait partie de l'arsenal pénitentiaire d'insensibilisation du détenu au même titre que les pseudo-activités culturelles qui lui sont proposées — camisole ludique — et que les somnifères que le service médical lui prescrit avec largesse — camisole chimique...

Qu'on me comprenne bien : je n'ai rien contre le divertissement... même pascalien ! L'enfermement est une souffrance ; en atténuer les effets n'est pas un luxe. Mais au point d'en faire un doux naufrage, non. À ce divertissement doit correspondre une activité constructive orientée vers la sortie et permettant au détenu, en prison même, de se projeter dans l'avenir.

Passons à présent sous d'autres cieux, puisque ma vaste expérience carcérale m'y autorise. Élargi en 1985, comme je l'ai dit, je fus arrêté de nouveau en 1988, cette fois en Espagne où j'avais fui. Je n'entrerai pas dans le détail de cette dernière aventure, mon parcours collant à celui du « héros » de *Suerte* ; c'est du régime pénitentiaire de nos voisins dont je veux seulement parler ici.

Dans mon roman, je « montre » la prison espagnole, spécialement celle de Séville aux tout derniers chapitres. Mais ma description de la vie à l'intérieur de cette vieille prison (il s'en est ouvert une nouvelle, dite « Sevilla II » avec piscine — divertissement ! divertissement ! — où je n'ai pas eu l'heur de séjourner) a surtout pour objet de créer l'atmosphère du dernier acte du roman. Si bien que ma façon d'en parler obéit à un souci quasi exclusif de mise en scène où, si tout, absolument tout ce que je décris est vrai (ou du moins l'était en 1989, année de mon séjour dans cette prison), en revanche tout n'est pas dit. En d'autres termes, dans cette description, l'exotisme l'emporte nettement sur l'analyse.

Le lecteur pouvant néanmoins se faire à travers *Suerte* une idée assez précise de la vie carcérale en Espagne, je me bornerai à signaler ici deux dispositions du régime pénitentiaire de nos voisins, l'une « banale », l'autre remarquable, que la France s'honorerait d'adopter.

La première concerne la correspondance. Dans les prisons espagnoles, à l'exception de celui des détenus « de prison à prison », des terroristes *etarras* et des trafiquants de drogue organisés en mafias (et en ce qui concerne ces derniers, seulement pendant la durée de l'instruction), le courrier ne fait l'objet d'aucune censure. Autrement dit, ni l'administration pénitentiaire ni le juge d'instruction n'y fourrent leur nez. Le détenu dépose son courrier cacheté dans la boîte aux lettres de son bâtiment, et celui qu'il reçoit est décacheté en sa présence non pour le lire, mais pour vérifier qu'il ne contient pas de drogue ou d'argent (s'il s'y trouve de l'argent, ce qui arrive assez fréquemment, celui-ci est alors porté sur le pécule du détenu).

Cela peut sembler banal, et l'est effectivement. Mais dans les prisons françaises, il n'en va pas ainsi. Au contraire, il est de règle quasi générale que jusqu'à la fin de l'instruction le courrier reçu et expédié par le détenu soit transmis au juge, et de règle constante que pendant toute la durée de la peine il soit lu par l'administration pénitentiaire. C'est là, disons-le tout net, une mesure aussi inadmissible qu'inepte.

Inepte d'abord, parce que sans objet. Le détenu désireux de transmettre un message « personnel » à l'extérieur peut le faire sans problème au parloir, ou bien, s'il ne reçoit pas de visites, charger un camarade de le faire à sa place. Inadmissible ensuite car, étant sans objet, cette mesure n'est plus alors qu'une limitation scandaleuse à l'intimité minimale à laquelle tout homme a droit. On n'écrit pas du tout les mêmes lettres à son conjoint, en effet, quand on sait qu'un tiers va les lire. Je suis bien placé pour en parler : la correspondance que ma femme et moi échangions pendant mon séjour en Espagne et celle que nous échangeons depuis mon retour en France sont profondément différentes : nous n'exprimons plus maintenant nos sentiments que de manière conventionnelle et neutre. Cette « censure » du courrier comme on la nomme improprement, car rien ou presque n'y est censuré mais tout y est violé, est un vestige assurément du régime carcéral d'antan, de cette époque où, j'ai oublié de le dire dans mon évocation d'Ensisheim, le courrier qu'on envoyait alors était limité à une lettre hebdomadaire exclusivement destinée à un membre de sa famille, et pour laquelle de surcroît une autorisation préalable de « Monsieur le Directeur » était chaque fois exigée. Et plus précisément encore, vestige du système panoptique — cette obsession du « tout voir » comme expression du pouvoir — hérité de Bentham, qui constitua le modèle général d'architecture et d'organisation des prisons décrit par Foucault dans *Surveiller et Punir*. Oui, tout voir jusqu'à l'infamie. Si l'Autre est celui qui me regarde, qui me tient sous son regard et m'interpelle, comme l'affirme Levinas, alors le détenu, regardable à merci sans réciprocité, réduit à la visibilité d'un corps-objet, perd tout caractère de personne, c'est-à-dire de ce qui fait l'essence même de son humanité. Faut-il le dire : un tel déni de la dignité du prisonnier constitue une atteinte pure et simple aux droits de l'homme.

La seconde disposition du régime pénitentiaire espagnol que je veux signaler va plus loin, quant à elle, que la simple prise en compte de la dignité du détenu ; ce pourquoi je l'ai qualifiée de remarquable. Il s'agit en effet d'une mesure *positive*, ne se bornant pas à supprimer cet « autre chose que la prison » dénoncé par Giscard d'Estaing comme échappant à la sphère du droit (ce qui est le cas de la censure du courrier), mais au contraire humanisant la prison. Humaniser la prison, cela ne veut pas dire la rendre indolore en chloroformant le détenu de la main droite avec un gadget anesthésique tel que la télévision, pour mieux rallonger ensuite de la main gauche la durée de son enfermement. Humaniser la prison, cela veut dire, tout simplement, permettre qu'on y soit une femme ou un homme, de plein droit. Or, je ne sache pas qu'on puisse l'être quand sont empêchées, et donc niées, votre affectivité et votre sexualité.

C'est précisément ce dont la justice espagnole a fini par s'aviser (à la suite il est vrai d'une vague de mutineries dans les prisons) en créant des parloirs spéciaux, baptisés là-bas *vis a vis*.

Ces *vis a vis* sont de deux sortes : ceux réservés à la famille ou aux amis *(vis a vis familiares)* et ceux réservés aux couples *(vis a vis íntimos).* Je ne m'attarderai pas sur les premiers, qui correspondent aux parloirs français dits rapprochés, avec cette différence qu'ils n'ont lieu qu'une fois par mois (mais dans de réelles conditions d'intimité, c'est-à-dire dans une pièce fermée sans surveillance), les parloirs ordinaires avec vitre de séparation existant toujours en Espagne. Mais les parloirs intimes, mensuels également et d'une durée moyenne de deux heures, compensent largement l'inconvénient de devoir communiquer à travers une vitre les autres jours.

La façon dont se déroulent ces parloirs particuliers (ce disant, je suggère une manière neutre de les nommer, plutôt que cette appellation grossière de « parloirs sexuels », ou niaise de « chambres d'amour », véhiculée par les médias) ne souffre aucun reproche, tant en ce qui concerne leur organisation matérielle que pour ce qui touche à la dignité des couples admis à s'y réunir. Une demi-douzaine de chambres, parfois plus, parfois moins, comportant un lit, des chaises et un cabinet de toilette, sont aménagées dans tous les établissements pénitentiaires d'Espagne. (À la prison centrale de Daroca, en Aragon, où j'ai passé les trois dernières années de ma peine, les chambres, propres et claires, supportaient la comparaison avec celles d'un *hostal* de catégorie ordinaire avec leur grand lit, leur fauteuil et leur salle de bains... avec baignoire et douche !)

Le temps réglementaire écoulé, le fonctionnaire en charge du quartier des *vis a vis* vient frapper à la porte de la chambre pour avertir ses occupants qu'ils doivent se préparer. Une dizaine de minutes plus tard, après avoir frappé de nouveau, il déverrouille la porte ; le parloir est terminé.

Pour le détenu resté seul, la prison reprend alors aussitôt ses droits : il est soumis à une fouille corporelle complète avant de regagner sa cellule. Rien là que de très normal ; après les moments d'authentique intimité qu'il vient de partager avec sa femme ou son amie, comment ne s'y soumettrait-il pas de bonne grâce ? Pour ce qui me concerne, je serais passé dans une essoreuse s'il l'avait fallu !

Est-il bien nécessaire d'insister sur la portée psychologique de ces parloirs particuliers non seulement pour les détenus, mais aussi pour leurs proches ? L'administration pénitentiaire espagnole autorise les *vis a vis* jusqu'entre détenus et détenues d'une même prison lorsque celle-ci comporte, ce qui n'est pas rare, un quartier pour femmes et un quartier pour hommes. Au reste, dans certains établissements — notamment celui de Valence (Picasen) et celui de Séville (Sevilla II) —, les groupes participant à certaines activités sont mixtes : séances de vidéo, cours scolaires, etc. Ainsi, à la petite maison d'arrêt de Gérone où j'ai transité pendant quelques semaines à deux reprises, j'ai pu assister à un défilé-divertissement de mode masculine et féminine réalisé en commun par les détenus et les détenues de la prison.

Si je devais définir brièvement la politique de l'administration pénitentiaire espagnole que traduisent ces dispositions, auxquelles on pourrait ajouter encore la liberté de faire soi-même ses achats de cantine à l'économat de son bâtiment, soit en espèces, soit avec des tickets ou des cartes magnétiques, je dirais qu'en conservant au détenu quelques-uns des privilèges de la liberté (droit à l'intimité, autonomie relative, sexualité) elle lui permet d'entretenir une normalité comportementale des plus nécessaires à sa réinsertion, c'est-à-dire au fond qu'elle lui garde ses chances pour l'avenir. En d'autres termes, la prison en Espagne n'est pas forcément la coupure sociale radicale qu'elle est en France pour le détenu, par castration et infantilisation de sa personne et dégradation subséquente de sa sociabilité.

Certes, dans *Suerte*, je ne parle pas des prisons de Séville et d'Alcalá-Meco en termes aussi élogieux. C'est que d'une part tout n'est pas rose, tant s'en faut, dans les geôles espagnoles, et que pour des raisons d'esthétique romanesque, comme je l'ai dit plus haut, ce qui n'est pas rose me paraissant exotique m'a davantage intéressé. C'est aussi, d'autre part, qu'il y a deux façons complémentaires de « voir » la prison : à travers son régime intérieur, dont j'ai relevé ici, pour ce qui concerne l'Espagne, deux aspects marquants d'une vraie modernité ; et à travers sa population et son ambiance, à la description desquelles je me suis presque exclusivement attaché dans *Suerte*. Or, l'ambiance d'une prison découle pour une large part de la nature de sa population. En Espagne (mais la même chose est en train d'advenir en France), à l'exception des étrangers, il s'agit majoritairement d'une population de junkies rendant la détention difficile à tous égards et souvent dangereuse. D'où le décalage apparent entre ce que je dis dans cette postface et ce que je décris dans le roman.

Mais revenons aux *vis a vis*.

C'est dans une prison espagnole que, son récit imaginaire achevé et sa mort symbolique consommée, Christian Lhorme s'est marié. On comprendra aisément que le romancier en moi, dans son souci légitime de préserver l'intégrité psychologique de son personnage de solitaire autosacrifié, se soit gardé de le dire... Mais je puis bien l'avouer à présent : tandis que j'écrivais réellement ce livre, j'ai été heureux. C'est même parce que j'ai été heureux qu'il m'a été possible, dans cette si pénible et si bruyante ambiance des prisons espagnoles, d'écrire ce livre. Oui, j'ai été heureux, grâce à ma femme. Et donc grâce à ces *vis a vis* sans lesquels il n'aurait pas été possible de nous rencontrer, de nous connaître et de nous aimer.

Un jour, ma femme a accepté de livrer son témoignage dans une brochure trimestrielle d'informations destinée aux détenus[1]. Qu'on me permette d'en citer ici quelques extraits :

« Notre histoire, puisque j'en témoigne, est fortement liée à ces vis à vis. Notre amour est né et s'est approfondi de vis à vis en vis

1. *La Lettre de Genepi.*

à vis. Ils sont fous, ces vis à vis, éblouissants et si courts [...] Ils passent comme un éclair, mais ils illuminent d'une façon incroyable la prison et le temps carcéral.

« [...] Tout est simple, malgré les événements, malgré la séparation, malgré l'angoisse de l'avenir. On s'aime tranquillement. On est heureux. Ces vis à vis ne nous permettent pas de donner libre cours à nos fantasmes, parce que pendant ces deux courtes heures il est plus important de laisser la place à la tendresse toute simple [...] La sexualité, puisqu'il faut en parler, y est chaotique, elle souffre, manque de temps pour s'exprimer, mais l'important c'est l'intimité, enfin. Une intimité toute de douceur, de tendresse, qui se prolonge bien au-delà de ces quelques heures. Même si le vis à vis est imparfait, voire frustrant, c'est un merveilleux moment de paix et de bonheur, même fugace. Cela donne force et courage pour l'avenir. Le couple existe et est uni. »

Dont acte.

Et merci l'Espagne.

Lors de sa visite, M. Malaurie m'a posé cette question : « Quelle autre solution que la prison préconiseriez-vous, ou que devrait être, selon vous, la prison ? » (sous-entendu : pour qu'elle cesse d'être la monstrueuse absurdité qu'atteste l'important taux de récidive).

Avant de donner mon opinion, je crois avisé d'anticiper sur un jugement que ne manqueront pas de porter à mon sujet nombre de lecteurs outrés. Voilà, se diront-ils, un criminel particulièrement culotté, critiquant sans vergogne le système carcéral et ratiocinant sur la justice, sans même exprimer le moindre regret de ses actes !

J'entends bien tout cela. Mais, je l'ai dit, *Suerte* n'est pas un plaidoyer travesti en roman, ni cette postface un exercice tout à fait volontaire. Cependant, je puis assurer le lecteur d'avoir une conscience nette de ma responsabilité et d'être bien en train de payer — depuis longtemps ! — ma dette à la société, l'eau chaude à mon lavabo ne suffisant pas à me faire barboter complètement dans un bonheur à l'évidence immérité.

Mais payer ne signifie pas, ne *doit* pas signifier se taire ni se dispenser de penser. Aussi scandaleux que cela puisse paraître aux braves gens, la justice et la prison peuvent légitimement être critiquées par ceux-là mêmes à qui elles s'appliquent, spécialement si leur critique, dépassant leur cas particulier, porte sur le fond du problème. La culpabilité, après tout, n'entraîne pas la déchéance de ses facultés de jugement. Il y a sur la justice et sur la prison, l'une n'étant pas nécessairement juste ni l'autre nécessairement adéquate, un « point de vue » du condamné qui vaut au moins autant que celui d'un observateur impartial, car c'est sur le condamné et lui seul que les effets de l'injustice de l'une et de l'inadéquation de l'autre se font sentir.

Cela étant dit, je vais tenter maintenant de répondre, pour conclure cette postface, à la question de savoir ce que devrait être la prison (par quoi la remplacer dépasse mes compétences : il s'agirait de rien de moins que de refaire le monde).

Dans *Le Quartier de la mort*, paru dans la collection Terre Humaine, on lit ceci : « Cinq raisons — ou plutôt cinq fonctions — justifient le régime carcéral en Amérique : *l'effet dissuasif* [...], *la mise hors d'état de nuire* [mise à l'écart provisoire du criminel], *la réhabilitation et la réinsertion* [...], et enfin *le châtiment.*

« Dissuasion et mise hors d'état de nuire n'ont rien à voir avec ce qui se passe effectivement à l'intérieur des établissements pénitentiaires ; ce sont des concepts forgés à l'extérieur, définis par la seule existence de la prison. Il suffit que cette dernière apparaisse comme un lieu de malheur et d'où l'on ne peut sortir sans autorisation. La rééducation et la réinsertion ne sont réellement expérimentées qu'après le séjour en prison [...] Elles n'interviennent pas dans la vie quotidienne du pénitencier. Quant au châtiment, on le définit généralement par la simple privation de liberté, à laquelle il est vain — et inutilement cruel — d'ajouter quoi que ce soit[1]. »

Ce qui est dit là des raisons justifiant le régime carcéral américain vaut bien entendu pour le régime carcéral français comme pour

1. Bruce Jackson et Diane Christian, *Le Quartier de la mort*, Terre Humaine, Plon, p. 46.

celui de tous les pays du monde civilisé : il n'y a pas, en tout cas pour ce qui concerne la France, à y changer une ligne. Remarquons au passage que le châtiment est défini comme « la simple privation de liberté », jugée suffisante en soi, ainsi qu'avait tenu à le rappeler Giscard d'Estaing en 1974. Il ne s'agit hélas, là-bas comme ici, que d'une définition ; dans les faits il en va souvent tout autrement.

Mais c'est sur ce point de la réhabilitation et de la réinsertion que je voudrais faire porter ma réflexion. Les deux auteurs américains déclarent en effet que ces fonctions « n'interviennent pas dans la vie carcérale ». A quoi j'ajouterai : en France non plus. Or, des cinq fonctions relevées par eux, ces deux-là seules revêtent un caractère positif, les trois autres ne visant qu'à empêcher et à punir, sans finalité constructive (ce qui ne veut pas dire qu'elles sont inutiles). Réhabilitation et réinsertion seraient ainsi en mesure d'apporter à la prison ce qui lui fait le plus défaut, *du sens*, si avoir du sens pour quoi que ce soit touchant à l'activité humaine veut dire à la fois être rationnel et permettre un progrès. Sens comme signification, par conséquent, et sens comme direction.

Il y a sans doute quelque contradiction à vouloir que la prison ne soit « rien d'autre » que la simple privation de liberté et d'attendre en même temps d'elle qu'elle soit quelque chose d'autre que du châtiment. Mais c'est qu'il n'est pas concevable de faire ainsi fonctionner un système à vide dans une société si soucieuse par ailleurs de rentabilité. De toutes les institutions humaines, en effet, seule l'institution pénitentiaire ne produit aucun progrès, n'est pas même un rouage d'une fonction productive ou régulatrice quelconque. La Pénitentiaire moud du néant ; son moulin de pénitence engendre en tournant ce qui le fait tourner encore et encore : de la récidive.

Comble de gaspillage et de non-sens, la contradiction ci-dessus évoquée n'est qu'apparente. Dans la réalité, le système carcéral actuel se veut bien quelque chose d'autre que du châtiment, et le prouve. Dans tous les établissements pénitentiaires existent en effet des services socio-éducatifs, des activités culturelles et/ou sportives, des unités enseignantes, etc. Mais si l'on excepte les cours universitaires et la formation à l'informatique de haut niveau dispensés dans quelques rares centres de détention ou maisons centrales, et donc s'adressant à un nombre restreint de détenus, on peut dire sans risque de médisance que tout cela n'est qu'alibi, divertissement et faux-semblant. Si j'interprète ce qu'on peut voir aujourd'hui en France, ce « confort » des nouvelles prisons, ces gadgets socio-éducatifs et culturels, cette télévision, bref, tout cela que j'ai rangé sous la rubrique « arsenal d'insensibilisation du détenu », la politique de la Pénitentiaire mise en œuvre actuellement consiste à s'assurer la paix à l'intérieur comme à l'extérieur de ses murs en banalisant l'enfermement et en en édulcorant les effets. Or, il faut le dire très clairement, la Pénitentiaire n'aura pas, n'aura jamais la paix à ce prix dérisoire. Elle aussi, elle surtout, devra un jour être soumise à une obligation de résultat.

Ce qu'il faudrait faire, puisqu'on m'a demandé mon avis, c'est avant tout mettre en place dans les prisons de vraies structures d'enseignement général, professionnel et universitaire. Je crois aux vertus du savoir, même s'il n'apparaît pas que chez moi et chez d'autres détenus plus diplômés que je connais, cela ait immédiatement porté ses fruits. Je ferai observer à ce propos que la récidive, en pareil cas, est due pour l'essentiel aux raisons suivantes : 1) ces études n'ont pu être entreprises que sur le tard, c'est-à-dire trop tard pour le détenu ; 2) ou bien, faute d'avoir été assorties de mesures d'accompagnement concrètes, elles n'ont pu pallier le déphasage qu'entraîne inévitablement une peine d'emprisonnement très longue ; 3) en raison de l'incontournable souci sécuritaire de la Pénitentiaire et de l'absence de crédits affectés à cet effet, ne sont réalisables en prison que certaines études universitaires (sciences humaines) ne débouchant qu'exceptionnellement au niveau d'un DEUG ou d'une licence sur un emploi à la sortie, ou certaines formations professionnelles généralement obsolètes ou concernant des métiers offrant peu de perspectives d'avenir : la Pénitentiaire se bornant ainsi à appliquer des directives ministérielles sans se préoccuper de leur pertinence.

Un tel programme d'enseignement et de formation professionnelle devrait être mis en œuvre dès la maison d'arrêt, c'est-à-dire pendant la détention préventive même. Il va de soi qu'il s'adresserait prioritairement, sinon exclusivement, aux détenus faisant l'objet d'une inculpation criminelle ou encourant une peine minimale de deux années en correctionnelle : il n'est pas possible en effet de mobiliser et de motiver des équipes enseignantes pour des détenus de passage.

Ce programme s'insérerait dans une politique pénitentiaire d'octroi de remises de peine supplémentaires, comme c'était le cas de 1974 à 1985, et d'assouplissement graduel du régime carcéral. Cette formule est appliquée en Espagne dans les établissements pénitentiaires de la Communauté autonome de Catalogne (à ceci près que le contenu de leur programme socio-éducatif relève plus de l'ergothérapie ou de la thérapie de groupe que d'une préparation véritable à la réinsertion) : selon le degré de sa participation aux activités socioculturelles, le détenu peut ainsi téléphoner plus souvent à sa famille, bénéficier de deux, voire de trois *vis a vis* mensuels au lieu d'un seul ; et la télévision elle-même est autorisée en fonction dudit degré de participation (calculé en heures hebdomadaires de présence)[1] .

La nécessité de mettre en place une politique d'encouragement à la participation à un tel programme, sous forme de remises de peine et d'avantages divers, est justifiée : pour des raisons évidentes, il est infiniment plus difficile en prison qu'ailleurs de se consacrer avec régularité à une tâche quelconque, et surtout d'étudier. C'est fréquemment que j'entends autour de moi des détenus dire : « Je n'arrive pas à bouquiner en ce moment, mon esprit fout le camp... » Cette difficulté à se concentrer, et plus encore à se projeter dans l'avenir, spécialement pendant le temps de la détention préventive, ne peut être surmontée qu'à condition que le détenu voie s'ouvrir devant lui une vraie perspective d'espérance concrétisée chaque année par la prise en compte de ses efforts.

J'ajouterai ceci : ne serait-ce qu'une propédeutique de sciences humaines, sorte d'initiation par exemple à un panachage de

---

1. Ce que je décris là est le système des phases *(primera fase, segunda fase, tercera fase)* que j'ai vu appliqué à la maison d'arrêt de Gérone. Je sais qu'à quelques variantes près, ce système est appliqué dans l'ensemble des établissements pénitentiaires de Catalogne, dont la Modelo de Barcelone.

spécialités : psychologie sociale, philosophie, sociologie, une fois acquis bien entendu le niveau préparatoire adéquat, me paraît des plus recommandables. Ce qui fait dramatiquement défaut au détenu lambda qui non seulement n'a jamais été inséré dans la société, mais encore n'a pas été scolarisé normalement, c'est une grille d'interprétation du réel. La réalité sociale lui est en effet la plupart du temps indéchiffrable, donc étrangère, et donc ennemie. Puisque le monde n'est ni simple ni juste, étant humain, rendons-le-lui au moins intelligible à travers son histoire, ses mécanismes, ses besoins et ses finalités. Le plus grand service que l'institution pénitentiaire peut ainsi rendre au détenu qu'un jour elle doit bien relâcher, et par contrecoup à la société qui doit alors l'accueillir, c'est de lui fournir la boussole et la carte qui lui permettront de se diriger dans ce qu'il croyait être une jungle, et qui n'est qu'une « situation » à laquelle il lui revient de donner une part de sens en y frayant son chemin propre. Exister, cette aventure, n'est que cela.

Faute de quoi, ce sombre constat des deux auteurs américains cités plus haut ne cessera jamais d'être actuel :

« La seule fonction que les prisons remplissent parfaitement, c'est de parquer ensemble des hommes dans un endroit dont ils ne peuvent sortir : le reste est littérature[1]. »

Si *Suerte*, écrit « malgré tout » en prison, pouvait aider à prendre conscience que la société gagnerait à ce qu'un tel constat ne soit pas une fatalité, eh bien, j'aurais fait œuvre utile, pour une fois dans ma vie ! Mais sans doute fais-je preuve là de grande immodestie ou d'incommensurable naïveté...

Quoi qu'il en soit, je remercie M. Malaurie de m'avoir donné la parole dans la collection Terre Humaine.

1. *Ibid.*, p. 47.

ANNEXES

Annexe 1
LA PRISON ET MOI
par Claude Lucas

La journée carcérale est une page blanche devant laquelle l'inspiration reste en suspens. Qu'y vais-je écrire ? Qu'y puis-je écrire ? Et surtout puis-je écrire ? Page blanche de ce livre du temps mort qui peut en comporter trois mille, six mille… Imaginer cela : des milliers de pages à remplir jour après jour de mots — *nulla dies sine linea !* — pour en conjurer la blancheur abyssale…

Mais écrit-on pour combler le vide de l'être ? Et sur cette page blanche, qui du coup commence à ne plus l'être, j'écris ce matin que je me demande si j'écris pour combler le vide de l'être. Voilà. C'est déjà quelque chose. C'est un peu mieux que rien. Une sorte de soupir attestant que je suis vivant, que les mots battent sous la peau comme une pulsation à l'intérieur du corps. Mais alors plutôt que pour combler le vide de l'être (quel jargon !), ne noircirais-je pas la page carcérale tout simplement pour m'assurer que je suis vivant ? La journée serait ainsi ce miroir où « je » se réfléchit en mots afin de s'y lire comme une présence. Vacuité de la page blanche, blancheur de la journée carcérale : une même surface réfléchissante où, si je n'écris, je me dissous. Je de miroir. Je de mouroir. Écrire je, noir sur blanc, pour ne pas s'interrompre. S'écrire bien noir sur chacun des trois mille, des six mille vierges faire-part du livre du temps mort pour ne pas perdre le fil de soi. Oui, tissons, tissons, au fil des mots le fil de soi.

La prison est un lieu métaphysique, ce qui la distingue du zoo : éliminez l'anecdote, supprimez l'état d'âme, refusez le folklore descriptif, bref, épurez, resserrez, condensez votre style — refusez même le style —, ne demeure plus alors que le mot sonore, n'importe lequel, un mot, le mot mot si vous voulez, oui, dites mot, cela suffit, cela dit tout, cela dit exactement le rien du tout. Qui ne dit mot consent. Dire mot, n'importe lequel, n'importe quand sur la page blanche, c'est ne pas consentir. Non pas le mot dit à quelqu'un. Il n'y a personne en prison à qui dire mot : le surveillant, un rôle ; le détenu, un double. Mais le mot lâché comme une bulle dans la béance immaculée de la page carcérale. La métaphysique, c'est cela : un humain se vidant mot à mot de son temps sur la page d'un livre qui ne raconte aucune histoire. Être inutile. Temps inutile. Livre inutile. Mot pur, donc, goutte de temps sans signification parasite, sens figuré ou double sens, mot détourné de sa fonction, mot à la puissance absolument vaine du mot : mot pour mot, écho de soi. Qui dit mot ne consent pas au blanc silence de la page carcérale. Puis le mot dit s'évapore, l'encre à peine sèche. Tournons alors, tournons la page pour y laisser goutter un nouveau mot, le même, chaque jour plus nouvellement semblable, aujourd'hui plus qu'hier et bien moins que demain, le mot dit de la malédiction de l'éternel présent : floc…

Cependant vous écrivez ! Vous faites des phrases !

C'est vrai, je tisse, tisse le fil de soi : je triche. Je ne suis pas vraiment métaphysique, je suis physique aussi. J'ai faim, j'ai chaud, envie de marcher, de dormir. Je persévère dans mon être et m'organise. La page blanche comporte des lignes, comme la journée carcérale elle est réglée. Exemple de phrase : la promenade est à huit heures et demie ce matin. Deuxième exemple : ce matin la prison est enveloppée de brouillard. Troisième exemple : en raison de l'épaisseur du brouillard, la promenade sera reportée à plus tard, voire supprimée. On le voit, il y a une logique, les phrases s'enchaînent, le monde est conséquent… Tisser, tisser la trame et la chaîne de la journée carcérale : comment y échapper ? Comment ne pas se soumettre à la syntaxe réglementaire, ne pas subir les conséquences, ne pas dire je pense donc je suis les lignes de la page qui m'encage ? En somme, puisque mot dire est le refus de tourner en rond sur la page blanche dans le cliquètement des phrases qui m'enchaînent en s'enchaînant, comment écrire « je suis » sans me condamner au présent de l'indicatif à perpétuité ?

La prison, ou l'écriture mise en question. L'enfermement n'a d'autre intérêt que de pousser l'écriture dans ses derniers retranchements : si tu ne me libères, mot dit, qu'est-il besoin de te dire ? Et si je dis mot seulement pour me lire dans le miroir de la page blanche, à quoi rime donc la vie ? Poésie ! s'écrie alors l'illuminé. Jetez la prose et la syntaxe réglementaire aux orties ! Trouez la page ! Évadez-vous ! Poésie rime avec vie !

Non.

En prison, poésie ne rime à rien. Mirage. Jeu de mots. Folie même, peut-être. Pis que tout : candeur. Surtout ne pas chercher la rime ni la raison. Ici, raison rime avec prison, et rime rime avec crime.

L'écriture dans ses derniers retranchements, tel est l'enjeu : l'appréhender au pied des hauts murs du présent qui l'enclot. Comprendre ceci : qu'en prison moins qu'ailleurs l'écriture est aérienne. Au pied du mur, elle gît prostrée, misérable. Sans mot dire elle dit sa défaite. Non qu'elle manque de mots, mais elle a perdu le goût des mots. Elle n'a plus la force. Le souffle ne circule pas. Elle est éteinte. Mettre l'écriture en question, c'est l'écouter ne plus mot dire dans le silence de la page carcérale.

Mot dire est sans issue.

Je ne découvrirai pas encore aujourd'hui le langage nouveau qui me permettrait de me conjuguer au futur. La journée passe, elle est passée ; c'est le soir. La télévision bourdonne dans les cellules voisines. Cet après-midi, le vent s'est levé, et je l'écoute souffler sur la prison tandis que je relis ces lignes. C'est une journée. La page à présent n'est plus blanche, elle a passé, c'est le soir. Nous ne sommes pas sortis en promenade ce matin à cause du brouillard, et cet après-midi c'est moi qui n'ai pas voulu sortir. Le soleil brillait, le vent soufflait. Je n'ai pas voulu sortir. J'écrivais. Il faut bien écrire. Il faudrait écrire bien. J'ai écrit que je ne pouvais pas écrire. Mais je l'ai mal écrit. Il faut bien vivre, même mal. Il faut bien dire tout le mal qu'on a à écrire. C'est intéressant pour ça, la prison : on touche à ses limites. On ne peut pas aller plus loin. On ne peut pas se payer de mots. C'est comme ça que la journée passe. Cash.

Annexe 2
LA JOURNÉE CARCÉRALE
par Claude Lucas

Maison d'arrêt de V..., une journée comme une autre... La prison, en revanche, se démarque des maisons d'arrêt traditionnelles, parfois infâmes : c'est un de ces établissements modernes dits du « plan 13 000 ». Ici, pas d'odeur de Crésyl, d'enfilades oppressantes de coursives, de murs lugubres, de fenêtres soupiraux. L'établissement dispose d'un vaste terrain de sport et d'une salle de musculation, les bâtiments sont fonctionnels et clairs, et les cellules, pourvues d'un cabinet de toilette isolé avec eau chaude au robinet, sont confortables. Luxe inouï en maison d'arrêt : la plupart sont individuelles.

Voilà sommairement pour le look et l'aspect matériel de la détention. Le prisonnier n'a pas froid, n'a pas faim, et le décor ne lui serre pas le cœur.

Toutefois, la « jouissance » d'un tel confort ne saurait être une fin en soi. Ce souci de décence affiché des conditions de détention inspire en effet cette question inévitable : que fait le détenu, dans une prison comme celle-ci, à part regarder le paysage par la fenêtre (pour celui du moins qui loge au dernier étage) ou la télévision ?

Passons sur le rituel carcéral, le même dans toutes les maisons d'arrêt : repas, promenades (biquotidiennes), douches, visites de l'avocat et parloirs avec la famille, sous réserve de cette observation : ce découpage morcelle la journée de telle façon qu'il est difficile de se consacrer à une tâche personnelle sans être interrompu, sauf à manquer volontairement l'une des promenades quotidiennes.

A cet égard, l'avantage le plus marquant de disposer d'une cellule individuelle est de pouvoir organiser à son gré le temps de la soirée ou de la nuit... à condition de ne pas se laisser phagocyter par la télévision.

Des activités sont proposées par l'administration. Elles sont de trois sortes : le travail en atelier et les stages, les activités socio-éducatives et les emplois de la détention.

Le travail en atelier consiste en de petites opérations manuelles de finition ne nécessitant aucune qualification particulière, ne préparant à rien qui vaille à la sortie, et de surcroît fort mal rémunérées (environ 600 F mensuels). Ce travail concerne une soixantaine de détenus sur les quelque six cents constituant la population pénale de l'établissement.

Les stages, mieux rémunérés (1 300 F mensuels), d'une durée d'environ trois mois, sont des stages de maquettisme. Ils sont organisés par l'entreprise privée qui gère la maison d'arrêt. Il s'agit là d'une occupation nettement plus intéressante ou en tout cas plus distrayante que le travail en atelier. Une quarantaine de détenus participent à chacun de ces stages — ils sont de trois niveaux — organisés au cours de l'année.

Les activités socio-éducatives : sous cette rubrique sont à ranger les cours scolaires, le sport, les stages de secourisme, la peinture (une fois par semaine). La plupart des détenus vont au sport (deux séances hebdomadaires de trois heures). En ce qui concerne les autres activités, il faut avoir à l'esprit que la population pénale d'une maison d'arrêt est constituée majoritairement de prévenus. D'où il résulte : 1) que faute de place et d'effectifs, il n'est pas envisageable d'y accueillir tout le monde ; 2) que par ordre du juge d'instruction, nombre de détenus sont interdits de communication avec leurs coïnculpés, ce qui empêche leur participation à ces activités ; 3) que l'administration opère encore une sélection discriminatoire pour des motifs qui lui sont propres, induisant le même empêchement ; 4) que les prévenus sachant n'encourir que de courtes peines ou espérant une mise en liberté provisoire ne voient pas forcément l'intérêt de participer à des activités dont l'attrait pratique consiste surtout en ces deux mois de remise de peine supplémentaire qui les sanctionnent annuellement à partir de la deuxième année de détention (attrait du reste mitigé : la population pénale du cru est jeune, conflictuelle, si bien que les fréquents rapports d'infraction dont elle fait l'objet annulent ou écornent substantiellement ces remises de peine) ; 5) qu'en raison du contraignant découpage de la journée évoqué plus haut, la participation aux activités, aussi bien qu'aux stages ou au travail en atelier, exclut les promenades biquotidiennes, week-ends exceptés, voire le sport.

Les emplois de la détention, enfin : cuisiniers, cantiniers, auxiliaires d'étage, bibliothécaires, etc. Ils concernent une vingtaine de détenus environ.

Résumons : une maison d'arrêt moderne où les conditions matérielles de détention sont plus qu'acceptables ; et du travail et des activités touchant 15 % de la population pénale. Quelles réflexions cette description inspire-t-elle ?

Il arrive de voir passer épisodiquement quelque groupe de visiteurs escortés par un chef de service. Il est aisé d'imaginer ce qu'ils peuvent penser d'une telle visite au parcours balisé comme suit : le terrain de sport où ils auront vu des détenus jouer au football ou au rugby ; l'infirmerie moderne comportant cabinet médical, cabinet dentaire, salle de soins, salle de radiographie ; la salle de sport où ils auront vu de fringants détenus se livrer à la musculation ; les salles de classe occupées d'élèves en apparence attentifs ; enfin, l'atelier. Les bâtiments de détention sont en général exclus du parcours, mais on peut supposer qu'une cellule de l'aile du « transit » leur aura été montrée. Oui, il est aisé d'imaginer les sentiments de ces gens au terme de leur visite. Voilà, se seront-ils dit, un établissement remarquable offrant des conditions de détention décentes et dignes. Ah ! on les soigne, nos malfrats !... Peut-être même se seront-ils fait la réflexion qu'en ces temps d'exclusion, bien des sans-logis leur envieraient leur place...

Soit. Au reste, cela est normal. Ce sont des « visiteurs » n'ayant eu sous les yeux qu'une vue éclatée de la journée carcérale à travers le prisme déformant des lieux où elle se joue, et leur sensibilité n'aura pas même été heurtée par le décor convenu des prisons de l'imaginaire collectif : grilles, coursives, odeurs, lumière chiche... Bref, tout au long de leur visite, ils auront été « hors contexte » tant il est vrai que le quotidien de la journée carcérale n'est pas de l'ordre du visible, ne se réduit pas aux lieux ni aux activités qui s'y déroulent, même si ceux-ci, indéniablement, peuvent contribuer à en aggraver ou à en adoucir l'impact.

Parler de la journée carcérale — puisqu'elles sont toutes semblables — c'est parler d'une journée différente même de la journée normale la plus banale, celle où se font les choses aussi sous le mode répétitif qui est l'ordinaire d'une existence ordinaire, mais en vue du moins de réaliser l'avenir, fût-il médiocre. La journée carcérale, elle, est une journée entre parenthèses : elle n'appartient pas au temps social, et comme telle elle est abstraite ou fictive, pure vacuité temporelle, temps sans contenu que l'on traîne comme un boulet immatériel ou, ce qui revient au même, dont on est à soi-même le seul contenu, durée où l'on dure en s'endurant. Même la journée monotone, répétitive du dehors que désigne l'expression « métro-boulot-dodo » n'est pas en fait vraiment répétitive ; c'est de la continuité, pesante, certes, mais où l'on peut toujours introduire de la nouveauté, de la liberté. La journée carcérale, elle, scande exclusivement la vacuité du psychisme réduit à rabâcher sa propre durée ; elle est le miroir de cette durée.

C'est sous cet angle qu'il faut penser le contenu de la journée carcérale. Rappelons encore que nous parlons d'un établissement destiné à des prévenus ou à des condamnés à des peines n'excédant pas, en principe, trois ou quatre ans, où donc la moyenne du temps de détention doit être de quinze à dix-huit mois (bien que les condamnés à de longues peines puissent y séjourner trois ou quatre ans, prévention comprise, dans l'attente de leur transfèrement en maison centrale ou en centre de détention). Ce paramètre est à prendre en compte en vue de la réponse à la question : ces activités, à quoi servent-elles, quel est leur sens ?

Compte tenu de la nature de la journée carcérale et des règlements qui la corsètent, la réponse est évidente : à occuper le détenu, c'est-à-dire *remplir le vide* de sa journée. A quoi l'on peut ajouter, corollaire non négligeable du point de vue de la Pénitentiaire, à pouvoir faire étalage de son souci humanitaire, manière ainsi d'éviter de se remettre fondamentalement en question.

Car il tombe sous le sens qu'aucune de ces activités ne présente d'utilité en termes de réinsertion. La scolarisation, pour sommaire qu'elle soit, est sans doute la moins inutile de toutes, mais elle ne saurait être à ce niveau du moindre secours pour trouver un emploi à la sortie. Et ne parlons pas, par exemple, de la peinture… Ah ! cette tarte à la crème de la « créativité » du détenu qu'il faut lui permettre d'épanouir, et cette autre, plus récente, de la réinsertion par le sport ! Car le psychologisme en cet univers fait des ravages. Or, de même que la journée carcérale est hors du temps social, de même le détenu est hors humanité : sujet en quelque sorte artificiel, coquille creuse d'humain à qui l'on aurait tout ôté sauf la capacité de souffrir. A ce point de vue, prétendre développer sa créativité (axiome : tout déviant est un artiste manqué ou qui s'ignore), sa sociabilité ou aptitude à la vie de groupe (par le sport, alors que la plupart des loubards de banlieue pratiquent à l'extérieur le foot, la boxe ou le karaté !) ou sa capacité « à se réaliser dans un projet » (maquettisme ?) apparaît bien l'alibi prétendument socio-éducatif de la Pénitentiaire. La mise en œuvre de ces activités ressortit en fait essentiellement, sinon exclusivement, à la gestion de l'enfermement. Ainsi programmé, le contenu de la journée carcérale en adoucit sans doute la rigueur, mais il reste un contenu *sui generis*. Plus insidieux : maquillée, meublée de faux-semblants, la journée carcérale se donne des airs de journée normale remplie d'un vrai contenu : c'est une journée virtuelle.

Ces considérations ne sont pas l'interprétation d'un esprit chagrin ou négatif. Elles s'appuient, hélas, sur une longue expérience de la réalité carcérale. Au-delà de sa fonction de punition par privation de liberté, la prison, on le sait, induit un effet secondaire : la coupure d'avec la réalité. Déstructurante, cette coupure engendre à la sortie un handicap social et psychologique majeur : comment en effet reprendre pied dans une réalité qu'à l'intérieur l'administration pénitentiaire s'est ingéniée à vider de son sens ? Ce pourquoi, si bref soit-il (rarement inférieur à six mois, tout de même !), le passage en prison débouche presque automatiquement sur l'exclusion ou à tout le moins sur un déphasage durable.

La « journée carcérale » est le moule de cette exclusion. Suffisamment vide pour être subie comme une punition, mais suffisamment « meublée » pour paraître normale, elle n'incite ni au retour sur soi ni à la prise en compte du réel : faux-semblant de temps social, elle crée chez le détenu l'illusion de vivre. Acmé de ce naufrage : le tête-à-tête, le soir, avec la télévision. Fenêtre sur l'extérieur, assure-t-on… Décryptons : la vie donnée à regarder comme un spectacle, au terme d'une journée où la vie a été donnée à vivre comme une manière de tuer le temps.

Autre effet pervers, enfin, et non des moindres : ces activités alibis de la journée contribuent à banaliser la prison, à la faire paraître « acceptable ». Or, banaliser la prison de cette manière, c'est réaliser à proprement parler son insertion dans la cité. Un comble, quand on sait que la majorité de sa population ne réalisera jamais la sienne !

Concluons. Que faire pour remédier à cet état de choses ? Comment donner un sens à la journée carcérale ? Est-il même nécessaire de le faire ?

A cette dernière question, répondons tout de suite par l'affirmative : il n'est que de constater le taux de récidive d'une population pénale pourtant jeune et d'entendre les conversations pendant les promenades pour comprendre que la journée carcérale, en l'état, déstructure et désocialise de manière quasi irréversible. Vivre le temps d'une telle journée, on l'a vu, c'est perdre le sens du temps, qui est maturation, mise en perspective, ouverture sur l'avenir. Le temps de la journée carcérale ne se déploie pas vers un horizon, mais il bée. Béance d'abîme qu'il faut combler n'importe comment, à n'importe quel prix, sous peine, croit-on, de sombrer. Ainsi tue-t-on ce temps qui bée. L'administration, bonne cuisinière, donne la recette du meurtre à l'étouffée : « s'occuper ». Sanction pour celui qui tue bien : deux mois de remise de peine supplémentaire. Une fois élargi, le détenu procédera de même : il tuera, tuera ce temps dont il a éprouvé dans son psychisme jusqu'à quel point il peut béer. Vivons vite, alors, vivons fort, vivons sans trous du temps : le temps, c'est l'ennemi.

Or, le temps est la dimension de l'existence. Le tuer, c'est dénaturer celle-ci, lui ôter son sens. Infliger à l'homme du temps à tuer (définition de l'enfermement), c'est l'abstraire du sens : en somme, c'est le tuer socialement.

Le remède — si l'on doit tenir pour admise la pertinence de la prison, ce qui est une autre affaire — consisterait en un changement radical de perspective (ou de philosophie) : la journée carcérale considérée non plus comme du temps mort à gérer, mais comme une situation existentielle authentique. Ce renversement de perspective supposerait évidemment d'abolir la coupure d'avec la réalité que provoque l'enfermement. Considérer la journée carcérale comme une situation existentielle authentique, c'est remettre, malgré les circonstances, le temps du détenu en phase avec celui des hommes, le temps social. S'il est possible en effet à la Pénitentiaire, comme elle vient de le faire récemment ici, d'organiser une « journée équestre » en convoquant les médias pour qu'ils filment les détenus faisant du cheval autour du terrain de sport — véritable opération de marketing visant, comme nous avons dit, à banaliser la prison et à réaliser son insertion dans la cité —, il doit lui être possible également d'ouvrir ses portes à d'autres qu'à des chevaux : des chefs d'entreprise, par exemple, des créateurs, des intellectuels, etc., et pas seulement à l'occasion d'une journée « porte ouverte », pour amuser la galerie, mais tous les jours. Ces acteurs sociaux remplaceraient avantageusement les soi-disant éducateurs dont on voit mal, dans cette maison d'arrêt en tout cas, qui diable ils peuvent bien éduquer, et sur quelle compétence avérée et quels moyens à leur disposition ils s'appuieraient pour le faire.

Car s'il s'agit d'insérer *vraiment* la prison dans la cité, et à tant faire que la banaliser, qu'on se le dise : un vaste chantier social s'ouvre là aux gens de bonne volonté. Sans doute n'est-ce-pas strictement l'affaire de la Pénitentiaire, institution à mission essentiellement répressive, de surcroît figée par des syndicats empêcheurs de progrès et limitée par le discours politique sur le sécuritaire, mais celle de spécialistes en sciences humaines. Toutefois qui, sinon elle, serait mieux en mesure d'intéresser ceux-ci à se pencher sur le problème, à lui trouver des solutions que les acteurs sociaux mettraient ensuite en œuvre sous son égide ?

Promouvoir la journée carcérale en situation existentielle authentique, c'est-à-dire ouvrir la prison à la réalité, étant admis qu'il n'est d'autre réalité que sociale, telle est la voie. Ce qui suppose, bien entendu, de croire en l'homme…

Annexe 3
MON INTÉRÊT POUR LA PHILOSOPHIE D'EMMANUEL LEVINAS
par Claude Lucas

Lettre adressée à Jean Malaurie

Villefranche, le 10 octobre 1995

Cher Monsieur,

Vous m'avez demandé de vous exposer les raisons de mon intérêt pour la philosophie de M. Levinas, et de vous préciser quelle influence celle-ci a pu avoir sur mon développement personnel. Je vais tâcher de vous répondre en évitant dans la mesure du possible de vous infliger un trop indigeste exposé…

Il tombe sous le sens que le problème premier qui se pose à un détenu de droit commun au long cours, ce qui est mon cas, est celui de l'éthique : qu'est-ce que c'est que cette morale au nom de laquelle on brise ainsi ma vie ? ne peut pas ne pas se demander en effet un tel détenu. Et s'il est en outre attiré par la philosophie, autrement dit s'il est en quête de réponses à une interrogation existentielle rendue plus aiguë encore par son enfermement, ce problème se dresse devant lui comme le mur même de sa prison. L'exprimer de la sorte, cependant, n'est pas laisser entendre que la morale serait perçue alors comme un enfermement, mais tout simplement ceci : que le scandale de l'enfermement n'est admissible qu'au nom d'une justice relevant d'une morale non pas utilitaire ou rationnelle, mais « lumineuse ».

La raison pour moi n'est pas la lumière ; elle est ce qui permet de s'orienter dans la lumière déjà donnée et de s'expliciter le visible. Ce pourquoi les impératifs catégoriques de Kant, pour imparablement logiques qu'ils me paraissent à moi comme à quiconque, me parlent clair, sans doute, mais ne forcent pas mon adhésion : en tant qu'énoncés rationnels, ils n'engagent pas nécessairement l'existant que je suis. Tout se passe avec Kant « par défaut », comme s'il sautait soudain aux yeux, devant tant de raison, que l'existence, c'est-à-dire la liberté, déborde celle-ci de toute part, et avec elle l'histoire des hommes. Dans le fait d'exister se manifeste en effet une béance que la raison se révèle impuissante à combler. Cette béance, ou manque, M. Levinas l'appelle Désir. Ce n'est évidemment pas un désir de raison, sans quoi nous serions rassasiés depuis longtemps, mais c'est le Désir métaphysique de l'« absolument autre ». Et c'est de ce point de vue existentiel que l'éthique comme production et couronnement de la raison pratique ne me satisfait pas. Lorsque le Christ dit d'aimer son prochain comme soi-même, il n'énonce pas un impératif catégorique destiné à l'entendement, mais le principe d'humanité ouvrant à l'existant la perspective de la vie éternelle. La morale messianique, « nouménale » ou surnaturelle, lumineuse en tout cas, pose l'être métaphysique de l'homme — l'homme image de Dieu — comme une donnée première, originelle. La morale kantienne, « phénoménale » ou naturelle, prend, elle, le problème à l'envers, ou, plus exactement, en aval : elle pose l'homme comme être-dans-le-monde doué de raison, celle-ci devant suffire à l'avènement du règne des fins. L'être métaphysique de l'homme y est comme mis entre parenthèses : ce n'est pas par là, semble dire Kant, qu'il faut commencer pour réaliser l'humanité de l'homme ; il faut d'abord qu'il faille, et la raison seule oblige.

Or, dans un cas comme dans l'autre, adhérer pose problème : pour aimer son prochain comme soi-même, il faut avoir la foi ; et pour ériger systématiquement la maxime de son action en règle universelle, il faut le plus souvent, comme on l'a dit pour Kant, n'avoir pas de mains. Surtout, la morale kantienne ne transfigure pas l'homme ; elle en appelle non pas à sa « nature » métaphysique, mais à son entendement, faisant ainsi de lui l'écolier d'un Devoir auquel le spectacle d'un monde soumis pourtant à la raison oppose en fait un constant démenti.

Je ne me souviens plus comment j'ai connu la philosophie de M. Levinas : au hasard de la lecture d'un livre ou d'un article de presse, probablement. En tout cas, elle n'était pas au programme de mes études de premier cycle ; en philosophie générale, c'étaient les conférences de Heidegger sur la Parole qui étaient proposées à notre réflexion. Une chose est sûre, *Totalité et Infini*, quand je l'ai découvert, m'a conquis immédiatement. Voilà enfin, me suis-je dit, une éthique « lumineuse » qui me parle en m'éclairant : ne tirant pas, dans son exposition du moins, sa source de la religion (« L'athéisme du métaphysicien signifie positivement que notre rapport avec le Métaphysique est un comportement éthique et non pas la théologie [...] ») ni de la raison, mais s'impliquant dans l'existence pour restaurer celle-ci dans sa signification métaphysique, la seule qui la concerne. L'éthique de M. Levinas, c'est l'épiphanie du Sens à l'horizon humain. L'espèce de révolution copernicienne qu'avait réalisée Kant en plaçant la raison à la source de l'éthique était, du point de vue existentiel, une révolution ratée en ce sens que l'homme est à la fois bien davantage et bien moins qu'un être raisonnable : une nudité doublée d'une liberté. De ce point de vue, l'implacable intelligibilité de la morale kantienne me paraît s'affirmer au prix d'une réduction ou d'un appauvrissement du champ existentiel.

C'est M. Levinas qui effectue la révolution copernicienne de l'éthique en établissant celle-ci comme la relation non pas à un prochain qui serait un autre moi-même ou à un être partageant avec moi le statut de personne, mais à l'Autre considéré comme un absolu. « Autrui est métaphysique », déclare M. Levinas. L'altérité de l'Autre, son hétérogénéité radicale, bref, son étrangeté, créent de lui à moi une distance qui ne peut être, non pas comblée, mais assumée que par l'éthique. L'Autre n'est pas mon semblable ; il échappe à la sphère du Même (la totalité), ce en quoi justement il m'est transcendant (la distance de lui à moi est une hauteur) ; enfin son Visage réalise la figure même de la transcendance dans le champ existentiel : « L'idée de l'infini [...] se produit concrètement sous les espèces d'une relation avec le visage. » Ainsi l'éthique n'est pas ce qui m'oblige rationnellement envers l'Autre pour pacifier la distance qui me sépare de lui, et du coup la réduire à la proximité du prochain, mais tout au contraire ce qui magnifie cette distance en distance à l'infini. L'éthique, c'est la métaphysique : non pas spéculation sur l'être, mais pratique ou parcours de la distance à l'infini de l'être que figure, dans le face-à-face avec moi, le visage de l'Autre.

Ce n'est pas accident, bien sûr, si *Totalité et Infini* m'a conquis. Dans cet ouvrage, en effet, M. Levinas explicite l'altérité de l'Autre qui m'avait posé dans ma jeunesse mon premier (et durable) malaise métaphysique. J'y fais allusion dans une scène de *Suerte* où le héros se souvient d'avoir pincé ses camarades de collège pour s'assurer qu'ils existaient, qu'ils étaient « vrais » ; plus tard, c'est l'inverse qui se produit : l'indubitable réalité des autres le fait douter de la sienne propre. L'expérience brute de l'existence de l'Autre aussi impossible de mettre en doute que d'éprouver peut en effet réduire au solipsisme — et donc exclure. J'ai pour ma part vraiment ressenti dans mon adolescence l'exorbitante existence d'autrui comme une sentence d'exclusion. On conçoit que sur fond d'un pareil constat, ou sidération, l'éthique puisse sembler de l'hébreu : comment et pourquoi prendre en compte cet Autre qui ne m'est rien et est séparé de moi (ou me sépare de lui) par une aussi inexpiable distance ? Or, et je l'ai compris soudain à la lecture de *Totalité et Infini*, l'éthique est un problème pour une raison n'ayant rien à voir avec l'égoïsme ou la névrose* : la difficulté qu'elle présente provient bien plutôt du fait que dans ce monde du spectacle que dénonce justement Debord, l'Autre m'apparaît rarement comme Visage, mais presque toujours comme Rôle. Dans la sphère sociale, l'Autre n'est pas métaphysique du tout : l'opacité de son rôle occulte sa nudité et dénature son altérité même. Le Rôle, c'est l'habit du Même, et le jeu de rôles qui en découle se joue dans la totalité où la distance métaphysique du face-à-face s'abâtardit et se fige en la distance horizontale du rapport social. M'apparaissant ainsi masqué, bien souvent même étant son masque, l'Autre du coup n'est plus qu'un partenaire doublé d'un interlocuteur. Que peut alors signifier l'éthique dans ces conditions, sinon la norme toujours récusable par ma liberté, spécialement si la distance « économique » à l'Autre m'exclut du jeu où en droit comme en fait lui et moi sommes égaux de l'égalité des interchangeables ? Il aura fallu rien de moins que *Totalité et Infini* pour me dessiller, c'est-à-dire pour m'aider à percevoir, sous le masque du rôle et par-delà la subversion

* À ce propos, je considère la métaphysique comme un traitement cent fois préférable à la cure analytique…

socio-économique de la distance métaphysique, l'aura du visage — et donc l'éclat du mystère — de l'Autre.

À l'instant de conclure, je prends conscience d'avoir été prolixe : du moins cela m'aura-t-il permis de vous convaincre que je ne suis pas l'intellectuel que vous me croyez être. Notamment ma « compréhension » de la philosophie de Kant (que je n'ai fait d'ailleurs que survoler au cours de mes brèves études) parlera bien certainement en ma défaveur. Peu importe. Ce qui compte, et que j'ai eu à cœur de vous montrer à l'occasion de cet exposé, c'est l'approfondissement de son humaine condition auquel peut s'employer même un criminel de droit commun — un homme comme un autre, après tout, mais réclamant peut-être plus de lumière qu'un autre.

En vous exprimant mes remerciements pour le plaisir que m'a procuré votre visite la semaine dernière,

Je vous prie de croire, cher Monsieur, en l'expression de mes sentiments très cordiaux.

POSTFACE
de Jean Malaurie

L'EXCLUSION VOLONTAIRE

Comment détourner les yeux d'un peuple nouveau directement issu de notre société ? Il ne cesse de grandir : c'est celui des exclus.

On dit d'eux, et avec quelque commisération — voire avec dégoût : ce sont des misérables... Oh ! Ils sont nombreux ceux qui ne parviennent pas à s'intégrer dans notre système prétendument démocratique et chrétien, rejetés parce qu'ils n'ont pas le fameux profil nécessaire pour pénétrer tel ou tel milieu social. D'autres, dès leur enfance, refusent toute intégration ; ce sont les desperados de notre monde moderne. Ils ne veulent à aucun prix se plier aux règles qui nous régissent ; ils opposent à notre ordre et à ses appareils un mépris définitif — éloignement orgueilleux et statique qui n'est pas sans faire penser à celui du héros de Herman Melville : Bartleby le Copiste et son fameux : « Je préférerais ne pas le faire » —, une arrogance agressive, et ce sont alors des hors-la-loi, la haine au cœur.

A la suite d'une interview que j'avais donnée à Bruxelles, en janvier 1994, pour le journal des SDF *Macadam,* j'ai reçu un manuscrit ; un petit mot l'accompagnait : « Chiche ! » : c'était *Suerte*. Manuscrit refusé jusqu'alors par tous les éditeurs. Dès les premières lignes, j'ai su qu'il s'agissait, dans un style sobre et distant, d'un appel de détresse ; d'un cri : il m'a aussitôt fait penser à un autre cri, celui de Toinou, l'enfant auvergnat fier et rebelle, dont j'ai publié, il y a quelques années, le récit bouleversant ; également refusé par tous les éditeurs.

J'ai rencontré dans sa prison, près de Lyon, Claude Lucas. Ce desperado est issu de ce qu'on nomme le Milieu. Lucas se reconnaît coupable d'avoir gravement agressé nos semblables ; il sait aussi qu'il s'agissait là, pour lui, d'une sorte de fatalité ; car il lui paraissait difficile de se conformer à nos lois, d'admettre nos normes, nos faux-semblants, nos ségrégations, nos injustices, notre fameuse morale.

Claude Lucas n'est pas de notre monde. Il est « d'ailleurs » ; d'un monde auquel il aurait peut-être accordé de lui le meilleur et non le pire. Certes, il a mérité la prison ; mais sur la prison, on le sait, une question centrale se pose : si la peine de mort a été abrogée, à quoi sert, en fin de compte, un si long enfermement qui ne peut être que correctif ? « Beaucoup d'hommes, après leur libération, emportent leur prison avec eux à l'air libre, la cachent comme une tare secrète en leur cœur, et, finalement, comme de malheureuses bêtes empoisonnées, se terrent dans un trou et meurent... La société s'arroge le droit d'infliger d'effroyables châtiments à l'individu, mais elle a aussi ce vice suprême d'être superficielle... Quand l'homme a purgé sa peine, elle l'abandonne à lui-même, c'est-à-dire au moment où commence le plus haut devoir qu'elle ait envers lui. Elle a vraiment honte de son acte et elle fuit ceux qu'elle a punis, comme on évite un créancier envers lequel on ne peut se libérer, ou l'homme à qui l'on doit infliger un tort irréparable, irrémédiable[1]. »

J'ai interrogé Claude Lucas en lui rendant visite à la maison d'arrêt de Villefranche où il attend d'être jugé comme prévenu, à la suite de sa cavale en Espagne. Il ne nie pas qu'il est des justes peines. « Par-delà votre roman autobiographique, que pensez-vous donc, après ces mois, ces années passés dans des prisons espagnoles et françaises, de ce système carcéral, et comment vivez-vous avec vos camarades ? » Sa réponse surprendra : « Je n'aime que les prisons les plus dures, notamment celles que j'ai connues en Espagne. Les “chalandonettes”[2] m'anesthésient. Mes camarades ? Vous surprendrais-je en vous disant que je ne suis pas aimé. Je lis et j'écris ; j'ai refusé, seul dans ma cellule, toute radio et télévision. Je vis comme un moine. »

Avec Claude Lucas, Terre Humaine publie un hors-norme qui médite sur l'œuvre d'Emmanuel Levinas, un prisonnier gravement coupable, mais sans nul doute aussi un écrivain. Il découvre, en passant, en prison, successivement son baccalauréat et sa licence

---

1. Oscar Wilde, *De profundis,* 1905.
2. Prisons françaises très modernes, conçues et construites par l'ex-ministre Albin Chalandon.

en philosophie, la thérapie de l'écriture ; la pensée d'Emmanuel Levinas le retient puis le questionne. « Nous sommes tous coupables de tout et de tous envers tous et moi plus que les autres », s'interroge Emmanuel Levinas avec *Les Frères Karamazov*. Son ultime message, quelques jours avant sa mort, est à l'adresse de Claude Lucas et de tous les détenus.

Le talent de Claude Lucas est incontestable. Son emprisonnement prolongé est supporté avec courage. Je souhaite que *Suerte* ait l'écho qu'il mérite. A une époque où la lutte pour le profit, où l'écrasement des plus faibles et des non-conformes ont force de loi, où en France bientôt, comme à New York dans le Bronx, le grondement de nos banlieues laisse présager le pire, un avenir de brutalité et de révolte, nous nous devons de ne pas ignorer cette génération de violents qui se dresse. Il est urgent de la connaître, voire de la comprendre. Plus que jamais, nous devons nous interroger sur nos responsabilités et plus encore sur nos devoirs.

Suerte (la chance) est un roman vécu. Dans ce faux thriller se découvre un malfaiteur atypique que la vie indiffère. Lucas — « refusé de la vie » depuis sa naissance —, n'est pas un homme simple. Serait-ce par hasard que les violences de ses hold-up sont des actes manqués, comme s'ils recelaient, dans leur essence, une autopunition ?

La France a la proportion de suicidés la plus importante d'Europe. Toujours plus nombreux risquent d'être, hélas, les Claude Lucas. « La vie, c'est trop pour ma tête », disait Sherwood Anderson, le Tchekhov du Middle West. Comment ne pas perdre la tête lorsque l'on voit des escrocs arriver au plus haut de la République aux applaudissements de la foule ? Les maîtres des grandes carambouilles, eux, sont libres.

A quoi sert la prison ? Question majeure que pose implicitement ce livre. Le fort taux de récidive laisse sceptique. Lucas, qui reconnaît la justesse d'une peine dans trois remarquables annexes, que je lui ai demandées pour que le lecteur apprenne à mieux le connaître, s'interroge sur la thérapie de l'écriture. Une réflexion approfondie, initiée par les sciences sociales, pourrait donner aux détenus une boussole et une carte facilitant leur réinsertion. Mais que peut penser le condamné au terme de sa peine lorsqu'il découvre que l'exemple ne vient guère d'en haut. Une démocratie ne peut être debout que si le juge se sait soutenu par un pouvoir incorruptible.

L'une des ambitions de Terre Humaine est de donner la parole à ceux qui ne peuvent pas la prendre, aux exclus de l'histoire. Elle a déjà publié *Le Quartier de la mort* et *Leurs prisons* de Bruce Jackson[1]. Ce dernier témoignage a été préfacé par Michel Foucault : « Au pays de Bonnie et Clyde, la loi se corrompt, se dissout, pourrit, crève et de son cadavre ensoleillé naît en plein vacarme l'essaim des crimes, grands et petits mais tous volubiles. » ... « Écoutez ces voix criardes, intarissables, féroces, ironiques que Bruce Jackson a enregistrées. Elles ne chantent pas l'hymne des maudits en révolte. Elles font “chanter”, au nom de tous les tours qu'ils se sont joués les uns aux autres, la loi et l'ordre, et le pouvoir qui fonctionne à travers eux. »

Claude Lucas, braqueur de banque, est réservé. Ce Malouin est de la race des « taiseux ». Il m'a tendu sa main. Je me devais de la serrer et de publier un homme qui purge la plus lourde peine pour s'être fait exclu volontaire de notre société qu'à tort — ou à raison ? — il n'a pas jugé digne de lui.

Mais c'est à Samuel Beckett — avec *L'Innommable* — que je voudrais laisser le dernier mot quand je pense à Claude Lucas : « Il me faut une prison, j'avais raison, pour moi tout seul ; je vais y aller, je vais m'y mettre, j'y suis déjà, je vais m'y chercher, j'y suis quelque part, cela ne sera pas moi, cela ne fait rien ; je dirai que c'est moi, ce sera peut-être moi... »

Jean MALAURIE
Paris, 28 septembre 1995

---

1. Bruce Jackson, *Leurs prisons, Autobiographies de prisonniers et d'ex-détenus américains*. Préface de M. Foucault. Traduction de M. Rambaud. 528 p., 32 photos hors texte, index. Collection Terre Humaine, Plon, 1975.

Bruce Jackson et Diane Christian, *Le Quartier de la mort. Expier au Texas*. Traduction de J.-P. Carasso. 392 p., 1 carte, 35 photos hors texte, 3 illustrations in texte, index. Collection Terre Humaine, Plon, 1986.

INDEX DES NOMS DE PERSONNES, ŒUVRES ET JOURNAUX

D

E

F

G

H

I

J

K

L

M

N

O

P

R

S

T

V

W

INDEX DES THÈMES

F

G

N

O

P

Q

R

S

T

U

INDEX DES NOMS DE LIEUX

TABLE DES MATIÈRES

Terre Humaine a créé, dans les sciences sociales, depuis 1955, un courant novateur, a suscité un souffle dont on n'a pas fini de mesurer la fécondité.

En personnalisant le regard, Terre Humaine l'a relativisé et a renouvelé la nécessaire dialectique du « Je-il ».

Cette collection a construit, livre après livre, une anthropologie à part entière, au regard global, où toute théorie ne s'élabore que sur une expérience vécue. A l'écart des idéologies aujourd'hui dépassées du néopositivisme, des théories et des modes s'accompagnant de terrorisme idéologique, Terre Humaine, oasis de liberté dans un esprit de totale indépendance, est un puissant courant de renouveau de la recherche et de la littérature, dans la tradition si française de la littérature du réel.

Les auteurs les plus connus (Zola, Lévi-Strauss, Ramuz, Segalen, Hélias), les plus anonymes et parfois même illettrés (témoignages en direct d'autochtones) se rejoignent comme dans une grande famille pour faire prendre conscience au lecteur tout à la fois de sa propre intelligence des problèmes et de la complexité des sociétés et des civilisations.

Dans une vivante interdisciplinarité, dans un brassage de milieux et de classes, à niveau international, Terre Humaine propose, ses lecteurs disposent.

Toujours d'avant-garde avec ses 68 ouvrages parus (dont 38 édités chez Pocket dans la collection Terre Humaine/Poche), cette collection pionnière, qui comporte de nombreux best-sellers traduits dans le monde entier, se veut être un appel à la liberté de connaître et de penser.

OUVRAGES PARUS DANS LA COLLECTION ***TERRE HUMAINE*** (1955 → 1996)

Tous les ouvrages sont disponibles en édition brochée.

* Ouvrages augmentés d'un dossier de Débats et Critiques

□ Ouvrages parus également en Terre Humaine/Poche (Pocket : n°s 3000 et suivants)

Jean Malaurie.* □ — Les Derniers Rois de Thulé. *Avec les Esquimaux Polaires, face à leur destin. 1955. Cinquième édition 1989.*

Claude Lévi-Strauss. □ — Tristes Tropiques. 1955.

Victor Segalen.* □ — Les Immémoriaux. 1956. Deuxième édition 1983.

Georges Balandier.* □ — Afrique ambiguë. 1957. Troisième édition 1989.

Don C. Talayesva.* □ — Soleil Hopi. *L'autobiographie d'un Indien Hopi*. Préface : C. Lévi-Strauss. 1959. Deuxième édition 1983.

Francis Huxley.* □ — Aimables Sauvages. *Chronique des Indiens Urubu de la forêt amazonienne*. 1960. Troisième édition 1990.

René Dumont. — Terres vivantes. *Voyages d'un agronome autour du monde*. 1961. Deuxième édition 1982.

Margaret Mead. □ — Mœurs et sexualité en Océanie. I) *Trois sociétés primitives de Nouvelle-Guinée*. II) *Adolescence à Samoa*. 1963.

Mahmout Makal.* □ — Un village anatolien. *Récit d'un instituteur paysan*. 1963. Troisième édition 1985.

Georges Condominas. — L'Exotique est quotidien. *Sar Luk, Vietnam central*. 1966. Deuxième édition 1977.

Robert Jaulin. □ — La Mort Sara. *L'ordre de la vie ou la pensée de la mort au Tchad*. 1967. Deuxième édition 1982.

Jacques Soustelle.* □ — Les Quatre Soleils. *Souvenirs et réflexions d'un ethnologue au Mexique*. 1967. Troisième édition 1991.

Theodora Kroeber.* □ — Ishi. *Testament du dernier Indien sauvage de l'Amérique du Nord*. 1968. Deuxième édition 1987.

Ettore Biocca. □ — Yanoama. *Récit d'une jeune femme brésilienne enlevée par les Indiens*. 1968. Deuxième édition 1980.

Mary F. Smith et Baba Giwa.* — Baba de Karo. *L'autobiographie d'une musulmane haoussa du Nigeria*. 1969. Deuxième édition 1983.

Richard Lancaster. — Piegan. *Chronique de la mort lente. La réserve indienne des Pieds-Noirs*. 1970.

William H. Hinton. — Fanshen. *La Révolution communiste dans un village chinois*. 1971.

Ronald Blythe. □ — Mémoires d'un village anglais. *Akenfield (Suffolk)*. 1972. Deuxième édition 1980.

James Agee et Walker Evans.* — Louons maintenant les grands hommes. *Trois familles de métayers en 1936 en Alabama*. 1972. Deuxième édition 1983.

Pierre Clastres.* □ — Chronique des Indiens Guayaki. *Ce que savent les Aché, chasseurs nomades du Paraguay*. 1972. Deuxième édition 1985.

Selim Abou.* — Liban déraciné. *Autobiographies de quatre Argentins d'origine libanaise*. 1972. Troisième édition 1987.

Francis A. J. Ianni. — Des affaires de famille. La Mafia à New York. *Liens de parenté et contrôle social dans le crime organisé*. 1973.

Gaston Roupnel. □ — Histoire de la campagne française. Postfaces : G. Bachelard, E. Le Roy Ladurie, P. Chaunu, P. Adam, J. Malaurie. 1974. Deuxième édition 1989.

Tewfik El Hakim.* □ — Un substitut de campagne en Égypte. *Journal d'un substitut de procureur égyptien*. 1974. Troisième édition 1983.

Bruce Jackson.* — Leurs prisons. *Autobiographies de prisonniers et d'ex-détenus américains*. Préface : M. Foucault, 1975. Deuxième édition 1990.

Pierre Jakez Hélias.* □ — Le Cheval d'orgueil. *Mémoires d'un Breton du pays bigouden*. 1975. Troisième édition 1985.

Per Jakez Hélias. — Marh al orh. *Envorennou eur Bigouter*. 1986. (Édition en langue bretonne.)

Jacques Lacarrière.* □ — L'Été grec. *Une Grèce quotidienne de quatre mille ans*. 1976. Deuxième édition 1986.

Adélaïde Blasquez. □ — Gaston Lucas, serrurier. *Chronique de l'anti-héros*. 1976.

Tahca Ushte et Richard Erdoes.* □ — De mémoire indienne. *La vie d'un Sioux, voyant et guérisseur*. 1977. Deuxième édition 1985.

Luis Gonzalez.* — Les Barrières de la solitude. *Histoire universelle de San José de Gracia, village mexicain*. 1977. Deuxième édition 1983.

Jean Recher.* □ — Le Grand Métier. *Journal d'un capitaine de pêche de Fécamp*. 1977. Deuxième édition 1983.

Wilfred Thesiger.* □ — Le Désert des Déserts. *Avec les Bédouins, derniers nomades de l'Arabie du Sud*. 1978. Deuxième édition 1983.

Joseph Erlich.* □ — La Flamme du Shabbath. *Le Shabbath, moment d'éternité, dans une famille juive polonaise*. 1978.

C.F. Ramuz. □ — La pensée remonte les fleuves. *Essais et réflexions*. Préface de Jean Malaurie. 1979.

Antoine Sylvère. □ — Toinou. *Le cri d'un enfant auvergnat. Pays d'Ambert*. Préface : P.J. Hélias. 1980.

Eduardo Galeano □ — Les Veines ouvertes de l'Amérique latine. *Une contre-histoire*. 1981.

Éric de Rosny.* □ — Les Yeux de ma chèvre. *Sur les pas des maîtres de la nuit en pays Douala*. 1981. Deuxième édition 1984.

Amicale d'Oranienburg-Sachsenhausen.* — Sachso. *Au cœur du système concentrationnaire nazi*. 1982. Deuxième édition 1990.

Pierre Gourou. — Terres de bonne espérance. *Le monde tropical*. 1982.

Wilfred Thesiger.* □ — Les Arabes des marais. *Tigre et Euphrate*. 1983. Deuxième édition 1991.

Margit Gari.* □ — Le Vinaigre et le Fiel. *La vie d'une paysanne hongroise*. 1983. Deuxième édition 1989.

Alexander Alland Jr. — La Danse de l'araignée. *Un ethnologue américain chez les Abron (Côte-d'Ivoire)*. 1984.

Bruce Jackson et Diane Christian.* □ — Le Quartier de la Mort. *Expier au Texas*. 1985.

René Dumont.* □ — Pour l'Afrique, j'accuse. *Le journal d'un agronome au Sahel en voie de destruction*. Postfaces : M. Rocard, J. Malaurie. 1986. Deuxième édition 1989.

Émile Zola. □ — Carnets d'enquêtes. *Une ethnographie inédite de la France*. Introd. : J. Malaurie. Avant-propos : H. Mitterand. 1987.

Colin Turnbull. □ — Les Iks. *Survivre par la cruauté. Nord-Ouganda*. Postfaces : J. Towles, C. Turnbull, J. Malaurie. 1987.

Bernard Alexandre. □ — Le Horsain. *Vivre et survivre en pays de Caux*. 1988. Deuxième édition 1989.

Andreas Labba. — Anta. *Mémoires d'un Lapon*. 1989.

Michel Ragon. — L'Accent de ma mère. *Une mémoire vendéenne*. 1989.

Michel Leprieur. — Quand Rome condamne. *Dominicains et prêtres-ouvriers*. 1989.

Robert F. Murphy. □ — Vivre à corps perdu. *Le témoignage et le combat d'un anthropologue paralysé*, 1990.

Pierre Jakez Hélias. — Le Quêteur de mémoire. *Quarante ans de recherche sur les mythes et la civilisation bretonne*. 1990.

Jean Duvignaud. — Chebika *suivi de* Retour à Chebika. 1990. *Changements dans un village du Sud tunisien*. 1990.

Laurence Caillet. □ — La Maison Yamazaki. *La vie exemplaire d'une paysanne japonaise devenue chef d'une entreprise de haute coiffure*. 1991.

Augustin Viseux. □ — Mineur de fond. *Fosses de Lens. Soixante ans de combat et de solidarité*. 1991.

Mark Zborowski et Elizabeth Herzog.* — Olam. *Dans le shtetl d'Europe centrale, avant la Shoah*. Préface d'Abraham J. Heschel. 1992.

Ivan Stoliaroff — Un village russe. *Récit d'un paysan de la région de Voronej. 1880-1906*. 1992.

Angelo Maria Ripellino □ — Praga magica. *Voyage initiatique à Prague*. 1993.

Philippe Descola. — Les Lances du crépuscule. *Relations jivaros. Haute-Amazonie*. 1994.

Jean et Huguette Bézian. — Les Grandes Heures des moulins occitans. *Paroles de meuniers*. 1994.

Viramma, Jean-Luc et Josiane Racine. — Une vie paria. *Le rire des asservis. Pays tamoul, Inde du Sud*. 1995.

Claude Lucas. — Suerte. *L'exclusion volontaire*. 1996.

TERRE HUMAINE □ — *COURANTS DE PENSÉE*

N° 1 : **Henri Mitterand**. — Images d'Enquêtes d'Émile Zola. *De la Goutte-d'Or à l'Affaire Dreyfus*. Préface de Jean Malaurie. 1987.

N° 2 : **Jacques Lacarrière**. — Chemins d'écriture. Postface de Jean Malaurie. 1988. Deuxième édition. 1991.

N° 3 : **René Dumont**. — Mes combats. 1989.

N° 4 : **Michel Ragon**. — La Voie libertaire. Postface de Jean Malaurie. 1991.

ALBUMS **TERRE HUMAINE**

N° 1 : **Wilfred Thesiger**. — Visions d'un nomade. Plon, 1987.

N° 2 : **Jean Malaurie**. □ — Ultima Thulé. Bordas, 1990.

Cet ouvrage a été achevé d'imprimer en mars 1997
dans les ateliers de Normandie Roto Impression s.a.
61250 Lonrai
N° d'imprimeur : 970504

N° d'éditeur, édition brochée : 12601
N° d'éditeur, édition reliée : 12608
Dépôt légal : février 1996